평강의 주님께서
때마다 일마다
평강을 주시길 기도하며

특별히 ＿＿＿＿＿＿＿＿＿＿ 님께

이 소중한 책을 드립니다.

오직
여호와를 앙망하는 자는
새 힘을 얻으리니
독수리가 날개치며 올라감 같을 것이요
달음박질하여도 곤비하지 아니하겠고
걸어가도 피곤하지 아니하리로다

- 이사야 40장 31절 -

김장환 목사와 함께
경건생활 365일

진리가 자유케 하리라

YE SHALL BE FREE !

나침반

진리와 자유!

오스트리아의 작가 장 아메리는 나치에 저항하는 레지스탕스로 활동하다 포로로 붙잡혀 아우슈비츠에 수감됐습니다. 모진 고문을 당하며 생사의 고비를 넘나들던 장은 2차 대전이 끝나며 풀려나 자유의 몸이 됐습니다. 죽음에서 살아 돌아온 장은 처음에는 자신이 수용소에서 당했던 참혹한 현실을 글로 쓰다가 인간의 진짜 자유가 무엇인지를 탐구하기 시작했습니다. 장은 인간이 진정으로 자유하기 위해서는 스스로 목숨을 끊을 자유도 주어져야 한다고 주장하다가 말년에 수면제 과다 복용으로 스스로 생을 마감했습니다.
장은 죽음의 위기에서 얻은 생명과 자유로 다시 죽음을 선택했습니다. 누가 봐도 어리석은 선택이지만 예수 그리스도의 보혈을 믿지 못하고, 하나님의 말씀과 크신 사랑을 알지 못하는 사람의 삶은 사실 이와 크게 다르지 않습니다.
이 굴레를 해결할 수 있는 분은 오직 예수님 한 분뿐입니다.
"진리를 알찌니 진리가 너희를 자유케 하리라" - 요한복음 8:32

진리이신 예수님을 알 때 진정한 자유를 얻게 됩니다.
진리이신 예수님을 전할 때 세상이 진정한 평화를 얻게 됩니다.
진리이신 예수님을 매일 붙들며 동행할 때 내 삶이 하나님 주시는 풍성한 자유와 놀라운 은총으로 채워집니다.

이 책을 통해 진리이신 예수님을 발견하고, 참된 자유와 기쁨이 매일 충만하기를 간절히 축원합니다.

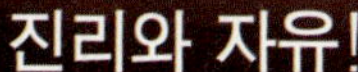

김장환 (목사 / 극동방송 이사장)

1월

"네 하나님 여호와께서 돌보아 주시는 땅이라
연초부터 연말까지 네 하나님 여호와의 눈이
항상 그 위에 있느니라"
(신명기 11장 12절)

두려워 말고 시작합시다

읽을 말씀 : 요한복음 16:25-33

●요 16:33 이것을 너희에게 이르는 것은 너희로 내 안에서 평안을 누리게 하려 함이라 세상에서는 너희가 환난을 당하나 담대하라 내가 세상을 이기었노라

어느 외딴 시골 마을에 성공을 꿈꾸며 고향을 떠나려는 젊은이가 있었습니다. 마을에서 가장 지혜로운 노인은 젊은이가 떠나기 전 쪽지 2장을 건네주며 힘들 때마다 쪽지 하나씩을 읽어보라고 했습니다. 마을을 떠나는 아침, 자신이 과연 연고도 없는 낯선 곳으로 가서 잘 살 수 있을지 걱정이 되어 출발도 하기 전에 첫 번째 쪽지를 꺼냈습니다.

"두려워하지 말라!"

쪽지를 본 청년은 마을을 떠났습니다.

큰 도시에 도착한 젊은이는 닥치는 대로 일을 했습니다. 그런데 몸과 마음이 너무 힘들어 자신이 떠난 것이 잘한 일인지 알 수가 없었습니다. 고향으로 돌아갈 마음이 생긴 젊은이는 나머지 쪽지 하나를 꺼냈는데 거기에는 이렇게 적혀 있었습니다.

"후회하지 말라!"

마음을 다잡은 젊은이는 결국 위기를 이겨냈고, 도시에서 큰 성공을 거둘 수 있었습니다.

새해가 시작되었습니다.

우리는 오늘도, 올해도 주님께서 준비해놓으신 큰 복의 고지를 향해 가야합니다. 그 길에 주님이 동행하십니다.

두려움 없이, 후회하지 않는 인생을 살기 위해선 주님과 동행해야만 합니다. 단 한 번뿐인 인생을 가장 소중한 가치, 그리스도의 복음을 위해 살아가십시오. 아멘!!

♡ 주님! 삶에서 진정으로 중요한 것들을 분별하게 하소서.
▩ 오늘이 마지막인 것처럼 최선을 다해 주님을 위해 살아갑시다.

감사의 시작

읽을 말씀 : 에베소서 5:15-21

● 엡 5:20 범사에 우리 주 예수 그리스도의 이름으로 항상 아버지 하나님께 감사하며

하루 생활에 주님이 베풀어주시는 감사할 일이 엄청나지만 잊고 살 때가 많습니다.

'미국연합 그리스도의 교회(United Church of Christ, UCC)'는 성도들에게 '하루에 12번 감사' 하기를 가르칩니다.

01. 새로운 시작을 주신 아침에 감사
02. 일용한 음식을 주신 식사에 감사
03. 직장으로 갈 수 있는 건강한 몸을 주심에 감사
04. 일할 수 있는 보람을 주심에 감사
05. 일을 통해 비전에 도전하게 해주심에 감사
06. 일을 완수할 능력을 주심에 감사
07. 함께 대화할 동료들을 주심에 감사
08. 일을 무사히 마치게 해주심에 감사
09. 집에서 함께할 가족을 주심에 감사
10. 평온한 저녁을 주심에 감사
11. 편안히 잘 수 있는 시간을 주심에 감사
12. 생명을 주심에 꿈에서도 감사

그리스도인의 삶은 감사에서 시작해 감사로 끝나야합니다. 나를 통해 새로운 계획을 한 해 동안 이루어가실 주님의 은혜를 생각하며 매일매일 위에 적힌 것들과 그리고 또 순간순간 먼저 감사합시다. 아멘!!

♡ 주님! 풍년에도, 흉년에도 넘치는 감사의 이유를 찾게 하소서.
하나님을 향한 감사로 새로운 한 해를 결심합시다.

<table>
<tr><td>**1월 3일**</td><td></td></tr>
</table>

복음이 우선이다

읽을 말씀 : 누가복음 4:38-44

● 눅 4:43 예수께서 이르시되 내가 다른 동네들에서도 하나님의 나라 복음을 전하여야 하리니 나는 이 일을 위해 보내심을 받았노라 하시고

『극동방송의 전신인 아세아방송의 개국을 앞두고 한창 바쁘게 뛰어다니던 때에 한 통의 전화를 받았다. 1973년에 열렸던 빌리 그래함 한국전도대회 대회장 한경직 목사님과 미국측 준비위원장 헨리 할리가 나에게 빌리 그래함 목사님의 설교 통역을 부탁했다. 두 번 다시 오지 않을 기회였지만 나는 쉽게 결정할 수 없었는데 그 이유 중 하나는 내가 졸업한 밥존스대학교가 매우 보수적이어서 빌리 그래함 목사님을 자유주의자로 생각했기 때문이다. 이미 동문들에게 빌리 그래함 전도집회에 참석하지 말라는 안내까지 했기 때문에 통역을 맡았다가는 미국에서 받고 있던 소중한 선교후원도 중단될 것이 뻔했다.

몇 날 며칠을 고민하며 동역자들에게 조언을 구하던 나에게 아내인 트루디 사모가 "당신은 전도하기 위해 미국에서 한국에 온 건데 이보다 더 좋은 기회가 있겠어요?"라고 말했다.

아내의 격려와 오랜 기도 끝에 결국 나는 조국의 복음화를 위해 후원이 끊어지더라도 통역을 맡기로 결정했다. 그렇게 5월에 여의도 광장에서 열린 전도집회에는 연인원 320만 명이 모이는 대역사가 일어났고 이때의 통역은 나의 삶과 사역에 가장 중요한 디딤돌이 됐다.』(김장환 목사 개인 노트에서 발췌 편집)

나 한 사람의 안위만 생각해서는 하나님의 일을 할 수 없습니다. 복음 전파를 우선순위로 할 때 모든 필요를 채워주시는 하나님을 체험할 수 있음을 믿으십시오. 아멘!!

♡ 주님! 다시 한 번 우리나라에 놀라운 부흥의 역사를 주소서.
🔲 복음과 전도를 위한 일에 계산적이 되지 맙시다.

하나님이 보내신 곳

읽을 말씀 : 마태복음 25:14-30

●마 25:21 그 주인이 이르되 잘하였도다 착하고 충성된 종아 네가 적은 일에 충성하였으매 내가 많은 것을 네게 맡기리니 네 주인의 즐거움에 참여할지어다 하고

리튼 포드라는 미국의 유명한 목사님이 서아프리카의 다카라는 도시를 방문했습니다. 그곳에서 프랑스에서 온 한 선교사님을 만나 이야기를 나눴는데 선교사님은 10년 전부터 안식년도 없이 다카에서 복음을 전하는 충성된 일꾼이었습니다. 이런저런 이야기를 나누다 리튼 목사님의 일행 중 한 명이 불쑥 다음과 같은 질문을 선교사님께 드렸습니다.

"10년 동안 몇 명이나 회심했습니까?"

목사님은 2명이라고 대답했고 이 말을 들은 일행은 무심코 큰 실례가 되는 말을 했습니다.

"10년 동안 단 2명이요? 그러면 도대체 여기에 왜 계신 겁니까?"

선교사님은 이 무례한 질문에도 화를 내지 않고 조용히 대답했습니다.

"제가 이곳에 있는 이유요? 그건 예수님이 나를 이곳에 두셨기 때문입니다. 저는 그 이유 하나 때문에 이곳에 있습니다."

리튼 목사님은 훗날 자신의 책에서 이 일화를 소개하며 진정한 순종이란 열매가 없어도 낙심하지 않고 하나님의 뜻에 따르는 것이라고 정의했습니다.

어려운 순간에도, 사람들의 비난에도, 지킬 곳을 지키는 것이 참된 순종입니다. 하나님이 보내신 곳에서 하나님이 원하시는 일을 묵묵히 수행하는 충성된 종이 되십시오. 아멘!!

♡ 주님! 하나님이 원하시는 곳에서 원하시는 일을 하게 하소서.

🧩 하나님이 나를 보내신 곳이 어디인지 생각해봅시다.

창세기 1장 1절의 믿음

읽을 말씀 : 창세기 1:1-5

●창 1:1 태초에 하나님이 천지를 창조하시니라

　일본 메이지 시대에 사무라이 출신인 니지마 조는 유능한 군인이 되는 것이 인생의 목표였습니다. 꿈을 이루기 위해 유학을 준비하던 니지마는 해외에서 들어온 책들을 읽으며 준비를 했는데 그러다 우연히 성경을 읽게 됐고 창세기 1장 1절을 보자마자 하나님을 믿어야겠다고 결심했습니다.

　'하늘과 땅을 만드신 분이 정말로 하나님이라면 당연히 그분을 믿어야 하지 않겠는가?'

　성경을 통해 믿음을 가진 그 순간부터 니지마 인생에서 기적과도 같은 일들이 일어났는데 예상치 않게 미군의 도움으로 유학을 가게 됐고, 미국에서 신실한 그리스도인 부부를 만나 일본인으로는 처음으로 매사추세츠의 명문인 앰허스트대학을 졸업했습니다.

　이 과정을 통해 인생의 목표를 바꾼 니지마는 신학을 공부해 목사님이 되어 일본으로 돌아왔습니다. 그리고 믿음을 바탕으로 도시샤대학을 세웠는데 이 학교는 윤동주와 정지용 시인이 공부하기도 한 명문으로 성장했고, 니지마는 메이지 시대의 가장 위대한 교육자 6인 중 한 명으로 선정됐습니다.

　하나님의 전지전능하심을 믿는 사람은 하나님의 전지전능하심을 체험하게 됩니다. 만물을 창조하시고, 독생자를 주시면서까지 나를 사랑하는 하나님의 능력을 믿고 의지하십시오. 아멘!!

♡ 주님! 말씀이 믿어지는 은혜를 주심을 감사하게 하소서.
🌸 만물의 창조주이신 하나님이 나를 주관하고 계심을 기억합시다.

진심이 있다면

읽을 말씀 : 사무엘상 12:16-25

● 삼상 12:24 너희는 여호와께서 너희를 위하여 행하신 그 큰 일을 생각하여 오직 그를 경외하며 너희의 마음을 다하여 진실히 섬기라

미국에서 평생 일에만 집중해서 살던 남자가 있었습니다.

남자는 일만 하느라 결혼도 하지 않았고, 가족들은 모두 먼저 세상을 떠나 그는 혼자서 인생의 말년을 보냈습니다. 몸이 약해지고 세상을 떠날 날이 다가왔다는 것을 느낀 남자는 변호사를 찾아가 유서를 맡기며 이렇게 말했습니다.

"제 장례식을 새벽 4시에 치러주시고, 이 유서는 그날 사람들 앞에서 공개해주십시오."

몇 달 뒤 남자는 세상을 떠났고 변호사는 그의 말대로 새벽 4시에 장례식을 치르려고 지인들에게 연락을 했습니다. 수백 명의 사람들에게 연락을 했지만 새벽 4시의 장례식에 찾아온 사람은 단 4명뿐이었습니다. 하객 앞에서 변호사는 남자의 유언을 공개했습니다.

"이 새벽에 진심으로 나를 생각해 참석한 친구들에게 감사와 존경을 담아 내가 평생 모은 재산을 골고루 나눠주십시오. 이것이 나의 유언입니다."

4명은 각각 10만 달러씩을 받았지만 그들은 고인의 이름으로 사회 곳곳에 환원을 해 끝까지 우정을 지켰습니다.

진심이 있다면 그 어떤 일도 귀찮을 수 없습니다. 하나님을 예배하는 일에 항상 진심을 가지고, 예배를 위한 어떤 일도 최선을 다해 섬기십시오. 아멘!!

♡ 주님! 단 한 번의 예배도 마음과 열정을 다해 드리게 하소서.

🔲 늘 무엇보다도 예배가 먼저인 신앙생활을 합시다.

변화를 위한 습관

읽을 말씀 : 고린도후서 5:11-21

●고후 5:17 그런즉 누구든지 그리스도 안에 있으면 새로운 피조물이라 이전 것은 지나갔으니 보라 새 것이 되었도다

세상에는 인생을 바꾸는 법에 대한 수많은 책들이 있지만 이 책들은 모두 3가지 변화를 다루고 있습니다.

1. 마음의 변화입니다.

긍정적인 생각을 하고, 위기를 돌파할 에너지를 주는 것은 좋은 마음입니다. 비판적이고 부정적인 생각조차도 결국은 긍정적인 목표를 위해 필요한 수단이 되어야 합니다.

2. 말의 변화입니다.

긍정적인 마음의 사람이 부정적인 말을 사용할 수는 없습니다. 말은 나의 마음 상태를 나타내는 지표이기 때문에 칭찬과 감사가 생활화된 언어습관을 위해 노력해야 합니다.

3. 건강을 위한 변화입니다.

건강한 사람이 병약한 사람보다 좋은 생각을 하기 쉽고, 좋은 관계를 맺기도 쉽습니다. 건강을 위해 항상 웃는 습관을 들이고, 몸에 나쁜 것을 끊고 좋은 습관을 들여야 합니다.

이 원리를 종합하면 결국 사람은 습관대로 살아가고, 습관을 따라 변화된다는 것입니다. 신앙도 마찬가지입니다. 하나님께로 더 가까이 다가가며 날마다 성공하는 습관을 가진 그리스도인이 되십시오. 아멘!!

🤍 주님! 주님을 힘입어 매일 승리하는 성도가 되게 하소서.

🖼 건강, 신앙, 정신을 위한 좋은 변화의 목표를 한 가지씩 세웁시다.

단 하나의 변화

읽을 말씀 : 누가복음 1:26-38

● 눅 1:37 대저 하나님의 모든 말씀은 능하지 못하심이 없느니라

'불가능'이라는 영어 단어 'Impossible'에 부호 하나만 찍으면 "나는 할 수 있다"는 "I`m possible"이 됩니다.

실제로 기적과도 같은 일을 이룬 사람들은 모두가 안 된다는 일을 혼자서 가능하다고 생각한 사람들입니다. 긍정의 생각 단 하나가 불가능한 일을 가능하게 만들었습니다.

'빚'(Debt)이라는 단어도 점 하나만 찍으면 '빛'(Light)이 됩니다.

백만장자로 자수성가한 사람들의 이야기를 들어보십시오. 대부분 큰 빚을 지고, 심지어 파산을 한 경우도 많습니다. 그러나 끝까지 포기하지 않는 노력 단 하나가 이들을 실패에서 성공으로 이끌었습니다.

"꿈은 어디에도 없다"는 영어 문장인 "Dream is no where"에 딱 한칸만 띄우면 "꿈은 바로 여기에 있다"라는 "Dream is now here"가 됩니다.

하나님이 나를 창조하신 목적을 발견하면 모세처럼 광야에 살아도, 요셉처럼 노예로 끌려가도 꿈을 찾고 이루는 기적이 일어납니다.

때로는 단 하나의 변화, 단 한 순간의 변화가 인생을 송두리째 바꾸는 결과를 이끌어냅니다. 그러나 인생을 포함한 죽음 이후의 삶까지 바꾸는 변화도 존재합니다. 예수님의 십자가 보혈을 믿음으로 영생을 위한 변화라는 최고의 복을 선물로 받으십시오. 아멘!!

♡ 주님! 나날이 주님을 향한 사랑과 신뢰만이 깊어져 가게 하소서.

힘들고 지칠 땐 시편 23편을 묵상합시다.

불행 뒤의 행복

읽을 말씀 : 데살로니가전서 5:12-28

● 살전 5:18 범사에 감사하라 이것이 그리스도 예수 안에서 너희를 향하신 하나님의 뜻이니라

성공학에는 '행복총량의 법칙'이라는 것이 있습니다.

어디에 살든, 무슨 일을 하든, 연봉이 얼마든, 이런 조건을 떠나 누구나 같은 양의 행복이 찾아온다는 이론입니다. 이 이론은 실제로 실패를 극복하고 마지막에 성공한 사람들의 인터뷰에서 영감을 얻어 생겼습니다.

비슷한 이론으로 경영학에는 '브라질 땅콩의 법칙'이라는 것이 있습니다. 사람이 할 일 중에는 당연히 하고 싶은 일도 있고, 하기 싫은 일도 있습니다. 그런데 이 중에서 하고 싶은 일만 하다보면 나중에는 결국 하기 싫은 일만 남아서 더 안 좋은 상황이 일어난다는 뜻입니다. 다양한 종류의 브라질 땅콩도 먹고 싶은 걸 먹다보면 나중에 먹기 싫은 땅콩만 남아있는 상황과 비슷해 이런 이름으로 불립니다.

악성 베토벤이 사랑하는 연인을 잃고 난청이 찾아와 괴로워할 때 한 목회자를 찾아갔는데 그 목회자는 "연속되는 불행이 있으면 연속되는 행운도 찾아온다"는 조언을 해줬고 이 조언이 작곡가 베토벤을 훌륭하고 위대한 음악가 베토벤으로 성장하게 도왔습니다.

영화의 끝이 해피엔딩이라는 것을 알면 중간의 어떤 고난도 편하게 감상할 수 있습니다. 천국의 소망을 꼭 붙잡고 불행에도, 행복에도 감사하며 주님만 섬기십시오. 아멘!!

♡ 주님! 오직 감사만이 저의 삶에 풍성하게 자리잡게 하소서.
🔲 불행은 승리를 향하는 길이니 주님을 향한 믿음을 잃지 맙시다.

희망의 한 걸음

읽을 말씀 : 시편 37:1-9

● 시 37:9 진실로 악을 행하는 자들은 끊어질 것이나 여호와를 소망하는 자들은 땅을 차지하리로다

　미국 플로리다의 한 시내에서 갑자기 아름다운 피아노 소리가 울려 퍼졌습니다. 거리에 방치된 낡은 피아노 주변으로 모여든 사람들은 한 노숙자가 뼈만 남은 앙상한 팔에 덥수룩한 머리를 늘어트리고 연주에 열중하고 있는 모습을 보고는 깜짝 놀랐습니다. 몇몇 사람들은 이 모습을 핸드폰으로 촬영해 인터넷에 올렸는데 조회수가 천만을 넘으며 여론의 관심을 끌었고 결국 이 남자의 안타까운 사연이 밝혀졌습니다.

　노숙자의 이름은 도날드 굴드로 3살 때부터 음악교육을 받았고, 음대에도 진학해 높은 가능성을 인정받았습니다. 그러나 부모님의 사업 실패로 학업을 계속 할 수 없었고, 결혼생활을 유지하기 위해 일을 하며 돈을 벌어야 했습니다.

　그러나 상황이 나아지지 않고 빚만 늘자 우울증에 빠졌고 마약에 손을 댔습니다. 모든 것을 잃은 도날드는 노숙자가 됐는데 우연히 길가에 방치된 피아노를 보자 지난날이 떠올라 자기도 모르게 연주를 한 것이었습니다. 그리고 이 연주가 세간의 주목을 받아 도움의 손길들이 찾아와 새로운 일자리를 얻었고 다시 음대에 입학했으며 앨범까지 내게 됐습니다.

　희망이 없는 상황에서도 하나님의 은혜를 구하며 용기의 걸음을 내딛으면 기적은 일어납니다. 하나님이 주신 희망으로 한 번 더 도전하십시오. 아멘!!

♡ 주님! 매일 주시는 말씀으로 희망을 놓지 않고 살아가게 하소서.
▩ 언제든 주님과 함께라면 할 수 있다는 믿음을 가집시다.

일상의 신호

읽을 말씀 : 잠언 7:1-5

●잠 7:2 내 계명을 지켜 살며 내 법을 네 눈
동자처럼 지키라

오스트리아의 어느 따뜻한 봄에 카를이라는 남자가 산책을 하고 있었습니다. 그러다 우연히 벌집 주위에서 춤을 추듯이 빙빙 도는 꿀벌을 보고는 호기심이 생겼습니다.

'벌들의 저런 행동엔 어떤 의미가 있는 걸까?'

다음날부터 카를은 밖에 나가 꿀벌들을 쫓아다녔습니다. 카를은 무려 40년 동안이나 꿀벌 습성을 관찰했고 마침내 꿀벌의 모든 신호를 알아냈습니다.

예를 들어 꿀벌이 8자 모양으로 움직인다는 건 동료들에게 꽃이 피어있는 위치를 알려주는 신호이고, 좌우로 흔들면 꿀이 많은 꽃을 발견했다는 신호였습니다.

평소 카를의 연구를 지켜본 주변 사람들은 쓸데없는 일에 40년이나 허비했다고 생각했습니다. 하지만 카를의 이 연구는 꿀벌의 언어체계를 최초로 밝혀낸 성과였고 1973년도에 노벨 생리의학상을 받았습니다.

세상 사람들에게는 우연히 벌어진 일이, 혹은 뜻 없는 고난이 그리스도인에게는 하나님의 섭리이자 기도의 응답일 수 있습니다. 내 인생에 일어나는 작은 일들도 하나님의 신호일 수 있다는 믿음의 생각으로 바라보십시오. 아멘!!

♡ 주님! 성령님의 인도하심을 따라 삶을 알차게 살아가게 하소서.
🔲 하나님과 동행하는 삶으로 하루하루를 기대하며 삽시다.

우리 목사님을 위한 기도문

읽을 말씀 : 히브리서 13:16-19

● 히 13:17 너희를 인도하는 자들에게 순종하고 복종하라 그들은 너희 영혼을 위하여 경성하기를 자신들이 청산할 자인 것 같이 하느니라

　미국 중남부에 있는 오클라호마주의 상원의원이었던 로버트 커는 능력있는 정치인이자 신실한 그리스도인이었습니다.

　로버트는 오클라호마에 생긴 첫 침례교회의 개척 멤버였고 상원의원에 당선된 뒤에도 아주 오랫동안 주일학교 교사를 했습니다. 특별히 '목사님을 위한 기도'를 중요하게 여긴 로버트는 다음을 인쇄해 성도들과 나눠 매일 함께 기도했습니다.

　"하나님,
목사님을 붙들어 드리고 힘을 쓰는 성도가 아니라
목사님의 든든한 기둥이 되는 성도가 되게 하소서.
목사님의 족쇄가 되지 않고, 돕는 손이 되게 하소서.
목사님을 이용해 내 허영심을 채우지 않게 하시고,
양육과 말씀에 사용할 소중한 시간을 나에게 써달라고
떼쓰고 강요하지 않게 하소서.
모든 성도들이 목사님을 세우고 돕는 일에 헌신하게 하소서.
목사님은 내가 아닌 교회와 다른 사람들에게 더 많이
봉사할 수 있도록 제가 목사님과 교회를 더욱 섬기겠습니다.
예수님의 이름으로 기도드립니다. 아멘."

　나라를 위해 일을 하는 자리가 국회의원이라면 영혼을 위해 일하는 자리는 목사님입니다. 목사님과 교역자들을 위해 끊임없이 기도하십시오. 아멘!!

🤍 주님! 모든 목사님들의 영육의 건강을 위해 기도하게 하소서.

🧎 목사님을 위한 기도문을 적어 성도들과 합심하여 기도합시다.

믿음의 순교자들

읽을 말씀 : 마가복음 8:27-38

●막 8:35 누구든지 자기 목숨을 구원하고자 하면 잃을 것이요 누구든지 나와 복음을 위하여 자기 목숨을 잃으면 구원하리라

미국의 '고든콘웰 세계기독교연구센터'는 신앙을 가졌다는 이유로 박해를 받고 있는 기독교인들에 대해서 연구를 했습니다. 그 결과 지난 10년간 무려 90만 명이 순교했고 약 6분마다 한 명씩 신앙을 이유로 목숨을 잃었다고 합니다.

순교의 정확한 기준에 대해서 약간의 논란이 있기는 하지만 여전히 신앙을 지키다, 혹은 복음을 전하다 많은 수의 그리스도인들이 전 세계 곳곳에서 죽임을 당하고 있습니다.

기독교인들의 인권을 위한 기구 '오픈 도어스'의 조사에 따르면 1년간 공식적으로 신앙을 이유로 사형을 당한 기독교인들은 1,200명 정도라고 합니다. 사형을 집행한 기관에서 '신앙'이 사형의 이유라고 공식적으로 밝힌 경우이며 정확한 집계가 어려운 북한이나 중동의 여러 나라를 제외했음에도 매우 높은 숫자입니다. 세계적으로 점점 박해가 줄고 있다는 우리의 생각과 달리 지난 3,4년간은 오히려 기독교인들을 향한 박해가 전 세계적으로 증가하고 있으며 특히 2016년도는 조사 이래 가장 높은 수치를 기록했다고 합니다.

신앙의 자유가 있고, 어디에나 교회가 있고, 기독교인이 넘치는 우리나라지만 여전히 전 세계 수많은 사람들은 복음을 전하다, 또 믿음을 지키다 목숨을 잃고 있습니다. 선교라는 성도의 본분을 잃지 말고 계속해서 기도와 물질로 선교를 협력하십시오. 아멘!!

♡ 주님! 하나님 나라를 위해 헌신하는 이들을 위해 중보하게 하소서.

📷 선교사님들을 위해 중보하고 정기적으로 후원합시다.

가져야만 알 수 있는 것

읽을 말씀 : 마태복음 21:18-21

●마 21:21 만일 너희가 믿음이 있고 의심하지 아니하면 이 무화과나무에게 된 이런 일만 할 뿐 아니라 이 산더러 들려 바다에 던져지라 하여도 될 것이요

재즈의 대가 듀크 엘링턴에게 어떤 기자가 리듬의 정의가 무엇인지 물었습니다.

"당신의 재즈를 듣다보면 즉흥 연주임에도 다른 세션들과 리듬이 어긋나지 않습니다. 어떤 상황에서도 리듬을 잃지 않는 비결이 있나요?"

듀크 엘링턴은 이 질문에 이렇게 대답했습니다.

"물론 비결은 있습니다. 리듬이 무엇인지를 알면 되지요. 당신이 리듬이 뭔지 알고 있다면 설명할 필요가 없고, 만약 진짜 리듬이 뭔지 모른다면 설명을 한다 해도 도움이 안 됩니다."

비전에 관한 연구를 하던 한 작가가 많은 명사들을 찾아다녔는데 그중에 한 목사님은 비전을 다음과 같이 설명했다고 합니다.

"보이지 않는 것을 보며, 그것을 보이게 만드는 것."

성경은 믿음조차 하나님의 은혜로 가능하다고 말합니다. 믿음은 지식이나 논리, 토론이 아닌 그야말로 하나님을 경험으로만 얻을 수 있습니다. 그리고 그 믿음을 가진 사람들은 삶이 변화되고 참된 기쁨을 누립니다. 이 기쁨으로 변화된 성도들로 인해 세상 사람들은 보이지 않는 믿음이 무엇인지 보며, 그 믿음으로 인해 하나님을 알게 됩니다. 참된 믿음을 구하고, 그 믿음으로 인해 세상에서 하나님을 전하는 변화된 삶을 사십시오. 아멘!!

💙 주님! 복음이 전해지는 삶으로 변화되는 은혜를 부어주소서.

🔲 말이 아닌 행동으로 믿음을 전합시다.

깨어있어야 할 이유

읽을 말씀 : 마태복음 25:1-13

●마 25:13 그런즉 깨어 있으라 너희는 그날과 그때를 알지 못하느니라

가을철이 지나면 나이아가라 폭포에는 수많은 오리 떼가 찾아옵니다. 캐나다 북부의 추위를 피해 따뜻한 남쪽으로 온 오리들은 물과 먹이가 풍족한 나이아가라 폭포에서 봄까지 지내다 다시 돌아갑니다.

그런데 이 과정 중에 폭포에서의 평온한 삶이 익숙해지면 폭포에 빠져 죽는 오리들이 생깁니다.

나이아가라 폭포는 떨어지기 몇 십 미터 전까지는 물결이 잔잔합니다. 오리들은 이 잔잔함에 속아 평온하게 물장구를 치고 먹이를 잡습니다. 그러다 갑자기 물살이 빨라지면 깜짝 놀란 오리들이 재빨리 벗어나려 하지만 급류에 휩싸여 그대로 폭포 아래로 떨어져 죽습니다.

오리에게는 헤엄을 칠 수 있는 갈퀴가 있고, 물에 뜨는 부력도 있습니다. 심지어 하루에 수십 킬로미터를 날 수 있는 능력도 있습니다. 그러나 평온함의 함정에 빠지면 잠시의 부주의함으로 충분히 벗어날 수 있는 좋은 능력들을 활용도 못하고 순식간에 생명을 잃게 됩니다.

세상을 살아가는 그리스도인에게는 수도 없이 많은 유혹과 고난이 찾아옵니다. 세상에 있는 동안에는 언제든 사탄의 유혹과 고난이 찾아올 수 있다는 사실을 기억하고 욥과 같이 항상 깨어 있으십시오. 아멘!!

♡ 주님! 처한 상황에 관계없이 주님만을 붙들며 살아가게 하소서.

☒ 풍요할 때 더더욱 주님을 잊지 말고 붙듭시다.

기도로 시작하라

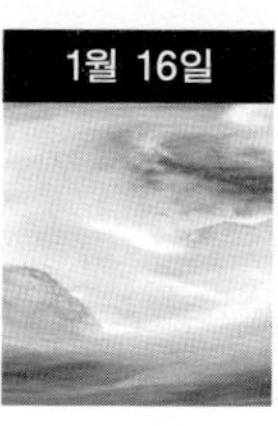

읽을 말씀 : 마태복음 6:5-15

●마 6:6 너는 기도할 때에 네 골방에 들어가 문을 닫고 은밀한 중에 계신 네 아버지께 기도하라 은밀한 중에 보시는 네 아버지께서 갚으시리라

하루아침에 정리해고된 윌슨이라는 남자가 있었습니다. 아침에 출근하니 책상 위에는 해고 통지서만 덩그러니 놓여 있었고 수고했다고 말해주는 사람도 없었습니다. 꾀도 안 부리고 성실히 일했던 자신이 너무 바보같이 느껴져서 사랑하는 가족을 볼 면목이 없던 윌슨은 돌연 가출을 했습니다. 머릿속에서 수도 없이 보복과 자살에 대한 생각을 떠올리던 윌슨은 결국 집으로 돌아왔고 아내에게 울면서 말했습니다.

"나는 평생을 바쳤던 회사에서 해고됐소. 그동안 모든 노력을 다해봤지만 항상 결과가 이런 식이라 더 이상 힘이 나지 않아 그냥 죽고 싶은 생각만 들어서 면목이 없소."

아내는 남편을 안아주며 이렇게 속삭였습니다.

"아니에요, 여보. 우리가 해보지 않은 게 한 가지 있어요. 아직 우리는 이 문제를 놓고 하나님께 기도해본 적이 없어요."

아내의 말을 듣고 정신이 번쩍 든 윌슨은 모든 문제를 하나님께 맡겨보기로 했습니다. 하나님은 윌슨에게 좋은 사업 아이디어를 주셨고, 그 아이디어를 실현할 수 있는 생각지도 못한 기회들을 허락하셨습니다. 윌슨이 해고된 후 시작한 사업은 세계적인 숙박체인 '홀리데이 인 호텔'입니다.

기도할 수 있다면 걱정할 필요가 없습니다. 아직 기도하지 않았다면 기도함으로 해결할 수 있습니다. 모든 문제를 주님께 맡기고 기도로 응답을 구하십시오. 아멘!!

♡ 주님! 모든 일이 하나님의 손에 달려 있음을 잊지 않게 하소서.
🙏 모든 문제는 기도로 하나님께 간구함으로 해결을 시작합시다.

가슴으로 함께 하라

읽을 말씀 : 로마서 12:14-21

●롬 12:15 즐거워하는 자들과 함께 즐거워하고 우는 자들과 함께 울라

노년에 갑자기 암에 걸린 할아버지가 있었습니다.

평소 온화한 성격에 가족과도 관계가 좋은 할아버지였지만 암 진단을 받은 이후에는 갑자기 성격이 괴팍해지고 가족들에게 폭언을 하다 급기야 면회까지 거부를 했습니다. 가족들은 걱정이 돼서 병원을 찾아왔다가도 병실에 들어가지도 못하고 돌아가기가 일쑤였습니다.

그런데 하루는 평소 아끼던 손자가 찾아왔습니다. 가족들은 걱정 반 기대 반으로 손자를 병실로 들여보냈는데 30분 동안이나 나오지 않았습니다. 이후 손자가 밝은 표정으로 나와서 가족 모두를 병실로 데리고 들어갔는데 할아버지는 암에 걸리기 이전의 온화한 모습으로 돌아와 있었습니다.

30분 만에 변화된 할아버지를 보고 깜짝 놀란 아이의 아빠는 몰래 아이를 밖으로 데리고 나가서 도대체 무슨 일이 있었냐고 물었고 손자는 해맑게 웃으며 대답했습니다.

"아무 말도 안 했어요. 그런데 할아버지가 너무 아파 보이시기에 달려가서 안고 계속 울었어요. 한참을 울고 나니까 할아버지가 반갑게 맞아주시던 걸요?"

백 마디 말보다 함께 울고 웃는 것이 더 큰 위로가 될 때가 있습니다. 소외된 이웃들, 힘들어하는 가족들을 위로할 땐 잘잘못을 따지고 이성적인 판단을 내리지 말고 가슴으로 다가가 함께 웃고 울어주십시오. 아멘!!

♡ 주님! 하나님의 사랑으로 이웃을 위로하는 사람이 되게 하소서.

말하기보다 듣고, 판단하기보다 위로해줍시다.

죄의 매력

읽을 말씀 : 히브리서 11:20-40

● 히 11:25 도리어 하나님의 백성과 함께 고난받기를 잠시 죄악의 낙을 누리는 것보다 더 좋아하고

   한 철학자는 사람들이 죄를 짓는 이유에 대해서 이렇게 말했습니다.

   "사람들은 본능적으로 죄를 짓습니다. 아무도 이유를 설명할 수 없지만 자연스럽게 몸이 가는 대로 하다보면 우리는 죄를 짓게 됩니다. 세상의 어떤 사람도 아침에 일어나서 '오늘 10가지 죄를 지을 거야. 먼저 오전에 2개쯤, 점심때 3개, 그리고 저녁때는 거짓말과 비난으로 5개쯤 지어야지. 혹시 더 좋은 죄를 지을 방법이 있는지 책을 좀 참고해야겠어'라고 말하지는 않습니다. 오히려 나쁜 습관을 끊기 위해 반대로 노력을 하면서도 벗어나지 못하는 경우가 훨씬 더 많습니다. 죄는 잘못을 저지르는 나쁜 일이지만 그 일이 우리에게 쾌락을 주기 때문입니다."

   태어난 대로, 느끼는 대로 살다보면 결국은 죄를 따라 살게 됩니다. 사람의 본성이 선하지 않다는 것은 바로 자신이 누구보다 가장 잘 알고 있습니다. 그러나 죄가 주는 일시적인 쾌락이 너무 강렬하기에 죄의 삯은 사망인 걸 알면서도 연약해 넘어질 때가 많습니다.

   죄를 지었다는 자책감에 빠져 믿음을 포기하지 말고 나를 절대 포기하지 않으시는 주님께 기도로 자백하고 죄의 쾌락보다 더욱 강한 사랑의 기쁨을 간구하십시오. 아멘!!

♡ 주님! 죄와의 싸움을 포기하지 않고 주님을 더욱 붙들게 하소서.
🖼 죄로 인해 주님과 멀어지기보다 더 간절히 주님을 찾읍시다.

기도 처방전

읽을 말씀 : 에베소서 6:10-20

● 엡 6:18 모든 기도와 간구를 하되 항상 성령 안에서 기도하고 이를 위하여 깨어 구하기를 항상 힘쓰며 여러 성도를 위하여 구하라

독실한 신앙인이자 심장전문의인 랜돌프 버드 박사는 기도가 정말로 치료에 효과가 있는지 궁금했습니다. 그는 393명의 심장병 환자들을 두 그룹으로 나눠서 다양한 그리스도인들에게 첫 번째 그룹의 환자들을 위한 기도를 부탁했습니다. 기도를 위해 박사는 환자들의 이름과 사진, 병의 증세와 건강 상태에 대한 정보를 제공했습니다.

두 번째 그룹의 환자들도 첫 번째 그룹과 비슷한 증세의 환자들이었지만 10개월이 지나자 기도를 부탁한 그룹의 환자들의 병세가 훨씬 양호했습니다. 항생제 처방은 두 번째 그룹에 비해 20% 수준이었으며, 사망자도 없었고, 폐와 같은 주변 장기에 문제가 생긴 경우도 없었습니다.

신앙인인 랜돌프 박사도 믿기 힘든 결과였습니다. 그는 이 연구결과를 무신론자인 윌리엄 놀란 박사에게 보여줬습니다. 윌리엄 박사는 이 자료를 면밀히 검토한 뒤 이렇게 말했습니다.

"나는 하나님도, 기도의 효과도 믿지 않지만 이 결과가 사실이라면 처방전에 '하루 세 번 기도하시오'라고 적어도 전혀 문제가 없을 거라고 생각하네."

아무런 효과가 없다면 기도는 단지 시간 낭비일 뿐입니다. 그러나 분명한 효과가 있다면 기도는 가장 효과적인 투자방법입니다. 기도를 통해 하나님의 능력을 체험하십시오. 아멘!!

♡ 주님! 기도의 능력을 믿고, 기도의 능력을 경험하게 하소서.

🦋 아무리 바빠도 미루지 말고 함께 기도하는 그룹을 만듭시다.

40년과 1분

읽을 말씀 : 야고보서 1:19-27

●약 1:21 그러므로 모든 더러운 것과 넘치는 악을 내버리고 너희 영혼을 능히 구원할 바 마음에 심어진 말씀을 온유함으로 받으라

스로스츠는 영국과 호주를 넘나들며 흉악한 일을 서슴지 않던 범죄자였습니다. 그가 교도소에서 보낸 시간은 40년이나 되며 채찍으로 맞는 태형은 8번이나 당했습니다. 그럼에도 그는 조금도 변하지 않았고 여전히 범죄자로 살았습니다.

그런데 이런 흉악한 범죄자가 구세군의 노숙자 숙소에서 우연히 성경을 읽고 예수님을 영접하는 놀라운 일이 일어났습니다.

그날 이후로 스로스츠는 다시는 범죄를 저지르지 않았고 오히려 18년 동안이나 구세군 보호소에서 봉사를 하며 자신과 같은 전과자들을 위해 헌신을 하며 살았습니다. 그는 사람들을 만날 때마다 다음과 같은 간증을 했습니다.

"수백 대의 채찍과 40년의 감옥생활도 나를 변화시키지 못했습니다. 그러나 예수 그리스도는 나를 단 1분 만에 변화시키셨습니다."

사람의 방법으로는 도저히 할 수 없는 일로 하나님은 역사하십니다. 내가 도저히 할 수 없다고 생각하는 일, 내가 도저히 변화될 수 없다고 생각되는 부분을 통해서도 마찬가지입니다.

나의 가장 약한 부분과 소원한 일을 있는 그대로 주님께 내어놓고 간구하십시오. 아멘!!

♡ 주님! 믿음대로 이루시는 하나님의 원리를 알게 하소서.

가까운 사람들의 신앙과 신앙생활을 위해서 기도합시다.

시간을 아끼는 법

읽을 말씀 : 야고보서1:1-8

●약 1:5 너희 중에 누구든지 지혜가 부족하거든 모든 사람에게 후히 주시고 꾸짖지 아니하시는 하나님께 구하라 그리하면 주시리라

일본의 컨설팅 전문가 와다 히로미가 말한 "바쁘게 살면서도 시간이 없는 당신을 위한 6가지 비법"입니다.

1. 시간이 많아도 소용없다 마음을 움직여라.
   같은 일도 마음 자세에 따라 효율이 달라집니다.
2. 자신을 위한 일을 시작하라.
   즐거운 취미도 일이라고 생각하면 고역입니다.
3. 잡담을 최대한 줄여라.
   중요하지 않은 이야기를 항상 들어줄 필요는 없습니다.
4. 정중하게 거절하는 연습을 하라.
   하지 않아도 될 일을 거절하는 건 시간 관리에 가장 중요합니다.
5. 머릿속에서 예행연습을 하라.
   해야 할 일들을 하루 전 미리 정리하면 중요한 일을 놓치지 않을 수 있습니다.
6. 시간을 위한 투자를 아끼지 마라.
   돈으로 시간을 사는 것이 더 이득인 상황이 있습니다.

공평하게 주어진 시간을 값지게 사용하는 방법은 정말 필요한 일을 위해 사용하는 것뿐입니다. 세상과 나를 위한 시간을 아껴 하나님의 일을 하는 시간으로 활용하십시오. 아멘!!

♥ 주님! 시간을 필요한 일에 사용할 수 있는 결단력을 주소서.
▨ 하나님과의 관계와 일을 위한 시간을 최대한 만듭시다.

두 번째 삶

읽을 말씀 : 마태복음 25:41-46

●마 25:45 이에 임금이 대답하여 이르시되 내가 진실로 너희에게 이르노니 이 지극히 작은 자 하나에게 하지 아니한 것이 곧 내게 하지 아니한 것이니라 하시리니

한국전쟁이 끝난 직후에 태어나 힘든 상황에서 신학을 공부하던 허병섭 목사님은 졸업을 앞두고 백혈병에 걸렸습니다.

병상에 누워 죽을 날만 기다리던 허 목사님은 교회 성도들이 십시일반으로 모은 성금으로 그나마 요양을 할 수 있었는데 그 과정 중에 병이 낫고 건강이 회복되는 기적이 일어났습니다.

목사님은 신학교를 졸업한 뒤 자신을 위해 없는 형편에 돈을 모아준 성도들을 생각하며, 가장 낮은 곳에 내려오셨던 예수님과 같은 마음으로 평생을 살겠다고 다짐하셨습니다.

목사님은 고아로 태어나 구두닦이를 하는 아이들과 함께 하기 위해 청계천의 판자촌을 찾아갔고, 혹시 거리낌이 있을까 싶어 목사님이라는 것도 밝히지 않았습니다. 이후엔 빈민선교단체인 '특수지역선교위원회'를 만들어 '꼬방동네' 같은 여러 빈민가를 찾아다니며 사람들의 고충을 함께 했고, 이 과정에서 5번이나 감옥에도 가셨습니다.

'노가다 목사님', '빈민의 벗'이라고 불리던 목사님은 생의 마지막까지 세상에서 가장 소외된 사람들을 찾아가 함께하고, 예수님을 전하는 삶을 살다가 소천하셨습니다.

예수님을 믿고 구원받은 두 번째 인생, 누구를 위해 어떻게 사시겠습니까? 나를 조금 더 내려놓고, 하나님을 위해 예수님처럼 살고자 노력하십시오. 아멘!!

♡ 주님! 바로 지금 주님을 위해 헌신하게 하소서.

한 달에 한 번이라도 정기적으로 어려운 분들을 위해 함께 합시다.

가치를 알아보는 눈

읽을 말씀 : 요한1서 3:1-12

●요일 3:1 보라 아버지께서 어떠한 사랑을 우리에게 베푸사 하나님의 자녀라 일컬음을 받게 하셨는가, 우리가 그러하도다

프랑스가 낳은 세계적인 화가 밀레는 농부의 아들로 태어나 미술을 제대로 배울 형편이 되지 않았습니다. 갖은 고생을 하며 셰르부르를 다녀 미술을 배웠고 들라로슈라는 유명한 화가의 밑에 들어가 자신만의 화풍을 이뤘지만 여전히 물감 살 돈도 없는 가난한 화가였습니다.

각고의 노력으로 겨우 '만종'이라는 걸작을 그렸지만 무명 화가의 그림을 아무도 사려고 하지 않았고 아르투르라는 화상이 선심을 써서 100만 원 정도를 주고 '만종'을 구입했습니다.

이 '만종'은 대중에게는 오랜 세월동안 무명화가의 소박한 그림 취급을 받았습니다. 1900년대 미국이 만종을 사가려고 했을 때 만종의 가치를 알았던 프랑스의 화가들은 '만종'을 지켜야 한다며 모금운동까지 벌였지만 아무도 관심을 갖지 않았습니다.

나중에 이 소식을 들은 알프레드라는 프랑스 재벌이 사비로 수십억을 들여 만종을 지켰는데, 이로 인해 만종은 지금처럼 유명한 작품으로 인정받을 수 있었습니다.

하나님이 나를 위해 예수님을 이 땅에 보내시고 십자가에서 피 흘려 죽게 하셨습니다. 그러므로 우리는 예수님의 생명만큼 귀한 가치가 있습니다. 세상이 재단하는 가치와 평가에 기죽지 말고 하나님의 사랑으로 인해 자존감을 세우십시오. 아멘!!

♡ 주님! 하나님이 평가하신 나의 가치만을 생각하게 하소서.

🧩 예수님의 보혈이 나의 가치라는 사실을 절대로 잊지 맙시다.

믿으면 행복해지는 이유

읽을 말씀 : 로마서 15:1-13

● **롬 15:13** 소망의 하나님이 모든 기쁨과 평강을 믿음 안에서 너희에게 충만하게 하사 성령의 능력으로 소망이 넘치게 하시기를 원하노라

    1994년도 미국에서 전국의 청소년들 만 명을 대상으로 행복에 대한 조사를 무려 13년 동안이나 진행했습니다.

    영국의 런던정경대학은 이 자료를 토대로 '행복과 돈'이라는 조금 특이한 주제로 연구를 했는데 16세 때부터 13년간 '지금의 삶에 얼마나 만족하십니까?'라는 질문을 5단계로 평가한 자료를 가지고 연봉의 차이를 조사했습니다.

    연구가 끝난 29세 때 전체적으로 가장 부정적인 응답을 한 그룹은 평균 소득에 비해서 30%가 낮았고, 긍정적인 응답을 한 그룹은 평균 10%가 높았습니다. 개인에 따라 편차가 있었지만 대체로 응답한 행복의 단계가 1등급 차이 날수록 연봉이 200만원 정도 높다는 계산이 나왔습니다.

    연구진은 한 단계 더 나아가 이들의 자손을 대상으로 연구를 했는데 자녀를 대상으로 했을 때 부모의 행복 1등급이 연봉의 400만원씩 차이가 났습니다. 환경도 물론 중요하지만 단순히 삶을 바라보는 관점만 바뀌어도 분명히 측정할 수 있는 인생의 변화가 생겼습니다.

    죄로 인해 영원한 사망에 이를 수밖에 없는 나를 예수님이 구원해주셨습니다. 이 놀라운 사실을 믿기에 우리는 기뻐할 수밖에 없으며 행복할 수밖에 없습니다. 주님이 주시는 참된 행복으로 더 나아지는 삶을 꿈꾸십시오. 아멘!!

♡ 주님! 믿음으로 행복함을 누리게 하소서.

구원받은 사실로 인해 찬양을 드리고 감사를 드립시다.

한 마디의 힘

읽을 말씀 : 잠언 12:18-28

●잠 12:18 칼로 찌름 같이 함부로 말하는 자가 있거니와 지혜로운 자의 혀는 양약과 같으니라

폴란드에 세계적인 피아니스트가 되려는 꿈을 가진 소년이 있었습니다. 그러나 선천적으로 손가락이 짧고 굵어서 피아노를 배우는 내내 "손가락 때문에 노력해도 한계가 있을 거다"라는 말을 듣곤 했습니다.

피아니스트가 되려는 꿈은 점점 희미해졌고, 소년은 전공을 바꿀 준비를 시작했습니다. 그리고 어느 날 아르바이트로 한 레스토랑에서 피아노를 연주했는데 한 신사가 찾아왔습니다.

"피아노 연주가 정말로 훌륭하군. 훌륭한 피아니스트가 될 수 있는 자질이 있으니 열심히 노력하렴."

소년은 신사의 얼굴을 보고는 깜짝 놀랐습니다. 자신이 가장 존경하던 세계적인 피아니스트 루빈스타인이었기 때문입니다. 루빈스타인의 격려를 받은 후 소년은 그 누가 어떤 말을 해도 흔들리지 않았습니다. 그리고 훗날 루빈스타인 못지않은 세계적인 피아니스트 잔 파데레우스키로 이름을 알렸습니다.

대가가 해주는 한 마디의 칭찬이 세계적인 피아니스트를 키웠듯이 창조주 하나님이 매일 우리에게 격려와 용기의 말씀을 주십니다. 천하보다 귀한 하나님의 자녀가 바로 나임을 잊지 마십시오. 아멘!!

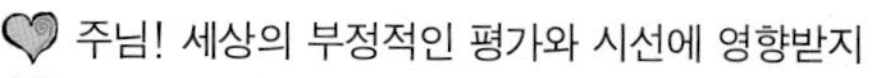

주님! 세상의 부정적인 평가와 시선에 영향받지 않게 지켜주소서.

하나님의 자녀라는 사실을 기억하고 정체성에 맞게 삽시다.

3개월의 감사

읽을 말씀 : 역대상 16:26-36

● 대상 16:34 여호와께 감사하라 그는 선하시
며 그의 인자하심이 영원함이로다

미국 시카고에서 활동하던 화가 솔맨은 한창 활동하던 젊은
나이에 결핵에 걸렸습니다. 작품도 인정받고, 결혼까지 해서 곧
태어날 아기까지 있던 솔맨은 큰 실의에 빠졌습니다. 의사는 임
파선에 문제가 있어 솔맨이 길어봤자 3개월 밖에 살지 못한다고
말했습니다. 몸이 아픈 것보다 아내와 태어날 아기에 대한 죄책
감에 슬퍼하는 솔맨에게 하루는 아내가 이렇게 말했습니다.

"우리 남은 3개월을 하나님의 선물이라고 생각해보면 어떨까
요? 하나님도, 사람도 원망하지 말고 우리 3개월을 행복과 감사
로 채워봐요."

아내의 위로는 솔맨의 마음을 움직였고 이때부터 솔맨은 아내
와 행복한 시간을 보내려고 노력하며 남은 시간에는 말씀을 묵
상하며 예수님의 초상화를 그렸습니다.

이때 솔맨이 완성한 '머리되신 그리스도'라는 작품은 엄청나게
유명한 작품이 됐고, 솔맨이 살아있을 때만 500만부 이상이 팔
렸습니다. 더 놀라운 사실은 3개월이 한참 지나도 솔맨은 죽지
않았고 오히려 병이 깨끗하게 나아 76살까지 살았습니다.

예수님을 믿고 구원받았다는 사실만으로 우리는 최고의 복을
받았습니다. 그 놀라운 축복으로 인해 불평과 불만이 아니라 감
사와 축복으로 남은 삶을 채우십시오. 아멘!!

♡ 주님! 주님만을 향한 감사가 제 삶을 가득 채우도록 하소서.

🧩 오늘 일어나는 모든 일을 통해 하나님께 감사합시다.

세상에 남길 것

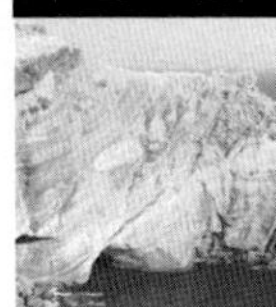

읽을 말씀 : 디도서 2:1-14

●딛 2:14 그가 우리를 대신하여 자신을 주심은 모든 불법에서 우리를 속량하시고 우리를 깨끗하게 하사 선한 일을 열심히 하는 자기 백성이 되게 하려 하심이라

평생 불우한 삶을 살다가 강도가 돼서 사형수가 된 한 남자가 있었습니다. 평생 죄를 지으면서도 아무런 죄책감이 없던 남자는 교도소에서 삶의 소중함과 죄의 추악함을 깨달았습니다.

아무도 찾아오는 사람도 없었고 쓸쓸한 독방에서 살아야 할 이유도 희망도 없이 갇혀 죽을 날만 기다리던 남자는 별다른 유언도 남기지 않고 묵묵히 죽음을 맞았습니다.

그가 죽은 후 독방에서는 작은 봉투 안에 유서와 알사탕 7개가 들어있었는데 유서에는 이런 내용이 적혀 있었습니다.

"내 삶은 평생 고통과 애증의 연속이었습니다. 내가 저지른 죄에 대한 가책을 이제야 느끼지만 너무 늦었습니다. 나로 인해 피해를 본 사람들이, 그 가족들이 내 죽음으로 나를 용서할 수 있다면 더 바랄 것이 없겠습니다. 마지막으로 나같이 쓸모없는 사람의 시체를 처리해주는 분에게 이 사탕을 주십시오. 위문을 온 분들이 주고 간 나의 모든 것입니다. 잘못엔 대가를 치르고 인생엔 빚이 있어선 안 된다는 걸 너무 늦게 깨달았습니다."

빛 되신 주님을 만나지 못하고 살아가는 인생의 마지막은 허무할 뿐입니다. 뒤늦게 깨달아 너무 늦은 죄인과 같은 삶을 살지 말고 예수님을 만난 즉시 변화되어 하나님의 자녀로 살아가는 큰 복을 누리십시오. 아멘!!

♡ 주님! 양심을 거스르지 않고 말씀을 따라 살아가게 하소서.
🐾 어떤 것을 남기는 인생을 살고 싶은지 생각해봅시다.

정말로 믿는다면

읽을 말씀 : 야고보서 2:14-26

●약 2:14 내 형제들아 만일 사람이 믿음이 있 노라 하고 행함이 없으면 무슨 유익이 있으리요 그 믿음이 능히 자기를 구원하겠느냐

　줄타기 곡예사인 찰스 브론딘은 나이아가라 폭포 하류에서 종종 공연을 했습니다. 사람들은 위험천만한 폭포가 떨어지는 강가에서 장대를 들고 줄을 타는 찰스의 모습을 보고 열광했고 찰스는 때때로 장대 대신 손수레를 끌고 건너기도 했습니다.
　한 번은 찰스가 줄타기를 마친 뒤 환호하는 사람들에게 이런 질문을 던졌습니다.
　"제가 사람을 업고 줄타기를 할 수 있다고 믿으십니까?"
　그러자 사람들은 더욱 열광하며 할 수 있다고 믿는다고 말했습니다. 찰스는 이어서 "그러면 정말로 업히실 분이 계십니까?" 물었는데 갑자기 분위기가 사그라들며 침묵만이 흘렀습니다. 그때 찰스의 매니저인 헨리가 앞으로 나왔습니다.
　"내가 업히겠네. 나는 자네를 정말로 믿네."
　찰스는 헨리에게 "절대 아래를 보지 말고, 자네가 헨리가 아니라 줄타기 명수 찰스 브론딘이라고 생각하게"라는 조언을 한 뒤 헨리를 업었고 줄타기를 성공했습니다.
　정말로 믿는다면 반드시 행동하게 됩니다. 나의 삶이 단순히 내 삶이 아니라 하나님이 인도하는 나의 삶이라고 생각하며 하나님께 인생을 맡기고 담대히 도전하십시오. 아멘!!

💗 주님! 어떤 어려움도 하늘 아버지를 믿고 맡기게 하소서.
🖼 나의 삶의 어느 부분을 하나님께 맡기기 어려운지 생각해봅시다.

운동에 실패하는 이유

읽을 말씀 : 로마서 8:18-30

● 롬 8:27 마음을 살피시는 이가 성령의 생각을 아시나니 이는 성령이 하나님의 뜻대로 성도를 위하여 간구하심이니라

　많은 학자들의 연구에 따르면 우리 몸은 운동을 해야만 하게 만들어졌다고 합니다. 걷기 같은 간단한 운동을 하더라도 우리 몸에는 다음과 같은 효과가 일어납니다.
　1. 스트레스와 불안 해소
　2. 행복감 증진
　3. 자존감 향상
　4. 사회적인 관계 향상
　5. 중독 증상 조절 및 기억력 향상
　결국 운동은 자연스럽게 해야 할 활동 중 하나입니다. 하지만 우리 주변에는 운동을 작심삼일로 끝내는 사람들이 너무 많습니다. '심리학자 운동을 말하다'의 저자 마이클 오토는 그 이유를 다음과 같이 말합니다.
　"운동을 시작하는 사람들은 모두 환상을 품습니다. 살이 빠지고 모델 같이 아름다운 몸이 금방 생길 줄 기대하지만 현실이 그렇지 않기에 동기가 점점 줄어듭니다."
　잘못된 환상으로 헛된 기대감을 품는 것보다 운동 자체를 즐기는 것이 성공의 비결이듯이 신앙도 마찬가지입니다. 기적과도 같은 기도의 응답보다도 하나님과 동행하며 하나님의 마음을 알아가는 진짜 신앙생활에 목적을 두십시오. 아멘!!

♡ 주님! 주님과 함께함만이 신앙의 목적이 되게 하소서.
🧎 하나님을 떠나지 않고 늘 곁에 머무는 형통한 삶을 삽시다.

핑계는 끝이 없다

읽을 말씀 : 로마서 1:18-32

● **롬 1:20** 창세로부터 그의 보이지 아니하는 것들 곧 그의 영원하신 능력과 신성이 그가 만드신 만물에 분명히 보여 알려졌나니 그러므로 그들이 핑계하지 못할지니라

　1980년대의 테니스 스타 존 매캔로는 메이저 대회를 12번이나 우승한 최고의 선수였습니다. 그러나 자신의 재능이 평가받는 것을 두려워 경기에 질 때마다 온갖 핑계를 대는 '핑계의 제왕'이기도 했습니다.

　경기를 하다가 갑자기 열이 올라서 졌다고 말한 적이 있으며 멀쩡한 허리가 아파서 졌다고 말한 적도 있습니다. 사람들이 너무 기대를 해서 졌던 적도 있고, 신문기사가 자신의 심기를 불편하게 해서 졌던 적도 있었습니다. 최근 연애를 시작한 친구가 부러워서 졌던 적도 있었고, 시합 직전에 식사를 해서 졌던 적도 있었고, 체중에 변화가 생겨서 졌던 적도 있었고, 한 번은 연습을 너무 많이 해서 졌고, 한 번은 연습을 너무 적게 해서 졌고, 심지어 방송을 촬영하던 카메라맨이 헤드셋을 벗은 진동이 땅을 울려서 진 적이 있다고도 말했을 정도였습니다.

　전설적인 농구감독 존 우든은 "패배자는 승부에서 진 사람이 아니라 남의 탓을 하는 사람"이라는 말을 남겼는데, 그런 의미에서 존 매캔로는 12번이나 메이저 우승을 한 최고의 선수였지만 항상 남의 탓을 하는 패배자이기도 했습니다.

　하나님을 위한 믿음만 바로 잡혀 있다면 그 어떤 상황도 문제가 되지 않습니다. 하나님을 소홀히 하면서 핑계를 대고 있지 않은지 살펴보고, 잘못이 있다면 자백하고 당당하게 사십시오. 아멘!!

♡ 주님! 모든 문제와 환경을 극복할 더욱 큰 믿음을 주소서.

🧎 하나님을 사랑하고자 하는 마음으로 모든 핑계를 극복합시다.

성경에서 찾은 대화의 지혜

읽을 말씀 : 로마서 12:14-21

●롬 12:16 서로 마음을 같이하며 높은 데 마음을 두지 말고 도리어 낮은 데 처하며 스스로 지혜 있는 체 하지 말라

　말을 통해 마음을 전하는 것을 대화라고 하는데, 성경 말씀을 기반으로 정리한 '7가지 지혜로운 대화 방법'이 있습니다.

1. 상대방이 하는 말을 끝까지 듣는다(잠언 18:13).
　상대방의 말을 듣는 것은 대화의 기본입니다.
2. 상대가 알아들을 수 있도록 말한다(야고보서 1:19).
　눈높이를 맞춰 대화해야 받아들일 수 있습니다.
3. 사실을 부풀려 말하지 않는다(골로새서 3:9).
　사랑엔 거짓이 없습니다. 진실에 사랑을 더하십시오.
4. 말다툼을 벌이지 않는다(로마서 13:13).
　성숙한 성도는 싸우지 않고도 의견을 조율할 수 있습니다.
5. 부드럽고 친절하게 응대한다(잠언 14:29, 15:1).
　가시 돋힌 말이나 분을 품은 말을 사용하지 마십시오.
6. 상대를 책망하거나 비판하지 않는다(갈라디아서 6:1).
　심령을 회복시키고 격려하는 말을 대화의 목적으로 삼으십시오.
7. 비난과 책망에 똑같이 대응하지 않는다(베드로전서 2:23, 3:9).
　비난과 책망은 그대로 돌아오는 메아리일 뿐입니다.

　세상의 다른 어떤 책보다 귀한 지혜가 모두 성경 안에 있습니다. 말씀이 가르치는 지혜로운 대화법을 배우십시오. 아멘!!

♡ 주님! 말씀에 담겨있는 지혜로 말하고 또 듣게 하소서.
위에 나온 말씀 구절들을 찾아보고 마음에 새깁시다.

2월
"여호와여 주의 도를 내게 가르치시고
내 원수를 생각하셔서 평탄한 길로 나를 인도하소서"
(시편 27편 11절)

새벽을 깨우는 이유

읽을 말씀 : 마가복음 1:35-39

● 막 1:35 새벽 아직도 밝기 전에 예수께서 일어나 나가 한적한 곳으로 가사 거기서 기도하시더니

『한국의 목회자들이 목회에서 가장 어렵게 생각하는 것 중 하나가 새벽기도라고 한다.

성도들이야 피곤해서 하루 빠지면 그만이고 누가 뭐라 할 사람도 없지만 목회자에게는 어떤 변명과 핑계도 통하지 않는다.

새벽기도가 없는 미국에서 신학을 공부한 나도 처음 한국에 왔을 때 새벽기도에 큰 부담을 느꼈다. '푹 자고 일어나 기도하면 되지 굳이 새벽에 일어나야 되나?'라는 생각도 가졌었지만 오랜 새벽기도로 하나님을 경험한 교회 권사님들의 조언에 따라 새벽기도에 최선을 다했다.

새벽 4시에 일어나 하나님께 기도를 한 나는 힘들고 어려운 새벽기도를 통해 하나님을 더 깊이 만나고 말씀이 깨달아지는 큰 복을 받았다.

이제 은퇴를 하고 목회에서는 한 걸음 물러났지만 그럼에도 복음의 도구로 쓰임 받는 다양한 길들을 하나님께서 열어주시는 것은 너무나 힘들었던 그 새벽기도를 통해 하나님이 주시는 힘을 받아왔기 때문이라고 생각하며 나는 지금도 새벽을 깨우고 있다.』(김장환 목사 개인 노트에서 발췌 편집)

하나님과의 교제는 하루도 쉬어선 안 되는 영혼의 호흡입니다. 바쁘고 분주한 삶 가운데 온전하게 주님께 집중할 수 있는 새벽을 깨우십시오. 아멘!!

♡ 주님! 말씀과 기도를 철저히 생활화하게 하소서.

자주자주 새벽에 교회당에 가서도 주님을 만납시다.

하나님이 인정하는 삶

읽을 말씀 : 베드로전서 5:1-11

● 벧전 5:6 그러므로 하나님의 능하신 손 아래에서 겸손하라 때가 되면 너희를 높이시리라

　영국 노스햄스턴의 작은 마을에는 총명하기로 소문난 조지와 윌리엄이라는 두 형제가 있었습니다.

　직조공인 아버지는 두 아들을 자랑처럼 여겼고 꼭 성공을 해서 가문을 세워야 한다고 입버릇처럼 말했습니다. 아버지는 큰형 조지는 대학을 보내고, 윌리엄은 당시 유망한 직종이었던 구두수선 일을 하게 했습니다. 배움에 대한 의지가 있었던 윌리엄은 아버지가 시킨 일을 하면서도 독학을 해 대학을 갔는데 그곳에서 하나님을 만나 선교사의 꿈을 품었습니다.

　아버지를 비롯한 가족들은 명문대를 나와 성공한 정치인이 된 형을 거론하며 기껏 대학을 나와서 한다는 게 그런 일이냐며 폄훼했지만 윌리엄은 '선교'라는 개념이 잡혀 있지도 않은 시대에 인도로 가서 평생을 그곳에 있었습니다.

　조지와 윌리엄이 세상을 떠나고 영국의 인명백과사전은 두 사람의 업적을 실었는데 '현대선교의 아버지'로 불린 윌리엄 캐리는 무려 2페이지 가까이 업적이 소개됐습니다. 그러나 정치인이었던 형은 그저 '윌리엄 캐리의 형. 정치인'이라는 짧은 소개가 전부였습니다.

　성경에 기록된 믿음의 위인들 역시 세상적으로는 실패한 초라한 삶을 살다간 사람들이 대부분이었습니다. 나의 욕심, 세상의 평가가 아니라 하나님의 인도하심을 따르십시오. 아멘!!

♡ 주님! 하나님의 기준이 인생의 푯대가 되게 하소서.

▨ 하나님이 기뻐하시는 삶이 무엇인지 깊이 생각해봅시다.

죽음 앞의 두려움

읽을 말씀 : 사도행전 2:14-24

● 행 2:24 하나님께서 그를 사망의 고통에서 풀어 살리셨으니 이는 그가 사망에 매여 있을 수 없었음이라

미국 캘리포니아 주립대학의 패티슨 교수와 마린 호스피스의 윌리엄 교수는 죽음을 앞둔 사람들이 느끼는 두려움에 대해 공동연구를 했습니다.

다음은 패티슨 교수와 윌리엄 교수가 발표한 '죽음을 앞둔 사람들이 가장 두려워하는 7가지'입니다.

1. 죽음이라는 알 수 없는 영역에 대한 두려움
2. 고독에 대한 두려움
3. 가족이나 친구 같은 사랑하는 사람들과 떨어진다는 두려움
4. 신체의 일부를 잃게 된다는 두려움
5. 삶을 컨트롤 할 수 없다는 사실에 대한 두려움
6. 정신적, 육체적 고통에 대한 두려움
7. 진실을 모른다는 두려움

이 중 가장 특이한 것은 마지막 일곱 번째 두려움인데 많은 환자들은 비록 살날이 많이 남지 않았어도 의사들이 솔직하게 자신의 상태를 말해주기를 원했습니다.

누구도 죽음을 피할 수는 없기에 위의 두려움은 모든 사람이 결국 직면하게 됩니다. 죽음의 코앞에서 진리를 몰라 헤매는 인생이 되지 말고 성경이 말씀하는 죽음과 확실한 구원의 방법을 믿으십시오. 아멘!!

♥ 주님! 죽음을 이기게 하신 주님의 은혜를 늘 기억하게 하소서.
주님을 믿는 것이 천국 생활의 시작임을 전합시다.

간절한 기도의 힘

읽을 말씀 : 마가복음 11:20-25

●막 11:24 그러므로 내가 너희에게 말하노니 무엇이든지 기도하고 구하는 것은 받은 줄로 믿으라 그리하면 너희에게 그대로 되리라

영국의 한 도시에 교회와 술집이 붙어 있었습니다.

마을에는 술을 좋아하는 사람들이 많아서 예배시간에도 종종 떠드는 소리와 흥겨운 음악소리가 들렸습니다.

목사님은 교회 옆의 술집이 문을 닫게 해달라고 매 예배 때마다 성도들과 합심해서 기도를 했는데 정말로 몇 달 뒤 술집은 손님이 점점 줄어 문을 닫았습니다.

평소 옆 교회에서 술집이 문을 닫게 해달라고 기도한 걸 알았던 술집 주인은 교회를 상대로 손해배상을 청구했고, 법정에서 치열한 공방이 벌어졌습니다.

술집 주인은 교인들의 간절한 기도 때문에 자신들이 망했다고 주장했고, 교인들은 우리가 기도는 했지만 설마 기도 때문에 정말로 망했겠냐고 변론했습니다.

재판이 끝나고 판사는 판결을 내리기 전에 이런 말을 했습니다.

"술집이 망한 이유를 떠나서 일단 술집 주인의 믿음이 교인 여러분보다 강하다는 것은 제가 알 것 같습니다."

기도를 할 때 어떤 마음으로 하십니까? 습관처럼 입에서만 나오는 기도가 아니라 정말 이루어지고, 그 결과에 책임을 지는 마음으로 기도하십시오. 아멘!!

♡ 주님! 겨자씨만한 믿음을 마음에 허락해주소서.
▥ 반드시 응답하시는 주님을 믿는 마음으로 기도합시다.

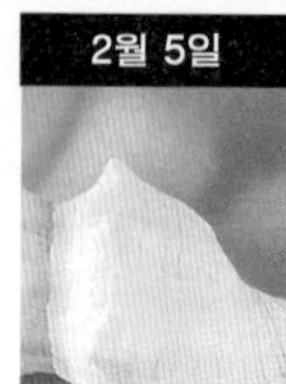

모든 걸 주시는 분

읽을 말씀 : 요한1서 4:7-21

●요일 4:9 하나님의 사랑이 우리에게 이렇게 나타난 바 되었으니 하나님이 자기의 독생자를 세상에 보내심은 그로 말미암아 우리를 살리려 하심이라

어떤 남자가 나를 찾아와 이런 말을 했다고 생각해봅시다. "내 재산의 절반을 당신에게 주겠습니다."

그런데 알고 보니 그 사람은 거의 빈털터리나 다름없었습니다. 그러면 설령 그 사람이 약속을 지킨다 하더라도 기분은 썩 좋지 않을 것입니다. 오히려 나를 놀린다는 생각이 들 수도 있습니다.

그러나 나에게 그 약속을 한 사람이 만약에 백만장자라면 어떨까요? 아마 엄청난 돈을 받을 생각에 흥분해서 밤에 잠도 이루지 못할 것입니다. 그리고 받은 돈을 어떻게 쓸지 몇 날 며칠을 고민할 게 분명합니다.

이제 이 약속을 우리의 신앙에 적용해봅시다. 하나님은 예수님을 통해 나를 향한 사랑을 보여주셨습니다. 그리고 무엇이든지 구하는 대로 주시겠다고 분명히 약속하셨습니다.

이 하나님의 약속을 나는 어떻게 믿고 있습니까? 백만장자의 약속보다 더 기쁘게 생각하고 설레는 마음으로 구하며 살고 있습니까? 하나님은 나에게 백만장자입니까? 아니면 영생을 주실 수 있는 만왕의 왕이십니까? 아니면 빈털터리입니까?

하나님은 우리에게 정말로 모든 걸 주실 수 있는 능력이 있습니다. 심지어 가장 귀한 예수님을 주심으로 이미 증명하셨습니다. 예수님을 통해 확증된 하나님의 능력을 믿고 담대히 구하십시오. 아멘!!

♡ 주님! 이들도 아끼지 않으셨던 하나님의 사랑을 깨닫게 하소서.

🕮 담대한 믿음으로 필요한 모든 것을 하나님께 구합시다.

변화의 첫 걸음

읽을 말씀 : 로마서 14:7-12

●롬 14:8 우리가 살아도 주를 위하여 살고 죽어도 주를 위하여 죽나니 그러므로 사나 죽으나 우리가 주의 것이로다

성공한 야구선수로 방탕한 삶을 살다가 우연히 드린 예배로 주님을 만난 청년이 있었습니다. 감격을 주체하지 못 한 이 청년은 예배가 끝나고 목사님을 찾아가 자신이 예배 중에 느꼈던 하나님의 손길을 설명하며 이렇게 물었습니다.

"전 이제 하나님을 위해 살고 싶습니다. 하나님께 쓰임 받으려면 어떻게 살아야 하나요?"

목사님은 이 청년에게 하루에 1시간만 변하면 된다면서 이렇게 조언했습니다.

"하루에 15분은 성경을 묵상하고, 하루에 15분은 기도하십시오. 그리고 15분은 나에게 했듯이 당신이 만난 하나님을 다른 사람에게 전하고 나머지 15분은 선행을 실천하면 평생 하나님께 쓰임 받을 수 있습니다."

청년은 목사님의 말을 믿고 그날부터 이 수칙을 지키며 수많은 사람들을 전도했습니다.

24살에 예수님을 만나 변화된 이 청년은 49년 동안 90만 명을 전도한 윌리엄 애슬리 선데이입니다.

커다란 변화는 작은 결심에서 시작합니다.

하루 1시간이 힘들다면 30분, 그것도 힘들다면 단 10분이라도 하나님께 쓰임 받는 내가 되기 위한 결단을 하십시오. 아멘!!

♡ 주님! 주님께 더 가까이 가는 삶이 되고자 하는 열망을 주소서.

🙏 하루의 시작과 마지막을 말씀과 기도로 주님과 함께 합시다.

제대로 분별하라

읽을 말씀 : 요한1서 4:1-6

●요일 4:1 사랑하는 자들아 영을 다 믿지 말고 오직 영들이 하나님께 속하였나 분별하라 많은 거짓 선지자가 세상에 나왔음이라

찰스 스펄전에게 한 남자가 찾아와 이런 말을 한 적이 있습니다.

"최근 며칠 동안 하나님께서 목사님께 가면 10파운드를 주실 것이라는 음성을 들려주셨습니다. 어쩌면 좋을까요?"

사실 남자는 목사님의 신앙심을 이용해 돈을 뜯어내려는 사기꾼이었습니다. 남자의 의도를 파악한 목사님은 지혜롭게 대답해 돌려보냈습니다.

"그 음성이 정말로 하나님의 음성이라면 분명 저에게도 말씀하셨을 텐데 어쩐 일인지 아무 응답이 없습니다. 여기 성도님의 주소를 써놓고 가면 제가 응답을 받자마자 꼭 10파운드를 전달해 드리도록 하겠습니다."

또 하루는 설교를 마치자 한 성도가 찾아와 "정말 목사님 설교는 언제 들어도 최고인 것 같습니다"라는 칭찬을 했습니다. 그러나 목사님은 덤덤한 표정으로 이런 말을 했습니다.

"너무도 감사한 칭찬이지만 사실 제가 설교를 할 때마다 마귀가 제 마음에 그렇게 속삭인답니다. 오로지 모든 영광은 하나님께 돌리십시오."

성령님의 감동은 바르게 분별되어야 합니다. 말씀과 겸손함을 기준으로 바르게 분별할 지혜를 구하십시오. 아멘!!

♡ 주님! 잘못된 방법으로 주님을 이용하지 않게 하소서.

주님의 이름을 빙자해 우리의 이익을 추구하지 맙시다.

영으로 믿으라

읽을 말씀 : 고린도전서 2:6-16

● 고전 2:14 그는 그것들을 알 수도 없나니 그 러한 일은 영적으로 분별되기 때문이라

스코틀랜드 도시인 글래스고 지역의 한 교회에서 있었던 일입니다. 거리로 나와 전도를 하던 목사님의 말을 듣던 한 남자가 잔뜩 심술이 난 얼굴로 이런 말을 했습니다.

"목사 양반, 당신은 지금 헛소리로 사람들을 속이고 있습니다. 나는 천국을 믿지 않습니다. 지옥은 물론 하나님, 예수 그리스도, 성경도 믿지 않아요. 왜냐하면 나는 당신이 말하는 것들은 단 하나도 이 눈으로 본 적이 없거든요. 나뿐만 아니라 여기 있는 모든 사람들이 본 적이 없습니다. 그렇게 전하는 당신은 본 적이 있습니까?"

남자의 말이 끝나자 갑자기 한 시각장애인이 지팡이를 더듬으며 앞으로 나와 말했습니다.

"보시다시피 나는 눈이 보이지 않습니다. 그래서 우리 지역의 명소인 클라이드 강이 실제로 있는지 어떤지는 잘 모릅니다. 그러나 강의 아름다움에 대해서 말하는 사람들과 실제로 느낄 수 있는 물과 바람이 있어서 믿습니다. 때로는 보이지 않아도 느낄 수 있고, 또 믿을 수 있는 것이 있지 않겠습니까?"

눈이 멀면 세상이 보이지 않듯이 영적인 눈이 멀면 온 세상에 가득한 하나님의 사랑이 보이지 않습니다. 믿음이 흔들리지 않도록 영의 눈을 올바른 예배로 맑게 유지하십시오. 아멘!!

🩶 주님! 경험하고 체험한 하나님을 의심하지 않게 하소서.

🧩 눈에 보이고 느끼는 좋은 것들이 하나님의 사랑임을 감사합시다.

불평의 함정

읽을 말씀 : 시편 37:1-9

● 시 37:8 분을 그치고 노를 버리며 불평하지 말라 오히려 악을 만들 뿐이라

불평에 대한 페르시아 지역의 한 우화입니다.

숲 속에서 닭과 쥐, 그리고 토끼가 함께 살고 있었습니다. 세 동물은 각자 잘할 수 있는 일들을 맡아서 했습니다. 토끼는 요리를 하고, 쥐는 물을 길어 왔고, 닭은 땔감을 모았습니다. 그런데 하루는 땔감을 줍는 닭에게 까마귀가 날아와 말했습니다.

"바보 같이 왜 혼자 가장 힘든 일을 하고 있니? 나라면 땔감을 줍지 않고 편하게 물을 길어 올 텐데."

이 말을 들은 닭은 집으로 오자마자 자기 일이 가장 힘들다고 불만을 털어놨습니다. 결국 닭의 제안으로 서로의 담당이 바뀌었는데 나무를 하러 간 토끼는 늑대에게 잡아먹히고, 물을 뜨러 간 닭은 부리로 물통을 제대로 들지 못해 물을 길다 빠져서 죽고 말았습니다. 쥐는 부엌에서 기다리다 못해 혼자서 땔감을 구하고 물을 길으려고 하다가 굶어 죽었습니다.

페르시아 사람들은 이 우화를 통해 "불평 한 마디가 때로는 평지풍파를 일으킨다"는 교훈을 가르칩니다.

작가 라이트는 "불평과 잔소리를 한 마디씩 할 때마다 당신의 가정은 무덤으로 들어가고 있다"라고 했습니다.

가정, 직장, 교회… 어디에도 불평과 불만이 쓸모 있는 곳은 단 한 곳도 없습니다. 정말로 어렵고 억울한 상황이 찾아와 불평하기 보다는 성령님의 인도하심을 더욱 구하십시오. 아멘!!

♡ 주님! 하나님의 사랑과 평강으로 마음을 가득 채우소서.

🖼 어떤 상황에서도 항상 먼저 감사의 제목을 찾아 감사합시다.

마귀의 팔복

읽을 말씀 : 에베소서 4:13-16

● 엡 4:14 이는 우리가 이제부터 어린 아이가 되지 아니하여 사람의 속임수와 간사한 유혹에 빠져 온갖 교훈의 풍조에 밀려 요동하지 않게 하려 함이라

더글라스 파슨즈의 '성공적인 신앙생활을 위한 잠언'에 나오는 마귀의 팔복에서 복을 화로 고쳐 마귀의 팔화로 소개합니다.

"① 바쁘다는 핑계로 교회에 나가지 않는 자는 화가 있나니 그들이 나의 가장 믿을 만한 일꾼이 될 것임이요. ② 목사님 트집만을 잡으려고 교회에 오는 자는 화가 있나니, 설교를 듣고도 은혜를 받지 못할 것임이요. ③ 등록한 교회이면서도 나오라고 사정해야만 나오는 자는 화가 있나니, 그들은 교회에서 말썽꾸러기가 될 것임이요. ④ 험담하고 소문 퍼트리기를 좋아하는 자는 화가 있나니 그들은 내가 가장 좋아하는 다툼과 분쟁을 일으킬 것이요. ⑤ 걸핏하면 교회에 삐치는 자는 화가 있나니 작은 일에도 화를 내고 교회를 곧 그만 두게 될 것이요. ⑥ 하나님의 일에 인색하고 헌금하지 않는 자도 화가 있나니, 그들은 나의 일을 가장 잘 돕는 자가 될 것임이요. ⑦ 성경 읽고 기도할 시간이 없을 정도로 바쁜 자는 화가 있나니 그들은 나의 유혹에 쉽게 넘어갈 것이요. ⑧ 하나님을 사랑한다 하면서도 자기의 형제와 이웃을 미워하는 자는 화가 있나니 그들은 지옥에서 나의 영원한 친구가 될 것이니라."

하나님을 믿어도, 교회를 다녀도, 신앙생활을 열심히 해도 마귀의 함정은 곳곳에 도사리고 있습니다. 마귀의 간교에 무너지지 않도록 말씀에 비추어 매일매일 바로 서십시오. 아멘!!

♡ 주님! 나의 생각이 아닌 주신 말씀을 따라 믿고 생활하게 하소서.
▨ 위 팔화 중에 고쳐야 할 나의 모습이 있다면 바로 적용합시다.

예배의 시작

읽을 말씀 : 에베소서 5:1-14

● 엡 5:8 너희가 전에는 어둠이더니 이제는 주 안에서 빛이라 빛의 자녀들처럼 행하라

외국의 한 교회에서 참된 예배를 드리는 곳이 있다는 소문을 듣고 찾아간 목사님이 한 분 계셨습니다. 그런데 예배가 끝날 때까지 도대체 다른 교회와 무엇이 다른지를 알 수 없었습니다.

찬양도 평범했고, 말씀이 유독 좋은 것도 아니었습니다. 이상하게 여기던 목사님은 교회를 나가는 순간 그 이유를 알 수 있었는데 나가는 문 위에는 이런 현수막이 걸려 있었습니다.

"우리의 예배는 이 예배당을 나가면서부터 시작됩니다."

칼럼니스트 에드가 프랭크는 신앙 잡지 '크리스천 센츄리'에 다음과 같은 글을 썼습니다.

"제가 아는 어떤 사람은 일하는 공장의 작업대를 제단으로 생각했고, 마트에서 일하는 어떤 사람은 계산대를 예배 처소로 생각했습니다. 어떤 사람은 업무를 보는 책상을, 어떤 주부는 거실과 주방을 예배드리는 곳으로 생각했습니다. 이런 사람들이 점점 많아져서 평범한 환경이 우리의 성전이 될 때 하나님의 사랑이 온 세상에 퍼져나갈 것입니다."

쉬지 않고 기도할 수 있는 이유는 내가 하는 모든 말과 행동, 삶의 목적들이 다 하나님을 향해 있고, 사랑과 말씀을 담고 있기 때문입니다. 눈을 뜬 순간부터 하나님께 드리는 예배가 시작됐다고 생각하십시오. 아멘!!

♡ 주님! 삶을 통해 하나님을 전할 수 있는 제가 되게 하소서.

지금 하는 일을 통해 하나님의 사랑을 전할 방법을 생각합시다.

체험이 증거

읽을 말씀 : 시편 14:1-5

● 시 14:1 어리석은 자는 그의 마음에 이르기를 하나님이 없다 하는도다 그들은 부패하고 그 행실이 가증하니 선을 행하는 자가 없도다

옥스퍼드 대학의 진화생물학자 줄리안 헉슬리 교수는 유명한 무신론자였습니다. 교수의 제자 중에는 독실한 크리스천이 있었는데 하루는 교수가 이런 질문을 했습니다.

"자네의 종교에 대해서 나에게 이야기를 좀 해주지 않겠나?"

제자는 세계적인 석학인 줄리안 교수가 토론을 하자는 줄 알고 깜짝 놀랐습니다.

"저는 교수님을 설득시키거나 토론을 할 능력이 없습니다."

"그게 아니라 그저 신앙이 자네 인생에서 어떤 영향을 끼쳤는지 말해주면 되네. 나도 자네와 논쟁을 하고 싶은 생각은 없네."

제자는 자신이 하나님을 만나게 된 계기와 그 이후의 기적과도 같은 체험과 변화에 대해 말했습니다. 진지하게 제자의 말을 경청한 뒤 교수는 이렇게 말했습니다.

"난 여전히 기독교를 믿을 수 없네. 그러나 자네와 같은 경험을 할 수 있다면 내 모든 걸 잃어도 아깝지 않을 것 같아."

하나님은 지식이 부족해도, 노력이 부족해도, 가진 것이 부족해도 모든 사람이 구원을 받을 수 있는 길을 열어놓으셨습니다. 내 삶에 임하신 하나님의 손길이 무엇보다 강력한 하나님의 살아계심의 증거가 된다는 것을 믿으십시오. 아멘!!

💗 주님! 주님께서 이루신 일을 어디서나 잘 간증하게 하소서.

📖 구원받은 간증과 신앙 체험을 말할 수 있게 정리해 놓읍시다.

바르게 아십시오

읽을 말씀 : 로마서 10:1-3

●롬 10:2 내가 증언하노니 그들이 하나님께 열심이 있으나 올바른 지식을 따른 것이 아니니라

하늘이 맑고 청량한 가을 바람이 불어오던 어느날, 작가 존 새든이 친구와 기차를 타고 여행을 하고 있었습니다.

덜컹거리는 기차 안에서 대화를 나누던 중 독실한 크리스천인 존에게 친구가 이렇게 물었습니다.

"도대체 사랑의 하나님이 어떻게 사람을 지옥에 보낼 수 있나? 내 머리로는 도저히 이해가 안 되네. 사랑해서 아끼는 독생자를 이 땅에 보냈는데 그걸 믿지 않는다고 다시 지옥으로 보낸다는 게 말이 되나?"

존은 대답 대신 친구에게 다른 질문을 던졌습니다.

"대답하기보다 나도 질문을 한 가지 하고 싶네. 하나님이 정말로 선한 분이라면 우리 같은 죄인을 어떻게 하늘나라에 받으실 수 있겠는가? 사랑의 하나님이시기에 죄인인 우리를 구원하기 위해 유일하면서도 가장 쉬운 방법을 모두에게 주셨다고 나는 생각하네."

말씀과 은혜, 깊은 묵상이 아니고서는 하나님을 제대로 이해하고 경험할 수 없습니다. 주변에서 들은 편향된 말이나 잘못된 지식에 귀를 기울이지 말고 하나님이 주신 유일한 나침반인 성경을 통해 진짜 하나님을 알아 가십시오. 아멘!!

♡ 주님! 주님의 사랑을 성경을 통해 바르게 알게 하소서.
🎴 누가 뭐라고 질문해도 순간순간 성령님을 의지해 답합시다.

금연을 한 이유

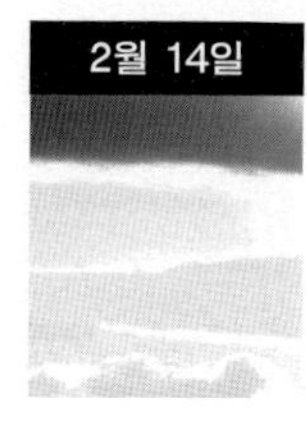

읽을 말씀 : 요한복음 13:12-15

●요 13:15 내가 너희에게 행한 것 같이 너희도 행하게 하려 하여 본을 보였노라

미국의 다이빙 선수 그렉 루가니스는 올림픽에서 4관왕을 차지한 전설적인 인물입니다. 그가 하루는 로스엔젤레스에 있는 수영장에서 연습을 하고 주차장으로 가고 있는데 으슥한 곳에서 앳된 소년이 담배를 피우고 있었습니다. 그렉은 조심히 다가가 소년의 나이를 물었고 그는 12살이라고 대답했습니다. 그렉은 소년에게 담배를 피우는 이유를 물었습니다.

"저는 수영선수가 꿈인데 제가 가장 좋아하는 수영선수가 담배를 엄청 피우거든요. 저는 그 사람의 모든 걸 닮고 싶어요."

소년이 말한 좋아하는 선수가 바로 자신임을 알고 그렉은 크게 놀랐습니다. 그렉은 유명한 애연가였고 또 담배 피는 모습이 멋져서 여러 화보도 촬영한 전력이 있었습니다.

그렉은 자신의 운동 외의 모습도 많은 사람들에게 영향을 줄 수 있음을 깨닫고 그날로 금연을 결심했는데 이후 한 토크쇼에서 자신이 살면서 한 가장 잘한 결정 중 하나가 그날 소년을 만난 뒤에 금연한 것이라고 말하기도 했습니다.

나의 무의식적인 행동들도 알게 모르게 주위 사람들에게 영향력을 미치고 있습니다. 작은 습관 하나도 선한 영향력을 미칠 수 있는 경건한 성도가 되십시오. 아멘!!

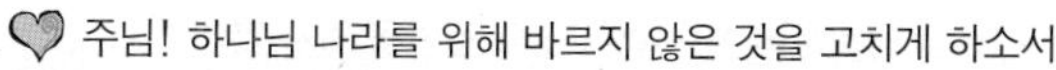

♡ 주님! 하나님 나라를 위해 바르지 않은 것을 고치게 하소서.

🧩 선한 영향력을 위해 끊어야 할 습관들을 끊읍시다.

예수님이 이미 하셨다

읽을 말씀 : 사도행전 2:14-27

● 행 2:21 누구든지 주의 이름을 부르는 자는 구원을 받으리라 하였느니라

유명한 전도자 무디가 디트로이트에서 대규모의 전도 집회를 마치고 숙소로 가는 중이었습니다. 저 멀리서 한 청년이 집회 장소로 뛰어오다가 무디를 발견하고는 다가와 말했습니다.

"벌써 집회가 끝났나요? 여기에 오면 답을 찾을 수 있다는 소식을 듣고 바로 뛰어왔는데 벌써 끝났습니까? 이제 저는 어떡하면 좋죠? 제 인생의 답을 도저히 찾을 수 없어서 평생을 고민했습니다. 저는 도대체 이제 어떡해야 합니까?"

"안타깝지만 이미 늦었습니다."

무디의 말을 들은 청년은 하소연을 했습니다.

"그럼 도대체 구원을 받으려면 저는 어떡해야 합니까? 언제 있을지 모르는 다음 집회를 기다려야 합니까?"

"그런 말이 아닙니다. 이미 예수님께서 모든 일을 다 하셨기에 당신이 무슨 일을 하기에는 너무 늦었다는 말입니다."

무디는 곧 청년에게 복음에 대해서 설명해줬고, 청년은 아무도 없는 늦은 밤 공터에서 무릎을 꿇고 예수님을 영접했습니다.

예수님이 나의 구원을 위해서 이미 모든 일을 완성하셨습니다. 나의 노력이 아니라 예수님의 은혜에 힘입어 구원을 받고, 사역을 감당하고 구원의 기쁨을 누리십시오. 아멘!!

♡ 주님! 주님의 공로를 믿는 것이 구원의 길임을 잊지 않게 하소서.
🎴 내 공로가 아닌 예수님의 공로만으로 구원받았음을 늘 기억합시다.

지금도 찾고 계시는 주님

읽을 말씀 : 디모데전서 2:1-15

●딤전 2:4 하나님은 모든 사람이 구원을 받으며 진리를 아는 데에 이르기를 원하시느니라

　가난 때문에 자녀를 키울 형편이 안 되어 어린 남매를 친척 집에 맡긴 부모가 있었습니다.

　머물 곳도 없이 떠돌던 부모는 각고의 노력으로 가족이 머물 만한 공간을 마련해 겨우 다시 자녀를 데려오려 했습니다. 그런데 친척의 실수로 남매는 이미 미아가 됐고 고아원에 들어갔습니다.

　부모는 친척들과 함께 열심히 아이를 찾아다녔지만 찾지 못했고 그 사이 남매는 프랑스로 입양을 가 무려 40여 년의 시간이 흘렀습니다.

　남매는 자신들이 버림받은 줄 알고 애써 친부모를 외면하며 살아갔지만 그래도 더 늦기 전에 만나고 싶다는 마음이 들어 프랑스 교민들과 한국 정부의 도움을 받아 친부모를 찾기 시작했습니다. 그렇게 40여 년 만에 다시 만난 부모님은 남매를 보자마자 달려와 안으며 이 말을 반복했습니다.

　"너희를 얼마나 찾아 헤맸는지 몰라. 너희를 버린 것이 아니야. 계속 찾고 있었단다. 사랑한다. 정말 사랑해."

　잃어버린 한 영혼을 하나님은 지금도 이보다 더한 심정으로 찾고 계십니다. 이 놀라운 하나님의 사랑을 한시도 잊지 말고 한 명이라도 더 많은 사람들에게 전하십시오. 아멘!!

♡ 주님! 모든 사람을 구원하길 원하는 하나님의 마음을 알게 하소서.

주변에 믿음을 갖고자 하는 이들을 찾아 복음을 전합시다.

믿음을 키우라

읽을 말씀 : 에베소서 6:10-20

●엡 6:13 그러므로 하나님의 전신 갑주를 취하라 이는 악한 날에 너희가 능히 대적하고 모든 일을 행한 후에 서기 위함이라

'농구 황제' 마이클 조던이 아버지의 꿈을 이루려고 야구선수를 하다가 농구로 복귀한다는 소식이 들렸을 때 모든 언론이 대서특필했습니다. '농구화를 신은 예수가 돌아오다', '돌아온 슈퍼맨' 등으로 표현한 언론들도 있었는데 마이클은 이런 헤드라인을 보고 매우 부정적인 반응을 보였습니다.

"언론이 저를 종교적인 우상으로 표현할 때마다 매우 당황스럽습니다. 저는 평범한 인간이고, 그냥 농구선수일 뿐인데요."

마이클 조던의 특별한 농구실력은 타고난 것이 아니라 끝없는 노력으로 이루어진 것이었지만 사람들은 나타난 결과만 보고는 마이클 조던을 엄청난 재능을 가진 선수로만 치부했습니다.

톰 울프의 '필사의 도전'이라는 소설에는 전쟁 중에 수많은 전과를 올리는 척 예거라는 파일럿이 나옵니다. 보통 다른 파일럿들은 자신들이 특별하게 선발된 엘리트로 여기지만 척 예거는 자신을 부단한 노력과 배움이 필요한 사람으로 생각합니다. 그리고 이런 겸손함 때문에 척은 전쟁에서 큰 공을 세우고 무사히 살아 돌아온 뛰어난 파일럿이 됐습니다.

'나는 믿음이 부족해서 안 된다'는 생각은 겸손이 아닙니다. 그저 말씀을 따라, 주님의 발자취를 따라 오늘 할 수 있는 최선을 다해 하나님을 섬김으로 믿음을 키우십시오. 아멘!!

♡ 주님! 큰 믿음에 대한 꿈을 갖고 준비하게 하소서.
주어진 하루를 그리스도인으로써 최선을 다해 살아갑시다.

힘이 되는 말씀

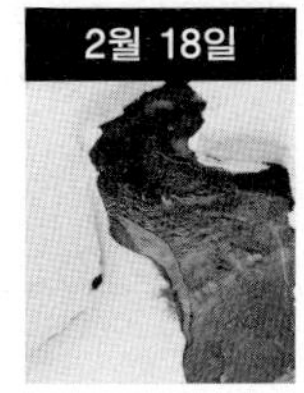

읽을 말씀 : 여호수아 1:1-9

●수 1:8 이 율법책을 네 입에서 떠나지 말게 하며 주야로 그것을 묵상하여 그 안에 기록된 대로 다 지켜 행하라 그리하면 네 길이 평탄하게 될 것이며 네가 형통하리라

　한국전쟁 때 피란을 가다 아버지를 잃고 가장의 역할을 하게 된 소녀가 있었습니다. 시장에서 성냥과 양초를 팔며 가족을 부양하던 소녀는 생계조차 이어가기 어려운 상황 가운데서도 공부를 해 박사학위를 따 대학교수까지 됐습니다. 그리고 은퇴한 뒤에 전 재산을 털어 갈 곳이 없는 여성들을 위한 시설을 만들고 사회복지사가 되어 수천 명의 사람들을 돕고 있습니다.

　이 이야기의 주인공인 이인숙 교수는 완전히 폐허가 된 상황에서 꿈을 놓지 않고 매번 다시 일어설 수 있었던 이유를 윤동주의 시 덕분이라고 말했습니다.

　'꽃처럼 피어나는 피를 어두워가는 하늘 밑에

　조용히 흘리겠습니다' - 윤동주의 '십자가'

　위에 나오는 문구들을 통해 매일 밤 위로를 받고 다음 날을 살아갈 힘을 얻었다고 합니다. 그렇게 하루하루를 버티다보니 10년이 지났고, 그렇게 30년이 지나자 꿈에 바라던 대학교수가 됐고, 그렇게 얻은 부와 명예를 누구를 위해 어떻게 써야할지 깨닫게 되는 지혜도 생겼다고 합니다.

　단 한 줄의 말씀으로도 사람이 변화되고 생명이 살아납니다. 오늘 나에게 주시는 하나님의 말씀을 가슴에 품고 승리할 힘을 얻으십시오. 아멘!!

💗 주님! 말씀을 통해 힘을 얻고 살아가게 하소서.

🀄 내 마음에 주신 성경말씀을 매일 매순간 묵상합시다.

갚을 길 없는 은혜

읽을 말씀 : 에베소서 1:3-14

● 엡 1:7 우리는 그리스도 안에서 그의 은혜의 풍성함을 따라 그의 피로 말미암아 속량 곧 죄 사함을 받았느니라

가재를 잡으러 남목산 계곡으로 떠난 3명의 아이들이 있었습니다. 그런데 이른 아침에 나간 아이들은 저녁이 돼서도 돌아오지 않았고 아이의 부모님들은 바로 실종신고를 했습니다.

경찰과 더불어 온 마을 사람들이 나서서 산을 뒤졌지만 아이들은 흔적조차 발견할 수가 없었습니다.

그렇게 무려 28일이 지나 아이들의 생존에 대한 가망이 점점 사라져갈 때였습니다. 약초와 나물을 캐러 남목산을 오르던 할머니들이 가늘게 들려오는 '살려주세요…'라는 소리를 들었습니다. 서둘러 소리가 나는 곳으로 가보니 앙상하게 뼈만 남아 있는 아이 3명이 누워서 내는 소리였습니다.

다행히 할머니들의 발견으로 3명의 아이는 구조됐고 다시 건강을 회복했습니다. 부모님들은 감사의 마음을 담아 큰돈을 드렸으나 할머니들은 "아이들이 무사하니 됐다"며 고사했습니다. 아이들은 할머니들에 대한 은혜로 성인이 돼서도 매년 명절마다 찾아가 인사를 드렸고 할머니들이 모두 세상을 떠나실 때까지 한 번도 빠지지 않고 찾아갔습니다.

생명을 구해 준 은혜는 절대로 잊을 수가 없습니다. 나에게 베푸신 하나님의 갚을 길 없는 구원의 그 은혜를 기억하며 매순간 보답하는 삶을 사십시오. 아멘!!

🖤 주님! 구원의 감격을 매일 느끼는 감사의 삶이 되게 하소서.

 직접 경험하고 감격한 그 은혜를 잊지 말고 순간순간 감사합시다.

눈을 가리는 이유

읽을 말씀 : 야고보서 3:13-18

● 약 3:17 오직 위로부터 난 지혜는 첫째 성결하고 다음에 화평하고 관용하고 양순하며 긍휼과 선한 열매가 가득하고 편견과 거짓이 없나니

미국 세인트루이스 지방법원의 전설적인 판사 제임스 허킨스는 법정에 설 때마다 눈을 헝겊으로 가렸습니다. 시력에 문제가 있는 것도 아닌데 눈을 가리고 법정에 들어서는 모습을 보고 어떤 사람들은 로마 신화에 나오는 정의의 여신 '유스티티아'를 따라하는 것이 아니냐며 조롱했습니다. 그러나 제임스가 직접 밝힌 눈을 가리는 이유는 다음과 같았습니다.

"원고는 물론 피고가 내가 아는 사람일 수도 있기 때문입니다. 혹은 나도 모르게 피고의 인종이나 키, 외모에 영향을 미친 판결을 내릴 수도 있습니다. 눈을 가린다고 판결이 완전해지지는 않겠지만 할 수 있는 최대한 노력해야 한다는 것이 나의 신념입니다."

최근 뉴욕타임스가 2년간 조사해 발표한 기사에 따르면 정확히 같은 범죄를 저질렀음에도 백인들에 비해 흑인은 27%, 히스패닉 계열은 18%나 높은 형량을 선고받았습니다. 다른 조건을 제외하고 오로지 인종만을 놓고 분류했을 때에도 백인, 흑인, 히스패닉, 아시아인에 따라 분명한 차별이 판결에 존재했습니다.

인간은 불완전한 존재이기에 보이는 것, 듣고 배운 모든 것의 영향을 받을 수밖에 없습니다. 불완전한 존재라는 것을 먼저 인정하고 내 안에 있는 차별과 편견의 시선을 최대한 걷어내고 모든 사람들을 하나님의 형제자매로 보려고 노력하십시오. 아멘!!

♡ 주님! 마음으로 다른 사람들을 바라보게 하소서.

🔲 다른 사람의 흠은 덮어주고 장점만 바라보려고 노력합시다.

희망의 해바라기

읽을 말씀 : 로마서 15:1-13

● 롬 15:13 소망의 하나님이 모든 기쁨과 평강을 믿음 안에서 너희에게 충만하게 하사 성령의 능력으로 소망이 넘치게 하시기를 원하노라

미국 위스콘신주에는 틈만 나면 해바라기를 심는 남자가 있었습니다. 남자는 골수암 말기 판정을 받고 2개월 시한부 선고를 받아 절망하는 아내에게 희망을 주려고 아내가 가장 좋아하는 꽃인 해바라기를 심기 시작했습니다.

남편의 이런 노력 덕분인지 아내는 의사가 말한 2개월을 훌쩍 뛰어넘어 9년이란 세월을 더 살았고 둘은 그동안 행복한 추억을 많이 쌓았습니다.

꿈 같은 시간이 흐른 뒤 결국 아내는 세상을 떠났지만 남편은 아내를 잊지 못해 계속해서 해바라기를 심었습니다.

아내를 그리워하며 남자가 심은 해바라기는 85번 국도를 따라 무려 8킬로미터나 이어져 장관을 이루었고 그 지역의 필수적인 관광코스가 될 정도로 엄청난 인기를 얻었습니다.

남편은 50만 평이나 되는 해바라기 밭에서 얻은 수익금을 골수암 연구기관과 항암치료가 필요한 사람들에게 전부 기부하고 있습니다.

부부에게 해바라기는 단순한 꽃이 아니었습니다. 해바라기는 희망이고, 치료제였고, 시한부를 넘어서 함께할 추억을 만든 기적이었습니다. 하나님의 말씀을 담은 나의 해바라기를 선행으로, 봉사로, 사랑을 담은 칭찬과 격려로 삶 가운데 심으십시오. 아멘!!

주님! 내가 심어야할 선행이 무엇인지 가르쳐 주소서.

내 삶의 영역을 통해 믿음의 씨앗을 뿌리며 순종합시다.

고난의 결실

읽을 말씀 : 고린도후서 1:1-11

●고후 1:7 너희를 위한 우리의 소망이 견고함은 너희가 고난에 참여하는 자가 된 것 같이 위로에도 그러할 줄을 앎이라

노르웨이의 추운 북쪽 지방에서 가난한 농부의 아들로 태어난 함순은 먹고 살기 위해 어린 시절부터 온갖 궂은 일을 했습니다. 목동부터 구둣방 견습공, 행상인, 채석장… 닥치는 대로 일을 했음에도 희망이 없다고 생각되자 미국으로 떠나기도 했습니다.

작가가 꿈이었던 함순은 어려운 상황 속에서도 여유가 생길 때마다 글을 썼는데 그렇게 발표한 '굶주림'이란 소설은 평론가들의 호평을 받으며 전 유럽에서 선풍적인 인기를 끌었습니다.

가난한 작가 지망생이 배고픔에 지쳐 거리를 방황하며 시작되는 소설 '굶주림'은 사실적인 묘사와 강렬한 문체로 사람들의 마음을 사로잡았습니다. 그러나 이 소설은 함순이 힘들었던 어린 시절을 있는 그대로 묘사했을 뿐이었습니다.

함순은 이 소설의 성공을 토대로 계속 작품 활동을 해 '흙의 혜택'이라는 걸작으로 노벨문학상을 수상하며 노르웨이의 국보 작가가 됐습니다. 후세에 평론가들은 함순이 어린 시절에 고난을 당하지 않았으면 결코 작가로 성공할 수도, 노벨상을 탈 수도 없었을 것이라고 말하기까지 했습니다.

고난을 통해 함께 하시는 하나님을 깨닫고, 더 성장하게 된다면 고난은 큰 유익이 됩니다. 고난을 그저 견디지 말고 주님이 주시는 힘으로 극복하고 성장해나가십시오. 아멘!!

🖤 주님! 주님의 고난을 생각하며 고난을 이길 힘을 얻게 하소서.

👣 고난에도 감사하며 더욱 하나님과 동행합시다.

사랑에 빠지는 비결

읽을 말씀 : 고린도전서 8:1-13

● 고전 8:3 또 누구든지 하나님을 사랑하면 그 사람은 하나님도 알아 주시느니라

영국 골드스미스컬리지 심리학과의 조이디프 교수는 음악이 감정에 미치는 영향에 대해 다음과 같은 연구를 했습니다.

30명의 참가자에게 40장의 서로 다른 표정의 사진을 보여주며 각각의 사람에게 밝은 음악과 어두운 음악을 번갈아 가며 틀어줬습니다. 그 결과 밝은 음악을 들으며 사진을 본 사람들은 표정을 더 긍정적으로 평가했고 어두운 음악을 들을 때 사진을 본 사람들은 표정을 부정적으로 평가했습니다.

교수는 추가된 연구를 통해 처음 만나는 사람에게 호감을 얻고 싶으면 창가가 있는 테이블에 앉아 경쾌한 음악을 듣는 것이 좋다고 말했습니다.

미국 페이스대학의 리사 로즌솔 교수는 연인 관계가 오래가는 비결을 연구했습니다. 연인과의 만족도, 연락 빈도, 그리고 실제 연애 기간 등을 종합한 결과 교수는 "서로 비슷한 정도로 사랑하는 연인이 만족도도 높고 연애기간도 길었으며, 사랑의 척도는 연락의 횟수와 애정표현의 정도로 측정이 가능했다"라고 말했습니다.

사랑은 단순히 말로 고백하는 것만이 아니라 감정과 행동으로 나타납니다. 예수님을 믿고 따른다는 내 신앙의 고백이 행복한 감정과 경건생활로 표현되고 있는지 아니면 받기만을 바라고 있는지 돌아보고 그렇지 않다면 뉘우치고 다시 주님 앞에 서십시오. 아멘!!

♥ 주님! 주님을 사랑하는 감정과 행동이 나타나게 하소서.

내 삶을 주님께 의지해 항상 기뻐하며 모든 일에 감사하게 합시다.

함께 있음을 느낄 때

읽을 말씀 : 빌립보서 4:2-9

●빌 4:3 또 참으로 나와 멍에를 같이한 네게 구하노니 복음에 나와 함께 힘쓰던 저 여인들을 돕고 또한 글레멘드와 그 외에 나의 동역자들을 도우라 그 이름들이 생명책에 있느니라

다이애나 니어드는 바다수영 세계신기록 보유자입니다.

다이애나가 기록을 세우기 전 세계신기록은 96킬로미터였는데 그녀는 무려 160킬로미터라는 불가능한 거리를 목표로 삼고 훈련했습니다.

남자도 넘지 못한 100킬로미터의 벽을 여자가 넘을 수 없다는 세간의 우려가 있었지만 그녀는 무려 165킬로미터라는 엄청난 기록을 세웠습니다. 그녀의 자서전에는 이 놀라운 기록을 세울 수 있었던 비결이 다음과 같이 나와 있습니다.

"망망대해에 어떤 위험이 찾아올지 모르는 상황에서 혼자 수영을 한다는 건 두렵고 힘든 일입니다. 그러나 저는 혼자가 아니었습니다. 바람과 조류를 살피며 장애물을 확인하는 가이드, 제 건강을 수시로 확인하는 의료진, 주변의 상어를 찾아주던 다이버, 끝까지 포기하지 않게 말을 걸어주는 트레이너를 비롯해 무려 51명의 사람들이 나의 도전을 위해 함께 있어줬습니다. 이들 한 명 한 명을 떠올리며 힘든 상황을 극복하다보니 이런 엄청난 기록을 세울 수 있었습니다."

이스라엘에서 시작된 복음을 내가 듣고 믿기까지, 지금과 같은 그리스도인이 되기까지 수많은 사람들의 희생이 필요했습니다. 외롭고 힘들 때, 믿음이 흔들릴 때 나에게 복음을 전해준 사람들을 떠올리며 힘을 내고 이겨내십시오. 아멘!!

💚 주님! 제게 주님을 전해준 이들에게 큰 복을 주소서.

📿 지금 복음을 전할 사람, 양육할 사람을 정해 합력하며 동역합시다.

시각장애인의 정원

읽을 말씀 : 고린도전서 1:1-9

●고전 1:7 너희가 모든 은사에 부족함이 없이 우리 주 예수 그리스도의 나타나심을 기다림이라

시각장애 1급으로 앞을 전혀 보지 못하는 남자가 있었습니다. 이 남자에게는 집 앞의 정원을 관리하는 오랜 취미가 있었습니다. 눈이 보이지 않기에 땅을 더듬어가며 작업을 해야 하고 시간도 몇 배나 더 걸리지만 이 일은 남자의 인생에서 가장 큰 즐거움이었습니다.

그런데 이따금씩 동네 주민들이 정원을 가꾸는 남자를 보고는 "힘들지 않아요?"라고 묻곤 했습니다.

남자는 나중에 이 말이 "보이지도 않는데 정원을 뭐하러 가꿔요?"라는 뜻이라는 걸 알게 됐습니다.

남자는 자신의 사연을 인터넷에 올리면서 심정을 덧붙였습니다.

"앞도 보지 못하는 사람이 정원을 왜 가꾸냐는 사람들에게 저는 이렇게 반문하고 싶습니다. 이슬에 젖어 촉촉해진 꽃잎 하나하나를 손끝으로 느껴보셨나요? 한 아름 껴안아도 넘쳐날 정도로 풍성한 싸리나무 잎이 어떤 느낌인지 아시나요? 이런 것들은 오히려 보이지 않기에 저만 느낄 수 있는 제 삶의 중요한 행복입니다."

보이는 것에 너무 집중하면 다른 감각을 놓치게 됩니다. 내 삶에 다양하게 임하시는 하나님의 은혜를 온몸과 마음, 다양한 감각으로 느껴보십시오. 아멘!!

♡ 주님! 매일 주시는 풍성한 은혜를 하루도 놓치지 않게 하소서.
🧩 머리로 계산하기보다 가슴으로 느끼는 하루를 삽시다.

주인을 기다리는 개

읽을 말씀 : 요한1서 4:7-21

●요일 4:10 사랑은 여기 있으니 우리가 하나님을 사랑한 것이 아니요 하나님이 우리를 사랑하사 우리 죄를 속하기 위하여 화목제물로 그 아들을 보내셨음이라

　브라질 상파울루의 한 거리에 개를 키우는 노숙자가 있었습니다. 노숙자는 개에게 해 줄 수 있는 것이 아무 것도 없었습니다. 가끔 먹다 남은 것을 주고 옆에서 쓰다듬어주는 것이 전부였지만 개는 이런 노숙자가 좋았는지 떠나지 않고 머물렀습니다.

　그러던 어느 날 밤, 거리에서 갱들의 총격전이 벌어졌는데 애꿎은 노숙자가 총에 맞고 쓰러졌습니다. 출동한 경찰들은 총에 맞은 노숙자를 급히 구급차에 실어 응급실로 보냈지만 그는 안타깝게 숨졌습니다.

　남자가 키우던 개는 열심히 구급차를 쫓아 병원까지 따라갔고 정문에서 사람들이 쫓아내자 병원 앞에 자리를 잡고 앉았습니다.

　나중에 사정을 알게 된 병원 관계자들이 먹을 것을 주고 심지어 입양을 해줄 사람까지 구해줬지만 개는 다시 집을 나와 병원 앞에 앉아 돌아오지 않을 주인을 지금도 기다리고 있습니다.

　하나님은 내가 다른 조건을 갖춰서 사랑하시는 것이 아니라 하나님이 창조하신 존재라는 그 사실만으로 사랑하십니다. 변치 않는 하나님의 사랑을 받아들이고, 아직 이 기쁜 소식을 모르는 사람들에게 하나님의 사랑을 전해주십시오. 아멘!!

💟 주님! 하나님의 사랑에 매일 감격하며 반응하게 하소서.

🖼 내가 어떤 모습일지라도 하나님은 거부하지 않으심을 믿읍시다.

신앙의 목표를 세우라

읽을 말씀 : 고린도후서 13:1-13

●고후 13:5 너희는 믿음 안에 있는가 너희 자신을 시험하고 너희 자신을 확증하라 예수 그리스도께서 너희 안에 계신 줄을 너희가 스스로 알지 못하느냐 그렇지 않으면 너희는 버림 받은 자니라

지그 지글러 박사의 '성공 철학'에 나오는 '목표를 가장 빠르게 이루는 5단계'입니다.

●1단계, 이루고 싶은 것들을 적어보기.

1시간 정도 시간을 충분히 들여서 하고 싶은 것, 갖고 싶은 것, 되고 싶은 모든 것들을 종이에 적어보라.

●2단계, 이유를 찾아보기.

하루가 지난 뒤 적어놓은 목록을 보면서 이유를 댈 수 없는 목록이 있다면 삭제하라.

●3단계, 과정을 위한 질문하기.

나머지 목표가 도덕적, 신앙적으로 옳은지, 의무감에 적은 것은 아닌지 다시 생각하라.

●4단계, 달성을 위한 질문하기.

목표를 이룬 자신을 상상할 수 있는지, 그 목표를 이룰 때 진짜 더 행복해질지를 고민하라.

●5단계, 구체적인 계획 세우기.

목표를 이루기 위한 계획을 1달, 1년, 1년 이상 이렇게 3단계로 나눠서 해야 할 목록을 적고, 매달 주기적으로 해나가고 있는지 확인하라.

위 방법을 사용해 지금 나의 인생의 목표가 어디를 향하고 있는지 확인해보십시오. 그리고 하나님의 말씀에 적합한 그리스도인이 되기 위해서 필요한 목표를 채워 넣으십시오. 아멘!!

🤍 주님! 인생의 목표가 주님이, 그리고 신앙이 중심이 되게 하소서.

🔲 위의 방법으로 목록을 나눈 뒤 지인과 나누고 상의합시다.

5시간의 선물

읽을 말씀 : 고린도후서 12:11-21

● 고후 12:15 내가 너희 영혼을 위하여 크게 기뻐하므로 재물을 사용하고 또 내 자신까지도 내어 주리니 너희를 더욱 사랑할수록 나는 사랑을 덜 받겠느냐

독일 헤센주에 사는 안드레아스는 아들이 갑자기 쓰러져 급히 병원으로 데려갔다가 백혈병이라는 충격적인 이야기를 들었습니다. 이제 막 3살 밖에 되지 않은 사랑하는 아들이 곧 세상을 떠날지도 모른다는 사실은 큰 충격이었지만 아들을 위해서라도 더 정신을 차려야 했습니다. 백혈병에는 막대한 치료비가 들어서 일을 더 열심히 해야 했지만 그러다보니 아들과의 시간을 가질 수가 없어 안드레아스는 너무나 괴로웠습니다.

이런 안드레아스의 심정을 알았는지 하루는 직장 동료들이 찾아와 이런 말을 했습니다.

"우리가 자네를 위해 초과 근무를 할테니 자네는 회사는 걱정말고 아들과 함께 시간을 보내는 것이 좋겠어."

안드레아스의 딱한 사정을 들은 동료들이 경영진에게 부탁해 대신 추가로 일을 할 테니 월급을 줄 수 있냐고 물었고 경영진은 이를 허락했습니다. 무려 650여 명이 안드레아스를 위해 추가로 일을 했고, 이런 도움으로 안드레아스는 1년이 넘게 아들 옆에서 간호를 하며 소중한 시간들을 보내고 있습니다.

한 사람이 1년에 5시간 희생을 했지만 한 가정에게는 일생일대의 가장 귀한 사랑의 순간이 됐습니다. 하나님이 허락하신 소중한 시간을 낭비하지 말고 사랑을 위해, 복음을 위해 귀하게 사용하십시오. 아멘!!

♡ 주님! 어려운 이웃의 짐도 나누어지며 살게 하소서.

지금 내 주변에 도울 사람이 누군지 찾아봅시다.

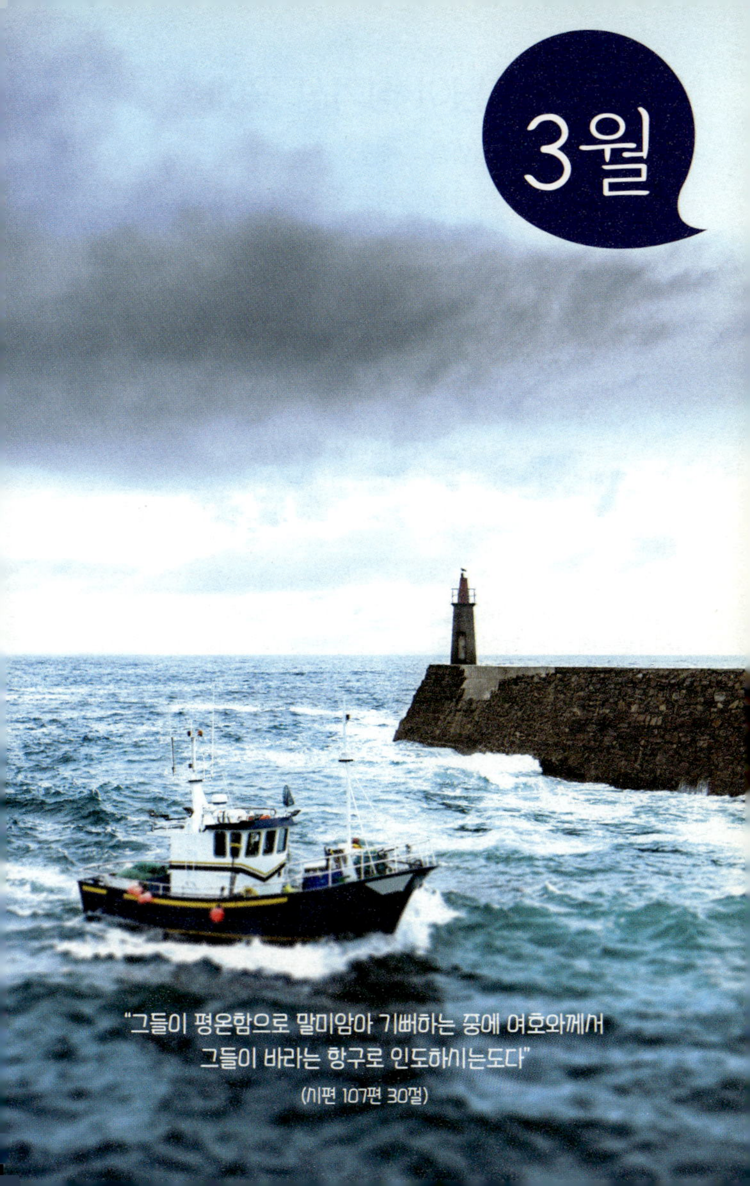

3월

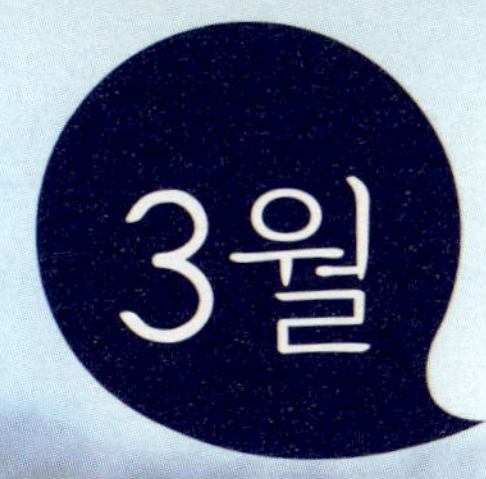

"그들이 평온함으로 말미암아 기뻐하는 중에 여호와께서
그들이 바라는 항구로 인도하시는도다"
(시편 107편 30절)

주님이 심기신 곳에

읽을 말씀 : 에베소서 5:1-7

● 엡 5:2 그리스도께서 너희를 사랑하신 것 같이 너희도 사랑 가운데서 행하라 그는 우리를 위하여 자신을 버리사 향기로운 제물과 희생 제물로 하나님께 드리셨느니라

『미국의 좋은 가정에서 태어나 남부럽지 않은 삶을 살던 소녀는 대학교에서 저 멀리 어딘지도 모르는 작은 나라에서 온 남자를 만나 사랑에 빠졌고 결혼을 했다. 그녀가 남편을 따라 떠난 곳은 한국 수원 근교의 한 작은집이었다. 남편의 집은 불조차 제대로 켜지지 않는 오두막이었지만 그녀는 하나님이 인도하시는 곳에서 자기가 해야 할 소명이 있다고 믿었기에 미소를 잃지 않았다.

이후 한국에서 60여 년을 지내며 목회자의 훌륭한 사모로, 때로는 선교사로, 때로는 특수학교 교육자로, 때로는 현숙한 어머니로, 때로는 파이를 만드는 요리사로 시시때때로 변했지만 주님을 전한다는 사명 한 가지는 결코 변하지 않았다.

나의 아내 트루디의 이야기인데 그녀는 필요한 때에 필요한 역할을 감당하는 훌륭한 그리스도인의 본을 삶으로 보여줘 많은 이들에게 존경받으며 살고 있다. 그녀는 이 모든 발자취가 하나님의 인도하심과 은총이라고 고백한다.』

(김장환 목사 개인 노트에서 발췌 편집)

"심겨진 곳에서 활짝 꽃을 피우세요(Bloom where you are planted)"라는 트루디 사모님의 좌우명은 모든 신앙인의 귀감이 되어야 할 삶의 자세입니다. 지금 심겨진 곳은 어디입니까? 그곳이 하나님이 주신 곳임을 믿고 순종으로, 믿음으로 꽃을 피우십시오. 아멘!!

♡ 주님! 모든 삶의 행적이 주님의 인도하심 가운데 있게 하소서.
▩ 지금 있는 그곳에서 더 열심히 주님을 섬깁시다.

정신건강 10계명

읽을 말씀 : 잠언 4:20-27

● 잠 4:22 그것은 얻는 자에게 생명이 되며 그의 온 육체의 건강이 됨이니라

가장 최근 조사에 따르면 한국인의 약 30%가 평생 한 번 이상의 정신질환을 앓는다고 합니다. 이는 OECD 평균의 두 배가 넘는 높은 수치입니다.

보건복지부에서 권장한 '정신건강을 위한 십계명'입니다.

01. 세상을 긍정적으로 바라본다.

02. 작은 일에도 감사하는 마음으로 산다.

03. 진심을 담아서 반갑게 인사한다.

04. 식사는 천천히 세끼를 먹는다.

05. 대화는 상대방 입장에서 생각한다.

06. 모든 사람에게서 칭찬할 거리를 찾는다.

07. 약속시간에는 살짝 여유 있게 간다.

08. 일부러라도 웃는 습관을 들인다.

09. 원칙대로 법을 지키며 정직하게 산다.

10. 작은 손해에 너무 연연하지 않는다.

건강한 신앙생활을 하기 위해선 몸의 건강도 중요하고 마음의 건강도 중요합니다. 내 인생을 책임지시는 하나님을 믿음으로 마음의 여유를 가지십시오. 아멘!!

🖤 주님! 하나님의 일을 감당하기 위한 건강과 맑은 정신을 주소서.

🧎 나에게 부족한 습관을 아침마다 떠올리면서 시작합시다.

시간을 쓰는 지혜

읽을 말씀 : 전도서 12:1-8

●전 12:1 너는 청년의 때에 너의 창조주를 기억하라 곧 곤고한 날이 이르기 전에, 나는 아무 낙이 없다고 할 해들이 가깝기 전에

　미국의 유명 화장품 회사인 '메리 케이'의 창업자인 메리 케이 회장은 바쁜 업무를 처리하면서도 가정을 소홀히 하지 않았습니다.

　세계적으로 3백만 명의 직원을 거느리고 3억 개의 화장품을 파는 거대한 회사의 회장이지만 저녁마다 직접 요리를 해 가족을 먹이고 아침마다 아이들을 학교에 데려다주었습니다.

　퇴근을 하면 바로 한 가정의 아내이자 엄마가 되기 위해 그녀는 회사를 나가기 전 다음날 해야 할 일 6가지를 미리 적어서 내일을 준비했습니다. 아침엔 새벽 5시에 일어나 다른 가족이 깨기 전에 회사의 업무 한 가지를 처리했고 가족들이 깨면 아침을 먹이고 학교에 데려다줬습니다.

　간단하게 맡길 수 있는 가사 일은 모두 돈을 주고 처리했고, 회사에서도 남에게 맡길 수 있는 일은 무조건 맡겼습니다.

　'석봉 토스트'의 김석봉 사장도 전국 300개의 매장에 직접 자재를 제공하고 여러 지자체에서 강연을 하며 쉴 틈 없는 삶을 살았습니다. 그러다 삶에서 놓치는 게 너무 많다 싶어서 중요도에 따라 시간을 나눠 관리하는 기술을 익혔고, 이후로는 4명의 자녀와 여가를 즐기며 책을 쓸 여유까지 얻게 됐습니다.

　인생의 모든 것은 시간을 어떻게 쓰느냐에 달려 있습니다. 모든 사람에게 똑같이 주어진 시간을 더 잘 활용할 수 있는 지혜를 하나님께 구하십시오. 아멘!!

♡ 주님! 시간을 낭비하지 않고 소중히 여기며 활용하게 하소서.

🧩 시간이 없다는 핑계를 대지 말고 더 잘 활용할 방법을 생각합시다.

무엇 때문에 웃는가

읽을 말씀 : 시편 95:1-11

●시 95:2 우리가 감사함으로 그 앞에 나아가
 며 시를 지어 즐거이 그를 노래하자

　신경뇌과학자 소피 스캇은 지식, 기술, 예술 강연인 TED 컨퍼런스에서 '우리는 왜 웃는가?'라는 주제로 발표를 한 적이 있습니다. 이 강연에서 소피는 사람들이 크게 오해하고 있는 웃음의 3가지 상식에 대해서 다음과 같이 말했습니다.

　1. 사람뿐 아니라 동물도 웃는다.
　　생각 외로 많은 동물들이 서로 소통을 하며 웃습니다. 대부분의 포유류가 웃으며 심지어 쥐도 웃을 줄 압니다.
　2. 사람들은 재밌을 때만 웃는다.
　　하지만 웃음에 영향을 주는 건 재밌는 상황보다 함께 있는 사람의 숫자입니다. 함께 보는 사람이 많을수록 웃음의 빈도가 더 많고, 강도도 컸습니다.
　3. 뇌는 가짜 웃음을 구분하지 못한다.
　　억지로 웃으면 좋다는 말이 그래서 나왔습니다. 하지만 뇌는 진짜 웃음과 가짜 웃음을 명확히 구분합니다. 그러나 여전히 억지로라도 웃는 것이 건강에는 더 좋습니다.

　박사의 연구에 따르면 사람은 정말로 웃겨서 웃기보다는 사람과의 관계 때문에 웃는다고 볼 수 있습니다. 하나님과의 바른 관계, 사람들과의 바른 관계로 웃음이 가득한 관계를 만드십시오. 아멘!!

♡ 주님! 주님 때문에 웃고, 주님 때문에 기뻐하게 하소서.

🔯 먼저 웃음을 줄 수 있는 바르고 유쾌한 사람이 됩시다.

깊이 있는 묵상

읽을 말씀 : 야고보서 1:19-27

●약 1:22 너희는 말씀을 행하는 자가 되고 듣기만 하여 자신을 속이는 자가 되지 말라

영국의 기독교신문 '크리스천투데이'의 패트릭 마빌로그 기자가 쓴 '깊이 있는 성경 묵상에 도움을 주는 5가지 방법'입니다.

1. 구원과 진리의 약속이 담겨 있는 성경의 가치를 인정하라.
   사람들이 성경을 지루해하는 것은 그 안에 담겨진 말씀의 힘과 가치를 모르기 때문입니다.
2. 묵상 전후로 기도하라.
   머리로 아는 것만큼 중요한 것이 성령님의 인도하심을 받는 것입니다.
3. 시간과 장소를 구별하라.
   오로지 성경을 읽고 기도할 수 있는 좋은 때와 장소를 구별해야 합니다.
4. 양보다 질에 초점을 두라.
   성경을 많이 읽는 것도 중요하지만 한 구절의 말씀에 푹 빠져 진리를 경험하는 것도 중요합니다.
5. 묵상 노트를 쓰라.
   큐티집의 빈칸 혹은 따로 노트를 준비해 그날 묵상의 느낌과 결단을 적으십시오.

말씀은 하나님의 진리를 깨닫게 하고, 악을 이길 힘을 주고, 풍성한 은혜를 부어주는 확실한 방법입니다. 이 단순한 진리를 놓치지 말고 더욱 깊이 말씀을 사모하십시오. 아멘!!

♥ 주님! 말씀을 통해 주님의 음성을 듣고 느끼게 하소서.
🦋 5가지 방법을 적용해 말씀 묵상하는 시간을 정합시다.

믿음과 행복

읽을 말씀 : 디모데후서 2:14-26

● 딤후 2:22 또한 너는 청년의 정욕을 피하고 주를 깨끗한 마음으로 부르는 자들과 함께 의와 믿음과 사랑과 화평을 따르라

정신의학자 애런 벡은 환자들을 치료하다가 이런 의문을 가졌습니다.

'왜 똑같은 증상을 똑같이 치료해도 사람마다 결과가 다를까?'

애런은 과학적인 원인이 아닌 다른 곳에 이유가 있을 것이라고 생각하고 찾아오는 환자들을 상세히 면담하고 조사하면서 치료 효과에 영향을 주는 요인을 찾았습니다.

결과적으로 애런이 발견한 요인은 바로 믿음이었습니다. 예를 들어 환자가 치료를 받으러 오면서 "이 의사는 속으로는 나를 형편없다고 생각하고 있을거야, 어쩌면 비웃고 있을지도 모르지"라고 생각한다면 실제로 앞의 의사가 전혀 그렇지 않다고 말해도 의사의 말이 아닌 자신의 생각을 믿었습니다.

애런 박사는 이때의 경험으로 사람들이 스스로 잘못된 믿음을 가지고 있다는 것을 알려주고 그 믿음을 바꿀 수 있는 방법을 평생 연구했는데 이 연구는 나중에 '인지치료'라는 정신의학기법으로 발전됐고, 지금도 학계에서 가장 효과적인 치료방법으로 인정을 받고 있습니다.

눈에 보이는 모습이 전부가 아닙니다. 교회를 나가고 찬양을 부르고 말씀에 아멘으로 화답을 해도 내 안의 믿음이 진짜인지 아닌지가 중요합니다. 거짓 없는 믿음으로 말씀을 믿고 예배하십시오. 아멘!!

💜 주님! 작은 의심들에 흔들리지 않는 큰 믿음을 주소서.

🔲 삶이 변화되고 행복해지는 진짜 믿음을 구합시다.

인생을 젊게 사는 법

읽을 말씀 : 여호수아 14:6-15

●수 14:10,11 오늘 내가 팔십오 세로되 모세가 나를 보내던 날과 같이 오늘도 내가 여전히 강건하니 내 힘이 그 때나 지금이나 같아서 싸움에나 출입에 감당할 수 있으니

미국 자동차 회사 제네럴 모터스의 최고 엔지니어인 찰스 케터링은 쉬는 법이 없었습니다. 찰스는 미국 자동차 산업의 발전을 가져다 준 수많은 발명을 한 공학자면서 마케팅에 조예가 깊은 경영자였습니다. 찰스는 단순한 과학자가 아니라 타임지 표지에 실릴 정도의 시대를 상징하는 유명인이었습니다.

80세가 넘어서도 연구를 계속하던 찰스는 이제 그만 쉬시라는 아들의 걱정에 이렇게 대답했습니다.

"사람은 나이에 상관없이 미래를 보고 살아야 돼. 오늘만 보고 사는 사람은 흉하게 늙는단다."

찰스 케터링은 사람을 늙게 만드는 5가지 독약은 '불평, 의심, 거짓말, 경쟁, 공포'라고 말하면서 우아한 노년을 위해 3가지 방법을 제시했습니다.

1. 영혼의 문제를 생각하라.
2. 어떤 일이든 함부로 참견하지 말아라.
3. 같은 말을 반복하지 말고, 절대로 험담하지 말아라.

미래를 보는 사람에게는 은퇴가 없습니다. 지금 내 나이에 상관없이 청년의 마음을 가지고 하나님의 일을 감당할 수 있다는 확신을 가지십시오. 아멘!!

 주님! 나이에 대한 편견과 의심을 깨끗이 걷어주소서.

본문의 5가지 독약과 3가지 수칙을 마음에 기억합시다.

절대로 전도하지 않는 이유

읽을 말씀 : 시편 40:1-9

●시 40:9 내가 많은 회중 가운데에서 의의 기쁜 소식을 전하였나이다 여호와여 내가 내 입술을 닫지 아니할 줄을 주께서 아시나이다

　　미국 사우스이스턴침례신학대학교의 대학원장인 척 롤리스 박사는 20년 간 선교와 전도에 대해서 가르치면서 심지어 전도에 대해 배우는 사람들조차 왜 전도를 하지 않는지에 대해서 연구했습니다. 그리고 '크리스천포스트'라는 신앙잡지에 '기독교인이 전도하지 않는 9가지 이유'를 기고했습니다.
　　1. 많은 이들이 전도가 복음의 선포라는 걸 모른다.
　　2. 복음전도의 롤 모델을 찾기 힘들다.
　　3. 전도를 필수라고 생각하지 않는다.
　　4. 교회에서 전도 훈련을 제공하지 않는다.
　　5. 거절이나 논박에 대한 두려움이 있다.
　　6. 이미 구원받았다는 생각에 열정이 식었다.
　　7. 목회자들이 전도의 본을 보이지 않는다.
　　8. 교회 안에서만 인간관계를 맺는다.
　　9. 불신자들이 어떻게 되든 관심이 없다.
　　이 이유들에 동의하십니까? 만약 나는 아니라고 생각한다면 나는 지금 전도와 선교에 큰 관심이 있어야 합니다. 전도를 가로막는 내 안의 두려움을 살펴보고 담대히 복음을 전할 수 있는 용기있는 그리스도인이 되십시오. 아멘!!

♡ 주님! 때를 얻든지 못 얻든지 복음을 전하고자 노력하게 하소서.

🎴 전도에 대한 구체적인 목표를 세웁시다.

시간의 가치

읽을 말씀 : 시편 145:15-21

●시 145:15 모든 사람의 눈이 주를 앙망하오니 주는 때를 따라 그들에게 먹을 것을 주시며

코카콜라 회장이었던 더글라스 테프트는 시간의 중요성에 대해 다음과 같이 말했습니다.

"●1년의 가치를 알고 싶으면 입학시험에 떨어진 학생들에게 물어보십시오.

1년이 얼마나 짧은 시간인지 알게 될 겁니다.

●1달의 가치를 알고 싶으면 조산한 산모에게 물어보십시오.

1달이 얼마나 슬플 수 있는 시간인지 알게 됩니다.

●1주의 가치를 알고 싶으면 주간지 편집장에게 물어보십시오.

1주가 얼마나 많은 업무를 할 수 있는지 알게 됩니다.

●1시간의 가치를 알고 싶으면 막 사랑에 빠진 연인에게 물어보십시오.

1시간이 얼마나 기다려지는지 알게 됩니다.

●1분의 가치를 알고 싶으면 기차 놓친 이에게 물어보십시오.

1분이 얼마나 소중한 시간인지 알게 됩니다.

●1초의 가치를 알고 싶으면 방금 교통사고를 피한 사람에게 물어보십시오.

1초가 생사를 가를 수 있는 시간이라는 것을 알게 됩니다."

시간의 가치는 사용하는 사람에 따라 달라집니다. 마찬가지로 나의 가치를 알기 위해선 하나님의 말씀을 봐야 합니다. 온 세상 만물보다 나를 귀하게 창조하셨다는 하나님의 말씀을 믿고 당당히 세상에서 살아가십시오. 아멘!!

주님! 시간을 낭비하지 않고 알뜰히 생산적으로 살게 하소서.

적어도 하루, 한 주, 한 달의 계획을 세우며 실행합시다.

희망을 보여줘야 할 사람

읽을 말씀 : 마태복음 5:13-16

● 마 5:14 너희는 세상의 빛이라 산 위에 있는 동네가 숨겨지지 못할 것이요

운행 중 난기류를 만나 심하게 흔들리는 비행기가 있었습니다. 몇 번의 심한 흔들림이 있었지만 그럴 때마다 조종사는 방송을 통해 별일이 아니며 곧 무사히 위험지역을 벗어날 것이라고 안내해 승객들을 안심시켰습니다.

그러나 잠시 뒤 이전과는 비교할 수 없는 큰 충격이 비행기에 찾아왔고 곧이어 기장이 다급한 목소리로 안내방송을 했습니다.

"승객 여러분, 저는 이 비행기를 맡고 있는 기장입니다. 솔직히 말씀드리면 지금 기체는 심각한 손상을 입었습니다. 이제 우리를 구원할 수 있는 건 하나님뿐입니다."

이때 화장실에 갔다 오느라 방송을 듣지 못한 한 승객이 옆자리에 앉은 사람에게 방금 나온 방송이 무슨 내용인지를 묻자 그 사람은 겁에 질린 듯 사색이 되어 "이제 우리에겐 아무런 희망도 없다고 합니다!"라고 말했습니다.

대답을 한 승객은 기장과는 달리 하나님을 믿지 않는 무신론자였기에 최악의 상황에서 가질 수 있는 어떤 희망조차 없었습니다.

죽음으로 끝날 허무한 인생이지만 최악의 상황에서도 마지막까지 희망을 보여줘야 할 사람이 바로 그리스도인입니다. 위기 때의 기도가 최고의 희망임을 믿고 어떤 상황에서도 기도를 놓지 마십시오. 아멘!!

♡ 주님! 죽음에서 나를 살리신 희망의 예수님을 품고 살게 하소서.

어떤 상황에서도 사람들에게 희망을 주는 성도가 됩시다.

아침을 바꾸는 법

3월 11일

읽을 말씀 : 누가복음 22:39-46

●눅 22:39,40 예수께서 나가사 습관을 따라 감람 산에 가시매 제자들도 따라갔더니 그 곳에 이르러 그들에게 이르시되 유혹에 빠지지 않게 기도하라 하시고

강철왕 카네기는 시간 중에서도 아침이 가장 귀하기 때문에 잠을 줄여서라도 지출을 막으라고 말했습니다.

자신을 '성공한 투자 전문가'라고 밝힌 한 사람이 인터넷에 올린 '나를 변화시킨 아침의 사소한 행동'입니다.

01. 아침을 위해서 밤부터 준비한다.
02. 무리가 되지 않는 선에서 최대한 일찍 일어난다.
03. 매일 반복할 습관을 만든다.
04. 가벼운 스트레칭을 한다.
05. 그날의 할 일이나 다짐들을 기록한다.
06. 사랑하는 사람이나 가족과 포옹한다.
07. 일단 샤워부터 한다.
08. 오늘 일어났으면 하는 일 3가지를 떠올린다.
09. 처음 만나는 사람에게 감사하다고 인사한다.
10. 일을 하기 전까지 인터넷을 켜지 않는다.

아침은 하루를 준비하고 중요한 일을 잊지 않도록 하는 중요한 시간입니다. 새벽마다 깨어 기도하셨던 예수님처럼 매일 아침 비전을 기억하고, 감사와 찬양으로 하루를 시작하십시오. 아멘!!

♡ 주님! 주님의 사랑과 은혜를 떠올리며 하루를 시작하게 하소서.
▨ 위 10가지 사항에 경건생활을 위한 항목을 추가합시다.

말씀을 보여주라

읽을 말씀 : 요한복음 13:31-35

● 요 13:35 너희가 서로 사랑하면 이로써 모든 사람이 너희가 내 제자인 줄 알리라

일본에 도가를 연구하는 데스겐이라는 사람이 있었습니다. 데스겐은 일본인들이 한자를 몰라 도가의 책들을 읽지 못하는 것을 아쉽게 생각해 직접 수천 권의 책을 번역했습니다.

돈이 없었던 데스겐은 전국을 돌며 사람들에게 시주를 받아 10년 만에 필요한 돈을 모았는데 그 해에 오사카의 요도강이 흘러 넘쳐 많은 사람들이 피해를 입었습니다. 책보다 사람이 더 중요하다고 생각한 데스겐은 피해를 입은 사람들에게 돈을 전부 나눠주고 다시 시주를 받으러 전국을 돌았습니다.

어느새 5년이 지나고 이번엔 역병이 돌자 데스겐은 또 망설임 없이 어려운 사람들에게 돈을 나눠줬습니다. 그렇게 20년이 걸려 마침내 돈을 모아 경전을 번역할 수 있었는데 그 당시 데스겐이 번역본을 완성하자 일본에는 이런 말이 돌았다고 합니다.

"데스겐은 경전을 총 3번 번역을 했는데 첫 번째, 두 번째 경전은 눈으로 볼 수 없는 것이었다. 그러나 완성된 세 번째 경전보다 앞의 두 경전이 훨씬 가치있는 것이었다."

다른 종교의 이야기지만 오늘날 그리스도인들이 본받을만한 가치가 있는 말입니다. 성경을 세상에 전하는 가장 쉬운 방법은 말씀을 믿는 내가 그 말씀대로 살아가는 것입니다. 세상에 하나님의 말씀을 행동으로 보여주는 참된 그리스도인이 되십시오. 아멘!!

💗 주님! 말씀의 향기가 나는 삶을 살도록 인도하소서.
🎴 하루에 말씀 한 구절이라도 실천하고자 노력합시다.

지루함을 즐겨라

읽을 말씀 : 히브리서 12:1-13

●히 12:2 믿음의 주요 또 온전하게 하시는 이인 예수를 바라보자 그는 그 앞에 있는 기쁨을 위하여 십자가를 참으사 부끄러움을 개의치 아니하시더니 하나님 보좌 우편에 앉으셨느니라

팟캐스트 방송인인 마노쉬 조모로디는 몇 년 전부터 집중력이 급격히 떨어진다는 느낌을 받았습니다. 도저히 일에 집중하기가 힘들어지자 지인의 추천을 받아 뇌 과학자를 찾아가 상담을 받았는데 집중력이 떨어진 원인은 다름 아닌 잦은 전자기기 사용이라는 사실을 듣고는 큰 충격을 받았습니다.

손 안에 스마트폰을 들고 사는 우리들은 조금만 심심하면 각종 SNS나 사이트에 들어가 뉴스나 이야기를 봅니다. 그런데 이렇게 지루함을 느낄 때가 사실 우리 뇌가 가장 창의적이고 일을 할 준비가 된 때라고 합니다.

직장인들은 예전엔 평균적으로 3분에 한 번씩 다른 생각을 했지만 이제는 45초 간격으로 딴생각을 합니다. 하루 평균 3,4번 확인하던 이메일은 74번이나 하고, 일을 하다 컴퓨터로 다른 화면을 보는 횟수는 무려 566번이었습니다. 스트레스를 받으면 이 횟수가 더 많아졌습니다.

마노쉬는 자신의 방송을 듣는 사람들과 함께 '지루하게 영리해지기'라는 프로젝트를 시작했고, 아주 적은 횟수를 줄인 사람들도 대부분 더 나아진 집중력을 경험했습니다.

쓸데없는 관심과 확인을 멈추고 삶에 충만히 임하는 하나님의 은혜를 느끼고 감사할 여유를 누리십시오. 아멘!!

♥ 주님! 작은 것에 신경을 빼앗겨 큰 것을 놓치지 않게 하소서.
예배 중에 스마트폰을 보지 않는 연습을 합시다.

열정이 있는가

읽을 말씀 : 로마서 12:1-13

● 롬 12:11 부지런하여 게으르지 말고 열심을 품고 주를 섬기라

미국에서 존경받는 C.E.O. 50명을 조사했더니 유일한 공통점으로 '열정'이 나왔습니다. 그래서인지 성공한 경영자들은 대부분 강연이나 인터뷰에서도 '열정'의 중요성을 강조합니다.

제네럴 일렉트릭을 '인재 사관학교'로 불리게 만든 경영의 귀재 잭 웰치는 성공의 자질을 '4E와 1P'로 평가했는데 4E는 '에너지(Energy), 활기(Energize), 결단력(Edge), 실행력(Execute)'이고 1P는 '열정(Passion)'입니다. 그리고 특히 중요하게 여겼던 것이 열정입니다.

애플의 스티브 잡스는 남들보다 앞서는 자신의 강점을 '열정'이라고 대답했고 크라이슬러를 회생시킨 밥 이트는 "매일 출근할 때마다 회사에서 일을 할 생각에 온 몸이 떨린다. 업무에 미치고자 하는 열정이 가장 중요하다"라고 말했습니다.

빌 게이츠 역시 "내가 하는 일이 나에겐 세상에서 가장 즐거운 일이다. 매일 도전하며 기회를 찾고 배우는 하루하루가 즐겁다. 누구든지 나처럼 즐길 수 있는 일을 찾는다면 결코 지치는 일은 없을 것이다"라고 말했습니다.

열정은 모든 일을 되게 하는 원동력입니다. 하나님이 주신 사명에 목숨까지 아끼지 않았던 사도 바울처럼 하나님이 주신 일과 하나님이 맡긴 사명에 열정을 회복하십시오. 아멘!!

♡ 주님! 하나님이 맡기신 일을 최선의 열정으로 감당하게 하소서.

⬕ 예배에 대한 나의 열정이 어느 정도인지 평가해봅시다.

어리석은 참견

읽을 말씀 : 로마서 2:1-16

●롬 2:1 그러므로 남을 판단하는 사람아, 누구를 막론하고 네가 핑계하지 못할 것은 남을 판단하는 것으로 네가 너를 정죄함이니 판단하는 네가 같은 일을 행함이니라

미켈란젤로가 4미터가 넘는 거대한 다비드상을 조각하고 있을 때였습니다. 마무리 작업을 위해 작업대에 올라가 한창 얼굴을 조각을 하고 있는데 한 남자가 지나가다 이런 말을 던졌습니다.

"정말 훌륭한 작품이네요. 하지만 코가 너무 높아서 비율이 조화를 이루지 않아요. 코를 좀 깎는게 어떨까요?"

미켈란젤로에게 말을 건 남자는 피렌체의 고위 관료 소델리니였습니다. 성격이 거만하고 남 말하기 좋아하는 소델리니에게 밉보이고 싶지 않았던 미켈란젤로는 알겠다며 다비드상의 얼굴을 정으로 다듬었습니다. 소델리니가 미소를 지으며 말했습니다.

"그만 됐습니다. 이제 작품이 훨씬 더 안정감 있고 조화롭지 않습니까? 나는 이제 사람들을 찾아가 미켈란젤로가 엄청난 대작을 완성했다고 소문을 내야겠습니다."

소델리니가 떠난 뒤 미켈란젤로는 혼잣말로 중얼거렸습니다.

"정말 아무 것도 모르는 양반이군. 난 그저 코를 다듬는 척 하면서 대리석 가루를 약간 뿌렸을 뿐인데…."

평가하고 판단하기 좋아하는 것이 인간의 본성이지만 잘못된 평가와 판단은 서로에게 상처만 줍니다. 섣부른 판단과 평가를 내리지 말고 먼저 듣고 이해하는 배려의 자세를 가지십시오. 아멘!!

♡ 주님! 판단보다 이해하고 경청할 줄 아는 성품을 주소서.

습관적인 참견이나 간섭을 멈추는 훈련을 합시다.

찬양의 방법

읽을 말씀 : 시편 104:28-35

● 시 104:33 내가 평생토록 여호와께 노래하며 내가 살아 있는 동안 내 하나님을 찬양하리로다

성경에서 가장 긴 시편은 히브리어로 '찬가'라고 불립니다.

루터는 신앙생활의 모든 측면을 시와 노래로 담은 시편을 성경의 축소판이라고 말했는데 시편에 나오는 10가지 찬양의 모습입니다.

01. 노래로 하는 찬양 - 시편 104:33
02. 말로 고백하는 찬양 - 시편 145:21
03. 외침으로 하는 찬양 - 시편 32:11
04. 손을 들고 하는 찬양 - 시편 143:6
05. 악기로 하는 찬양 - 시편 150:3
06. 손뼉을 치는 찬양 - 시편 47:1
07. 서서하는 찬양 - 시편 135:1
08. 무릎 꿇고 엎드리는 찬양 - 시편 95:6
09. 춤추는 찬양 - 시편 149:3
10. 묵상하는 찬양 - 시편 104:33

나의 찬양은 어떻습니까? 최선을 다해 하나님을 찬양하고 있습니까? 아니면 감정과 기분에 따라 달라지십니까?

하나님은 모든 사람에게 모든 방법으로 찬양받으시기에 합당하신 분입니다. 내가 할 수 있는 가능한 최선의 모든 방법으로 하나님을 찬양하십시오. 아멘!!

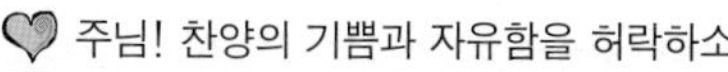

주님! 찬양의 기쁨과 자유함을 허락하소서.

성령님의 인도하심을 따라 자유롭게 찬양합시다.

한턱의 정의

읽을 말씀 : 사도행전 4:1-14

● 행 4:12 다른 이로써는 구원을 받을 수 없나니 천하 사람 중에 구원을 받을 만한 다른 이름을 우리에게 주신 일이 없음이라 하였더라

평소 친하게 지내던 회사원 두 명이 저녁을 먹으러 갔습니다. 크게 한턱 쏘겠다는 친구의 말에 고급 식당을 갔는데 계산을 할 때가 되니 100만원이 넘는 돈이 나왔습니다. 생각보다 액수가 크자 저녁을 사겠다던 친구는 당황해서 돈을 나눠서 내자고 했습니다. 그러나 친구는 "한턱을 내겠다고 했으니 무조건 네가 사라"고 했습니다.

사소한 말다툼으로 시작된 이 일은 법원까지 갔는데 과연 '한턱을 어떻게 정의할까'가 문제였습니다. 법원은 숙고 끝에 다음과 같은 판결을 내렸습니다.

"20만원은 한턱을 내겠다는 사람이 혼자 내고 나머지 80만원은 40만원씩 나누어 낼 것."

20만원은 두 남자가 처음 주문한 음식의 가격입니다. '한턱'을 식당에 들어가서 맨 처음 주문한 음식들로 정의한 것입니다.

이 이야기는 서울남부지방법원에서 실제 있었던 일로 당시 '솔로몬의 판결'로 불리며 언론에 실렸고 이후 다른 재판에서 '한턱'의 기준이 되는 판례로도 사용되고 있다고 합니다.

세상의 기준은 때때로 애매하고 변할 때가 많지만 구원의 기준은 명확합니다. '모든 사람'에게 필요한 '구원'은 '믿음'만으로 '누구나' 받을 수 있고 그 효력은 '영원'합니다. 다함이 없는 하나님의 사랑을 나의 기준으로 재단하지 말고 모든 사람에게 힘써 전하십시오. 아멘!!

♥ 주님! 뱀같이 지혜롭게 비둘기같이 순결하게 살게 하소서.

▨ 친절을 베풀 때에도 주님이 주신 지혜로 합시다.

호두나무를 쓰는 이유

읽을 말씀 : 디모데후서 2:14-26

● 딤후 2:15 너는 진리의 말씀을 옳게 분별하며 부끄러울 것이 없는 일꾼으로 인정된 자로 자신을 하나님 앞에 드리기를 힘쓰라

한 장교가 신입 하사관들을 모아놓고 교육을 하고 있었습니다. 장교는 소총 하나를 들고 와서 하사관들에게 물었습니다.

"이 소총의 개머리판은 호두나무로 만들었다. 그 이유를 아는가?"

한 병사가 손을 들고 말했습니다.

"재질이 다른 나무보다 단단해서입니다."

"아니다."

또 다른 병사가 손을 들었습니다.

"가공이 쉽고 습기에 강하기 때문입니다."

"그것도 아니다."

몇몇 병사들의 대답을 더 듣고 나서 장교는 크게 한숨을 쉬며 말했습니다.

"너희들은 아직 군대가 어떤 곳인지를 모르는군. 개머리판을 호두나무로 만드는 이유는 간단하다. 바로 규정에 그렇게 나와 있기 때문이다. 군대의 모든 일은 규정에 나와 있는대로 하는 것이 원칙이다. 이 사실을 절대로 잊지 말도록!"

어디든지 규정과 매뉴얼을 따르는 것이 첫 번째 중요한 원칙입니다. 그리스도인의 규정은 바로 성경입니다. 모든 말씀을 완전히 이해할 수는 없지만 구원의 확신과 믿음을 바탕으로 말씀을 절대 기준으로 무조건 따르십시오. 아멘!!

♡ 주님! 굳건한 믿음으로 말씀을 온전히 신뢰하게 하소서.

믿음에 확신이 있다면 의심없이 말씀을 받읍시다.

고칠 수 없는 병

읽을 말씀 : 로마서 8:1-17

●롬 8:2 이는 그리스도 예수 안에 있는 생명의 성령의 법이 죄와 사망의 법에서 너를 해방하였음이라

한 남자가 원인모를 병에 걸려 의사를 찾아왔습니다.

몇 주나 진찰하며 진료를 해봐도 도저히 병이 낫질 않자 남자는 잔뜩 화가 나서 의사를 찾아왔습니다.

"선생님, 제 병을 고치실 수 있긴 한겁니까? 제대로 말씀을 해주세요."

잠시 생각을 하던 의사가 대답했습니다.

"한 번 이렇게 해보십시오. 오늘 집으로 돌아가서 찬물에 샤워를 하고 몸을 닦지 말고 그대로 말린 뒤에 옷을 입지 말고 잠드십시오. 그렇게 3일간 하고 저를 찾아오세요."

"정말입니까? 그렇게 하면 이 병이 낫습니까?"

의사의 말을 들은 남자는 얼굴에 환한 웃음을 띠며 물었습니다. 남자의 질문에 의사는 이렇게 대답했습니다.

"아니요, 그 병은 낫지 않을 겁니다. 하지만 당신은 분명히 감기에 걸릴거고 그러면 제가 감기는 고칠 수가 있거든요."

병을 고칠 수 없는 사람을 찾아가 아무리 열심히 치료를 받고 다양한 처방을 받아도 소용이 없습니다. 마찬가지로 인간의 근원적인 문제는 세상의 방법과 이론을 따라봤자 해결할 수 없습니다. 고칠 수 없는 의사를 찾아간 환자처럼 세상에서 방황하지 말고 분명한 진단과 해결책을 제시하는 예수님의 복음을 믿으십시오. 아멘!!

♡ 주님! 기도와 말씀이 모든 문제의 해답임을 알게 하소서.

🔲 모든 문제의 해결책을 먼저 성경에서 찾읍시다.

인간관계의 5가지 법칙

읽을 말씀 : 로마서 14:13-23

● 롬 14:18 이로써 그리스도를 섬기는 자는 하나님을 기쁘시게 하며 사람에게도 칭찬을 받느니라

　제자백가의 사상가 노자가 말한 인간관계론을 추리면 다음의 5가지로 정리된다고 합니다.
　1. 진실함이 없는 아름다운 말을 늘어놓지 말라.
　　거짓은 아무리 아름다워보여도 금방 밝혀지기 마련입니다.
　2. 말은 최대한 줄여라.
　　말없이 성의를 보이는 것이 말만 많고 성의 없는 것보다 더욱 신뢰감을 줍니다.
　3. 아는 척을 하지말라.
　　지혜가 있는 사람은 아는 것을 남에게 나타내지 않습니다.
　4. 돈에 너무 집착하지 말아라.
　　돈에 집착하면 돈의 노예가 됩니다.
　5. 다투지 말고 적까지 품어라.
　　남과 다투는 일은 어떤 경우든 손해를 주기 때문입니다.
　복음은 관계를 통해서 흘러가기 때문에 그리스도인들은 신앙생활 못지않게 인간관계에도 신경을 써야 합니다. 하나님께 인정받고, 교회에서 헌신하고, 사람들도 신뢰하는 인간관계를 성경에서 찾아 성경의 방법대로 쌓으십시오. 아멘!!

♡ 주님! 세상에서 영향력을 발휘하는 그리스도인이 되게 하소서.
🖼 성경이 말하는 인간관계의 지혜를 묵상합시다.

하나님의 능력

읽을 말씀 : 로마서 8:31-39

● 롬 8:39 높음이나 깊음이나 다른 어떤 피조물이라도 우리를 우리 주 그리스도 예수 안에 있는 하나님의 사랑에서 끊을 수 없으리라

로마가 유럽을 정복할 만큼의 강대국이었을 당시 로마 시민권자들은 다음과 같은 내용이 적힌 통행증을 가지고 다녔습니다.

"만약 땅이나 바다에서 이 통행증을 가진 사람을 해치려고 하는 사람이 있다면 당신이 로마 황제와 전쟁을 할만큼 강한지 생각을 해보시길 바랍니다."

이 말은 즉 로마의 시민을 건드리면 로마의 황제를 건드린다는 뜻입니다. 실제로 로마는 일정 거리마다 여행 중인 로마 시민들이 의무적으로 정무관에게 연락을 하게 했는데 단 한 명의 시민이라도 오랜 기간 연락이 끊기면 경로에 있는 모든 무장세력들을 싹 쓸어버렸습니다.

로마의 정치가 키케로는 "로마 시민을 결박하고, 채찍질하는 것은 무조건 범죄나 다름없다"라고까지 말했습니다. 그래서 사도 바울을 매질하던 빌립보의 행정관들이 바울이 로마 시민권자라는 사실을 알고는 두려워하며 즉시 풀어줬던 것입니다.

비록 일개 시민일지라도 강대국에 속해있다는 것만으로 엄청난 권리가 됩니다. 세상 그 어느 나라보다 강하고, 영원히 망하지 않는 하나님의 나라에 내가 속해 있고, 그곳의 왕이신 주님께서 나를 지키고 보호하심을 잊지 마십시오. 아멘!!

♡ 주님! 저를 보호하시는 하나님의 손길을 느끼며 살게 하소서.
하나님이 나와 함께 하심을 철저히 믿고 두려워 맙시다.

사랑이라는 기회

읽을 말씀 : 사무엘상 12:20-25

●삼상 12:22 여호와께서는 너희를 자기 백성으로 삼으신 것을 기뻐하셨으므로 여호와께서는 그의 크신 이름을 위해서라도 자기 백성을 버리지 아니하실 것이요

러시아에 자전거를 타고 산책을 나온 가족이 있었습니다.

행복한 나들이를 마치고 부모님이 자전거를 차에다 싣고 있는데 갑자기 외마디 비명소리가 들렸습니다. 주위를 둘러보니 딸들이 보이지 않았고 강가에서 살려달라는 소리가 들렸습니다.

다리 난간에 기어 올라가 놀던 딸들이 실수로 강에 떨어진 것입니다. 부모님은 재빨리 차에서 밧줄을 꺼내 딸들에게 던졌지만 거리가 짧아 닿지 않았고 두 딸은 수영을 전혀 못했습니다. 그런데 갑자기 한 소년이 강으로 뛰어들어 딸들을 향해 헤엄쳤습니다. 딸들을 부여잡은 소년은 아버지가 던진 밧줄 쪽으로 능숙하게 다가왔고 이 소년의 도움 덕분에 두 딸은 무사하게 구조됐습니다.

너무 감동한 부모님은 소년의 활약상을 여러 신문사에 알렸고 소년은 지역에서 주는 공로상까지 받았습니다. 그런데 이 소년은 불우한 가정환경 때문에 고아로 자라다시피 했던 지역의 유명한 불량배였습니다. 그러나 목숨을 건 한 번의 선행으로 소년의 새출발을 돕겠다는 수많은 사람들의 지원과 관심이 생겨났고 지금은 이런 도움들로 새로운 삶을 준비하고 있습니다.

모두에게 외면받고 죄를 짓는 사람도 단지 사랑받을 기회가 부족했는지도 모릅니다. 상처입은 외로운 사람들에게 약간만이라도 사랑과 관심, 그리고 복음을 가지고 다가가십시오. 아멘!!

♡ 주님! 사람을 변화시킬 수 있는 것은 사랑임을 알게 하소서.

나를 향한 하나님의 사랑을 깨달음으로 더 많은 사랑을 전합시다.

사랑이라는 정답

읽을 말씀 : 요한1서 4:7-21

●요일 4:8 사랑하지 아니하는 자는 하나님을 알지 못하나니 이는 하나님은 사랑이심이라

'파우스트', '젊은 베르테르의 슬픔'을 쓴 독일의 대문호 괴테의 '사랑의 시'입니다.

'우리는 어디에서 태어났을까?

바로 사랑에서…

우리는 어떻게 멸망하게 될까?

사랑이 사라진다면…

우리는 무엇으로 자신을 극복할 수 있을까?

사랑을 통해서…

우리는 무엇으로 사랑을 발견할 수 있을까?

사랑으로…

우리는 무엇 때문에 눈물을 흘릴까?

사랑 때문에…

우리는 무엇 때문에 다시 일어설까?

바로 사랑!'

사랑은 인생의 가장 중요한 가치입니다. 하지만 사람의 사랑은 불완전하기에 올바른 답이 될 순 없습니다. 예수님을 보내주신 하나님의 사랑이라는 바른 정답을 찾으십시오. 아멘!!

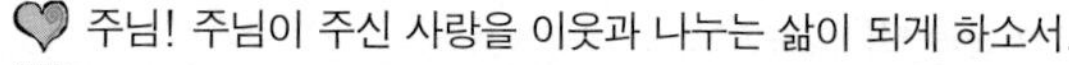

♡ 주님! 주님이 주신 사랑을 이웃과 나누는 삶이 되게 하소서.

인생의 가장 중요한 가치를 무엇이라고 생각하는지 살펴봅시다.

배려가 만든 공연

읽을 말씀 : 빌립보서 2:1-11

● 빌 2:3 아무 일에든지 다툼이나 허영으로 하지 말고 오직 겸손한 마음으로 각각 자기보다 남을 낫게 여기고

서울시향이 예술의 전당에서 클래식 공연을 하던 중 갑자기 한 아이가 큰 비명을 지르며 뛰어다녔습니다. 부모님은 놀라 아이를 데리고 서둘러 공연장을 빠져나갔지만 한동안 공연장 분위기는 소란스러웠습니다.

공연이 끝나고 서울시향 관계자들은 이 사건이 약한 자폐증이 있는 자녀에게 좋은 공연을 보여주려고 데려왔다가 생긴 일이라는 걸 알게 됐습니다. 그리고 평소에 이런 고민을 가진 부모님들이 더 있을 것 같다는 생각에 아예 발달장애를 가진 아이들을 위한 '모두 함께'라는 제목의 특별한 공연을 기획했습니다.

병원을 통해 소개받은 어린이와 가족 200여 명을 초대한 시향은 가족단위로 편하게 볼 수 있게 테이블을 원형으로 배치했고 공연 중에도 웃거나, 울거나, 돌아다녀도 상관이 없다는 새로운 규칙을 만들었습니다.

실제로 공연 중에 집중을 하는 아이들은 거의 없었지만 눈치 보지 않고 좋은 공연을 즐기게 된 부모님들은 시종일관 행복한 미소를 지었고, 아이들을 위해 연주하는 연주자들도 불편한 기색없이 훌륭하게 끝까지 연주를 마쳤습니다.

약간의 배려가 사람들의 마음을 움직이는 더 나은 상황을 만듭니다. 상대방의 실수가 분명한 상황에서도 마음을 이해하고 상황을 이해하려는 배려의 시선을 가지십시오. 아멘!!

♡ 주님! 예수님의 마음으로 배려를 배우게 하소서.

소외된 사람들을 위해 나와 우리 교회가 할 수 있는 일을 찾읍시다.

높은 자리의 책임

읽을 말씀 : 야고보서 4:1-10

●약 4:6 그러나 더욱 큰 은혜를 주시나니 그러므로 일렀으되 하나님이 교만한 자를 물리치시고 겸손한 자에게 은혜를 주신다 하였느니라

조선 숙종 때 김유라는 뛰어난 학자가 있었습니다.

학문도 출중할 뿐 아니라 겸손하고 일까지 잘했던 김유는 나중에 정2품 벼슬인 대제학에까지 올랐는데 임명을 받은 뒤 가족과 식솔들을 모두 불러 이렇게 말했습니다.

"대제학의 자리는 청빈과 겸손해야 하는 자리요. 나 스스로도 신중하게 처신할 터이니 부디 나를 따라 몸가짐을 조심해주길 바라오."

그리고 가족의 비단옷과 은수저를 모두 팔고 놋으로 만든 식기를 사용했습니다. 반찬도 세가지만 상에 올리게 했습니다. 나중에 아들이 장가를 가면서 혼수로 해온 비단옷을 입고 중요한 자리에 외출을 할 때도 사람들의 입에 오르내리지 않게 낡은 두루마기를 입고 가마도 타지 않았습니다.

낮은 벼슬을 할 때 누리던 것들을 높은 자리에 올랐단 이유로 오히려 더 누리지 못하게 되니 답답했던 부인이 이렇게까지 해야 하냐고 묻자 김유는 대답했습니다.

"사람이란 좋은 것을 누리고 가지면 더 좋은 것을 탐하게 되어 있소. 내가 높은 자리에 오른 것은 입신양명을 위한 것이 아니라 백성을 더 잘 섬기라는 뜻이니 늘 경계해야 하지 않겠소?"

하나님이 높여주시는 이유는 요셉과 같이, 에스더와 같이 사람을 살리고 하나님의 살아계심을 나타내라는 뜻입니다. 나를 세우시는 하나님의 뜻을 깨닫고 늘 겸손하십시오. 아멘!!

🖤 주님! 어떤 환경에서도 늘 변함없이 주님을 섬기며 살게 하소서.
🧩 전보다 나은 환경, 상황이라 해서 거들먹거리지 않나 살펴봅시다.

코끼리의 지혜

읽을 말씀 : 디도서 3:12-15

● 딛 3:14 또 우리 사람들도 열매 없는 자가 되지 않게 하기 위하여 필요한 것을 준비하는 좋은 일에 힘쓰기를 배우게 하라

    아프리카에 서식하는 코끼리들은 하루에 몇 번씩 대나무를 씹어 먹습니다. 대나무는 코끼리가 좋아하는 음식은 아니지만 단단한 대나무가 치아를 튼튼하게 해주고 평소 먹는 음식으로는 섭취하지 못하는 영양분을 주기에 코끼리들은 본능적으로 대나무를 섭취합니다.

    케냐의 코끼리들은 엘곤산에 있는 키툼 동굴을 1년에 3,4번씩 방문합니다. 지형이 험하고 서식지에서 몇 날 며칠이 걸려야 올 수 있는 먼 곳이지만 코끼리들은 이 동굴을 정기적으로 찾아옵니다.

    이곳 동굴에 있는 흙에는 칼슘과 나트륨 함량이 서식지보다 백배나 많기 때문에 큰 덩치를 튼튼히 유지하기 위해서는 이 동굴의 흙을 정기적으로 먹는 것이 필요하다는 걸 알기 때문입니다.

    워낙 험한 곳이라 사람들도 잘 방문하지 않지만 코끼리들은 이 동굴을 수시로 드나들기 때문에 현지 사람들은 키툼 동굴을 코끼리 동굴이라고 부르기도 합니다.

    코끼리는 아프리카에서 어떤 맹수도 건드리지 못하는 절대자이지만 자기가 하고 싶은 대로 하지 않습니다. 살아가기 위해서는 필요한 것이 무엇인지 알기 때문입니다. 영적인 강건을 위해 필요한 일들을 예배와 경건생활로 수시로 채우십시오. 아멘!!

🩶 주님! 영혼의 건강을 위해 필요한 것을 실행하는 지혜를 주소서.

🧩 달콤한 죄의 유혹에 빠지지 말고 죄에서 영혼을 지킵시다.

사랑한다면 배려하라

읽을 말씀 : 누가복음 22:24-34

●눅 22:26 너희는 그렇지 않을지니 너희 중에 큰 자는 젊은 자와 같고 다스리는 자는 섬기는 자와 같을지니라

사랑하는 여인에게 청혼을 하러 가는 청년이 있었습니다.

들뜬 마음을 주체할 수 없어 여인의 집 근처에 다다르자 청년은 뛰기 시작했습니다. 그런데 정작 도착한 여인의 집 문은 굳게 닫혀 있었습니다. 어제만 해도 기쁜 얼굴로 약속을 잡았던 터라 외출했을 리가 없다고 생각한 청년은 한참을 서성이며 계속해서 문도 두드려봤지만 집 안에서는 아무런 기척이 없었습니다.

그날부터 통 연락이 되지 않다가 1주일이 지난 후에 한 심부름꾼이 찾아와 여인이 쓴 편지를 건네줬습니다.

'당신이 우리 집에 오던 날 나도 창문을 보며 당신을 기다리고 있었습니다. 그런데 우리 집으로 달려오던 당신이 연약한 할머니를 밀치고 오는 것을 봤습니다. 누추한 행색의 할머니는 아무 말도 못하고 쓰러져 있었는데 당신은 눈길 한 번 안주더군요. 연약한 할머니도 배려하지 못하는 사람의 사랑이 진심이라고 어찌 믿을 수 있겠습니까? 우리는 그만 만나는 것이 좋겠습니다.'

이 이야기의 남자는 영국의 세계적인 수필가 찰스 램이었습니다. 찰스는 훗날 이 일을 통해 실수로 사랑을 잃었지만 성품의 소중함을 배웠다고 말했습니다.

하나님을 사랑한다고 고백하면서 이웃을 사랑하지 않는, 속이는 사람이 되지 말고 배려와 섬김으로 사랑을 나타내십시오. 아멘!!

♡ 주님! 어디서나 주님이 저와 함께 하심을 알고 생활하게 하소서.

🐭 혹시 인간에게만 잘 보이려고 행동하고 있지 않은지 살펴봅시다.

나의 가치

읽을 말씀 : 고린도전서 7:1-24

● 고전 7:23 너희는 값으로 사신 것이니 사람들의 종이 되지 말라

근대 시인, 임보라는 시인이 쓴 '사람의 몸값'이라는 글입니다.
"금이나 은의 가치는 몇 냥으로 따지고 돼지나 소는 근이라는 무게로 따집니다. 사람의 몸값은 일하는 능력으로 따지는데 같은 일을 해도 누구는 하루에 푼돈을 받고 누구는 1년에 몇 억을 받습니다.

한 푼을 벌려고 사람들 앞에 무릎을 꿇는 거지도 있고, 수천만 원이 적다고 거절하는 사람도 있습니다.

여러분의 몸값이 얼마인지 궁금하십니까? 몇백억 원을 준다 해도 마음을 움직이지 않았다면 당신의 몸값은 몇백억 원입니다. 그러나 몇백만 원에 마음이 움직였다면 몇백만 원짜리 사람입니다.

하지만 사람의 가치는 버는 돈으로만은 따질 수 없습니다. 돈보다 명예를 더 중요하게 여기는 사람도 많기 때문입니다.

그러나 그 명예도 마을 동장 하나 하려고 마음을 쓰고 전전긍긍하는 사람이 있는가하면 대통령 자리로도 움직일 수 없는 사람이 있습니다. 결국 사람의 몸값은 세상이 결정하는 것이 아니라 자기 스스로가 결정하는 것입니다."

나는 무엇을 위해 무엇을 포기할 수 있습니까? 하나님은 우리를 위해 가장 귀한 독생자를 포기하셨습니다. 그 사랑과 은혜를 받은 우리는 그 가치를 어떻게 생각하고 있는지 돌아보십시오. 아멘!!

🩶 주님! 저를 위해 예수님을 보내주셨다는 의미를 깨닫게 하소서.
🔲 예수님의 사랑이 나에겐 얼마만큼의 가치가 있는지 정해봅시다.

돈보다 더 중요한 것

읽을 말씀 : 베드로후서 1:1-11

●벧후 1:4 이로써 그 보배롭고 지극히 큰 약속을 우리에게 주사 이 약속으로 말미암아 너희가 정욕 때문에 세상에서 썩어질 것을 피하여 신성한 성품에 참여하는 자가 되게 하려 하셨느니라

　조선시대에 초가집에서 홀어머니를 모시고 사는 김수팽이라는 사람이 있었습니다. 그는 가난했지만 글재주가 있어 과거를 준비하는 중이었고 어머니는 궂은 일을 하면서 아들을 뒷바라지 했습니다. 하루는 초가집의 대들보가 흔들리는 것 같아서 어머니가 혼자서 기둥이 박힌 땅을 파고 있었는데 깊숙이 항아리 같은 것이 보였습니다.

　항아리를 열어보니 평생 먹고 살만한 엽전이 들어 있었지만 어머니는 잠시 망설이다가 항아리를 다른 곳에 묻어버렸습니다. 그 후로 몇 년간 더 고생을 하다가 마침내 김수팽은 장원급제를 했는데 꽃가마를 타고 고향으로 돌아온 아들에게 어머니는 돈이 든 항아리 이야기를 꺼냈습니다.

　"그 돈을 내가 다시 묻은 이유는 내 자식이 요행이나 바라는 게으름뱅이가 되지 않기를 바래서였다. 그동안 고생을 하며 잠깐씩 유혹이 생길 때도 있었지만 끝까지 손을 대지 않았기에 이런 좋은 날이 온 것 같구나."

　세상은 물질과 쾌락, 그리고 죄의 흐름을 따라 흘러갈 수밖에 없습니다. 남들과 똑같이 돈을 따라 사는 것이 아니라 돈보다 더 중요한 신앙과 믿음을 지키며 사십시오. 아멘!!

♡ 주님! 세상 어느 것보다 주님만을 바라보며 살아가게 하소서.
🦋 일을 성취하기 위해 의지하는 것이 무엇인지 생각해봅시다.

포로를 웃게 만든 소식

읽을 말씀 : 마태복음 11:2-6

●마 11:5 맹인이 보며 못 걷는 사람이 걸으며 나병환자가 깨끗함을 받으며 못 듣는 자가 들으며 죽은 자가 살아나며 가난한 자에게 복음이 전파된다 하라

　제2차 세계대전 당시 한 포로수용소에 갇힌 미군들은 처참한 대우를 받았습니다. 식사는 하루에 한 끼를 주는 둥 마는 둥 했고 햇볕도 들지 않는 곳에서 씻지도 못하고 방치됐습니다.

　아무런 희망도 찾을 수 없는 감옥에서 버티다 못한 사람들은 하나둘씩 죽어나가기 시작했습니다.

　그런데 이런 처참한 상황 속에 있는 병사들이 어느 날부터 웃기 시작했습니다. 밥을 먹지 못해도 힘을 내서 기운을 차리는 병사들도 있었고, 삼삼오오 모여서 희망적인 이야기를 하는 그룹도 생겼습니다.

　포로수용소의 환경은 처참한 상황 그대로였지만 한 병사가 가져온 단파무전기를 통해 근처에서 벌어지는 전투에서 연합군이 계속 승리하고 있다는 소식이 들렸기 때문입니다.

　곧 승리한 아군이 올 것이라는 소식은 절망 속에서 버티다 못해 죽어나가는 처참한 감옥마저 변화시킬 강력한 희망이 됐습니다.

　이 세상을 살아가는 그리스도인의 모습도 이와 같습니다. 죄로 인해 영적으로 영영 죽은 세상에서의 삶이지만 그 문제를 해결한 예수 그리스도가 오셨다는 사실로 인해 어떤 상황에서도 기뻐할 수 있고 희망을 품을 수 있습니다. 이 기쁜 소식을 통해 마음속에 희망을 품으십시오. 아멘!!

♡ 주님! 주님이 늘 함께 하신다는 믿음으로 승리하게 하소서.

🧎 나의 구원, 방패, 피난처이신 주님을 의지하겠다고 다짐합시다.

내가 아닌 그리스도가

읽을 말씀 : 갈라디아서 2:11-21

● 갈 2:20 내가 그리스도와 함께 십자가에 못 박혔나니 그런즉 이제는 내가 사는 것이 아니요 오직 내 안에 그리스도께서 사시는 것이라

작자 미상의 '내가 아닌 그리스도께서'라는 시의 일부분입니다.

'내가 아닌 그리스도께서
영광을 받으시고 존경과 사랑을 받으소서
내가 아닌 그리스도께서

모든 생각과 말 속에 계시옵소서
과장도 아니고 허식도 아니며
오직 그리스도께서만이
버려진 자들을 불러 모으시나이다

오직 그리스도께서만이 내 모든 소원을 이루시며
그리스도, 오직 그리스도께서만이
나의 전부가 되시리'

나의 삶은 나의 것이 아니라 구원의 새삶을 주신 주님의 것입니다. 예수 그리스도가 나의 전부가 되신다는 이 고백이 모든 성도의 고백이 되어야 합니다. 나의 생각과 뜻이 아닌 예수 그리스도의 뜻과 생각을 담는 그릇으로 살아가고자 노력하십시오. 아멘!!

♡ 주님! 오직 그리스도만이 내 인생 전부의 삶을 살게 하소서.
오직 주님만 의지합시다.

4월

"사람이 감당할 시험 밖에는 너희가 당한 것이 없나니
오직 하나님은 미쁘사 너희가 감당하지 못할 시험 당함을
허락하지 아니하시고 시험 당할 즈음에
또한 피할 길을 내사 너희로 능히 감당하게 하시느니라"
(고린도전서 10장 13절)

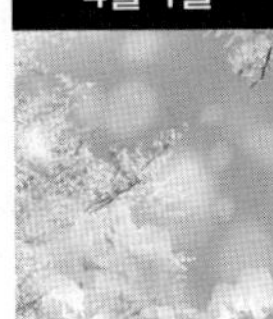

고난을 받는 이유

4월 1일

읽을 말씀 : 베드로전서 4:12-19

● 벧전 4:13 오히려 너희가 그리스도의 고난에 참여하는 것으로 즐거워하라 이는 그의 영광을 나타내실 때에 너희로 즐거워하고 기뻐하게 하려 함이라

『큰 아들이 학교에서 점심시간에 밥이 아닌 샌드위치를 싸왔다고 놀림을 받은 적이 있었다.

"너는 생긴 것도 희안한데 도시락도 이상한 걸 먹는구나."

"그러게 미국 코쟁이는 느끼한 음식 아니면 못 먹나봐."

아이는 집으로 돌아와 엄마에게 화를 냈다.

"엄마, 왜 가뜩이나 놀림 받는 나에게 샌드위치까지 싸줬어요? 왜 한국 사람이랑 결혼했고, 왜 한국에 왔어요?"

어머니는 우는 아들을 꼭 안아주며 말했다.

"네가 가장 좋아하는 음식으로 첫 도시락을 싸주고 싶었단다. 그리고 우리가 여기 온 이유는 바로 예수님 때문이야."

나의 첫째 아들에 대한 이야기인데 아들의 가슴 아픈 이야기를 들은 나는 그날 밤 함께 예배를 드리며 아들을 위해 기도했고, 예배를 통해 하나님을 체험한 아들은 지금 수원과 전 세계에서 하나님께 훌륭히 쓰임 받는 목회자가 되었다.』

(김장환 목사 개인 노트에서 발췌 편집)

나의 아픔과 고난의 이유가 예수님 때문이라면 세상에 그보다 귀한 복은 없습니다. 예수님으로 인해 받는 고난을 자랑스럽게 여기며 오히려 기뻐하십시오. 아멘!!

♡ 주님! 세상의 고난보다 더 큰 주님의 위로를 삶에 부어주소서.

🔲 고난보다 고난의 이유에 집중하며 하나님을 찬양합시다.

예수 믿는 비용

읽을 말씀 : 에베소서 1:3-14

● 엡 1:6 이는 그가 사랑하시는 자 안에서 우리에게 거저 주시는 바 그의 은혜의 영광을 찬송하게 하려는 것이라

성도들은 이 땅에서는 거지로 살아야 한다고 주장하며 실제로 그렇게 사셨던 '거지(巨智)' 이중표 목사님이 농촌에서 목회를 하실 때였습니다.

교회를 열심히 다니던 한 집사님의 남편이 갑자기 목사님을 찾아와 물었습니다.

"교회 다니려면 돈이 필요하다던데 어느 정도나 듭니까?"

자수성가해 부농이 된 남편은 교회에 헌금과 십일조를 내야 한다는 말을 듣고 마음에 걸려 목사님께 물어본 것입니다. 목사님이 담배값 정도 든다고 대답을 하자 남편은 믿겠다고 대답을 했습니다. 그리고 돈을 아끼려 금연을 했고 담배값을 헌금으로 내면서 1년 정도 다녔습니다. 목사님은 헌금은 자발적으로 내야 기뻐하신다며 절대로 강조하지 않았습니다. 그런데 어느 날부터 담배값이 아닌 쌀 열가마니의 분량을 십일조로 내기 시작했습니다. 의아하게 여긴 목사님이 남편을 찾아가 물었습니다.

"요즘 예수 믿는 비용이 많이 오르셨더군요."

"예수님은 제게 모든 것을 주셨는데 저는 싸구려로 믿으려고 했던 모습이 너무 죄스러워서 이제는 저의 전부를 드릴 작정으로 비싸게 믿기로 했습니다."

초대교회 성도들은 위기의 상황에서 때때로 목숨과 바꿔가면서 신앙을 지켰습니다. 지금 나는 예수님을 위해 무엇을 드릴 각오가 되어 있는지 돌아보십시오. 아멘!!

🖤 주님! 주님을 위해서라면 그 무엇도 아끼지 않게 하소서.
🧩 나에게 모든 것을 주신 주님께 나의 모든 것을 드립시다.

이웃을 위한 도전

읽을 말씀 : 마가복음 12:28-34

●막 12:31 둘째는 이것이니 네 이웃을 네 자신과 같이 사랑하라 하신 것이라 이보다 더 큰 계명이 없느니라

영국의 트리쉬 웨그스태프는 군인인 남편을 따라 한 평생을 전 세계의 위험지역을 돌며 살았습니다. 트리쉬는 일흔이 넘어 은퇴를 하고 고향에서 여러 사람들을 만났는데 만나는 사람마다 가장 많이 하는 말이 "이제 나이가 많아서 그건 안돼"였습니다. 이런 생각에 동의할 수 없었던 트리쉬는 마음만 먹으면 누구나 할 수 있다는 걸 보여주기 위해서 일흔이 넘은 할머니가 도저히 할 수 없다고 생각되는 익스트림 스포츠에 도전했습니다.

가장 첫 번째 도전은 블루 플래닛 수족관에서 상어와 함께 수영하기였는데 주변의 우려와는 다르게 멋지게 성공했습니다.

두 번째 도전은 100미터 높이의 스피네이커 타워에서 로프를 타고 내려오기였는데 이 역시 성공했습니다. 일흔이 넘은 할머니의 도전이 화제가 되자 여러 단체에서 후원 문의가 왔고 트리쉬는 자신이 도전을 할 때마다 받은 후원금으로 불치병에 걸린 어린이들을 돕기로 했습니다.

마음만 먹으면 누구든 할 수 있다는 걸 보여주기 위해 시작한 일흔이 넘은 할머니의 도전은 여든이 넘은 지금도 계속되고 있고 최근엔 비행기 날개 위에서의 곡예까지 성공하며 지금까지 2억원이 넘는 후원금을 전달했습니다.

믿는 사람에게는 정말로 능치 못할 일이 없습니다. 하나님이 주시는 믿음을 가지고, 성령님의 인도하심을 따라 담대히 도전하십시오. 아멘!!

♡ 주님! 나이 때문에 안 된다는 생각을 버리고 도전하게 해주소서.
🖼 지금 주님을 위해 하고 싶은 일이 무엇인지 적어봅시다.

모두를 위한 희생

읽을 말씀 : 갈라디아서 1:1-4

● 갈 1:4 그리스도께서 하나님 곧 우리 아버지의 뜻을 따라 이 악한 세대에서 우리를 건지시려고 우리 죄를 대속하기 위하여 자기 몸을 주셨으니

미국 퍼듀대학의 화학 교수인 하비 와일리는 농무부 국장에 오르면서 식품에 들어가는 많은 첨가물이 건강에 나쁘다는 사실을 알게 됐습니다. 그러나 단순히 논문과 자료만으로는 제조사들의 로비에 막혀 법을 바꾸기가 쉽지 않았습니다.

결국 하비는 표본 역할을 할 수 있는 각계각층의 건강한 사람들을 찾아 다니며 직접 실험을 할 사람들을 모집했습니다.

"다른 사람들을 위해 독약 구조대에 들어오지 않겠습니까?"

하비가 모은 12명의 사람들은 농무부 지하실에서 당시 사용되던 나쁜 첨가물들을 지속적으로 먹었습니다.

하비는 첨가물들을 일정기간 섭취했을 때 몸에 일어나는 반응들을 기록했고 그 결과 실제로 나쁜 영향을 미치는 첨가물들을 확실하게 밝혀낼 수 있었습니다.

건강을 담보로 용감한 실험을 한 12명의 독약구조대 때문에 유해한 많은 첨가물들이 법으로 금지됐고 음식의 안정성을 조사하는 FDA가 이 실험으로부터 생겨났습니다.

12명의 희생으로 모든 미국인들이 더 나은 삶을 살 수 있게 된 것처럼 예수님의 희생으로 모든 사람이 구원을 얻을 수 있게 됐습니다. 그 희생을 정말로 믿는다면 예수님의 삶을 따라 더욱 손해보고 더욱 희생하며 다른 영혼을 구하려고 노력하십시오. 아멘!!

♡ 주님! 나를 포기하지 않으셨던 것처럼, 저도 포기하지 않게 하소서.

🧩 영혼을 구하고, 위하는 일이라면 어떤 손해도 망설이지 맙시다.

언더우드의 기도 수첩

읽을 말씀 : 골로새서 4:2-6

●골 4:2 기도를 계속하고 기도에 감사함으로 깨어 있으라

조선 최초의 선교사 언더우드가 습관처럼 쓰는 기도 노트에 적힌 내용들입니다.

'걸을 수만 있다면, 더 큰 복은 바라지 않겠습니다.
누군가는 지금 그렇게 기도를 합니다.
들을 수만 있다면, 더 큰 복은 바라지 않겠습니다.
누군가는 지금 그렇게 기도를 합니다.
볼 수만 있다면, 더 큰 복은 바라지 않겠습니다.
누군가는 지금 그렇게 기도를 합니다.
살 수만 있다면, 더 큰 복은 바라지 않겠습니다.
누군가는 지금 그렇게 기도를 합니다.
놀랍게도 누군가의 간절한 소원을
나는 다 이루고 살았습니다.
놀랍게도 누군가가 간절히 기다리는 기적이
내게는 날마다 일어나고 있었습니다.
나의 하루는 기적입니다. 나는 행복한 사람입니다.'

언더우드 선교사가 이역만리 떨어진 타국에서 온갖 고초를 겪으면서도 행복할 수 있었던 이유는 하나님이 기적과도 같은 하루를 매일매일 허락하심으로 사명을 감당할 수 있다는 사실을 알았기 때문입니다. 하나님이 허락하신 기적과 같은 하루를 통해 행복을 누리십시오. 아멘!!

♡ 주님! 지금 베푸신 은혜에 만족하는 삶이 되게 하소서.
🧩 지금 삶에 가지고 있는 불만을 감사로 돌립시다.

탄로 난 가짜

읽을 말씀 : 마태복음 24:15-28

●마 24:24 거짓 그리스도들과 거짓 선지자들
이 일어나 큰 표적과 기사를 보여 할 수만 있
으면 택하신 자들도 미혹하리라

1988년도에 열린 그래미 시상식에서 당시 신인으로 등장해 큰 인기를 끌었던 독일의 밀리 바닐리라는 그룹이 공연을 하고 있었습니다.

뜨거운 호응 속에서 멋지게 노래를 하던 중 음향 사고로 갑자기 노래가 끊겼는데 반주를 따라 부르던 노래도 동시에 끊어졌습니다.

결국 이 문제가 이슈가 되자 다른 가수가 밀리 바닐리의 노래를 사실 자기가 불렀다고 양심선언을 했으며 앨범을 제작한 프랭크 파리안도 밀리 바닐리는 앨범에 단 한 곡도 참여하지 않았다는 폭탄선언을 했습니다.

노래 실력은 별로였지만 외모가 출중했던 두 사람을 살리기 위해 제작사가 낸 궁여지책이었는데 생각보다 인기를 많이 끌면서 모든 것이 밝혀진 것입니다. 결국 이 사건으로 세계적인 인기를 끌던 밀리 바닐리는 한 장의 앨범으로 끝이 났고, 그래미 시상식에서는 공연 때 반드시 라이브를 해야 된다는 규정이 생겼습니다.

진짜가 아닌 가짜는 아무리 그럴 듯해도 언젠가 탄로 나기 마련입니다. 어릴 때의 습관이나 다른 사람의 시선을 의식한 신앙이 아닌 하나님을 향한 사랑과 열정이 기반이 되는 진짜 신앙을 가지십시오. 아멘!!

♡ 주님! 그리스도인답게 주님의 영광을 위해 바르게 살게 해주소서.

◪ 혹시 나를 포장하고 있는 일이 있는지 살피고 정리합시다.

위대함을 만드는 것

읽을 말씀 : 누가복음 12:22-34

●눅 12:26 그런즉 가장 작은 일도 하지 못하면서 어찌 다른 일들을 염려하느냐

'명언의 힘'이라는 책에 나오는 위대한 사람과 평범한 사람의 차이에 대한 글입니다.

'위대한 인물에게는 목표가 있지만
평범한 사람들에게는 소원이 있을 뿐입니다.

미래를 훌륭하게 준비하는 최선의 방법은
오늘 할 일을 완벽하게 마치는 일입니다.

누군가 해야 할 일이면 내가 해야 합니다.
내가 해야 할 일이라면 최선을 다해야 합니다.

어차피 해야 할 일이라면 기쁘게 해야 하고,
언젠가 해야 할 일이라면 바로 지금 해야 합니다.'

위대함을 만드는 것은 사소한 차이입니다.
일을 미루지 않고, 오늘을 충실히 살고, 이루고자 하는 분명한 목표를 향해 달려가는 것, 이 원리를 통해 하나님의 사명을 충분히 감당하는 위대한 믿음을 품으십시오. 아멘!!

♡ 주님! 평범한 사람이지만 주님을 위해 위대한 일을 하게 하소서.
❀ 주님을 위한 평범한 일을 하는 위대한 사람이 됩시다.

부인할 수 없는 증거

읽을 말씀 : 마태복음 28 : 1-20

●마 28:5,6 십자가에 못 박히신 예수를 너희
가 찾는 줄을 내가 아노라 그가 여기 계시지
않고 그가 말씀 하시던 대로 살아나셨느니라
와서 그가 누우셨던 곳을 보라

　석가모니가 죽어 화장을 한 뒤 8만 4천 개의 사리가 나왔다
고 합니다. 당시 왕 아소카는 이 사리를 여러 지역에 수천 개의
탑을 세워 보관하게 했다고 하는데 현재 진짜 사리가 어디에 있
는지 정확히 아는 사람은 없습니다. 진짜 사리라고 주장하는 절
들이 너무 많아지자 나중에는 ‘인증서’까지 발행했습니다.

　그러다 비교적 최근 인도 북부 촌락에서 고고학자들에 의해
진짜 석가모니의 사리가 발견된 일이 있었습니다. 진귀한 보물
이 발견됐다고 기뻐하며 잔치를 벌이는 모습을 보고 이 지역에
있던 선교사님은 이런 말을 했다고 합니다.

　“저분들은 부처가 존재했다는 사실 때문에 사리를 보고 기뻐
합니다. 하지만 예수님의 뼈 한 조각이라도 발견되는 날에는 기
독교는 그날로 끝장이 납니다.”

　영국의 명석한 변호사 프랭크 모리슨은 부활이 거짓이라는 걸
밝혀내려고 “누가 돌을 옮겼는가?”라는 제목으로 글을 쓰고 있었
습니다. 그러나 부활의 거짓을 밝혀내려던 책은 오히려 부활을
증거하는 책이 되어 발간된 지 40년이 지난 최근에 개정판이 나
왔을 정도로 사람들에게 부활의 증거를 전하고 있습니다.

　부활은 모든 사람이 믿을 수밖에 없는 구원의 증거입니다. 죽
음에서 부활하신 예수님이 세상의 유일한 길이자 진리임을 선포
하십시오. 아멘!!

♡ 주님! 죽음에서 부활하신 예수님을 통해 거듭나게 하소서.
　마태복음 28장을 묵상하며 예수님의 부활을 확신합시다.

오른손이 모르게

읽을 말씀 : 마태복음 6:1-4

● 마 6:3 너는 구제할 때에 오른손이 하는 것
을 왼손이 모르게 하여

가난한 노동자의 아들로 태어나 학교도 못 다니던 척 피니는 먹고 살기 위해 온갖 고생을 다하며 자랐습니다. 생계가 어려워 군대에도 입대했던 피니는 숱한 고생과 죽을 고비를 넘긴 뒤 사업가로 성공해 승승장구했습니다.

그러나 세계 최고의 면세점을 운영하는 회장이면서도 지독한 구두쇠 생활을 했습니다. 비즈니스 또는 개인적인 일로 비행기를 탈 때도 이코노미석만 탔고 집도 초라한 임대아파트에서 월세를 내며 살았습니다. 한 잡지에서는 이런 피니를 두고 '스크루지처럼 돈만 아는 냉혈한'이라고 표현하기도 했습니다.

그러다가 척 피니가 악착같이 번 돈이 어디에 쓰이는지가 강도 높은 세무조사를 통해 밝혀졌는데 피니는 자신이 번 돈의 99%를 드러나지 않게 다른 회사로 보내 수많은 곳에 기부를 하고 있었습니다.

세무조사를 통해 밝혀진 금액은 무려 9조 원이었는데 피니는 '남을 도와줘도 절대 자랑하지 말아라, 진정한 기부는 부담감까지 덜어줘야 한다'는 어머니의 가르침을 따라 실천했던 것이었습니다.

워런 버핏과 빌 게이츠는 척 피니가 자신들의 롤모델이라고 밝혔으며 또한 다른 부자들의 롤모델이어야 한다고 말했습니다. 예수님이 삶의 롤모델인 우리들도 예수님의 말씀을 따라 선행을 실천하십시오. 아멘!!

♡ 주님! 선한 방법으로 돈을 벌고, 어려운 이웃과 나누게 하소서.
🧎 수입의 일부를 어려운 이웃과 나누고 있는지 살펴봅시다.

사랑의 받아들임

읽을 말씀 : 요한복음 7:10-24

●요 7:24 외모로 판단하지 말고 공의롭게 판
단하라 하시니라

　국내 대형교회의 한 목사님이 흑인들이 사는 빈민촌에서 사
역을 하는 선교사님을 찾아갔습니다. 단 3일 간의 방문이었지만
흑인 특유의 냄새와 여기저기 쌓여있는 쓰레기 때문에 목사님은
큰 어려움을 느꼈습니다.

　예배를 마치고 숙소로 돌아가면 바로 쓰러질 정도로 적응이
쉽지 않았습니다.

　마지막 날에는 함께 예배를 드리기 위해 300여 명의 흑인들
이 교회로 몰려와 냄새가 더욱 심했습니다. 목사님이 시종일관
불쾌한 표정으로 있자 선교사님이 다가와 말했습니다.

　"목사님, 많이 힘드시죠? 사실 저도 처음엔 너무 힘들었습니
다. 그런데 이들과 함께 지내면서 계속 사랑하다 보니 이제는 정
말로 냄새가 나지 않습니다."

　목사님은 선교사님의 이 말을 듣고는 바로 회개했습니다. 집
에서 키우는 강아지도 처음엔 냄새가 심해서 꺼려했지만 점점
사랑하게 되자 아무 냄새를 못 느꼈던 일이 떠오르면서 선교지
에 오면서도 사랑이 부족한 자신의 모습이 부끄럽게 느껴졌기
때문입니다.

　목사님은 이 일을 칼럼으로 쓰며 사랑한다는 것은 대상의 모
든 것을 받아들이는 것이라고 했습니다. 하나님을 사랑한다면,
이웃을 사랑한다면 모든 것을 받아들일 수 있도록 최선을 다해
사랑하십시오. 아멘!!

♡ 주님! 모든 사람을 주님이 창조하셨음을 알고 겸손히 살게 하소서.
▥ 외모로 멀리했던 사람들에게 용서를 구하고 친절하게 대합시다.

만남의 종류

4월 11일

읽을 말씀 : 요한복음 3:1-15

● 요 3:1,2 그런데 바리새인 중에 니고데모라 하는 사람이 있으니 유대인의 지도자라 그가 밤에 예수께 와서 이르되 랍비여 우리가 당신은 하나님께로부터 오신 선생인 줄 아나이다

우리는 매일 사람들을 만납니다. 정채봉 작가의 에세이 '만남'에 보면 5가지 종류의 만남이 있다고 합니다.

1. 생선 같은 만남입니다.
   처음엔 싱싱하지만 금방 상하고 비린내가 나는 생선처럼 시기하고 질투하고 싸우면서 원한만을 남기는 만남입니다.
2. 지우개 같은 만남입니다.
   아무런 의미도 없이 곧 기억에서 지워지는 시간이 아까운 만남입니다.
3. 건전지 같은 만남입니다.
   쓸모가 있을 때는 들고 있다가 필요가 없어지면 멀어지는 수지타산적인 만남입니다.
4. 꽃송이 같은 만남입니다.
   화려하게 피지만 곧 지고마는 끝이 안 좋은 만남입니다.
5. 손수건 같은 만남입니다.
   슬플 땐 눈물을 닦아주고 힘이 들 땐 땀을 닦아주는 서로 의지하는 아름다운 만남입니다.

하나님은 만남 가운데 일하시고, 만남 가운데 역사하십니다. 복음 전파도 만남에서 시작되는 경우가 아주 많습니다. 복음 전파의 많은 열매와 삶을 더 풍요롭게 하고 하나님의 일을 이 땅에서 해나가는 아름다운 만남을 위해 기도하십시오. 아멘!!

♡ 주님! 좋은 만남으로 하나님의 일을 이루어가게 하소서.

🔲 지인들과 나의 만남이 어떤 만남인지 생각해봅시다.

풍요의 위기

읽을 말씀 : 마태복음 24:37-51

●마 24:44 이러므로 너희도 준비하고 있으라 생각하지 않은 때에 인자가 오리라

　남태평양의 나우루 공화국은 인구가 약 1만 명 정도인 작은 섬입니다. 그런데 2차 대전 이후 이 섬에서 희귀물질인 인광석이 발견됐습니다. 매장량이 워낙 많아 나우루 공화국에는 엄청난 돈이 흘러들어왔는데 이 때 이 돈을 모든 국민에게 나눠주는 파격적인 정책을 펼쳤습니다.

　집, 의료, 교육, 모든 것이 무료였고 1년에 1억 원씩 국민에게 돈을 나눠줬습니다. 용산구 정도 크기의 작은 나라지만 사람들은 수십억짜리 스포츠카를 탔고 해외에 갈 때는 전용 비행기를 타고 나갔습니다.

　집안의 모든 일은 외국인 노동자를 데려와 시킬 뿐 아니라 공무원까지도 외국에서 데려왔습니다.

　하지만 이렇게 나우루를 풍요롭게 만든 인광석은 점점 떨어져 갔습니다. 그럼에도 사람들은 소비를 줄이지 않았고 나라에서도 대책을 세우지 않았는데 결국 2003년에 인광석은 모두 고갈됐고 사람들은 기름값이 없어 차를 거리에 버릴 정도로 빈곤해졌습니다.

　세상의 즐거움과 안락함에 빠져 신앙을 점점 소홀히 하고 미래를 대비하지 않는다면 진짜 중요한 것을 잃고 있는 것입니다. 하나님을 알고 신앙을 끝까지 지키는 것이 진정한 축복임을 기억하십시오. 아멘!!

🩶 주님! 물질적인 가치만을 추구하며 인생을 허비하지 않게 하소서.
🖼 지금 나의 풍족함이 미래를 어둡게 만들 가능성을 생각해봅시다.

은혜의 가치

읽을 말씀 : 사도행전 20:17-38

● 행 20:24 내가 달려갈 길과 주 예수께 받은 사명 곧 하나님의 은혜의 복음을 증언하는 일을 마치려 함에는 나의 생명조차 조금도 귀한 것으로 여기지 아니하노라

미국 보스턴의 성공한 사업가인 바턴에게 하루는 허름한 차림의 청년이 찾아왔습니다.

"사업을 하고 싶은데 2천 달러만 빌려주십시오."

열정이 대단하다 싶어 바턴은 속는 셈치고 당시 거금인 2천 달러를 빌려줬습니다. 청년은 몇 년 뒤 찾아와 사업이 성공했다며 2천 달러와 은행금리를 훨씬 넘는 많은 이자를 주며 감사 인사를 전했습니다.

그로부터 10년 후 대공황이 찾아왔고 바턴이 도산 위기에 처했을 때 바턴의 사무실에 한 신사가 찾아왔습니다.

"10년 전에 도움을 받았던 스트로입니다. 사업이 어렵다는 소식을 들었습니다. 얼마나 드리면 되겠습니까?"

"빌려준 돈은 이미 이자까지 쳐서 넘치게 갚았는데, 또…?"라는 바턴의 말에 스트로는 대답했습니다.

"돈은 갚았지만 은혜는 남아있습니다. 당시 저를 믿어주신 바턴 씨가 안계셨다면 지금처럼 성공하지 못했을 겁니다. 그 은혜는 단순히 돈으로 갚을 수 있는 것이 아닙니다."

"은혜를 갚았다고 생각하는 것은 은혜를 잊었다는 뜻이다"라고 파스칼은 말했습니다. 하나님이 베푸신 은혜의 가치는 세상의 무엇과도 바꿀 수 없는 것임을 잊지 마십시오. 그리고 나를 구원해 주신 주님의 은혜도 항상 잊지 마십시오. 아멘!!

🖤 주님! 십자가의 놀라운 은혜를 평생 잊지 않게 하소서.

🧎 하나님의 귀한 은혜를 묵상하며 하루를 삽시다.

아는 것을 행하는 것

읽을 말씀 : 빌립보서 4:2-9

● 빌 4:9 너희는 내게 배우고 받고 듣고 본 바를 행하라 그리하면 평강의 하나님이 너희와 함께 계시리라

춘추전국시대 제나라의 경공이 공자를 초청해 물었습니다.

"나라를 잘 다스리려면 어떻게 해야 합니까?"

공자는 이 물음에 바로 '군군신신부부자자(君君臣臣父父子子)'라고 대답했습니다.

"임금은 임금다워야 하고, 신하는 신하다워야 하고, 아비는 아비다워야 하고, 자식은 자식다우면 된다"라는 뜻입니다. 비결이랄 것도 없는 평범한 답이지만 그 답을 지키지 못해 혼란한 시대가 찾아왔습니다.

마가복음 10장을 보면 한 부자 청년이 예수님께 이렇게 묻습니다.

"영생을 얻기 위해선 어떤 선한 일을 해야 합니까?"

예수님은 이때 "살인하지 말라, 간음하지 말라, 도둑질하지 말라, 부모를 공경하라, 이웃을 사랑하라…"와 같이 십계명을 바탕으로 지킬 것을 말씀해주셨습니다.

그리고 청년에게 정말로 부족한 것을 말씀해주시자 청년은 오히려 근심하며 돌아갔습니다.

예수님의 말씀을 지킬 수 있는 것만 지키는 것이 아니라 말씀이기에 지키려고 해야 합니다.

올바른 신앙생활, 하나님을 사랑하고 이웃을 사랑하는 것은 특별한 비결이 있거나 어려운 정답이 있는 것이 아닙니다. 아는 것부터 바로 실천하십시오. 아멘!!

💛 주님! 한 구절의 말씀을 한 걸음씩 제 삶에 써나가게 하소서.

🔲 예배시간에 들은 말씀을 한 주간 동안 실천하는 습관을 가집시다.

질투와 거짓

읽을 말씀 : 마가복음 10:17-31

● 막 10:19 네가 계명을 아나니 살인하지 말라, 간음하지 말라, 도둑질하지 말라, 거짓 증언 하지 말라, 속여 빼앗지 말라, 네 부모를 공경하라 하였느니라

미국 워싱턴포스트지의 기자 자넷 쿡은 취재 중에 지미라는 흑인 소년을 만났습니다. 지미의 부모는 어려서부터 지미에게 강제로 마약을 투약했고 약에 취한 처참한 몰골을 이용해 구걸을 시키고 때로는 범죄를 저지르게 했습니다. 자넷은 위험을 무릎쓰고 수차례 지미를 만나 취재를 했습니다. 아무런 선택권이 없이 마약중독자가 되어 범죄를 저지르는 지미의 삶은 기사로 생생하게 전달됐고 많은 사람들에게 공분을 불러일으켜 '어린이 학대와 마약 중독'을 사회적인 이슈로 떠오르게 만들었습니다.

자넷은 이 취재로 언론계의 노벨상인 퓰리처상을 받았는데 이후 여러 기관에서 지미를 지금이라도 보호해야 한다며 소개해달라고 요청했지만 자넷은 지미보다도 '취재원 보호 원칙'이 먼저라며 거부했습니다. 낌새가 수상하다 느낀 워싱턴포스트지는 자체적으로 조사를 했는데 그 결과 '지미'라는 아이는 존재하지도 않는 가상의 소년임이 밝혀졌습니다.

워터게이트 특종으로 퓰리처상을 탄 상사를 질투한 자넷은 거짓기사로 결국 원하는 바를 이뤘지만 모든 것이 들통나 상도 뺏기고 자신의 꿈이었던 기자 자격도 박탈을 당했습니다.

질투와 거짓은 모든 죄의 시작입니다. 인정받고자 하는 욕구에 눈이 멀면 눈앞의 죄도 죄인 줄을 모르고 하나님을 외면합니다. 하나님이 아닌 사람에게 인정받기를 바라는 마음과 잘못된 질투심을 버리게 해달라고 기도하십시오. 아멘!!

♡ 주님! 주님의 뜻을 이루게 하소서.

▨ 혹시 나의 명예를 위해 거짓된 일을 하고 있지 않은지 살펴봅시다.

장미와 향기

읽을 말씀 : 고린도후서 2:12-17

● 고후 2:15 우리는 구원 받는 자들에게나 망하는 자들에게나 하나님 앞에서 그리스도의 향기니

　'닥터 지바고'를 찍은 영화배우 랄프 리처드슨이 한 파티에서 사람들과 대화 중이었습니다. 그런데 한 남자가 기독교에 대해 이런 이야기를 했습니다.

　"존재하지도 않는 신을 믿는 사람들이 그렇게 많다는 게 참으로 이상합니다. 세상에는 제 정신이 아닌 사람들이 왜 이렇게 많은 걸까요?"

　독실한 크리스천이었던 랄프는 테이블에 놓여 있는 꽃병의 장미를 뽑아들며 말했습니다.

　"만약 제가 이 장미를 코에 갖다 대고도 향이 나지 않는다고 말한다면 여러분은 어떻게 생각할까요? 장미가 문제가 아니라 제 후각에 문제가 생겼다고 생각하지 않을까요?

　마찬가지로 하나님이 없다고 말하는 사람들도 어쩌면 하나님이 안 계시는 것이 아니라 세계의 수 많은 사람들이 체험하고 느끼는 하나님을 인식할 수 있는 능력에 결함이 있다는 얘기가 아닐까요?"

　하나님의 존재는 온 세상에 만연한 분명한 사실입니다. 불완전한 세상의 지식과 믿지 않는 사람들의 공격에 휘둘리지 말고 내가 만나고, 내가 체험한 하나님을 온전히 신뢰하십시오. 아멘!!

♡ 주님! 믿지 않는 사람들의 질문에 명쾌한 답을 하게 하소서.

🔯 믿음에 대한 질문을 받았을 때 성령님을 의지해 답을 합시다.

말씀으로 확신하라

읽을 말씀 : 에베소서 3:1-13

● 엡 3:12 우리가 그 안에서 그를 믿음으로 말미암아 담대함과 확신을 가지고 하나님께 나아감을 얻느니라

　'강해설교의 제왕'이라고 불린 영국의 캠벨 몰간 목사님은 신학교를 졸업하지 못했습니다. 그러나 15살 때부터 성경을 깊이 있게 연구하며 설교를 시작했고 탁월한 두뇌로 히브리어와 헬라어까지 공부하며 세계적인 신학자들도 인정하는 당대 최고의 성경학자가 됐습니다.

　유서깊은 웨스트민스터 교회의 담임목사가 된 캠벨 목사님은 이후 영국의 유명한 지성인들과 교류하게 됐는데 찰스 다윈, 토마스 헉슬리와 같은 무신론을 믿는 과학자들과 대화를 하며 어느 순간 성경의 확실성에 의문이 생겼습니다.

　신앙에 위기감을 느낀 목사님은 모든 설교를 취소하고 오직 성경 한 권만을 가지고 골방에 들어가 묵상하며 연구했습니다.

　몇 달 뒤 목사님은 "마침내 성경이 나를 찾아왔습니다"라며 다시 말씀을 전했고 당대 최고의 강해설교가로 하나님께 귀하게 쓰임을 받았습니다.

　하나님의 말씀을 우리가 귀하게 여기고 묵상하기만 하면 하나님의 진리가 내 마음에 들어오고 구원에 대한 분명한 확신을 심어줍니다. 하나님이 주신 진리의 말씀으로 믿음을 굳건하게 세우십시오. 아멘!!

♡ 주님! 믿음이 흔들릴 때에 더욱 주님께 나아가게 하소서.

말씀에 확신이 들지 않을 때마다 다시 말씀 앞으로 나옵시다.

친절의 눈동자

읽을 말씀 : 고린도전서 13:1-13

● 고전 13:3 내가 내게 있는 모든 것으로 구제
하고 또 내 몸을 불사르게 내줄지라도 사랑
이 없으면 내게 아무 유익이 없느니라

　　미국의 한 마을 입구의 큰 강에서 자리를 잡고 누군가를 기다리는 노인이 있었습니다. 추운 겨울이라 강은 얼어 있었고 다리도 멀리 있어서 노인이 건너기에는 쉽지 않아 보였습니다. 한참을 기다리던 노인은 멀리서 한 남자가 말을 타고 오자 도움을 요청했습니다.

　　"강 건너 마을까지만 태워줄 수 있겠습니까? 날이 춥고 물이 차서 늙은 몸으로 건너기가 쉽지 않습니다."

　　남자는 강을 건너 마을 멀리에 있던 노인의 집까지 바래다주었습니다. 노인을 말에서 내려주며 남자가 물었습니다.

　　"그런데 제 앞에 가던 사람들에게는 왜 도움을 요청하지 않으셨나요?"

　　"그 사람들은 이 비루한 늙은이에게는 조금의 관심도 없었습니다. 그러나 당신의 눈동자에서는 친절과 배려를 찾아볼 수 있었습니다."

　　남자는 노인의 대답을 듣고 남을 도울 때는 자세가 중요하다는 것을 깨달았습니다. 이 남자는 훗날 독립선언문의 토대를 세우고 미국의 3대 대통령에 뽑힌 토마스 제퍼슨입니다.

　　마음을 다해 남을 돕는 사람들은 작은 손길, 바라보는 시선마저도 다릅니다. 친절과 사랑, 복음이 담긴 손길로 소외된 이웃들을 찾아가십시오. 아멘!!

🤍 주님! 남을 도울 때 겸손으로 친절히 하게 하소서.
🎴 나의 친절이 상대방에게 불쾌감을 주지 않는지 살피고 고칩시다.

30년의 헌신

읽을 말씀 : 로마서 12:1-13

● 롬 12:1 그러므로 형제들아 내가 하나님의 모든 자비하심으로 너희를 권하노니 너희 몸을 하나님이 기뻐하시는 거룩한 산 제물로 드리라 이는 너희가 드릴 영적 예배니라

뉴욕 헤럴드신문사의 기자이자 탐험가인 헨리 스탠리는 중앙아프리카를 탐험하고 있었습니다. 몇 달 전부터 연락이 끊긴 리빙스턴의 생사를 확인하는 것이 목적이었습니다.

스탠리가 중앙아프리카에 도착하자 데이비드 리빙스턴은 여전히 원주민들과 살고 있었습니다. 하지만 60살이 넘고 말라리아까지 걸려 본국으로 편지를 보낼 여력이 없을 정도로 쇠약해져 있었습니다.

안식년도 없이 30년 동안 오지에서 헌신한 위대한 탐험가이자 선교사인 리빙스턴을 존경한 스탠리는 이제라도 영국으로 돌아가 쉴 것을 권했으나 리빙스턴은 오히려 스탠리와 함께 탐험을 떠났고 만나는 사람들에게 끝까지 복음을 전했습니다. 스탠리가 숨진 리빙스턴을 발견했을 당시 리빙스턴은 침대에서 기도하는 자세였다고 합니다. 리빙스턴이 세상을 떠난 해, 자신의 생일에 적은 마지막 일기에는 이렇게 적혀있었습니다.

"나의 예수여, 나의 왕이여, 나의 생명이여, 나의 모든 것이여, 오늘 다시 나를 바칩니다."

하나님께 받은 크신 사랑과 은혜를 잊지 않는 사람만이 하나님을 위해 모든 것을 헌신할 수 있습니다. 크신 은혜를 베푸신 주님을 위해 내가 할 수 있는 최대만큼 나를 드리십시오. 아멘!!

♡ 주님! 말로만이 아니라 행동하는 크리스천이 되게 하소서.

▨ 복음을 전파하는 선교사님들에게 기도와 선물을 보냅시다.

알파벳 기도

읽을 말씀 : 로마서 8:18-30

● 롬 8:26 이와 같이 성령도 우리의 연약함을 도우시나니 우리는 마땅히 기도할 바를 알지 못하나 오직 성령이 말할 수 없는 탄식으로 우리를 위하여 친히 간구하시느니라

미국의 한 가정에 자기 전에 항상 기도하는 습관을 가진 어린 아이가 있었습니다. 하루는 엄마가 조용히 방문에 귀를 대고 아이가 잠이 들었는지 확인하고 있었는데 나지막히 기도하는 소리가 들렸습니다. 그런데 기도 내용이 조금 이상했습니다.

"에이, 비, 씨, 디, 이, 에프…"

아이는 천천히 하지만 분명하게 알파벳을 반복하고 있었습니다. 이상하게 여긴 엄마가 노크를 한 뒤 아이에게 물었습니다.

"아직 안 자는구나? 그런데 알파벳으로 기도하는 이유를 엄마가 물어봐도 되겠니?"

아이는 천진난만한 미소를 지으며 대답했습니다.

"기도를 어떻게 해야할지 모르겠어요. 그런데 저번 주 목사님이 설교 때 하나님은 나의 필요를 모두 아시는 분이라고 말씀하셨어요. 그래서 제가 알파벳을 열심히 외우면 하나님이 필요한 단어들을 조합해서 알아들으실 것 같아서 열심히 기도하고 있었어요."

예수님은 어린아이의 알파벳을 듣고 기도에 응답해 주셨을까요? 비록 기도를 할 방법도 몰랐지만 필요를 아시고 응답해주시리라는 꼬마의 믿음을 보고 주님은 분명히 응답해 주셨을 것입니다. 기도할 수 없는 상황에도 기도하는 어린아이의 믿음을 구하십시오. 아멘!!

♡ 주님! 마땅히 기도할 바를 알게 하소서.

형식에 얽매인 기도보다 마음속 나오는 진심을 하나님께 올립시다.

위로의 가치

읽을 말씀 : 고린도후서 7:2-16

●고후 7:13 이로 말미암아 우리가 위로를 받았고 우리가 받은 위로 위에 디도의 기쁨으로 우리가 더욱 많이 기뻐함은 그의 마음이 너희 무리로 말미암아 안심함을 얻었음이라

헴슬리 그룹의 회장 리오나 헴슬리는 괴팍한 성격으로 악명이 높았습니다. 직원들을 하인처럼 부리고 툭하면 트집을 잡아 멋대로 해고했습니다. '부동산 여왕'으로 불리던 헴슬리는 세 번의 결혼생활이 실패한 후 기부에 큰 힘을 쏟았습니다. 그녀가 기부한 총 금액은 5조원이 넘어 2008년도에는 미국에서 가장 기부를 많이 한 사람으로도 선정됐습니다.

노년을 넓은 펜트하우스에서 수년간 혼자 살다가 세상을 떠난 헴슬리는 기부를 하고 남은 재산을 기르던 반려견 '트러블'에게 150억 원이나 물려줘 화제가 됐습니다.

혈육인 동생과 손자들은 다 합쳐 120억 원을 받았기에 언론들은 이 뉴스를 억만장자의 어리석은 선택처럼 다루었지만 헴슬리를 아는 사람들은 트러블이 충분히 받을만한 이유가 있다고 말했습니다.

세상을 떠나기 몇 년 전부터 가족도 없이 넓은 펜트하우스에서 혼자 살던 헴슬리의 곁에 항상 있어줬던 것은 트러블뿐이었으며 주인이 올 때까지 문 앞에서 3시간을 넘게 기다린 적도 있었다고 합니다.

적절한 위로의 가치는 돈으로 매길 수 없을 정도로 귀하고 귀합니다. 주변 사람들의 외로움을 외면하지 말고 먼저 찾아가 친구가 되어주십시오. 아멘!!

💜 주님! 어려운 사람들에게 필요를 제공하게 하소서.
🖼 주변에 외로워하는 사람과 함께 식사하며 믿음을 이야기합시다.

감사의 실종

4월 22일

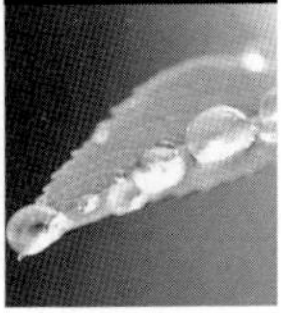

읽을 말씀 : 디모데후서 3:1-7

● 딤후 3:2 사람들이 자기를 사랑하며 돈을 사랑하며 자랑하며 교만하며 비방하며 부모를 거역하며 감사하지 아니하며 거룩하지 아니하며

대학생 스펜서는 낮잠을 자다가 갑자기 엄청난 충격음을 들었습니다. 창문을 열어보니 미시건 호수의 커다란 바위에 유람선이 충돌해 가라앉았고 수백 명의 사람들이 물에 빠져 허우적대고 있었습니다.

수영 실력이 뛰어났던 스펜서는 바로 뛰어나가 호수에 몸을 던졌고 17명이나 구조했습니다. 그러나 한계 이상의 체력을 써 이날 이후로 큰 병을 앓았고 7년 뒤, 32살의 젊은 나이에 후유증으로 세상을 떠났습니다. 스펜서의 활약을 알고 있던 지역 신문사의 기자는 그가 세상을 떠나기 얼마 전 병실에 찾아와 이런 질문을 했습니다.

"당신이 구해 준 17명의 사람들이 이 소식을 들으면 참으로 가슴이 아프겠습니다."

이 질문을 들은 스펜서는 씁쓸한 표정으로 대답했습니다.

"17명의 사람들 중 나에게 고마움을 표시한 사람은 어린 소녀 단 한 명뿐이었습니다. 작년까지 한 번도 빼먹지 않고 매년 감사 편지를 보내줍니다. 하지만 다른 16명의 사람들에게는 아무런 연락도 받지 못했습니다. 그래도 한 소녀의 감사 때문에 내가 한 일을 후회하지는 않습니다."

구원받은 감격을 느끼고 있다면, 누군가의 도움을 받아 생명을 구했다면 감사를 절대로 잊지 마십시오. 특히 우리를 구원해 주신 주님의 은혜를 잊지 마십시오. 아멘!!

주님! 생명을 주신 주님의 은혜를 한시라도 잊지 않게 하소서.

죄로 인해 죽었던 우리를 구원해 영생을 주신 주님을 널리 전합시다.

먼지 덮인 도자기

읽을 말씀 : 요한복음 5:39-47

●요 5:39 너희가 성경에서 영생을 얻는 줄 생각하고 성경을 연구하거니와 이 성경이 곧 내게 대하여 증언하는 것이니라

런던 북부의 낡은 오두막에 사는 어머니와 아들이 있었습니다. 이 집의 선반에는 먼지 덮인 낡은 도자기가 있었는데 그게 언제부터 있었는지, 누가 사다 놨는지는 아무도 몰랐습니다. 그저 어린 시절부터 있어서 누군가 사다 놓았겠지 싶은 상태로 수십 년이 흘렀습니다.

나중에 생활이 점점 어려워진 모자는 선반 위의 도자기가 그래도 나름 값이 나가는 물건이 아닐까 싶어 근처 전당포에 들고 갔는데 전당포 주인은 도자기를 보자마자 범상치 않은 물건 같다며 골동품 전문 감정사에게 맡겼습니다.

여러 경로를 통해 결국 이 도자기는 건륭왕조시대 만들어져 황실에서 꽃병으로 사용되던 것이라고 밝혀졌습니다.

도자기가 진품이라는 게 확인되자 전 세계의 부자들이 경매에 참여했고 중국의 한 부자에게 780억 원이라는 엄청난 액수에 낙찰됐습니다. 이 금액은 지금까지 경매에서 판매된 도자기들 중 가장 높은 가격입니다.

아무리 귀한 도자기도 가치를 알아주지 않으면 낡은 골동품일 뿐입니다. 세상에서 가장 귀한 가치를 가진 성경을 책장에서 내 삶으로 옮기십시오. 아멘!!

♡ 주님! 귀한 것을, 귀한 사람을 알아볼 수 있는 영안을 주소서.

 내가 덜 중요시하고 있는 사람을 재조명해 봅시다.

고통에도 뜻이 있다

읽을 말씀 : 베드로전서 2:18-25

● 벧전 2:20 죄가 있어 매를 맞고 참으면 무슨 칭찬이 있으리요 그러나 선을 행함으로 고난을 받고 참으면 이는 하나님 앞에 아름다우니라

일본의 겐조라는 학생은 초등학교 4학년 때 이질 때문에 뇌성마비에 걸렸습니다. 유일한 가족인 어머니는 소리를 듣고 눈꺼풀만 움직일 수 있던 겐조의 머리맡에 성경을 펴두고 일을 나갔습니다. 어머니가 집에 돌아오기 전까지 겐죠가 볼 수 있는 건 성경 1장뿐이었습니다.

정말로 하나님이 세상을 창조했다면 지금 나를 이렇게 만든 것도 하나님이라는 생각에 억지로 성경을 읽지 않으려 노력했지만 지극정성으로 돌봐주시는 어머니와 매주 빠지지 않고 찾아와 복음을 전하는 목사님 때문에 조금씩 마음을 열게 됐습니다.

그러다 하루는 고린도전서 12장을 읽고 있다가 "내 은혜가 내게 족하다"는 바울의 고백을 자기를 향한 말씀으로 받아들였습니다. 그날부터 겐조는 눈꺼풀만 움직일 수 있는 상황에서도 시를 지어 일본 사람들에게 복음을 전했는데 그가 쓴 "괴롭지 않았더라면"이라는 시의 일부분입니다.

"만일 내가 괴롭지 않았더라면
하나님의 사랑을 받아들이지 않았을 것을
만일 우리 주님이 괴롭지 않았더라면
하나님의 사랑은 나타나지 않았을 것을"

우리를 구원하시기 위해 예수님은 십자가 고통을 감내하셨습니다. 고통에도 뜻이 있음을 믿고 전지전능하신 주님께 기도하여 고통의 뜻을 찾아 행복하게 사십시오. 아멘!!

♡ 주님! 고통스러운 일이 있을 때 주님 안에서 뜻을 찾게 하소서.

주변에 괴로움을 당하는 이에게 내가 할 수 있는 친절을 베풉시다.

쓰임새가 다르다

읽을 말씀 : 베드로전서 4:1-11

●벧전 4:10 각각 은사를 받은 대로 하나님의 여러 가지 은혜를 맡은 선한 청지기 같이 서로 봉사하라

한 인터넷에 익명으로 올라온 '종이의 쓰임'이라는 산문입니다.

'포장지는 벗기고 난 뒤에 쓰레기가 됩니다.

신문은 읽고 난 뒤에 쓰레기가 됩니다.

스케치북은 그림을 다 그리고 나면 쓰레기가 됩니다.

그러나 같은 종이라도 책은 대접을 받습니다.

훌륭한 책은 백년이 지나도 사람들이 찾으며 영감을 줍니다.

그러나 아무리 훌륭한 책이라도 아무도 읽지 않으면 책장에서 먼지가 쌓이고, 쓰레기가 되고, 결국 무게 당 얼마인지를 따져 팔리는 폐품이 됩니다.

같은 종이라도 책이 되느냐, 신문이 되느냐, 포장지가 되느냐, 전단지가 되느냐에 따라 쓰임이 모두 다릅니다.'

잘 드는 칼을 요리사가 들 때와 강도가 들 때의 쓰임이 다르듯이 종이뿐 아니라 세상의 모든 것이 그렇습니다.

그렇다면 성경은 어떨까요? 역사상 가장 많이 팔리고 수천 년이나 사람들에게 전해 내려오는 '성경'은 나에게 그저 좋은 책입니까, 아니면 읽지 않는 폐품입니까, 혹은 생명을 주는 귀중한 양식입니까? 세상에서 가장 신비롭고 지혜로운 성경을 인생의 나침반으로 삼으십시오. 아멘!!

♡ 주님! 주님의 은혜로 귀한 가치를 지닌 삶이 되게 하소서.

 매일 성경이 내 영혼의 양식이 되고 있는지 점검합시다.

하나님을 믿으라

읽을 말씀 : 사도행전 16:25-31

●행 16:31 이르되 주 예수를 믿으라 그리하면 너와 네 집이 구원을 받으리라 하고

경북 지산에 있는 한 교회에서 있었던 일입니다.

이 지역에는 사람들이 '오부자'라고 부르는 유명한 집안이 있었습니다. 형제 5명이 모두 경북에서 알아주는 부자라 사람들은 이들을 '오부자'라고 불렀습니다. 오부자는 한 교회에 같이 다녔는데 어느 날 대구로 이사를 가서 교회를 옮긴다는 소식이 들렸습니다. 재정의 큰 부분을 담당했던 오부자가 떠난다고 하자 교회 재직들은 크게 걱정했습니다.

마침 부흥회 때 말씀을 전하러 온 안두화 선교사님에게도 이 고민을 한 장로님이 전했는데 이 말을 들은 선교사님이 대답했습니다.

"그런데 저에겐 그보다 더 큰 걱정이 있습니다."

재직들은 깜짝 놀라 그 걱정이 무엇이냐고 물었습니다.

"부자 다섯 명이 떠난다고 교회 유지를 걱정하고 있는 여러분들이 걱정입니다. 여러분들은 교회에서 예수님 안 믿고 오부자만 믿고 있었습니까?"

이 말을 들은 재직들은 회개하며 더욱 똘똘 뭉쳤고 지금은 100년이 넘는 역사를 가진 유서 깊은 교회로 계속해서 진리의 등대 역할을 감당하고 있습니다.

하나님을 신뢰하는 것이 모든 문제와 어려움을 해결하는 최선입니다. 사람을 믿지 말고, 물질을 따르지 말고 오직 살아계신 하나님을 믿으십시오. 아멘!!

💚 주님! 주님보다 다른 것을 더 믿거나 의지하지 않게 하소서.
🈁 어려운 일을 주님만이 해결해 주실 것을 믿고 간구합시다.

바위도 칭찬하라

읽을 말씀 : 로마서 14:1-12

●롬 14:10 네가 어찌하여 네 형제를 비판하느냐 어찌하여 네 형제를 업신여기느냐 우리가 다 하나님의 심판대 앞에 서리라

다산 정약용 선생이 고향에서 친구들과 정자에 앉아 대화를 하고 있었습니다. 대화 중 세간에 오르내리는 한 벼슬아치의 이름이 나오자 사람들은 능력이 형편없으니 분명 많은 뇌물을 주고 자리에 올랐을 것이라고 입을 모았습니다. 그러나 정약용 선생은 껄껄 웃으며 이렇게 말했습니다.

"그것이 사실인지는 알 수 없지요. 사람은 함부로 평해서는 안 됩니다."

잠시 뒤 늙어서 짐을 싣지 못하는 말이 지나갔는데 사람들이 풀이나 축낸다고 평을 하자 정약용 선생은 이번엔 "짐승에게도 함부로 말을 해서는 안 됩니다"라고 말했습니다. 그러자 살짝 화가 난 사람이 옆에 있는 바위를 가리키며 말했습니다.

"그러면 들을 귀가 없는 저 바위에게는 함부로 말을 해도 되겠소?"

"바위가 우리를 모욕한 적이 없고 불손하게 군 적이 없는데 칭찬을 해야지 어찌 험담을 하려 하십니까?"

훗날 이 일화를 통해 정약용 선생이 대화를 나누었던 정자는 "바위에게도 칭찬을 해야 한다"는 뜻의 '품석정'이라 불리게 됐습니다.

남의 험담만큼 에너지를 소모하고 자신을 좀먹는 쓸모없는 일은 없습니다. 시간을 허비하지 말고 남을 귀히 여기며 말씀대로 살아가십시오. 아멘!!

♡ 주님! 주님 말씀대로 남을 나보다 낫게 여기며 살게 하소서.
🧎 혹시 누군가를 잘 모르면서 함부로 말하는 습성이 있으면 고칩시다.

위로의 예수님

읽을 말씀 : 고린도후서 1:1-11

● 고후 1:4 우리의 모든 환난 중에서 우리를 위로하사 우리로 하여금 하나님께 받는 위로로써 모든 환난 중에 있는 자들을 능히 위로하게 하시는 이시로다

구세군의 창시자 윌리엄 부스의 사위 부스 터커가 시카고의 한 집회에서 열정적으로 복음을 전했습니다.

예수님의 긍휼에 대한 터커의 설교를 듣고 많은 회중들이 예수님을 믿게 됐습니다. 집회가 끝나고 단상을 내려오는 터커에게 한 남자가 못마땅한 표정으로 다가와 소리를 질렀습니다.

"아무 걱정 없이 사는 사람이라 듣기 좋은 소리를 잘도 하는군요. 나처럼 아내가 갑자기 세상을 떠나 매일 우는 두 자녀를 두고 있어도 과연 그런 설교를 할 수 있을까요? 고통에 처한 사람들이 어떤 마음인지도 모르면서 쉽게 말하지 마세요."

그런데 이 말을 듣고 난 뒤 며칠 있다 터커의 아내가 기차 탈선사고로 목숨을 잃었습니다. 아내의 장례식장에서 드려진 예배에서 터커는 이렇게 말했습니다.

"며칠 전 집회장에서 누군가 저에게 아내를 잃는다면 예수님의 긍휼에 대해서 설교하지 못할 것이라는 말을 했습니다. 만약 그분을 만난다면 저는 꼭 이 말을 전하고 싶습니다. 지금 내 가슴은 찢어지게 아프지만 여전히 예수님은 저를 위로하시고 긍휼의 마음을 주신다는 사실을요."

예수님은 모든 슬픔과 괴로움을 막아주시는 분이지만, 뜻이 있어 그리 아니하실지라도 슬플 때 흘리는 눈물을 닦아주시며 항상 내 옆을 지켜주시는 분입니다. 상한 심령을 위로하시는 주님으로 인해 절망에서 일어나십시오. 아멘!!

💙 주님! 이웃의 고통에 공감하며 기도하는 성도되게 하소서.

🔲 고통과 슬픔 중에 있는 사람에게 진실한 위로와 격려를 보냅시다.

감당할 수 있는 사람

읽을 말씀 : 고린도전서 10:13-22

●고전 10:13 사람이 감당할 시험 밖에는 너희가 당한 것이 없나니 오직 하나님은 미쁘사 너희가 감당하지 못할 시험 당함을 허락하지 아니하시고

독실한 믿음을 가진 부부가 있었습니다.

임신이 오랫동안 되지 않아 '자녀갖기'가 평생의 기도제목이었던 부부는 결혼 10년 만에 기적처럼 응답을 받았습니다. 사람들은 두 사람의 신실한 믿음이 드디어 응답을 받았다며 부부에게 '하나님의 축복'이 임한 것이라고 말했지만 태어난 아이에게는 심각한 장애가 있었습니다.

남편은 아이를 신생아실에 맡기고 아내를 만나러 병실로 걸어가며 이 상황을 어떻게 설명을 해야할지 고민했습니다. 오랜시간의 기다림 끝에 '하나님의 축복'으로 잉태된 아기를 10달 동안 품었던 아내에게 도저히 할 말이 떠오르지 않았습니다. 결국 힘들게 입을 열어 사실을 전했는데 아내는 한참을 울다가 이런 고백을 했습니다.

"여보, 괜찮아요. 하나님이 저에게 이런 마음을 주셨어요. 하나님은 이 귀한 생명을 세상에 보내시려고 준비하시다가, 어디에 보내야 이 귀한 아이가 사랑을 받을지 생각하고, 생각하고, 또 생각하시다가 마침내 우리 가정을 발견하시고 보내주신 것이라고요."

'김인수, 김수지 부부의 가정이야기'라는 오디오북에 나오는 실제 사연입니다. 하나님은 정말로 감당할 수 있는 시험을 주십니다. 큰 고난이 올수록 내가 그 고난을 감당할 수 있는 믿음의 사람이라는 사실을 기억하십시오. 아멘!!

🧡 주님! 어떤 상황이라도 이겨낼 길이 있음을 믿고 이기게 하소서.

🖼 장애있는 자녀를 둔 부모를 여러 좋은 것으로 위로하며 격려합시다.

의미가 없는 말

읽을 말씀 : 고린도전서 4:15-21

● 고전 4:20 하나님의 나라는 말에 있지 아니하고 오직 능력에 있음이라

  '웹스터 영어사전'으로 유명한 다니엘 웹스터가 세운 미국의 명문 '에머스트 컬리지'에 가장 큰 공헌을 한 사람 중 한 명인 조지 해리스 박사가 총장으로 취임했을 때의 일입니다.

  첫 취임사를 하기 위해 해리스 박사는 전교생이 모인 가운데 강단에 섰습니다. 그리고는 준비한 연설을 조금 하다가 갑자기 원고를 내려놓고 미소를 지으며 말했습니다.

  "지금 여기 올라오기 전까지만 해도 여러분에게 도움이 되는 말들을 잔뜩 하려 했습니다. 그런데 방금 이런 생각이 떠올랐습니다. 지금까지 살면서, 아니 올 한 해만 해도 여러분은 얼마나 많은 조언과 성공법칙에 대해서 들었나요? 아마 고개를 끄덕이며 열심히 들었을 것입니다. 그러면 그 중에 지금 몇 개나 실천하고 있는지 생각해보셨나요? 이 질문으로 오늘 제 연설을 마치겠습니다."

  신학을 전공했던 아프리카의 성자 슈바이처 박사에게 누군가 왜 하필 다시 의대에 들어가 의사가 됐냐고 묻자 박사는 이렇게 대답했습니다.

  "나는 말로는 사람을 감동시킬 수 없었기 때문입니다."

  어떤 좋은 말이라도 사람을 변화시킬 수 없고, 감동시킬 수 없다면 의미가 없는 말입니다. 들은 말씀을 한 절이라도 실천해 행동하는 믿음의 소유자가 되십시오. 아멘!!

♡ 주님! 행함과 진실함으로 사랑하게 하소서.

🙇 앞으로는 말을 위해 말하지 말고 행동을 위한 말을 합시다.

5월
"여호와께서 환난 날에 나를
그의 초막 속에 비밀히 지키시고
그의 장막 은밀한 곳에 나를 숨기시며
높은 바위 위에 두시리로다"
(시편 27편 5절)

세상에서 가장 어려운 일

읽을 말씀 : 디도서 1:5-16

● 딛 1:6 책망할 것이 없고 한 아내의 남편이며 방탕하다는 비난을 받거나 불순종하는 일이 없는 믿는 자녀를 둔 자라야 할지라

『하나님의 말씀을 따라 철저한 자녀교육을 시켰는데도 큰아들이 초등학생 때 내 지갑에서 당시로는 거금인 5천원을 훔쳐 하루 종일 친구들과 다니면서 먹고 심지어 친구들에게 장난감을 사주며 그 돈을 썼다. 나는 평소와 같은 체벌로는 아들의 나쁜 버릇을 고칠 수 없다고 생각해 더 과감한 결단을 내렸다. 큰아들이 집에 오자마자 가방에 짐을 싸게 해 고아원에 데리고 갔다.

"남의 물건을 훔치는 사람은 우리 집 아이가 아니다."

아들은 다시는 그러지 않겠다며 차에 매달려 울었고 그 이후로는 한 번도 물건을 훔치지 않았다.

막내아들은 내가 금고에 넣으라며 전한 선교비 1,500달러를 들고 가출을 했는데 이유는 빨리 유학을 가고 싶다는 것이었다. 황당하지만 나름의 계획까지 세운 아들을 보고 애초에 고등학교를 졸업하고 유학을 보내려던 나는 마음을 돌려 더 일찍 보냈고 그 뒤로 아들은 별다른 문제없이 훌륭히 성장했다. 나에게도 자녀를 키우면서 어려웠던 순간들이 여러 번 있었지만 기도하며 기대하며 기다렸더니 하나님께서 잘 키워주셨다.』

(김장환 목사 개인 노트에서 발췌 편집)

자녀교육만큼 어려운 것이 없습니다. 그러나 하나님의 말씀을 품고 사랑으로 양육하면 하나님은 그 아이를 반드시 가장 좋은 길로 인도해주십니다. 지금 아이가 마음을 어렵게 해도 하나님께 맡기며 주님 안에서 잘 양육하십시오. 아멘!!

💙 주님! 하나님이 책임져주시는 자녀가 되게 하소서.

🧩 자녀양육에 말씀과 사랑이라는 두 가지 원칙을 기억합시다.

사막을 꽃피우는 은혜

읽을 말씀 : 이사야 58:1-12

●사 58:11 여호와가 너를 항상 인도하여 메마른 곳에서도 네 영혼을 만족하게 하며 네 뼈를 견고하게 하리니 너는 물 댄 동산 같겠고 물이 끊어지지 아니하는 샘 같을 것이라

칠레 북쪽의 아타카마 사막은 세상에서 가장 건조한 지역입니다. 기상관측을 한 이래로 비가 한 번도 오지 않았고 안개나 가끔 흘러들어오는 계곡물이 전부입니다. 심지어 미생물도 살지 못하는, 지구에서 가장 척박한 땅입니다.

그런데 최근에 슈퍼 엘니뇨라는 기상이변으로 12시간 동안 7년 강수량만큼의 비가 쏟아졌습니다.

비가 그치고 며칠이 지나자 척박한 이곳에 싹이 트기 시작했고, 꽃이 피어났습니다. 그리고 몇주가 지나자 온 사막이 분홍색 꽃들로 뒤덮히는 기적이 일어났습니다.

수많은 사람들이 이 사막을 보러 찾아왔고, 많은 사진작가들이 다녀갔지만 보면서도 믿을 수 없는 놀라운 광경이었습니다.

몇 달이 지나고 다시 비가 내리지 않자 꽃은 사라지고 황량한 사막으로 돌아갔습니다. 그러나 충분히 비만 내린다면 메마른 사막도 아름다운 꽃으로 가득 찰 수 있다는 사실을 사람들은 알 수 있었습니다.

비만 내리면 사막에도 꽃이 피듯이 다함이 없는 하나님의 은혜로 구원받지 못할 사람은 없습니다. 모든 사람이 구원받기를 바라는 하나님의 마음을 깨닫고 이 놀라운 은혜를 사람들에게 전하십시오. 아멘!!

♡ 주님! 놀라운 은혜로 삭막한 내 마음을 적셔 주소서.
🖼 불가능이 없는 하나님의 은혜를 날마다 의지하고 전파합시다.

비판으로 세운 회사

읽을 말씀 : 잠언 15:24-33

●잠 15:31 생명의 경계를 듣는 귀는 지혜로운 자 가운데에 있느니라

　직접 만든 비누를 들고 다니며 사람들에게 판매하는 청년이 있었습니다.

　"비누를 잘 만드는 것 같다"는 할머니의 칭찬에 장사를 시작한 청년은 비누의 품질에는 자부심이 있었지만 판매는 영 신통치 않았습니다.

　대부분의 사람들은 이야기도 제대로 듣지 않고 거절했는데 이런 청년의 답답한 심정을 듣던 한 친구가 이런 말을 했습니다.

　"거절한 사람들한테 직접 물어보면 어때? 자네 물건을 거절한 이유들 말이야."

　청년은 이후 구입을 거절한 사람들의 집을 다시 한 번 돌면서 이런 질문들을 했습니다.

　"혹시 제품에 문제가 있다고 생각하세요? 제가 어떤 제품을 가지고 온다면 구입하시겠습니까?"

　그중에서는 정말 금쪽같은 조언들이 많았고 비판도 수용하려는 청년의 흔치않은 모습을 통해 마음을 돌리는 고객도 많았습니다. 그렇게 청년이 판매하는 제품은 점점 입소문을 타고 판매량이 늘었고, 콜게이트라는 청년은 미국 전역에 물건을 판매하는 가장 큰 생활용품 회사를 세웠습니다.

　올바른 비판은 나를 성장시키는 밑거름이 됩니다. 올바른 성품과 신앙에 도움이 되는 비판들은 겸허히 수용하십시오. 아멘!!

♡ 주님! 비난으로부터 배울 수 있는 겸허한 성품을 주소서.

🧑 비판을 수용할 여유와 비난을 분별할 지혜를 기도로 구합시다.

만병의 근원

읽을 말씀 : 잠언 4:20-27

●잠 4:22 그것은 얻는 자에게 생명이 되며 그의 온 육체의 건강이 됨이니라

　미국 필라델피아에서 가장 뛰어난 의사로 소문난 이스라엘 브람 박사의 병원 대기실에는 다음과 같은 글이 크게 붙어있습니다.

　"사람의 마음을 편안하게 하고
육체에 힘을 불어넣는 것은 신앙, 잠, 음악, 웃음입니다.
하나님을 믿으십시오.
그러면 잠을 잘 잘 수 있을 것이고,
음악을 즐기십시오.
그러면 삶의 즐거움을 맛볼 것입니다.
휴식과 즐거움을 통해 건강과 행복이 찾아올 것입니다."

　브람 박사는 환자가 찾아올 때마다 항상 같은 질문을 합니다.
　"어떤 고민이 있으십니까? 고민을 먼저 털어내지 못한다면 심장병, 위궤양, 당뇨병까지도 발병할 가능성이 있습니다."
　만병의 원인은 걱정과 근심입니다. '걱정하고 근심하지 말라'는 하나님의 말씀을 믿고 힘든 마음까지도 주님께 의지하십시오. 아멘!!

💗 주님! 마음의 모든 근심을 기도와 감사로 털어버리게 하소서.
🔲 나의 모든 필요와 걱정을 아시는 주님을 의지합시다.

보석보다 귀한 자녀

읽을 말씀 : 에베소서 6:1-4

● 엡 6:4 또 아비들아 너희 자녀를 노엽게 하지 말고 오직 주의 교훈과 훈계로 양육하라

미국에 허리와 발목에 심각한 부상을 입어 은퇴의 기로에 선 야구선수가 있었습니다. 선수로 복귀를 해도 얼마나 활동할 수 있을지 몰랐기 때문에 남자의 마음은 이미 은퇴로 기울어 있었습니다.

은퇴를 결심하고 쓸쓸히 집으로 돌아온 그에게 사랑하는 아들이 다가와 이렇게 말했습니다.

"아빠, 다시 경기장에서 절 위해 홈런을 날려주실 거죠?"

세상의 무엇보다 아들을 사랑했던 남자는 재활을 시작했습니다. 보란듯이 메이저리그에 복귀한 남자는 보란 듯이 홈런을 쳐내며 부상 전보다 훨씬 뛰어난 성적을 냈습니다.

1998년도 70홈런으로 메이저리그 최다 홈런의 역사를 쓴 마크 맥과이어는 인터뷰에서 이런 말을 한 적이 있습니다.

"아버지들이여, 여러분이 자녀의 영웅이 되십시오."

사랑하는 하나님이 우리에게 허락하신 자녀는 세상의 무엇과도 바꿀 수 없는 보배입니다. 자녀가 커서 독립을 해도 믿음을 저버리지 않도록 무엇보다도 교회에 함께가서 예배 때 옆자리에 앉히고 가족이 함께 예배하십시오. 자녀가 어디를 가든 교회당을 볼 때마다 가족이 함께 하나님께 드린 예배를 기억하며 가족과 하나님을 기억할 것입니다. 자녀에게 가족이 함께 하나님께 예배 드린 기억을 만들어 주십시오. 아멘!!

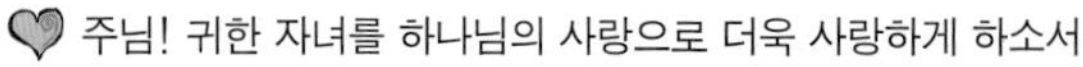

주님! 귀한 자녀를 하나님의 사랑으로 더욱 사랑하게 하소서.

자녀들과 최대한 많은 시간을 보내도록 노력합시다.

삶에서 배우라

읽을 말씀 : 디모데후서 3:10-17

● 딤후 3:14 그러나 너는 배우고 확신한 일에 거하라 너는 네가 누구에게서 배운 것을 알며

영국의 가난한 광부의 아들로 태어난 조지는 아버지를 따라 어렸을 때부터 탄광에서 일했습니다.

조지는 학교도 가지 못하고 탄광에서 하루 종일 석탄을 나르면서 사람들이 나누는 대화를 통해 석탄에 대한 지식을 쌓았습니다.

14살 때는 기관사의 조수로 발탁되어 일을 했고, 몇 년 뒤 엔진에 석탄을 넣는 화부가 됐는데 쉬는 시간마다 증기기관의 원리를 관찰하면서 공부를 했습니다.

그런데 그렇게 공부를 하다보니 증기기관을 더 개량할 좋은 방법들이 떠올랐습니다. 수많은 실험을 통해 자신감이 생긴 조지는 탄광을 운영하는 부자들에게 투자를 부탁했고 몇 년 뒤 기존의 방식보다 훨씬 앞선 새로운 기관차를 개발했습니다.

조지의 연구로 시작된 새로운 기관차는 점점 개량을 거듭해 나중에는 석탄의 사용량은 절반으로 줄면서 속도는 2배나 빨라졌습니다. 조지가 만든 기관차는 전 세계로 퍼졌고 조지는 학교 문턱도 밟아본 적이 없지만 세계의 철도기술자들이 모인 기계학회에 초대회장으로 선정되는 명예까지 누렸습니다.

하나님의 말씀을 적용하고, 배우고, 느껴야 할 곳은 우리 삶입니다. 삶 가운데 임하는 하나님의 가르침을 소중히 배우십시오. 아멘!!

♡ 주님! 허락하신 현장에서 살아계신 하나님을 느끼게 하소서.

🦋 하나님의 말씀으로 성경을 믿고 삶에서 실천합시다.

미신을 떠나라

읽을 말씀 : 디모데전서 4:6-16

●딤전 4:7 망령되고 허탄한 신화를 버리고 경건에 이르도록 네 자신을 연단하라

지난 2001년 9월 11일 미국 뉴욕에서 발생한 9.11 테러는 온 세상을 경악케 했습니다. 오사마 빈 라덴이 9.11 테러를 일으켰을 때 영국 국방부는 비밀리에 심령술사 명단을 작성한 후 이들을 찾아다녔습니다.

세계에서 가장 유명한 12명의 심령술사를 찾아간 국방부 직원들은 '오사마 빈 라덴의 본거지'를 찾아달라고 부탁했습니다.

심령술사들은 실력이 드러날까봐 모두 거절했지만 국방부는 포기하지 않고 다른 심령술사들을 찾아가 요청했습니다.

그러자 자신이 100% 찾을 수 있다고 주장하는 사람 수십 명이 나타났습니다. 국방부는 이들을 모아놓고 봉투 안에 들어있는 3가지 물건을 맞추는 실험을 했는데 72%는 대답도 하지 못했고 그나마 28%는 엉뚱한 대답을 했습니다.

결과적으로 심령술사들에게 도움을 받을 수 없다는 뻔한 결론을 내리는데 영국의 국방부는 3천만 원이 넘는 예산을 사용했습니다. 심지어 미스테리를 연구하는 한 칼럼니스트조차 그동안 정부에서 행한 일들의 기사를 언급하며 "국방부에서 이런 생각을 하다니 그저 놀라울 뿐"이라고 칼럼을 쓰기도 했습니다.

동서양을 막론하고 미래를 불안해하는 인간의 본성은 다양한 미신을 만들어냈습니다. 우리의 미래는 하나님이 분명히 책임져 주신다는 믿음을 가지고 허탄한 미신으로부터 떠나십시오. 아멘!!

♡ 주님! 세상의 유일한 진리는 오직 성경뿐임을 기억하게 하소서.

🎴 점과 사주같은 미신은 재미로라도 보지 말고 멀리합시다.

부모님을 향한 영광

읽을 말씀 : 에베소서 6:1-3

● 엡 6:1 자녀들아 주 안에서 너희 부모에게 순종하라 이것이 옳으니라

미국 최고의 명문 중 하나인 프린스턴 대학의 졸업식이 있는 날이었습니다. 동부 최고의 명문대답게 졸업식장에는 자랑스런 자녀를 축하하기 위해 수많은 부모님들이 모였는데 대부분 비싼 학비를 감당할 수 있고 좋은 교육을 시킬 수 있는 성공한 사업가나 명사들이 많았습니다.

훈훈한 분위기 속에서 졸업식은 진행됐고 전체 수석으로 가장 마지막에 '우드로 윌슨'이 불려나와 메달을 수여 받았습니다. 윌슨은 메달을 받자마자 객석의 한 여인에게 달려가 메달을 걸어줬습니다. 잠시 뒤 연단에 다시 올라온 윌슨은 울먹이며 소감을 말했습니다.

"어머니는 혼자서 온갖 고생을 하시며 저를 키우셨습니다. 필사적인 헌신이셨습니다. 지금 저의 모든 영광은 어머니가 이루어주셨습니다."

매사에 최선을 다한 윌슨은 교수를 거쳐 프린스턴 대학의 총장이 됐습니다. 이후 정치계에 입문해 뉴저지의 주지사가 됐고 많은 사람의 존경을 받으며 미국의 28대 대통령에 당선됐습니다. 후에는 노벨평화상까지 받는 위인이 됐습니다.

부모님은 나를 세상에 있게 해주셨다는 이유만으로 충분히 존경과 사랑을 받을 자격이 있는 분들입니다. 나를 위해 평생을 희생하신 부모님의 은혜를 잊지 말고 하나님께 감사의 기도를 드리십시오. 아멘!

💗 주님! 부모님을 향한 감사와 사랑을 항상 표현하게 하소서.

📖 부모님께 안부와 감사의 마음을 담은 선물을 전달합시다.

화평을 위한 희생

읽을 말씀 : 에베소서 2:11-22

●엡 2:14 그는 우리의 화평이신지라 둘로 하나를 만드사 원수 된 것 곧 중간에 막힌 담을 자기 육체로 허시고

팔레스타인의 바삼 아라민은 10대 때부터 조국의 독립을 위해 총을 들고 싸웠습니다. 테러조직에서 활동하다 이스라엘 군인에게 체포된 바삼은 7년간 옥살이를 했는데 수감 중에 무력으로는 진정한 평화를 얻을 수 없다는 깨달음을 얻었습니다.

출소 뒤 더 많은 사람이 목숨을 잃지 않기 위해 '평화를 위한 전사들'이라는 운동단체를 만든 바삼은 자신의 생각을 다른 사람들에게 전하기 시작했습니다. 그러자 무기를 들고 싸웠던 팔레스타인 사람들뿐 아니라 군인이었던 이스라엘 사람들까지 수백 명이 이 단체에 가입해 함께 평화를 위한 운동을 벌였습니다.

바삼의 노력으로 평화의 움직임이 점점 커지던 때에 그의 10살된 딸이 시위를 진압하던 이스라엘 경찰이 잘못 쏜 고무총탄을 맞고 죽는 사건이 일어났습니다. 억울하게 딸을 잃은 바삼이 다시 테러조직에 들어갈지도 모른다고 생각하는 사람들이 있었지만 바삼은 다음과 같이 말했습니다.

"내 딸을 쏜 경찰은 처벌 받아야 마땅합니다. 그러나 그럼에도 나는 그를 용서할 것입니다. 너무나 고통스럽지만 우리가 앞으로 함께 나아갈 수 있는 유일한 방법이 용서와 화해라고 생각하기 때문입니다."

하나님이 예수님을 이 땅에 보내신 이유는 방법이 그것밖에 없었기 때문입니다. 독생자 예수님을 보내사 나를 구원하신 하나님의 놀라운 은혜와 크신 사랑을 잊지 마십시오. 아멘!!

♡ 주님! 유일한 구원인 예수 그리스도를 온전히 믿게 하소서.

▨ 하나님의 사랑과 용서의 마음으로 다른 사람을 품읍시다.

건강을 해치는 마음

읽을 말씀 : 요한복음 14:1-12

● 요 14:1 너희는 마음에 근심하지 말라 하나님을 믿으니 또 나를 믿으라

코넬 의대의 세계적인 통풍 전문가인 러셀 세실 박사는 통풍을 일으키는 4가지 원인에 대해 다음과 같이 말했습니다.

- 오래 품고 있는 원한과 원망
- 고독과 비관적 생각
- 경제적 고통에 대한 비관
- 실패한 결혼생활

마음에서 병이 생긴다는 이론은 받아들이기가 쉽지 않습니다. 그러나 미국치과학회에 등재된 맥고니글 박사의 글에 따르면 좋지 않은 마음은 충치의 원인이 된다고도 합니다.

"불평, 불만, 고민, 공포와 같이 불쾌한 감정은 인간의 영양균형을 무너뜨리기도 하고 이로 인해 충치의 원인이 되기도 하는 것 같다."라고 맥고니글 박사는 글을 통해 밝혔습니다.

맥고니글 박사는 실제로 한번도 충치를 가져본 적이 없는 건강한 치아의 성인들이 인생의 힘든 시기를 경험한 뒤 급격히 충치가 늘어나는 것을 자주 목격하고는 연구를 시작했다고 합니다.

하나님이 주시는 선한 마음이 건강의 비결입니다. 모든 염려와 근심을 주님께 모두 맡기고, 죄에서 오는 악한 마음을 버리고 성령의 열매를 사모함으로 건강히 사역을 감당하십시오. 아멘!!

♡ 주님! 하나님이 주신 선한 마음만 품고 살아가게 하소서.
🧎 근심을 버리고 성령님이 주시는 풍성한 열매를 사모합시다.

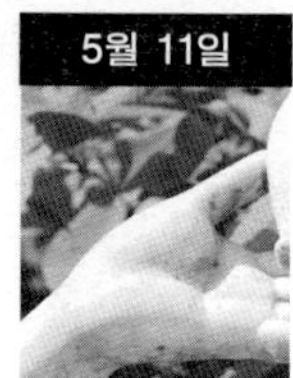

오른발 교회

읽을 말씀 : 마태복음 23:23-36

●마 23:23 화 있을진저 외식하는 서기관들과 바리새인들이여 너희가 박하와 회향과 근채의 십일조는 드리되 율법의 더 중한 바 정의와 긍휼과 믿음은 버렸도다 그러나 이것도 행하고 저것도 버리지 말아야 할지니라

성찬식과 세족식을 함께하는 미국의 한 교회가 있었습니다.

예수님이 제자들의 발을 씻겨주신 것처럼 목사님이 성도들의 발을 씻어주며 먼저 섬기겠다는 의미의 좋은 취지였습니다. 그런데 이 교회에서 한 집사님이 세족식을 할 때마다 이런 의문을 품었습니다.

'목사님은 왜 항상 오른발이 아니라 왼발을 먼저 씻겨주시지?'

참다못한 집사님은 세족식이 끝나고 목사님을 찾아가 왼발이 아닌 오른발을 먼저 씻어달라고 요청했습니다. 그것이 성경적이라는 이유에서였습니다. 그러나 목사님은 마주보고 있는 입장에서 왼쪽부터 씻기는 것이 자연스러우며 성경에 어느 발을 먼저 씻어야 한다는 말씀이 없다는 이유로 받아들이지 않았습니다.

결국 발을 어느 쪽부터 씻느냐는 이 논쟁이 빌미가 되어 교회에 싸움이 벌어졌고 문제를 제기한 집사님과 더불어 많은 교인들이 '왼쪽 발부터 씻는 이유' 때문에 기존의 교회를 나가 자기들만의 교회를 세웠습니다. 그리고 그 교회 이름은 '오른발 교회'라고 지었습니다. 이 이야기는 미국에서 실제로 일어난 일입니다.

성경에서 말씀하고 있지 않은 것을 자기 뜻대로 해석하고 주장하고 편을 만드는 것은 주님이 기뻐하지 않습니다. 그리고 자신을 낮추고 남을 섬기는 마음이 무엇보다 중요합니다. 작은 차이를 용납하며 오직 사랑으로 상대방을 대하십시오. 아멘!!

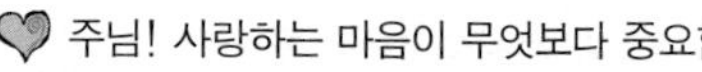

♡ 주님! 사랑하는 마음이 무엇보다 중요함을 잊지 않게 하소서.

교회에서 행하는 의례들의 참 의미를 공부합시다.

화해의 기술

읽을 말씀 : 로마서 12:14-21

● 롬 12:18 할 수 있거든 너희로서는 모든 사람과 더불어 화목하라

    심리상담가이자 가족상담전문가인 한스 엘류세크 박사의 '화해의 3가지 기술'입니다.

  1. 상처를 준 쪽은 무조건 인정하라.

    "내가 일부러 그런 건 아니었어", "그런 뜻으로 한 말은 아니고 너의 오해야"같은 말은 상처를 입은 상대에게 또 상처를 줄 뿐입니다. 상대가 상처를 받았다고 한다면 무조건 인정하십시오.

  2. 진심으로 용서를 구하라.

    잘못을 인정했다면 진심으로 용서를 구해야 합니다. 사소한 잘못도 사과하고 용서를 구할 때 작은 앙금이 쌓이지 않습니다.

  3. 구체적인 반성의 모습을 보이라.

    금전적인 방법이나 행위로 보상을 할 수 있다면 적극적으로 해야 합니다. 화해를 통해 원래 관계로 돌아가기 위해서는 적극적인 보상행위가 반드시 필요합니다.

    한스 박사는 이 기술이 주로 가족과 부부 사이에서 벌어진 갈등을 해결하는 화해의 방법이지만 일반적인 관계에서도 충분히 통용되는 법칙이라고 조언했습니다.

    싸우지 않는 것보다 더 중요한 것은 제대로 화해하는 것입니다. 실수를 인정하고 먼저 용서를 구하고 할 수 있는 보상을 함으로써 모든 사람과 할 수 있는대로 화평하십시오. 아멘!!

💙 주님! 주님에게도 사람에게도 솔직히 잘못을 인정하게 하소서.

🧩 앙금이 남아있는 사람이 있다면 화해와 용서로 다가갑시다.

세 마디의 말

읽을 말씀 : 에베소서 5:1-14

● 엡 5:4 누추함과 어리석은 말이나 희롱의 말이 마땅치 아니하니 오히려 감사하는 말을 하라

세상의 모든 현명한 사람들은 말을 중요하게 여겼습니다. 그리스의 철학자 솔론은 "말은 행동의 거울이다."라고 했고 루크는 "말 한마디에 세상을 지배할 힘이 있다."고 까지 했습니다.

그런데 미래를 어둡게 바꾸는 세 마디 말이 있다고 합니다.
1. 다 그런 거지 뭐.
2. 나 하나쯤이야 괜찮아.
3. 다른 사람도 다 그래.

반대로 미래를 더 밝게 바꾸는 세 마디 말이 있다고 합니다.
1. "다 그런다 할지라도…"
2. "나 하나만큼은…"
3. "다른 사람이 다 그래도…"

단 세 마디의 말만 바꿔도 정말로 인생이 바뀝니다. 왜냐하면 말은 생각에서 나오고, 행동은 말을 따라가기 때문입니다.

내가 자주 쓰는 세 마디의 말은 어느 쪽에 속해 있습니까? 세상사람들이 모두 세상의 법을 따라 살아도 예수님을 믿고 사는 나만큼은 말씀을 따라 살며 미래를 더 밝게 바꾸십시오. 아멘!!

♡ 주님! 삶이 바뀌고 믿음이 성장할 좋은 말의 씨를 심어주소서.

🧩 내가 하지 말아야 할 말, 해야 할 말을 적어서 매일 아침 읽읍시다.

비전을 심는 법

읽을 말씀 : 로마서 15:1-13

● 롬 15:13 소망의 하나님이 모든 기쁨과 평강을 믿음 안에서 너희에게 충만하게 하사 성령의 능력으로 소망이 넘치게 하시기를 원하노라

세계 160여 개의 언어로 번역되어 오늘날까지 크게 사랑받는 소설 '어린왕자'를 쓴 생텍쥐페리는 리더십에 대해 이런 말을 했습니다.

"바다를 건널 배를 만들고 싶다면 사람들을 불러 모아 설계도를 그리게 하고, 나무를 가져오게 하는 식으로 일감을 줘서는 끝이 없다. 하지만 사람들을 모아 바다를 보여주고 그 너머에 있는 세계를 상상하게 하면 일은 저절로 해결된다."

월트 디즈니는 디즈니랜드를 만들 때 직원들에게 세세한 주문 대신 이런 말을 했습니다.

"이곳은 사람들이 행복과 지식을 발견할 수 있는 곳이어야 합니다. 온가족이 즐거운 시간을 보내는 곳, 교사와 학생이 지식의 장을 열 수 있는 곳, 나이를 많이 먹은 사람은 향수를 느끼고, 어린이들은 미래를 위한 도전을 받는 곳, 모든 사람들이 자연과 경이로운 일들을 접할 수 있는 곳, 우리가 사는 세계의 업적과 성취, 기쁨과 희망으로 가득찬 곳이 우리가 만들어야 할 곳입니다."

비전은 머리로 떠올리거나 공부를 통해 얻는 것이 아니라 직접 바라보고 체험함으로 생깁니다. 하나님이 나에게 주신 비전을 교회에서, 일터에서, 가정에서, 학교에서 선교지에서 경험하고 동역자들과 함께 공유하십시오. 아멘!!

♡ 주님! 주시는 영감을 통해 비전을 향해 나아가게 하소서.

🖼 하나님이 주신 비전을 실천할 활동들을 기획합시다.

고민 해결 공식

읽을 말씀 : 창세기 39:1-6

●창 39:2 여호와께서 요셉과 함께 하시므로 그가 형통한 자가 되어 그의 주인 애굽 사람의 집에 있으니

에어컨을 발견한 윌리스 캐리어 박사는 사람들의 고민을 해결할 수 있을지에 대해서 연구를 한 적이 있습니다. 그리고 나름의 이론을 통해 다음의 이른바 '3단계 고민해결 공식'을 만들었습니다.

- 1단계: 사실을 파악하라
- 2단계: 사실을 분석하라
- 3단계: 결정하고 실행하라

사람들은 뻔한 답을 놓고 쓸데없는 걱정을 한다는 것이 캐리어 박사의 생각이었습니다.

쓸데없는 고민이 많아 걱정이었던 미국의 사업가 허버트 혹스는 캐리어의 이 고민해결 공식을 보고는 삶에 적극 적용했습니다. 허버트는 공식을 적용한 뒤 바뀐 자신의 삶을 이렇게 표현했습니다.

"고민의 원인은 혼란입니다. 어떤 문제가 있을 때 오로지 그 문제에 대한 사실과 원인만 분석하면 문제는 곧 해결됩니다. 우물쭈물할 필요도 없고 골치아플 필요도 없습니다. 이 방법으로 나는 고민으로부터 완전히 해방됐습니다."

모든 문제에는 해결할 수 있는 원리가 있습니다. 그리고 그리스도인들에게는 하나님과 동행하는 삶이 모든 문제를 해결할 수 있는 원리입니다. 요셉처럼 하나님과 동행함으로 찾아오는 모든 고민과 문제를 해결하십시오. 아멘!!

♡ 주님! 문제가 있을 때 고민보다는 기도하게 하소서.

🕮 모든 일에 감사하는 마음으로 문제에 대해 기도하면서 해결합시다.

잘못된 기준

읽을 말씀 : 디모데후서 3:10-17

●딤후 3:16 모든 성경은 하나님의 감동으로
된 것으로 교훈과 책망과 바르게 함과 의로
교육하기에 유익하니

　거짓말 탐지기를 발명한 존 라슨 박사는 2만 5천 명의 일반
적인 사람들을 대상으로 테스트를 한 뒤에 "사람은 대부분 정직
하지 못하다"라는 결론을 내렸습니다. 그러나 이 결론은 잘못된
판단이었습니다. 거짓말 탐지기는 오류 발생률이 많이 높아서
현대에서는 법정 증거자료로도 인정을 받지 못하기 때문입니다.
　로베스 피에르는 프랑스 혁명 때 탐관오리들을 처단하기 위해
서 단두대를 만들었습니다. 그러나 정작 피에르 자신이 단두대
에서 처형을 당했습니다. 피에르는 단두대가 탐관오리를 처형하
기 위해서 쓰여야 한다고 생각했지만 자신이 그 범주에 들어간
다고는 생각하지 못했습니다. 기준을 잘못 잡았기 때문입니다.
　우리나라에 축구가 들어온 것은 1904년입니다. 그런데 제대
로 된 규칙을 적용한 축구를 한 것은 1920년대입니다. 16년간
은 사람들 마음대로 골키퍼를 3,4명이서 보기도 하고 손으로 공
을 던지기도 하면서 동네마다 다른 룰이 있었습니다. 이 역시 규
칙이라는 제대로 된 기준이 없었기 때문입니다.
　기준이 잘못되면 모든 것이 엉망이 됩니다. 그렇기에 하나님
은 성경이란 명확한 기준을 성령님을 통해 이 땅에 존재하게 하
셨습니다. 말씀을 바탕으로 모든 삶의 기준을 바로잡으십시오.
아멘!!

♡ 주님! 내 의지가 아니라 하나님의 말씀대로 살아가게 하소서.

🧩 말씀을 진실로 내 삶의 기준이자 매뉴얼로 삼읍시다.

마음을 움직이는 법

읽을 말씀 : 잠언 29:22-27

●잠 29:23 사람이 교만하면 낮아지게 되겠고 마음이 겸손하면 영예를 얻으리라

미국의 한 패스트푸드점에서 있었던 일입니다.

마감시간 무렵에 2명의 손님이 들어와 급하게 음식을 시켰습니다. 그런데 갑자기 회사원으로 보이는 한 손님이 감자튀김을 들고 프론트로 가서 불같이 화를 냈습니다.

"이걸 사람이 먹으라고 준 겁니까?"

그러나 점원은 이미 마감시간이 임박해 기계의 전원을 껐기 때문에 다시 만들기가 불가능하다며 딱딱한 대답만을 반복했습니다. 회사원이 체념하고 자리로 돌아오자 이번엔 다른 자리의 대학생이 전단지를 들고 점원을 찾아갔습니다.

"늦은 시간 수고하십니다. 다름이 아니라 제가 학교 앞에서 이 전단지를 받았는데 여기에는 분명 언제든 신선한 음식을 보장한다고 적혀 있거든요. 어딜 찾아봐도 마감시간에 임박해서는 보장하지 않는다고 적혀 있지 않아서요. 저는 신선한 감자튀김을 먹으려고 꽤 먼 거리를 걸어왔습니다."

점원은 전단지를 살펴보더니 정중하게 사과를 했습니다.

"정말 그렇네요. 죄송합니다. 금방 기계를 다시 켜서 신선한 감자튀김을 만들어드리겠습니다."

화를 내고 잘못을 지적하는 방법으로는 어떤 사람의 마음도 움직일 수 없습니다. 상대의 기준에 맞추는 온유한 마음으로 사람들을 대하고, 전도에 활용하십시오. 아멘!!

♡ 주님! 상대방의 마음을 중요하게 여기고 이해하게 하소서.

⊠ 믿지 않는 사람들의 시선과 마음으로 먼저 다가갑시다.

언제나 희망은 있다

읽을 말씀 : 갈라디아서 6:1-10

● 갈 6:9 우리가 선을 행하되 낙심하지 말지니 포기하지 아니하면 때가 이르매 거두리라

국내에는 발간되지 않았지만 리처드 브릭너의 소설 '부서진 세월(The broken year)'에는 사고를 당해 평생 휠체어를 타고 다니는 청년이 주인공으로 나옵니다.

자신을 돌봐주는 간병인에게 청년은 초점없는 눈으로 "나에게도 미래가 존재할까요?"라고 묻자 간병인은 이렇게 대답합니다.

"육상선수로는 없을 겁니다. 하지만 인간으로서는 충분히 있을 거예요."

휠체어펜싱 국가대표 김모씨는 원래 스튜어디스를 꿈꾸던 소녀였습니다. 하지만 중학교 때 안타까운 사고로 다리를 잃고 평생 휠체어를 타고 살아야 했고 꿈도 포기할 수밖에 없었습니다.

모든 희망을 잃은 듯 했으나 통원치료를 하면서 뜻하지 않게 비슷한 처지의 휠체어펜싱 선수를 만나면서 새로운 희망을 찾았고 새로운 인생을 시작했습니다.

안타까운 사고였지만 사고 후 새로운 희망을 만난 김모씨는 국내 1인자가 되어 아시안게임 은메달, 월드컵대회 동메달, 국내 휠체어펜싱 선수로는 최초로 올림픽에 참가하는 등 화려한 성적을 쌓으며 새로운 역사를 써나가고 있습니다.

하나님은 언제나 우리를, 그리고 나를 포기하지 않으시기에 내가 포기하지만 않는다면 희망은 존재합니다. 최악의 상황에서도 하늘을 바라보며 주님이 이루어주실 새로운 소망을 꿈꾸십시오. 아멘!!

♡ 주님! 주님으로 인해 절대 포기하지 않게 하소서.

🎴 하고 있는 일의 성패와 상관없이 하나님이 주실 소망을 바랍시다.

십자가의 표식

읽을 말씀 : 로마서 8:18-30

●롬 8:18 생각하건대 현재의 고난은 장차 우리에게 나타날 영광과 비교할 수 없도다

　'기독교대학교의 하버드'라고 불리는 미국 시카고의 명문 휘튼대학교는 노예제도를 반대하는 감리교 목사님들이 세웠습니다.

　이 학교의 중앙 홀 2층에는 휘튼대학교가 배출한 선교사들의 명단과 사진이 붙어있는데 이중 몇몇 사진에는 십자가 표시가 있습니다. 이는 말씀을 전하러 떠난 이억만리 사역지에서 순교를 당한 선교사들의 표시입니다.

　남미 에콰도르의 아오카 부족에게 복음을 전하러 갔다가 목숨을 잃은 이야기로 유명한 짐 엘리엇도 이 학교 출신입니다. 짐 엘리엇은 학교를 다닐 때 큐티를 하며 묵상한 내용을 노트에 적곤 했는데 그중에는 이런 내용이 있습니다.

　"아무리 노력해도 끝까지 붙들고 있을 수 없는 것이 있다. 그리고 결코 놓쳐서는 안 되는 것도 있다. 세상엔 끝까지 붙들 수 없는 것을 위해 평생을 바치는 사람이 대부분이지만 오히려 놓쳐서는 안 되는 것을 끝까지 붙들고 있어야 한다. 젊음도 지나가고, 명성과 쾌락도 결국은 지나가고, 아무리 많은 물질도 결국은 마지막까지 들고 있을 수 없다. 이런 헛된 것을 버리고 포기하는 사람은 결코 어리석은 사람이 아니다. 주님, 주님의 뜻을 이루는 일에 제 삶이 쓰임 받기를 원합니다. 저를 불태워 주옵소서."

　하나님을 위한 고난은 괴롭고 힘들어도 영광의 길입니다. 주님이 주신 십자가라면 기쁘게 감당하십시오. 아멘!!

♡ 주님! 부족한 제 인생에 하나님을 위한 흔적을 남기게 도우소서.

🏃 주님을 위해 할 수 있는 일은 언제라도 거부하지 맙시다.

과학과 성경

읽을 말씀 : 요한복음 1:1-13

● 요 1:3 만물이 그로 말미암아 지은 바 되었으니 지은 것이 하나도 그가 없이는 된 것이 없느니라

뉴욕 록펠러대학의 마크 스토클 교수와 스위스 바젤대학의 데이빗 세일러 교수는 함께 인류진화학을 연구했습니다.

두 교수는 미국 정부에서 운영하는 유전자은행의 자료를 바탕으로 10만 종이 넘는 DNA를 분석한 결과 동물과 인간이 거의 같은 시기에 출현했다는 결론을 얻었습니다.

90%가 넘는 종들이 유전학적으로 거의 같은 시기에 출현했다는 사실은 단세포가 오랜 시간 점진적으로 진화하며 다양한 동물이 되었다는 기존의 진화론을 반박하는 이론입니다.

연구한 두 교수도 당황해 자세히 자료를 검토했지만 오히려 진화론의 증거 중 하나인 중간 종마저도 거의 없다는 사실만 추가로 밝혀졌습니다.

대부분의 생물이 갑자기 비슷한 시기에 나타났다는 두 박사의 연구는 진화를 다루는 전문 학술지 '저널 오브 휴먼에볼루션'에 게재됐습니다.

이 연구결과가 세상에 알려지자 연구의 신뢰도와 다양한 과학적 사실들을 들어 또 다시 반박하는 내용들이 나오기도 했습니다. 그러나 우리가 알아야 할 것은 과학적인 사실로 복음의 진리를 판별하려는 실수를 해서는 안 된다는 사실입니다.

과학은 시대의 기술과 패러다임에 따라 참이 될 수도 있고 거짓이 될 수도 있지만 성경은 진리이며 예수님을 믿음으로 구원받는다는 사실은 영원한 진리임을 기억하십시오. 아멘!!

♡ 주님! 세상의 잘못된 지식으로 신앙이 흔들리지 않게 지켜주소서.

▦ 나를 구원하신 하나님의 사랑만을 100% 확신합시다.

말의 지혜

읽을 말씀 : 잠언 12:17-28

●잠 12:18 칼로 찌름 같이 함부로 말하는 자가 있거니와 지혜로운 자의 혀는 양약과 같으니라

어느 병원 로비에는 이런 글이 적혀 있다고 합니다.
'개에 물려 다친 사람은 반나절 만에 치료를 마치고 돌아갔다. 뱀에 물려 다친 사람은 3일 만에 치료를 마쳤다. 그러나 사람의 말(言)에 다친 사람은 아직도 입원 중이다.'
이스라엘 사람들이 5살 때부터 가르치는 조기교육 '토라'에서 먼저 가르치는 '말에 대한 7계명'입니다.
1. 항상 연장자에게 발언권을 먼저 준다.
2. 다른 사람 이야기 도중에는 절대 끼어들지 않는다.
3. 말하기 전에 충분히 생각한다.
4. 대답은 당황하지 말고 천천히 여유있게 한다.
5. 질문과 대답은 간결하게 한다.
6. 처음 할 이야기와 나중에 할 이야기를 구별한다.
7. 잘 알지 못하고 말했거나 잘못 말한 것은 솔직하게 인정한다.
사람들이 아무런 생각도 하지 않고 그대로 말을 한다면 얼마나 곤란한 상황이 많아지고 서로 상처를 주게 될까요?
말은 쓰임에 따라서 사람을 죽이기도 합니다. 사람의 마음을 열고 영혼을 위로하는 지혜로운 말을 하는 훈련을 하십시오. 아멘!!

주님! 복음을 전하고, 마음을 위로하는 말을 하게 하소서.
말의 실수가 없도록 매사에 3초 이상 생각합시다.

말씀을 대하는 자세

읽을 말씀 : 고린도전서 9:19-27

● 고전 9:23 내가 복음을 위하여 모든 것을 행함은 복음에 참여하고자 함이라

　오바마 전 미국 대통령이 퇴임 후 재단을 만들 때 후원자들을 모아놓고 다음과 같은 말을 했습니다.

　"먼저 재단의 단 한 가지 규칙을 말씀드리겠습니다. 저에게 셀카 요청을 하지 말아주십시오."

　오바마 대통령은 언제부터인가 사람들이 자신의 눈을 보며 악수를 청하지 않고 그저 핸드폰을 들이밀며 사진을 요청하고는 바로 사라지기 때문이라고 이유를 밝혔습니다.

　미국 UC 산타크루즈 연구팀은 비슷한 주제로 실험을 했는데 여행을 가서 사진을 찍은 그룹과 사진을 찍지 않고 눈으로만 본 그룹을 두고 몇 주 뒤 본 풍경을 묘사하게 했는데 사진을 찍지 않은 그룹이 훨씬 더 정확하게 묘사했다고 합니다.

　또한 사진을 찍은 그룹도 '스냅 챗'처럼 몇 시간 뒤 사라질 SNS에 올릴 사진을 찍은 사람보다는 일부러 지우지 않는 이상 유지되는 일반적인 SNS에 올릴 사진을 찍은 사람이 더 오래 기억을 했습니다.

　우리 뇌는 남에게 보이려고 하는 것보다는 자신을 위해 기억할 때, 또 금방 듣고 사라질 추억으로 대하는 것보다는 두고두고 보려고 마음을 먹을 때 기억을 더 잘합니다. 매일 묵상하는 말씀, 매주 받는 하나님의 말씀을 어떻게 대하고 있습니까? 한 주간 살아갈 양식으로, 내 인생을 변화시킬 절호의 말씀으로 간절히 받으십시오. 아멘!!

♡ 주님! 말씀이 내 삶의 힘과 능력이 되도록 역사해주소서.

▨ 예배 때마다 들은 말씀을 기록할 노트를 준비합시다.

사람이 아닌 하나님

읽을 말씀 : 디모데후서 2:14-26

● 딤후 2:15 너는 진리의 말씀을 옳게 분별하며 부끄러울 것이 없는 일꾼으로 인정된 자로 자신을 하나님 앞에 드리기를 힘쓰라

　　존 맥스웰 목사님은 20대의 젊은 나이에 미국 캘리포니아의 대형교회인 스카이라인 감리교회의 수석 목사가 됐습니다.

　　그런데 교회에서의 인기와 입지가 점점 탄탄해지고 있던 때에 목사님은 갑자기 무기력증에 빠져 아무 일도 할 수 없는 상태가 됐습니다. 그리고 그 이유가 하나님의 인정이 아니라 사람들의 인정을 받기 위해 자신이 노력했기 때문이라는 것을 깨달았습니다.

　　"저는 그때 남에게 칭찬을 들으려고 온갖 노력을 하고 있었습니다. 사람들의 인정은 변덕스럽고 덧없다는 것을 알면서도 이겨내기가 쉽지 않았습니다. 그런 저의 삶은 비록 화려하고 안정적이라 하더라도 어떤 영향력도 없을 것이라는 사실을 저는 깨닫게 됐습니다."

　　목사님은 이 사실을 깨닫고 성공을 위한 목회를 하지 않겠다며 바로 사퇴했습니다. 그리고 사람들의 관심에서 벗어나, 사람들이 하나님이 주신 비전을 찾을 수 있도록 돕는 동기부여 강사가 되어 캘리포니아가 아닌 전 세계에서 영향력 있는 리더십 강의의 대가가 됐습니다.

　　사람에게 인정받기 위한 일은 나를 지치게 하지만 하나님이 주신 일을 하는 사명자는 갈렙처럼 지치지 않습니다. 사람을 바라보지 말고 하나님과 하늘의 상급을 바라보며 최선을 다하는 사명자가 되십시오. 아멘!!

♡ 주님! 세상의 기준이 아닌 하나님의 비전으로 살아가게 하소서.

▨ 하나님이 나에게 주신 사명을 고민하며 찾고자 노력합시다.

하나님의 놀라운 비전

읽을 말씀 : 욥기 8:1-7

●욥 8:7 네 시작은 미약하였으나 네 나중은 심히 창대하리라

　세계적으로 유명한 발명가인 프랑스의 몽골피에 형제가 매일 들판에 나가 불을 피우며 커다란 풍선바구니를 만들고 있다는 소문이 돌자 세계의 명사들 사이에선 좋은 의견과 나쁜 의견이 교차하며 화제가 된 적이 있습니다.

　몽골피에가 워낙 유명한 발명가라서 이 소문은 미국에까지 퍼졌는데 몽골피에를 아는 한 과학자가 벤자민 프랭클린에게 이 소식을 전하며 혹평을 했습니다.

　"그 커다란 풍선을 하늘로 올리는데 성공을 했다고 칩시다. 도대체 그걸 해서 뭐에 쓰겠단 말입니까?"

　과학자의 혹평에 프랭클린은 기분 나쁜 표정을 지으며 대답했습니다.

　"남의 꿈을 함부로 비웃어서는 안 됩니다. 갓난아기를 보고 장차 뭐가 될지 아는 사람이 어딨겠습니까?"

　결국 몽골피에 형제는 열기구에 사람을 태우는데 성공했고, 이 열기구는 세계유명 관광지를 비롯해 전쟁에서 사용되기도 하며 발명된지 200년이 지난 지금도 사용되고 있습니다.

　하나님은 나를 향한, 모든 사람들을 향한 분명한 계획을 갖고 계십니다. 내 삶이 하나님의 놀라운 비전을 이루는 캔버스라는 사실을 잊지 말고 주님의 음성을 청종하십시오. 아멘!!

♡ 주님! 하나님의 계획과 소망이 내 삶에 있음을 기억하게 하소서.
🖼 내 삶의 모습이 어떻든 주님의 음성만을 따라갑시다.

전부를 드렸는가

읽을 말씀 : 마태복음 22:34-40

●마 22:37 예수께서 이르시되 네 마음을 다 하고 목숨을 다하고 뜻을 다하여 주 너의 하 나님을 사랑하라 하셨으니

　미래의 어느날 하나님이 나를 만나 한 가지 질문을 한다면 과 연 어떤 질문을 하실까요?

　작가 콜린 어쿼하트는 "사랑하는 자녀야, 너는 나에게 얼마나 속해 있니?"라는 질문을 하실 것이라고 말했습니다. 콜린은 말 씀을 깊이 묵상하며 하나님의 말씀을 마치 나에게 보내는 편지 처럼 표현한 '하나님의 마음'이라는 책에서 그 이유를 이렇게 설 명했습니다.

　"너는 나의 전부다. 너는 영원히 나의 소유다. 나는 이미 너에 대한 값을 치렀다. 그렇지 않니? 내 아들 예수 그리스도의 피로 나는 너의 일부만을 사지 않았단다. 너의 모든 것을 원했기 때문 에 나는 너의 전부를 샀던 것이다. 사랑하는 나의 자녀들아! 그 러나 너희도 나처럼 너희의 모든 것을 정말 나에게 맡겼니? 난 너의 답을 이미 알고 있다. 내 모든 것을 네가 가져도 좋다고 흔 쾌히 말했던 것처럼 너 역시도 "저의 모든 것은 하나님의 것이에 요"라고 말해주었으면 좋겠다. 내 아들 예수 그리스도의 피로써 나는 네 생명의 대가를 지불했고, 내 재산의 모든 소유로 삼게 되었다. 나는 너의 일부가 아닌 전부를 원한다. 나는 정당하게 나의 것들을 소유하고 싶다."

　하나님은 가장 귀한 예수님을 대가로 나의 전부를 사셨습니 다. 온 천하보다 귀한 값을 치러주신 하나님께 망설임 없이 나의 전부를 드리십시오. 아멘!!

♡ 주님! 예수님을 주신 하나님의 사랑을 품고 살게 하소서.

▩ 모든 것이신 예수님을 주신 하나님께 우리도 전부를 드립시다.

재능이 아닌 노력

읽을 말씀 : 마가복음 9:14-29

●막 9:23 예수께서 이르시되 할 수 있거든이 무슨 말이냐 믿는 자에게는 능히 하지 못할 일이 없느니라 하시니

심리학자 존 왓슨은 자신에게 12명의 아이를 키울 수 있는 적당한 여건을 허락해준다면 어떤 아이든 의사나 변호사, 예술가로 키울 수 있으며 심지어 거지나 도둑 같은 범죄자로도 만들 수 있다고 했습니다.

헝가리의 교육가인 라즐로 폴가는 존 왓슨의 이 이론을 지지해 자신의 딸들에게 직접 적용해보기로 했습니다.

체스 교사이기도 했던 폴가는 세 명의 딸이 모두 체스에 관심을 보이게 놀이로 흥미를 유도했고, 재미를 붙일 수 있게 도왔습니다. 그런데 놀랍게도 세 자매 모두가 체스 역사에 이름을 남길 유명한 선수가 됐습니다.

첫째 딸인 수잔은 11살에 남자 대회에 나가 우승을 했고, 15살에 여자부 세계 랭킹 1위에 올랐습니다. 체스 올림피아드에서 10개의 메달을 따며 기네스북에도 등재됐습니다. 둘째인 소피아는 5살에 헝가리 청소년 체스대회 남자부에서 우승했고 세계선수권대회에서도 우승을 했습니다. 셋째 딸인 주디트는 '역사상 최강의 여자 체스 선수'라고 불리며 15살에 체스 명인 칭호를 획득했고 남자 체스 명인들을 이긴 유일한 여자선수로 성장했습니다.

"나는 안 돼", "나는 할 수 없어"라는 말은 단순히 핑계일지도 모릅니다. 하나님은 이미 내 안에 충분한 가능성과 열정을 심어 주셨음을 믿고 믿음으로 불가능을 극복하십시오. 아멘!!

🖤 주님! 하나님의 능력은 불가능이 없음을 믿게 하소서.
🔲 주님이 주신 일은 뭐든지 할 수 있다는 믿음을 가집시다.

두 눈보다 귀한 희망

읽을 말씀 : 시편 42:1-11

● 시 42:11 내 영혼아 네가 어찌하여 낙심하며 어찌하여 내 속에서 불안해 하는가 너는 하나님께 소망을 두라 나는 그가 나타나 도우심으로 말미암아 내 하나님을 여전히 찬송하리로다

사냥을 따라 나갔다가 아버지의 엽총이 터지는 사고 때문에 시각장애인이 된 소년이 있었습니다.

소년은 멀쩡했던 눈이 하루아침에 보이지 않게 됐다는 사실이 견디기 힘들었습니다. 그러나 사랑하는 자녀의 눈을 멀게 했다는 죄책감에 폐인이 된 아버지가 너무 안쓰러웠습니다.

소년은 아버지에게 힘을 주기 위해서 자신의 본심을 감추고 새로운 꿈을 찾은 척 연기를 했습니다. 그러다 아버지의 상태가 호전되면 어디론가 달아나 목숨을 끊을 마음을 품었습니다.

그런데 정말로 이상한 일이 일어났습니다. 아버지를 위해 삶에 희망이 있는 척 연기를 했을 뿐인데 어느새 정말로 희망이 보이기 시작했고 삶을 향한 열의가 생기기 시작했습니다.

눈이 보이지 않는 상태에서 차근차근 공부를 하며 성장한 소년의 노력은 많은 사람들에게 희망이 되었고 훗날 영국의 국회의원과 체신부장관의 자리에까지 올랐습니다.

헨리 포세트라는 소년의 이름은 당시 영국 국민들에게 희망의 상징이 되었습니다.

희망은 포기하지 않는 사람에게 언제나 찾아옵니다. 죄에서 빠져나오지 못할 인간들 속에서도 그리스도라는 희망을 보셨던 하나님처럼 최악의 상황에서도 최선의 희망을 품으십시오. 아멘!!

♡ 주님! 어떤 상황에서도 낙심하지 않고 주님을 의지하게 하소서.

🦋 사방이 보이지 않는 상황에서도 하늘의 하나님을 바라봅시다.

완벽을 만드는 연단

읽을 말씀 : 잠언 17:1-8

●잠 17:3 도가니는 은을, 풀무는 금을 연단하거니와 여호와는 마음을 연단하시느니라

평생 피아노 음악만을 만들었다고 해도 과언이 아닐만큼 유명한 쇼팽 그리고 헝가리의 천재적인 피아노 연주가로 알려진 리스트와 비견될 위대한 피아니스트인 지그문트 탈베르크에게 한 귀족이 공연 요청을 하려고 찾아왔습니다.

모든 것이 만족스러운 조건이었지만 탈베르크는 공연 날짜를 이유로 거절을 했습니다. 혹시 출연료 대우가 맘에 안드는 것인가 싶어 귀족이 조심스럽게 물었습니다.

"죄송하지만, 왜 날짜가 문제인지 여쭤봐도 되겠습니까?"

"아무래도 연습할 시간이 부족합니다."

당대 최고의 피아니스트의 연습시간이 부족하다는 말을 믿을 수가 없었던 귀족이 다시 물었습니다.

"그렇게 많은 연습이 필요하신 분이 아니잖습니까? 공연은 2주나 남았습니다."

그러나 탈베르크는 단호하게 말했습니다.

"공연을 위해 1,500번 이상 연습하지 않으면 나는 절대로 무대에 오르지 않습니다. 만약 날짜를 1달 뒤로 미뤄준다면 승낙하겠습니다. 이것만큼은 절대로 타협할 수 없습니다."

완벽이란 결과보다도 과정입니다. 계속 넘어지고 실수한다 하더라도 저 하늘나라에 가기까지 이어질 믿음의 여정을 포기하지 말고 한 걸음씩 밟아나가십시오. 아멘!!

♡ 주님! 넘어지고 쓰러져도 다시 주님 앞에 서게 하소서.

하나님 마음에 합한 사람이 되고자 하는 노력을 포기하지 맙시다.

<table><tr><td>**5월 29일**</td><td></td></tr></table>

신앙을 위한 결단

읽을 말씀 : 역대하 7:11-22

● 대하 7:14 내 이름으로 일컫는 내 백성이 그들의 악한 길에서 떠나 스스로 낮추고 기도하여 내 얼굴을 찾으면 내가 하늘에서 듣고 그들의 죄를 사하고 그들의 땅을 고칠지라

영국에 영적 대각성 운동을 일으킨 조나단 에드워드가 매일같이 결심하던 5가지 항목입니다.

1. 오늘 하루를 최선을 다해 산다.
2. 시간을 소중히 여기며 하나님이 주신 기회라 생각한다.
3. 대접받고자 하는 대로 남을 대접한다.
4. 원한을 살만한 일을 하지 않는다.
5. 양심에 꺼리는 일은 결코 하지 않는다.

감리교를 창시한 요한 웨슬레는 '말씀대로 행동하는 사람들'이라면 매일 아래와 같은 질문을 던져야 한다고 말했습니다.

1. 기도를 충분히 하고 있는가?
2. 항상 감사하고 있는가?
3. 하나님을 두려워하는 마음으로 죄를 멀리하고 있는가?
4. 하나님이 기쁘실 말과 행동을 하는가?
5. 내 안에 임재하는 하나님의 사랑이 느껴지는가?

세상을 살아가는 동안은 구원받은 성도라 하더라도 끊임없이 유혹이 찾아옵니다.

죄악된 세상에서 주님의 말씀대로 빛과 소금으로 살아가기 위해선 경건한 습관이 필요합니다. 죄를 이기고 하나님과 더욱 가깝게 이어주는 거룩한 결단을 내리십시오. 아멘!!

♡ 주님! 하나님께 다가가기 위해 필요한 결단을 내리게 하소서.

위 질문들에 매일 답을 해보며 신앙을 성장시킵시다.

회복시키신다

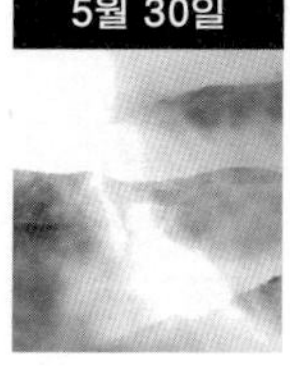

읽을 말씀 : 욥기 33:24-31

● 욥 33:26 그는 하나님께 기도하므로 하나님
이 은혜를 베푸사 그로 말미암아 기뻐 외치
며 하나님의 얼굴을 보게 하시고 사람에게
그의 공의를 회복시키시느니라

영국의 시인 에밀리 그레이의 '부서진 것을 통해'입니다.

"부서진 대지에 곡식이 자라고 익어갑니다.
부서진 구름이 넓게 퍼져 충만한 비를 뿌립니다.
이 곡식과 물이 우리의 양식이 됩니다.

오히려 부서진 것들에 의해
우리가 살아가는 날들이 새로워집니다.
부서진 마음은 또 회개하는 마음,
주님이 결코 멸시하지 않으시는 마음입니다.

뉘우치고 돌아온다면 주님은 부서진 마음도 기뻐하십니다.
회개하고 나를 비운 마음은
비록 부서졌다 하더라도 주님께 귀한 향기가 됩니다."

아무리 가문 땅도 단비가 내리면 촉촉해지고, 황폐한 사막에
서도 오아시스가 있어 동물들이 살아갑니다. 부서지고 쓰러진
마음을 회복시키는 것은 주님이십니다. 주님이 회복시키지 못할
사람은 없고 주님이 용서하시지 못할 죄는 없습니다. 죄에 지쳐
더 이상 믿음을 가질 수 없을 것 같은 상황에서도 주님 앞에 나
오십시오. 아멘!!

♡ 주님! 모든 상처를 회복시키시는 주님의 은혜를 부어주소서.
어떤 상황에도, 어떤 문제에도 주님을 믿고 따라갑시다.

순전한 사랑

읽을 말씀 : 요한복음 16:25-33

●요 16:27 이는 너희가 나를 사랑하고 또 내가 하나님께로부터 온 줄 믿었으므로 아버지께서 친히 너희를 사랑하심이라

미국 메이저리그에서 18번이나 올스타에 뽑힌 강타자 로드니 카루(Rodney carew)가 타임지와 인터뷰를 할 때였습니다.

기자가 선수생활을 하며 가장 중요한 깨달음을 얻은 순간이 언제였냐고 묻자 로드니는 이렇게 대답했습니다.

"경기를 마치고 집에 돌아가서 가족을 만나는 매순간입니다."

기자는 경기장이 아닌 가정이라는 의외의 대답을 듣고 그 이유에 대해 물었습니다.

"아이들은 하루종일 내가 집에 오기만 기다립니다. 내가 안타를 하나도 못 쳤든, 수비에서 최악의 실수를 했든 신경 쓰지 않습니다. 아이들은 나란 존재를 그대로 바라고 기다려줍니다. 마치 나와 노는 것이 인생 최대의 행복인 것 같아요. 하지만 사회는 다르죠, 제 성적에 따라 평가도 달라지고 인기도 달라집니다. 그래서 많은 부작용들이 생기죠. 서로를 있는 그대로 바라보고 인정해줄 수 있는 어른들도 점점 많아졌으면 좋겠다는 것이 제 생각입니다."

로드니의 인터뷰는 어찌보면 신앙과도 닿아 있습니다. 아버지가 못난 아들인 탕자를 기다린 이유는 단 하나, 그가 아들이기 때문입니다. 있는 그대로 나를 받으시는 하나님께 감사하며 동행하십시오. 아멘!!

♡ 주님! 주님의 사랑을 통해 조건없는 사랑을 배워가게 하소서.

나의 모습 그대로를 사랑하시는 주님임을 기억합시다.

6월
"너는 여호와를 기다릴찌어다
강하고 담대하며
여호와를 기다릴찌어다"
(시편 27편 14절)

정직한 발걸음

읽을 말씀 : 잠언 11:1-9

●잠 11:3 정직한 자의 성실은 자기를 인도하거니와 사악한 자의 패역은 자기를 망하게 하느니라

『한국전쟁 때 우연히 한 미군의 눈에 들어 하우스보이로 일하던 소년에게 일을 맡긴 미군 칼 파워스 상사는 자신도 어려운 형편이었지만 하나님께서 마음을 주셨다며 하우스보이인 소년을 미국으로 유학을 보내줬다. 군용선을 타고 한국을 떠나 42일 만에 샌프란시스코에 도착한 소년은 오하이오로 가는 비행기를 타야 했지만 돈이 모자랐다. 17살이었지만 미국의 10살 정도의 체격이었던 소년은 어떤 분의 조언을 따라 어린이용 비행기 표를 구매했다. 비행사에서도 한문과 단기로 표기된 한국 여권을 제대로 확인하지 못해 소년에게 아무것도 묻지 않고 태워줬다.

소년은 열심히 공부해 대학교까지 졸업을 했고 어엿한 목사가 되어 한국으로 돌아가기 위해 공항에 들렀다. 그런데 복음을 전하러 가는 마당에 8년 전 비행기 값을 속였던 일이 자꾸 생각나 결국 데스크에 들러 8년 전의 사정을 말하며 공손히 사과했다. 돈까지 갚겠다는 청년의 정직한 고백에 오히려 당황한 실무자들은 내부회의를 한 뒤 표값은 좋은 목적을 위해 기부했다고 여길 테니 평안히 돌아가라고 대답해줬다. 하나님의 도우심으로 미국에 가서 목회자가 되어 돌아온 나의 이야기이다.』

(김장환 목사 개인 노트에서 발췌 편집)

"정직이 최상의 방법(Honesty is the best policy)"이라는 말이 있습니다. 사람의 눈은 속일 수 있어도 하나님의 눈은 속일 수 없습니다. 매사에 정직함으로 하나님의 기쁨이 되십시오. 아멘!

♡ 주님! 부끄럽지 않고, 정직한 수고로 열매 맺는 삶이 되게 하소서.

▨ 양심에 거리끼는 과거의 일들이 있다면 되도록 지금 해결합시다.

건강의 조건

읽을 말씀 : 에베소서 2:1-10

● 엡 2:10 우리는 그가 만드신 바라 그리스도 예수 안에서 선한 일을 위하여 지으심을 받은 자니 이 일은 하나님이 전에 예비하사 우리로 그 가운데서 행하게 하려 하심이니라

음식으로 병을 다스리는 식이요법의 대가인 일본의 지이오 박사는 건강의 조건들을 항목화 시켜서 중요도에 따라 점수를 매겼습니다.

1. 피곤함을 거의 모른다. · · · · · · · 10점
2. 잠을 잘 잔다. · · · · · · · 10점
3. 식욕이 좋다. · · · · · · · 10점
4. 화를 내지 않는 성품이다. · · · · 20점
5. 기억력이 좋다. · · · · · · · 20점
6. 살아가는 활력을 느낀다. · · · · · · 30점

30년이 지나고 박사는 한 가지 항목을 더 추가해 새로 발표했습니다. 기존의 항목은 그대로였지만 점수가 절반으로 낮아졌고 새로 생긴 항목이 무려 55점이나 됐습니다.

박사가 새로 추가한 건강의 가장 중요한 조건은 바로

7. 선하게 산다. · · · · · · · · · · 55점이었습니다.

박사는 7번째 항목을 추가하면서 그동안 가장 중요한 것을 모르고 헛것을 공부했다며 큰 후회를 했다고 합니다.

하나님의 말씀을 따라 선하게 살면 필요한 모든 것들은 따라옵니다. 우리 모두 하나님이 주시는 선한 마음을 따라 살아가며 건강의 축복을 누리십시오. 아멘!!

🤍 주님! 말씀을 따라 살아감으로 참된 행복과 축복을 누리게 하소서.
🔲 매일 말씀을 따라 최소 한 가지 선행을 실천합시다.

마음에 있는 것이 나온다

읽을 말씀 : 마가복음 7:14-23

●막 7:16 사람 안에서 나오는 것이 사람을 더럽게 하는 것이니라 하시고

　러시아를 대표하는 세계적인 문호 톨스토이는 어느 날 정원을 산책하다 두 하인이 싸우는 모습을 보았습니다.

　키가 크고 마른 하인과 키가 작고 뚱뚱한 하인은 서로의 생김새를 가지고 놀리고 있었습니다. 마른 하인은 뚱뚱한 하인을 곰같이 미련하다고 놀렸고, 뚱뚱한 하인은 마른 하인에게 원숭이처럼 꼴이 우스꽝스럽다며 서로 싸웠습니다.

　톨스토이는 두 하인이 싸우는 모습을 가만히 지켜보다가 먼저 뚱뚱한 하인에게 말했습니다.

　"너는 상대방을 원숭이라고 불렀다. 하지만 아무리 봐도 저 사람은 원숭이가 아니야. 바로 네 마음이 원숭이 같이 우스꽝스럽기 때문에 상대방도 그렇게 보인 거다."

　그리고 마른 하인에게도 말했습니다.

　"너 역시 상대방을 곰이라고 불렀지만 그것은 사실이 아니야. 네 마음속에 곰같은 미련함이 있기 때문이다."

　톨스토이의 훈계에 두 하인은 아무 말도 하지 못하고 얼굴이 뻘개진 채로 자리를 떠났습니다.

　내가 가진 것만을 남에게 줄 수 있듯이, 내 마음에 있는 것이 내 말로 나옵니다. 성령님의 도우심으로 풍성한 성령의 열매가 삶에 나타나도록 하십시오. 아멘!!

♡ 주님! 하나님이 주신 선한 마음으로 모든 사람을 바라보게 하소서.

🔲 편견과 고정관념을 버리고 되도록 좋은 시선으로 사람들을 봅시다.

단점을 인정하라

읽을 말씀 : 골로새서 3:9-17

● 골 3:13 누가 누구에게 불만이 있거든 서로 용납하여 피차 용서하되 주께서 너희를 용서하신 것 같이 너희도 그리하고

세계 굴지의 회사에서 두각을 보이는 회사원이 있었습니다. 반드시 성공하겠다는 생각으로 성과를 내는 일에만 혈안이 되어 있던 그는 회장님이 주최하는 회의에서도 자기 의견만이 옳다고 주장하다 큰 꾸지람을 들었습니다.

"자네는 혼자 잘났다고 생각하나? 드러나지 않은 곳에서 묵묵히 일하는 사람들이 있기에 자네의 성과도 나올 수 있는 거야!"

회사를 위한 좋은 의견을 냈다가 오히려 꾸지람을 들었던 남자는 큰 충격을 받았습니다. 자신의 가치를 인정해주지 않는 회사에서 더 이상 일을 할 수 없다는 생각에 바로 사직서를 쓰기 시작했는데 문득 '내가 정말 잘못하고 있는 것일지 모른다'는 생각이 들었습니다.

다음 날 동료들을 찾아가 자신의 단점을 묻자 성공을 목표로 아무런 소통도 없이 매정하게 굴었던 자신의 본모습을 깨닫게 됐습니다. 그리고 사직서를 쓰려던 남자는 '반성문'을 써서 회장실에 들고 갔습니다.

능력이 좋지만 동료들과 불화를 일으켜 안타까워했던 회장은 반성문을 보고는 크게 기뻐하며 후계자로 세웠습니다. 세계 최대의 다국적 회사 레노버의 양위안칭 회장의 이야기입니다.

스스로의 약점을 인정하는 것이 발전의 첫걸음입니다. 많은 사람들이 얘기하는 나의 단점이 있다면 겸허히 받아들이고 더 나은 성품을 위해 극복하려고 노력하십시오. 아멘!

♡ 주님! 사람들에게 감동을 줄 수 있는 신앙으로 발전하게 하소서.
🖼 사람들이 말하는 나의 단점과 그것을 극복할 방법을 적어봅시다.

속사람을 아는 법

읽을 말씀 : 히브리서 13:1-8

● 히 13:5 돈을 사랑하지 말고 있는 바를 족한 줄로 알라 그가 친히 말씀하시기를 내가 결코 너희를 버리지 아니하고 너희를 떠나지 아니하리라 하셨느니라

탈무드에는 사람을 평가하는 세 가지 기준이 나옵니다.

1. 키오소오, 돈주머니입니다.

　사람들은 돈을 너무나 좋아하고 사랑하기 때문에 돈을 어떻게 쓰고 다루는지를 보면 그 사람을 알 수 있습니다.

2. 코오소오, 술잔입니다.

　술은 적당히 마시는 것이 좋다고 사람들은 말하지만 정작 술에 인생이 좌지우지되는 사람들이 너무나 많습니다. 수많은 사건과 사고들이 '술 때문에' 일어납니다. 인생을 망치는 줄 알면서도 술을 가까이 하는 사람은 결코 현명한 사람이 아닙니다. 그래서 술을 대하는 태도를 보면 사람을 평가할 수 있습니다.

3. 카아소오, 분노입니다.

　살다보면 치밀어 오르는 화를 느낄 때가 종종 있습니다. 이런 상황에서도 예의를 지키고 상대를 배려하는지 아니면 앞뒤 상관없이 '홧김에' 하고 싶은대로 하는지를 보면 그 사람의 내재된 성품을 알 수 있습니다.

　구원받은 성도라고 해서 모든 것이 완벽할 수는 없지만 세상 사람들이 사랑하는 것들이 하나님을 사랑하는 마음보다 더 커서는 안 됩니다.

　나를 유혹하는 세상의 즐거움들보다 주님을 알고, 만나기를 더욱 소망하십시오. 아멘!!

♡ 주님! 정말 저의 모든 것을 주님을 위해 드릴 믿음을 주소서.

❀ 말뿐인 신앙이 아니라 행동하는 신앙을 시작합시다.

늙은 사과나무

읽을 말씀 : 요한복음 15:1-10

●요 15:5 나는 포도나무요 너희는 가지라 그가 내 안에, 내가 그 안에 거하면 사람이 열매를 많이 맺나니 나를 떠나서는 너희가 아무 것도 할 수 없음이라

10대 때부터 뛰어난 문학적 재능을 보인 청년이 있었습니다. 청년은 대학을 졸업한 뒤 첫사랑과 결혼해 유럽을 여행하며 행복한 나날을 보냈습니다. 그런데 아내가 갑작스런 건강 악화로 4년 만에 세상을 떠났습니다. 큰 슬픔에 빠진 청년은 독일에서 머물며 마음을 추슬렀는데 이 가운데 '인생찬가' 같은 아름다운 시를 남기며 슬픔이 아닌 오히려 희망을 노래했습니다.

훗날 하버드대학교 교수가 된 청년은 다시 운명적인 사랑을 만나 재혼을 했지만 불의의 화재로 다시 아내를 잃었습니다. 극심한 우울증에 빠진 교수는 슬픔을 이겨내기 위해 펜을 잡아 단테의 신곡을 번역했고, 사람들에게 희망을 주는 아름다운 시들과 예수님의 사랑을 다룬 글들을 쓰기 시작했습니다. 교수직을 은퇴하고도 미국 문학사에 남을 뛰어난 업적들을 계속해서 남기던 헨리 롱펠로는 인생의 숱한 고난에도 포기하지 않을 수 있던 이유를 다음과 같이 말했습니다.

"우리 집 정원에는 늙은 사과나무가 있습니다. 누가봐도 나이가 많아 보이는 고목이지만 해마다 맛 좋은 사과가 열립니다. 늙은 나뭇가지에서도 새순이 나고 사과가 맺히는 것을 보고 나도 저 사과나무처럼 살 수 있다고 생각했습니다."

주님의 뜻을 따라 말씀대로 사는 사람은 풍성한 은혜를 누리며 지치지 않습니다. 다함이 없는 은혜를 허락하신 주님께 내 삶을 접붙이십시오. 아멘!!

♡ 주님! 넘치는 소망을 허락하시는 주님께 항상 붙어있게 하소서.
🖼 나를 향한 하나님의 사랑이 모든 소망의 이유임을 기억합시다.

대가의 도구

읽을 말씀 : 이사야 64:1-8

●사 64:8 그러나 여호와여, 이제 주는 우리 아버지시니이다 우리는 진흙이요 주는 토기장이시니 우리는 다 주의 손으로 지으신 것이니이다

런던 템즈강에서 바이올린을 연주하는 노인이 있었습니다.

한눈에 봐도 낡은 바이올린은 제대로 소리가 나지 않는 것 같았습니다. 노인의 연주도 듣기 좋을 리가 없었고 앞에 놓인 노인 동전 바구니에는 아무도 돈을 넣지 않았습니다. 그런데 조용히 노인의 연주를 지켜보던 한 신사가 말을 걸었습니다.

"제가 지금 드릴 돈이 없어서 그런데 대신 몇 곡만 연주를 해 드려도 될까요?"

잠시 바이올린을 이리저리 켜보던 신사는 음이 잡히자 연주를 시작했는데 노인의 연주와는 비교도 되지 않을 정도로 아름다운 연주였습니다. 연주가 끝나자 신사 주변에는 사람들이 가득 몰려 있었고 바구니에도 돈이 가득 차있었습니다. 연주를 마친 신사는 노인에게 바이올린을 주고 떠났습니다. 그런데 신사의 얼굴을 유심히 보던 한 사람이 소리쳤습니다.

"저 사람은 피가니니잖아? 바이올린의 대가 피가니니다!"

피가니니는 줄이 끊어진 바이올린으로도 완벽한 연주를 해낼 정도로 악기를 그다지 중요하게 여기지 않았습니다. 어떤 바이올린이든 자신의 손으로 완벽한 연주를 할 자신이 있었기 때문입니다.

대가의 손에 들린 악기는 종류를 불문하고 최고의 소리를 냅니다. 멋진 인생을 살기 위해 누구보다 나를 가장 잘 아시는 주님의 손에 나의 삶을 맡기십시오. 아멘!!

♡ 주님! 흔들림 없는 믿음으로 모든 일에 주님을 신뢰하게 하소서.

🔲 최상의 것으로 인도하시는 주님의 계획에 나를 맡깁시다.

기적을 만드는 생각

읽을 말씀 : 고린도전서 1:22-31

● 고전 1:24 오직 부르심을 받은 자들에게는 유대인이나 헬라인이나 그리스도는 하나님의 능력이요 하나님의 지혜니라

　미국의 유서깊은 문학잡지인 '새러데이 리뷰(Saturday Review)'의 편집장 노만 카슨이 심한 관절염에 걸렸습니다.

　목숨에는 지장이 없었지만 관절에 염증이 점점 심해져 움직이기조차 쉽지 않았고, 병의 완치율은 0.2%밖에 되지 않았습니다. 모든 희망을 잃고 하릴없이 병상에 누워 건강서적만 보던 카슨은 이런 문구를 접했습니다.

　"부정적인 정서는 건강에도 나쁜 영향을 미친다. 하지만 긍정적인 생각은 우리 몸의 면역력을 일깨워 일종의 살균작용을 한다."

　카슨은 이 말을 100% 믿어보기로 했습니다. 그날부터 부정적인 내용의 뉴스나 책, 모든 프로그램을 보지 않았고 행복하고 즐겁고, 웃음을 줄 수 있는 내용의 책과 영화만 봤습니다.

　병실을 찾는 의사와 간호사, 그리고 방문하는 가족과 친구, 지인들에게도 부정적인 말이나 소식을 전하지 말아달라고 요청했습니다.

　대부분은 그런다고 병이 낫겠느냐는 반응이었지만 1년 뒤 카슨에게 0.2%의 확률이 찾아왔습니다. 병이 말끔히 나은 카슨은 오히려 더 건강한 상태로 퇴원했습니다.

　긍정적인 생각과 말이 주는 희망은 기적의 문을 여는 열쇠입니다. 모든 것을 할 수 있다고 이미 말씀하신 주님의 말씀을 따라 나도 할 수 있다는 희망을 품으십시오. 아멘!!

🩶 주님! 말씀으로 인해 할 수 있다는 믿음을 주소서.

🧩 최악의 상황에서도 최고의 결과를 기대하며 기도합시다.

마음과 행동

읽을 말씀 : 야고보서 4:1-10

● 약 4:8 하나님을 가까이하라 그리하면 너희를 가까이하시리라 죄인들아 손을 깨끗이 하라 두 마음을 품은 자들아 마음을 성결하게 하라

이솝 우화에 나오는 '여우와 나무꾼' 이야기입니다.

사냥꾼에게 쫓기던 영리한 여우가 나무꾼을 발견하고는 숨겨달라고 부탁했습니다. 여우가 불쌍해보였던 나무꾼은 옆에 있는 자신의 오두막에 들어가 있으라고 말했습니다. 잠시 뒤 여우를 쫓던 사냥꾼들이 나무꾼을 찾아왔고 혹시 도망가던 여우를 보지 못했냐고 물었습니다.

'여우가 불쌍해서 숨겨주었지만 사냥꾼을 도와주면 보상을 할 텐데…'

망설이던 나무꾼은 말로는 여우가 오지 않았다고 하면서 손가락으로 오두막을 슬그머니 가르켰습니다.

하지만 바쁜 사냥꾼들은 나무꾼의 손가락을 보지 못하고 여우를 찾아 다른 곳으로 떠났습니다. 사냥꾼이 가고 오두막에서 나온 여우는 나무꾼을 무시하고 다시 길을 떠났습니다.

나무꾼은 구해줬더니 은혜도 모른다며 크게 화를 냈는데 이 말을 들은 여우가 저 멀리서 고개를 돌려 말했습니다.

"당신의 말과 손가락이 일치했다면 백번이라도 감사하다고 했을 겁니다."

하나님을 사랑하고 섬긴다는 나의 말과 행동은 정말로 진심이 담긴 모습일까요? 아니면 어쩌다보니 그 자리에서 그 일을 하고 있는 모습일까요? 행위보다 마음의 중심을 원하시는 주님께 나의 모든 정성을 담은 소중한 마음을 드리십시오. 아멘!!

💜 주님! 몸과 마음이 모두 주님을 위해 일하게 하소서.

🔲 하나님을 위한 일은 억지로 하지 말고 기쁨과 즐거움으로 합시다.

사랑한다는 것

읽을 말씀 : 고린도후서 13:1-13

● 고후 13:4 그리스도께서 약하심으로 십자가
에 못 박히셨으나 하나님의 능력으로 살아
계시니 우리도 그 안에서 약하나 너희에게
대하여 하나님의 능력으로 그와 함께 살리라

　기르던 반려견을 사고로 잃은 한 중년 여성이 극심한 우울증
에 걸렸습니다. 6개월 넘게 치료를 받았지만 여전히 잠을 자지
못했고 식욕도 감소해 위험할 정도의 저체중이 됐습니다.
　오래 기르던 반려견이 세상을 떠난 또 다른 남자는 슬픔을 잊
으려 술을 먹다가 알코올 중독에 빠졌습니다.
　지난 몇 년간 실제로 신문 기사로 실린 내용들입니다. '애견사
망증후군'이라 불리는 이 증상은 오래도록 기르던 반려견을 실제
가족과 같이 여겨 심각한 후유증을 겪는 병입니다.
　어떤 분들은 이해가 될 수도 있고, 또 어떤 분들은 "아무리 그
래도 동물인데?"라는 생각이 들 수도 있습니다. 그런데 심리학
자들은 반려견뿐 아니라 소중히 여기던 물건, 기호품에도 비슷
한 감정을 느낄 수 있다고 합니다. 그리고 이런 아끼는 것을 잃
었을 때의 충격은 심한 경우 배우자를 잃었을 때의 정신적 충격
과 비슷하다고 합니다.
　사랑을 한다는 것은 아픔과 슬픔, 기쁨과 행복을 모두 같이
느낀다는 뜻입니다. 예수님께서 인간의 몸으로 세상에 오신 이
유도, 십자가에 달려 돌아가신 이유도, 내가 고통 가운데 쓰러져
있을 때 함께 아파하시는 이유도 마찬가지입니다. 목숨을 아끼
지 않고 나를 사랑하신 예수님을 모든 것을 바쳐 사랑하십시오.
아멘!!

💟 주님! 세상의 무엇보다도 주님의 사랑을 알게 하소서.
🔲 나를 충만히 사랑하시는 하나님의 사랑을 느끼며 삽시다.

용서가 필요한 이유

읽을 말씀 : 마태복음 18:21-35

●마태복음 18:21,22 형제가 내게 죄를 범하면 몇 번이나 용서하여 주리이까 일곱 번까지 하오리이까 예수께서 이르시되 네게 이르노니 일곱 번뿐 아니라 일곱 번을 일흔 번까지라도 할지니라

미국 버지니아 커먼웰스 대학교의 에버렛 워딩턴 교수는 용서에 대해서 이런 말을 했습니다.

"누군가에게 피해를 당했을 때 그 피해를 보상받을 수 있는 방법은 아주 많습니다. 감옥에 보낼 수도 있고, 돈으로 받을 수도 있고, 똑같이 갚아줄 수도 있습니다. 하지만 이 모든 방법들이 피해를 진정으로 극복할 수 있는 방법은 아닙니다. 완전한 치유와 회복은 용서와 화해를 통해서만 가능합니다.

물론 용서와 화해는 간단하지 않습니다. 그러나 당신이 마음만 먹는다면 피해를 입힌 사람과도 귀한 관계가 되어 보물을 주고 받을 수 있습니다. 나는 이것이 진리라고 믿습니다."

당신은 어떻게 생각하십니까? 자신이 당한 일이 아니라서, 할 수 있는 입에 발린 소리라고 생각하십니까?

그러나 워딩턴 교수는 강도의 우발적인 범행에 어머니를 잃은 피해자였습니다. 살인자를 어떻게 용서해야 하는가에 대해 오랜 시간을 씨름한 그는 결국 용서가 해결책이라는 것을 알았고, 그 이후 자신이 깨달은 용서를 많은 사람들에게 전하는 삶을 살아가고 있습니다.

용서만이 상처받고 무거운 내 마음을 해방시킬 수 있는 유일한 방법입니다. 예수님이 끝까지 용서하시고 끝까지 사랑하셨던 것처럼 내가 할 수 있는 최선을 다해 용서하십시오. 아멘!!

♡ 주님! 용서할 수 없는 일이라도 용서하게 하소서.

 나에게 용서를 구했는데 거절한 사람이 있다면 이제 용서합시다.

기회는 존재한다

읽을 말씀 : 로마서 1:18-32

●롬 1:20 창세로부터 그의 보이지 아니하는 것들 곧 그의 영원하신 능력과 신성이 그가 만드신 만물에 분명히 보여 알려졌나니 그러므로 그들이 핑계하지 못할지니라

세계적인 전기면도기 업체 필립스에는 큰 고민이 있었습니다. 외모에 관심이 없는 남자들이 비싼 전기면도기를 외면하고 상대적으로 저렴한 습식면도기만 사용해 매출이 오르지 않았기 때문입니다. 그러다 불황을 타개할 획기적인 발상이 나왔는데 바로 여자들을 대상으로 마케팅을 펼치는 것이었습니다.

전기면도기는 비록 비싸지만 사랑하는 남편과 아버지, 혹은 남자친구에게 필요한 선물이라는 점을 어필하자 여자들은 가격에 상관없이 지갑을 열었습니다.

세계 전기면도기 시장의 47%를 장악하고 있는 필립스의 판매량 중 50%이상은 선물용으로 판매되고 있다고 합니다.

백색가전으로 유명한 국내의 한 전자회사도 우연히 러시아에서 시장조사를 하다가 러시아에 약 50일 정도의 여름이 있고 러시아 사람들은 추운 건 참아도 더운 건 절대 못 참는다는 사실을 알게 됐습니다.

적당한 가격의 에어컨을 출시하자 제품은 불티나게 팔렸고 몇 년 만에 이 회사의 제품은 러시아 에어컨 시장의 40%정도를 차지하게 됐습니다.

관심을 가지고 생각을 바꾸면 언제나 기회는 존재합니다. 복음이 외면 받고, 기독교에 대한 시선이 좋지 않은 지금 시대라도 여전히 복음은 필요하며, 전달할 방법은 있습니다. 전도를 준비하고 전도의 기회를 절대로 놓치지 마십시오. 아멘!!

🖤 주님! 시시때때로 복음을 전할 좋은 생각과 때를 주소서.
🖼 삶으로 복음을 전할 방법을 고민하고 실천합시다.

운명을 결정하는 것

읽을 말씀 : 히브리서 11:6-11

●히 11:7 믿음으로 노아는 아직 보이지 않는 일에 경고하심을 받아 경외함으로 방주를 준비하여 그 집을 구원하였으니

뉴욕의 로버트 레인이라는 괴짜는 이름이 과연 운명을 결정하는지 궁금해 자신의 자녀에게 실험을 했습니다. 첫 번째 태어난 아들에게는 승자라는 뜻의 '위너'라는 이름을 지어주었고, 둘째 아들에게는 패자라는 뜻의 '루저'라는 이름을 지어주었습니다.

훗날 한 명은 대학에 진학해 장학금을 받았고, 졸업 뒤에는 훌륭한 경찰관이 되어 많은 사람들의 존경을 받았습니다. 동료들은 '루저'라는 이름이 그와 어울리지 않는다며 '루'라는 애칭으로 그를 불러주었습니다.

반면 '위너'라는 이름의 아들은 경범죄로 30번이 넘게 감옥에 갔고 나중에는 심각한 가정폭력으로 장기간 복역을 했습니다.

경제학자 스티븐 래빗은 자신의 전공을 살려 부자와 가난한 사람들의 이름에 어떤 특징이 있는지를 연구했습니다. 연구에 따르면 이름에는 어떤 특징이 있기는 했지만 그것은 그저 시대의 유행에 따른 것뿐이었습니다. 래빗은 결과적으로 가난한 사람과 부자의 이름에는 아무런 특징이 없다고 결론을 내렸습니다.

세상의 뜻을 갖는 이름은 아무 힘이 없지만 하나님을 만나 새로운 이름을 얻은 사람들은 모두 합당한 믿음의 삶을 살았습니다. 하나님을 만난 사람은 믿음으로 새로운 삶을 살게 되고 새로운 운명을 살아가기에 사주팔자나 성명학, 미신을 믿을 필요가 없습니다. 세상의 허탄한 신화들을 모두 벗어버리고 하나님이 인도하시는 진정한 운명을 따라 삶을 살아가십시오. 아멘!!

♡ 주님! 말씀과 믿음이 인도하는 새로운 삶으로 이끌어 주소서.
🧎 하나님을 처음 만났을 때 주신 감동대로 삶을 살아갑시다.

몰입의 5법칙

읽을 말씀 : 요한복음 4:15-23

●요 4:23 아버지께 참되게 예배하는 자들은 영과 진리로 예배할 때가 오나니 곧 이 때라 아버지께서는 자기에게 이렇게 예배하는 자들을 찾으시느니라

　　사람의 뇌를 분석한 결과를 토대로 리더십을 연구하는 '뉴욕 뉴런 리더십 연구소(NYNU)'의 조시 데이비스 책임연구원이 말한 어떤 일이든 생산성을 높이는 5가지 법칙입니다.

1. 방해요소를 없애라.

　　집중력은 짧은 방해에도 쉽게 깨집니다. 이메일 확인이나 스마트폰 같은 방해요소들을 적절히 관리하십시오.

2. 정신적 에너지를 관리하라.

　　체력에 한계가 있듯 정신력에도 한계가 있습니다. 중요한 일을 위한 정신력을 챙기십시오.

3. 건강한 습관을 갖자.

　　회사에 지각할 것이 두려워 밤을 새고 출근하는 사람의 열정은 대단하지만 결과는 처참할 것입니다. 일에 집중하는 데 도움을 줄 좋은 습관들이 무엇인지를 알아야 합니다.

4. 공간을 맞춤 설계하라.

　　소음, 밝기, 업무 공간 등 자신에게 필요한 환경을 연구해 봅시다.

5. 집중력 스위치를 켤 수 있는 방법을 찾아라.

　　하루의 일과를 적어놓고 순서대로 처리하는 습관을 들이면 목록을 보기만 해도 집중력이 생기게 됩니다.

　　예배란 하나님께 온전히 몰입해 찬양하며 은혜에 반응하는 것입니다. 모든 예배와 묵상을 하나님께 집중하십시오. 아멘!!

♡ 주님! 모든 마음과 신경을 주님께 드리는 예배를 드리게 하소서.

▨ 예배에 온전히 집중하기 위해 나에게 필요한 일들을 찾아봅시다.

빛으로 나오라

읽을 말씀 : 요한복음 8:12-20

●요 8:12 예수께서 또 말씀하여 이르시되 나는 세상의 빛이니 나를 따르는 자는 어둠에 다니지 아니하고 생명의 빛을 얻으리라

프랑스에서 매년 진행되는 국민건강실태조사에 따르면 칼레에 사는 주민들은 피레네에 사는 주민들보다 모든 건강 지표가 더 나쁩니다. 소화계통의 암 그리고 간과 관련된 질병은 무려 3배가 높고 자살률도 훨씬 높았습니다.

예전에는 이런 결과가 무엇 때문인지 원인을 알 수 없었지만 최근 밝혀진 연구에 따르면 원인은 일조량에 있었습니다.

북부에 위치한 칼레는 낮에도 햇살이 안 비치는 날이 많았지만 남부에 위치한 피레네는 연중 내내 풍부한 햇살이 비칩니다.

영국의 과학잡지 '뉴사이언스'도 이와 비슷한 여러 사례를 들어 햇살을 충분히 쬐는 지역에 사는 사람들이 평균적으로 훨씬 건강하다는 기사를 쓴 적이 있습니다.

미국 국립정신건강연구소의 로텐탈 박사는 심한 우울증을 겪으면서도 햇살을 쬘 시간이 없는 사람들에게는 다음과 같은 처방을 내립니다.

●전등을 10배 정도로 밝게 비출 것
●하루 5시간씩 불빛 아래 있을 것

박사의 연구결과에 따르면 인공적인 빛이라도 즉각적이고 충분한 효과가 있다고 합니다.

몸의 아픔도, 마음의 아픔도 빛으로만 치료할 수 있습니다. 예수님은 세상의 빛이십니다. 참된 빛이신 예수님을 마음에 모십시오. 아멘!!

♡ 주님! 빛 되신 주님이 주시는 은총을 경험하게 하소서.
🏃 참된 빛이신 예수님을 매일 내 마음에 모시고 살아갑시다.

영향력과 모방

읽을 말씀 : 마가복음 8:27-38

●막 8:34 무리와 제자들을 불러 이르시되 누구든지 나를 따라오려거든 자기를 부인하고 자기 십자가를 지고 나를 따를 것이니라

　미국에서 가장 유명한 토크쇼인 '래리 킹 라이브'에 빌 클린턴 전 대통령이 출연했을 때였습니다.

　방송을 보던 시청자들은 평소와 달리 진행자 래리 킹의 말투가 뭔가 이상해진 것을 느꼈습니다. 그런데 무엇이 변했는지는 설명하지 못했습니다. 전문가들이 면밀히 분석해보니 래리 킹이 클린턴 대통령의 목소리와 말투를 따라하고 있었습니다.

　이 현상에 흥미를 느낀 학자들은 '래리 킹 라이브'를 좀 더 연구했는데 그 결과 '사회적 지위'에 따라서 서로 모방을 하는 현상이 발견됐습니다. 사회자인 래리 킹이 게스트보다 높은 위치라고 느껴지면 게스트는 래리 킹의 어투를 따라했고, 게스트가 래리 킹보다 높은 위치인 경우 래리 킹이 게스트를 따라했습니다.

　사회학자들은 상대방을 모방하는 경우 친밀감이 높아지는 현상이 있기 때문에 무의식적으로 자기보다 사회적 지위가 높은 사람을 따라하게 되는 경우가 생기고 협상이나 거래를 잘하는 사람들의 경우 이런 현상을 더 잘 이용한다고 설명했습니다.

　자기가 인정하고 우러러보는 사람은 저절로 따라하고 닮아가게 되어 있습니다. 나의 왕, 나의 주라고 예수님을 진심으로 고백한다면 내 삶의 영향력을 가장 크게 미치는 분도 주님이셔야 합니다. 만왕의 왕이신 예수님의 영향력을 세상에 끼치는 선한 통로가 되십시오. 아멘!!

♡ 주님! 주님을 닮아가고, 주님을 더욱 사랑하게 하소서.

▩ 허락하신 하루를 통해 조금 더 주님을 닮아갑시다.

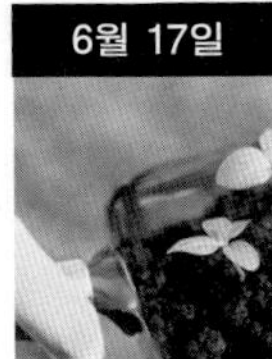

신앙의 멘토

6월 17일

읽을 말씀 : 고린도후서 5:11-21

● 고후 5:20 그러므로 우리가 그리스도를 대신하여 사신이 되어 하나님이 우리를 통하여 너희를 권면하시는 것 같이 그리스도를 대신하여 간청하노니 너희는 하나님과 화목하라

일본의 성공학자 혼다 켄은 수많은 자수성가형 백만장자들을 연구했습니다. 그리고 성공하기 위해서 가장 필요한 것은 '멘토'라고 말했습니다. 일본 전역의 백만장자들의 '39%'는 멘토가 있었기 때문입니다.

혼다 켄은 성공한 사람은 성공한 사람을 늘 가까이에 두고 배우고, 삶의 지표로써 멘토를 잘 활용하기 때문에 멘토가 없는 사람보다 몇 배는 빠르게 성장할 수 있다고 말했습니다.

'포지셔닝'이라는 개념을 만들어 세계 최고의 마케팅 전략가로 인정받는 잭 트라우트는 자신의 책에서 이런 말을 했습니다.

"혼자서 정말 열심히 일하는 사람의 성공 확률은 약 100분의 1, 즉 1%도 되지 않습니다. 그러나 자신을 도와줄 사람을 찾아 함께 협력하는 사람의 성공 확률은 3분의 1, 즉 33%가 넘습니다."

국내 침구업계 1위인 이브자리의 고홍준 사장은 이 말을 인용해 만약 평생 함께 할 수 있는 사람을 만나면 거의 100% 성공이라고 말했습니다.

여호수아에게는 모세, 엘라사에게는 엘리야, 바울에게는 바나바와 같은 신앙의 멘토가 있었습니다.

하나님을 위해 함께 동역할 수 있는 귀한 멘토를 만나게 해달라고 기도하며, 또한 그런 멘토가 되게 해달라고 기도하십시오. 아멘!!

♡ 주님! 신앙의 좋은 멘토를 주시고, 또 좋은 멘토가 되게 하소서.

🦋 신실한 믿음의 동료들을 가까이 하며 은혜를 나눕시다.

칭찬의 표현

읽을 말씀 : 잠언 25:1-13

●잠 25:11 경우에 합당한 말은 아로새긴 은 쟁반에 금 사과니라

아침마다 마주 앉아 식사를 하는 부부가 있습니다.
식사를 하던 남편이 아내에게 먼저 말을 건넸습니다.
"오늘 찌개가 참 맛있네. 역시 당신 솜씨는 일품이야."
아내가 웃으며 대답했습니다.
"당신이 사다 준 두부라서 그래요."
부부는 식사를 하는 내내 서로 칭찬을 하다가 학교 갈 시간이 된 자녀를 깨워 도시락을 들려 보냈습니다. 점심시간이 된 자녀들이 도시락을 꺼내자 그 안에는 편지가 들어있었습니다.
'공부하느라 힘들지? 그래도 열심히 최선을 다하는 모습이 너무 보기 좋구나. 맛있게 먹고 파이팅!'
가까운 사이일수록 칭찬에 인색한 것 같아 억지로라도 칭찬할 시간을 만들기로 한 우리나라 어떤 가정의 모습입니다. 자녀들에게 매일 써준 편지는 '도시락 편지'라는 이름의 책으로 출간되었습니다. 이들 부부는 매일 몇 십 분씩 서로 칭찬을 하면서도 수년 간 같은 칭찬을 한 적이 없다고 합니다.
가까운 사람일수록 더 칭찬하고, 더 격려하고, 더 사랑해야 합니다. 하나님이 허락하신 소중한 가정에서부터 칭찬과 사랑의 표현을 아끼지 마십시오. 아멘!!

♡ 주님! 상대방의 장점만 보이고 단점은 흘려보내게 하소서.
▨ 매일 만나는 가족과 교회 사람들에게 첫 인사를 칭찬으로 합시다.

후회가 없는 이유

읽을 말씀 : 로마서 11:25-36

● 롬 11:29 하나님의 은사와 부르심에는 후회하심이 없느니라

　미국 시카고에서 가장 큰 농장의 상속자인 윌리엄 보덴은 고등학교를 졸업하자마자 거액의 유산을 미리 받았습니다.

　20살에 백만장자가 된 보덴은 예일대학교에 합격한 뒤 여유롭게 세계여행을 떠났습니다. 유럽을 시작으로 아프리카, 중동, 아시아를 여행하던 그는 자신의 삶과는 너무 다른 가난과 질병으로 고통 받는 사람들을 보고는 큰 충격에 빠졌습니다.

　보덴은 세계여행을 마친 뒤 일생을 하나님께 바쳐 도움이 필요한 사람들을 찾아가 평생 봉사하기로 결심했습니다. 보덴은 항상 들고 다니던 성경 뒷표지에 "지체할 수 없다(No Reserve)"라고 적었습니다.

　보덴은 프린스턴 대학교에서 신학을 전공한 뒤 중국의 이슬람교도들에게 선교를 가기로 결정했습니다. 먼저 이슬람을 알기 위해 이집트로 떠나며 이번에는 성경 뒤표지에 "후퇴는 없다(No Retreat)"라고 적었습니다.

　그러나 보덴은 이집트에 간 지 한 달 만에 뇌수막염에 걸려 목숨을 잃었습니다. 중국땅을 밟아보지도 못하고 생을 마감했지만 그의 성경책 뒤표지에는 "후회하지 않는다(No Regret)"라고 적혀 있었습니다.

　하나님의 부름에 응답하고, 주시는 말씀에 순종하는 삶은 결과에 상관없이 가치있는 귀한 삶입니다. 후회없는 하나님의 부르심에 응답하십시오. 아멘!!

♥ 주님! 하나님의 부름에 응답하는 순종의 열매를 맺게 하소서.

🏮 결과에 상관없이 최선을 다해 맡겨주신 일에 충성합시다.

사랑받는 비결

읽을 말씀 : 누가복음 2:41-52

●눅 2:52 예수는 지혜와 키가 자라가며 하나님과 사람에게 더욱 사랑스러워 가시더라

　린든 존슨 대통령은 미국의 국내 정책을 최고로 성공시킨 대통령으로 평가받습니다.
　"정의가 피부색을 구분하지 않고, 교육이 인종을 상관하지 않고, 기회가 인간의 피부색을 고려하지 않아야 진정한 노예해방이다"라고 말할 정도로 깨어있는 사람이었던 존슨 대통령은 집무실 책상에 다음의 글을 적은 뒤 수시로 봤다고 합니다.
　'사람에게 사랑받는 9가지 법칙'
　1. 이름을 반드시 기억하라.
　2. 다른 사람에게 부담을 주지 마라.
　3. 온유하고 포근한 사람이 되라.
　4. 가진 것을 자랑하지 말고 지식을 아는 체하지 말라.
　5. 남을 도우려는 여유있는 마음을 가지라.
　6. 잘못은 사과하고, 오해는 풀려고 하라.
　7. 좋아하는 척을 하지 말고 진심으로 좋아하라.
　8. 축하의 말과 위로의 말을 잘 사용하라.
　9. 정신적으로 도움이 될 수 있는 사람이 되라.
　예수님은 하나님께 사랑을 받으면서 또한 사람들에게 사랑받으셨습니다. 세상과 단절되어 살아가는 것이 아니라 사람들에게도 인정을 받으며 복음을 전할 수 있는 영향력 있는 성도가 되십시오. 아멘!!

🖤 주님! 사람을 통해 복음이 흘러가고 위로가 흘러가게 하소서.
🔲 환한 미소와 친절로 좋은 인상을 주는 성도가 됩시다.

돈이 주는 행복

읽을 말씀 : 디모데전서 6:3-10

● 딤전 6:10 돈을 사랑함이 일만 악의 뿌리가 되나니 이것을 탐내는 자들은 미혹을 받아 믿음에서 떠나 많은 근심으로써 자기를 찔렀도다

세계에서 최고로 돈이 많은 두 사람이 차례차례 세상을 떠난 해가 있었습니다. 방송국에 항공사, 영화사까지 소유하며 무려 2조가 넘는 유산을 남긴 하워드 휴즈는 돈만 많았을 뿐 아니라 일거수일투족이 뉴스가 되던 시대의 아이콘이었습니다. 그러나 심각한 강박증과 불안장애로 사람을 믿지 못했던 그는 마지막 10년을 호텔에 숨어서 우유와 초콜릿만 먹으며 두문불출하다 영양실조로 세상을 떠났습니다.

행복해지기 위해 필요한 돈은 '항상 지금보다 많은 돈'이라는 말을 남겼던 휴즈의 장례식에는 조문객이 10명도 참석하지 않았습니다.

석유의 제왕이라 불리던 '폴 게티'는 휴즈보다도 재산이 무려 2배나 더 많았습니다. 그러나 5번의 결혼이 모두 실패했고, 자녀들이 돈을 흥청망청쓰다가 건강을 잃어 먼저 세상을 떠나는 것을 지켜봐야 했습니다. 자녀들이 차례차례 술로, 마약으로, 사고로 죽는 것을 본 뒤 게티도 쓸쓸히 세상을 떠났습니다.

"돈으로 행복을 살 수 없다면 돈이 부족한 것이 아닌지 생각해 봅시다"라는 우스개 명언이 있습니다. 하지만 지구상에서 가장 돈이 많은 사람들의 삶을 조금만 살펴봐도 돈이 주는 행복이 얼마나 하찮은 것인지, 어쩌면 불행에 가깝다는 것을 알게 됩니다. 오직 하나님만이 주실 수 있는 참된 행복을 찾으십시오. 아멘!!

🖤 주님! 세상이 말하는 잘못된 행복을 좇지 않게 하소서.

🧩 인생에서 돈을 가장 중요하게 여기는 실수를 하지 맙시다.

복음의 가치

읽을 말씀 : 디모데후서 1:7-18

● 딤후 1:10 이제는 우리 구주 그리스도 예수의 나타나심으로 말미암아 나타났으니 그는 사망을 폐하시고 복음으로써 생명과 썩지 아니할 것을 드러내신지라

　　미국 애리조나에 유명한 보석상이 있었습니다.
　　보석상은 이집트에서 '행운의 보석'이라 불리는 좋은 등급의 터키석을 공수해왔습니다. 영롱한 파란빛의 터키석을 가장 좋은 자리에 진열하며 고대로부터 행운의 상징이라는 점을 열심히 어필했지만 그 어떤 고객도 터키석을 구입하지 않았습니다.
　　화가 잔뜩 난 보석상은 다른 보석을 구입하러 출장을 가면서 상점의 직원들에게 "터키석을 기존 가격 x 1/2에 파세요"라는 쪽지를 전해줬습니다. 출장에서 돌아온 보석상은 터키석이 모두 팔렸다는 소식을 듣고 가계부를 보니 몇 배나 많은 돈이 들어와 있었습니다.
　　알고 보니 휘갈겨 쓴 보석상의 글씨를 잘못 알아본 직원들이 가격을 2배로 올렸는데 비싼 터키석이 진귀한 보석이라고 생각한 사람들이 너 나 할 것 없이 사갔던 것입니다.
　　미국의 유명한 사회심리학자 로버트 치알디니의 '설득의 심리학'에 나오는 내용입니다. 치알디니는 이 내용을 소개하며 때로는 가격이 물건의 가치를 결정하기도 한다고 언급했습니다.
　　사람들은 때때로 가격을 통해 물건의 가치를 매깁니다. 영혼을 살리는 복음의 가치는 과연 어느 정도일까요? 예수님의 고귀한 보혈로 이루어진 가장 귀한 복음을 싸구려로 여기지 마십시오. 아멘!!

♡ 주님! 죄에서 내 영혼을 살리신 놀라운 복음을 찬양하게 하소서.
🧩 무엇과도 바꿀 수 없는 귀중한 보물이 복음임을 잊지 맙시다.

황제펭귄의 교훈

읽을 말씀 : 골로새서 2:6-19

●골 2:19 머리를 붙들지 아니하는지라 온 몸이 머리로 말미암아 마디와 힘줄로 공급함을 받고 연합하여 하나님이 자라게 하시므로 자라느니라

지구에서 가장 추운 남극에는 다양한 동물들이 삽니다.

동물들은 저마다 생존을 위해 조금이라도 자신에게 유리한 곳으로 무리를 지어 떠납니다. 어떤 종은 추위를 피해 남극을 떠났고, 먹이가 풍부한 지역에 자리를 잡은 종도 있고, 남극에서 조금이라도 따뜻한 곳으로 움직인 종들도 있습니다.

황제펭귄은 남극 중에서도 가장 춥고 먹이도 많지 않은 혹독한 내륙으로 이동했습니다. 제 아무리 남극에 사는 동물이라 해도 영하 40도의 추위는 버틸 수가 없습니다.

그래서 펭귄들은 허들링이라는 방법으로 무리를 지어 살아갑니다. 모기향 모양처럼 줄을 서 바깥 쪽에 있는 펭귄들이 차가운 바람과 눈보라를 막아주다가 일정 시간이 지나면 안쪽에 보호받던 펭귄이 밖에서 버티던 펭귄과 교대하며 추위를 이겨냅니다.

이렇게 조금씩 희생하며 서로의 체온을 지켜주자 황제펭귄이 머무는 남극의 가장 척박한 내륙은 오히려 천적도 없고 새끼들도 안전한 천혜의 요새나 다름없는 곳이 됐습니다.

남극 내륙에서 살아가는 황제펭귄의 이야기는 어쩌면 지금 시대를 살아가는 그리스도인의 모습과 같습니다. 진리를 향한 공격과 비난이 더욱 거세질수록 하나님의 사랑으로 하나 된 형제자매들과 연합함으로 승리하십시오. 아멘!!

♡ 주님! 사랑과 겸손으로 주님이 바라시는 공동체가 되게 하소서.
🦋 먼저 주님 안의 진정한 형제자매의 모습으로 연합합시다.

승리의 방법

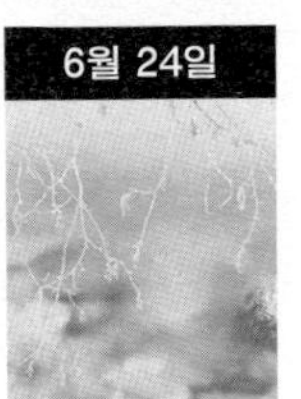

읽을 말씀 : 요한1서 5:1-12

●요일 5:4 무릇 하나님께로부터 난 자마다 세상을 이기느니라 세상을 이기는 승리는 이것이니 우리의 믿음이니라

제2차 세계 대전에서 노르망디 상륙작전을 비롯한 전면전에서 큰 활약을 했던 조지 패튼 장군은 불같은 성격으로 악명이 높았습니다. 전투에서 큰 피해를 당해 정신적 후유증을 앓는 병사를 몸이 멀쩡하단 이유로 군법재판에 회부했다가 파면을 당할 뻔했지만 그때마다 실력을 이유로 누군가 보호했고 또 싫어하는 병사만큼 존경하고 따르는 병사도 많았습니다. 병사들은 패튼을 두고 이렇게 말했습니다.

"인격적으로 꼴도 보기 싫은 사람이지만 그를 따라 전장에 나가면 반드시 승리한다."

패튼은 승리에서 가장 중요한 것은 생각이 육체를 지배하는 것이라고 말했습니다. 육체는 본능적으로 포기하려는 습성이 있기 때문에 정신이 육체를 지배하는 사람만이 승리한다는 것이 그의 지론이었습니다.

임진왜란의 명장 이순신 장군은 23번의 전투에서 모두 승리했습니다. 이순신 장군은 부하들을 끔찍이 아꼈지만 전투에서 도망가는 병사들은 모두 목을 베었는데 기록에 따르면 전투 중에 죽은 병사보다 도망가다 죽은 병사가 더 많았다고 합니다.

공포와 자유, 쾌락, 본능을 따라 사는 사람은 결코 승리할 수 없습니다. 그리스도인의 승리도 마찬가지입니다. 하나님이 주신 말씀의 계명을 따라 전진해 예수님과 함께 세상에서 승리하십시오. 아멘!!

♡ 주님! 하나님과 멀어지는 모든 일들을 멀리하고 포기하게 하소서.
죄와 가까워지고 하나님과 멀어지려는 나의 본능을 끊어냅시다.

하나님의 능력

6월 25일

읽을 말씀 : 에베소서 5:1-14

● 엡 5:8 너희가 전에는 어둠이더니 이제는 주 안에서 빛이라 빛의 자녀들처럼 행하라

아인슈타인이 일본의 '도쿄 임페리얼' 호텔에서 묵었을 때의 일입니다. 호텔의 카페에서 연구를 하던 아인슈타인은 웨이터에게 미국에서처럼 약간의 팁을 건넸는데 종업원은 일본에서는 팁을 받는 것이 법으로 금지되어 있다며 정중하게 거절했습니다.

그러자 아인슈타인은 탁자에 있던 메모지에 "뜻이 있는 곳에 길이 있다"라고 적은 뒤 싸인을 했습니다. 그리고 종업원에게 팁 대신 쪽지를 주며 말했습니다.

"운이 좋으면 이 쪽지가 팁보다 훨씬 가치가 있을 수도 있습니다."

아인슈타인은 벨보이에게도 "조용하고 소박한 삶은 불안에 쫓기는 성공한 삶보다 더 많은 행복을 가져다 준다"라고 적은 쪽지를 팁 대신 건넸습니다.

그리고 약 90년이 지난 뒤 이 쪽지들은 예루살렘의 한 경매에 나왔는데 무려 16억 원에 낙찰됐습니다.

500원짜리 볼펜과 거리에 버려진 종이쪼가리라도 유명한 시인이 작품을 남기면 높은 가치의 작품이 됩니다. 나의 모습이 아무리 초라해 보여도 하나님께 맡기면 하나님은 가장 좋은 방법에 좋은 때에 맞춰 나를 사용하십니다. 내가 아닌 하나님의 능력을 믿음으로 모든 것을 할 수 있다는 자신감을 가지십시오. 아멘!!

♡ 주님! 초라한 나의 삶도 하나님의 일을 위해 쓰임 받게 하소서.

🧩 내가 아닌 하나님의 능력으로 무엇이든 할 수 있음을 믿읍시다.

무의미한 인생

읽을 말씀 : 디모데전서 2:1-7

●딤전 2:2 임금들과 높은 지위에 있는 모든 사람을 위하여 하라 이는 우리가 모든 경건과 단정함으로 고요하고 평안한 생활을 하려 함이라

론 허치크래프트의 '마음 도둑'이란 책에 나오는 게르빌루스라는 다람쥐와 주인의 대화입니다.

아침에 일어난 주인이 게르빌루스를 찾아가 계획을 물었습니다.

"게르비, 오늘의 계획은 뭐야?"

"일단 사료를 먹어야지. 그리고 잠시 쉬었다가 곧 시작할 거야."

"시작한다니 뭐를?"

게르빌루스는 귀찮다는 듯이 대답했습니다.

"뭐긴 뭐야, 쳇바퀴 도는 일이지."

잠시 뒤 사료를 다 먹은 게르빌루스는 쳇바퀴에서 열심히 달렸습니다. 주인이 몇 시간 뒤 찾아와 다시 물었습니다.

"그런데 거기서 평생 쳇바퀴만 돌거야? 다른 방법을 시도해 보는게 낫지 않겠어?"

주인의 말을 들은 게르빌루스는 고개를 끄덕였습니다.

"그 말이 맞아. 여길 벗어나려면 조금 더 빨리 달려야겠어."

그리고 젖 먹던 힘을 다해 쳇바퀴를 굴렸지만 여전히 제자리였습니다.

사육장을 벗어나지 않는다면 아무리 열심히 달려봤자 제자리일 뿐입니다. 진리로 얻은 자유함을 버리고 다시 세상의 쳇바퀴로 돌아가는 어리석은 성도가 되지 마십시오. 아멘!!

🤍 주님! 썩어 없어질 것을 위해 사는 어리석은 자가 되지 않게 하소서.

👫 세상에 나가 똑같은 일을 해도 주님을 위한 마음으로 합시다.

지혜를 주시는 하나님

읽을 말씀 : 마태복음 7:7-12

● 마 7:11 너희가 악한 자라도 좋은 것으로 자식에게 줄 줄 알거든 하물며 하늘에 계신 너희 아버지께서 구하는 자에게 좋은 것으로 주시지 않겠느냐

거리에서 구걸을 하던 노숙자가 있었습니다.

하루는 고급 승용차가 서서히 눈앞을 지나가는 광경을 보고는 노숙자가 불같이 화를 냈습니다.

"젠장, 왜 똑같은 인간으로 태어나서 누구는 저렇게 호사를 누리고, 나는 구걸이나 하며 살아야 하는 거야!"

하지만 아무리 화를 내고 불평해봤자 변하는 건 없다는 사실을 깨달았습니다. 망연자실해 주저앉아 있는 순간 갑자기 노숙자의 머릿속에 예전에 교회에서 들은 "하나님께 구하면 지혜가 부족한 자에게 후히 주신다"는 말씀이 생각나서 기도했습니다. 그리고 기도의 응답으로 좋은 아이디어가 떠올랐습니다.

다음 날 보험회사를 찾아가 외판원이 된 그는 거리에 지나가는 고급 승용차들의 번호를 적었습니다. 그리고 그 차가 주차되어 있는 곳과 다니는 동선을 조사하며 맞는 보험상품을 들고 찾아갔습니다.

그렇게 사람들이 던져주는 빵이나 먹고 살았던 폴 마이어라는 청년은 27살에 백만장자가 되었고 40개가 넘는 계열사를 운영하는 세계에서 가장 성공한 사업가 중 한명이자 훌륭한 인재교육기관을 운영하는 사람이 됐습니다.

하나님은 정말로 나에게 모든 것을 아낌없이 주시는 분입니다. 가장 아끼는 독생자를 주신 하나님께 믿음으로 부족한 것들을 간구하십시오. 아멘!!

♥ 주님! 꾸짖지 않고 후히 주시는 하나님께 뭐든지 구하게 하소서.

나에게 부족하고 필요한 것을 기도로 주님께 간구합시다.

낮은 자를 쓰시는 이유

읽을 말씀 : 고린도전서 1:18-31

● 고전 1:27그러나 하나님께서 세상의 미련한 것들을 택하사 지혜 있는 자들을 부끄럽게 하려 하시고 세상의 약한 것들을 택하사 강한 것들을 부끄럽게 하려 하시며

　호텔마다 있는 '펍 바(Pub Bar)'의 기원이 된 스코틀랜드의 전통적인 선술집에는 독특한 전통이 있습니다. 펍이 문 닫을 때가 되면 갑자기 한 사람이 일어나 모자를 들고 외칩니다.
　"핸드 인 어 캡(Hand in a cap!-내 손에 모자가 들려 있소!)"
　이 외침이 들리면 사람들은 저마다 주머니에서 돈을 꺼내 모자에 넣습니다. 그런데 이때 자신이 먹은 만큼 계산하는 것이 아니라 돈이 없는 사람은 없는 대로 있는 사람은 있는 대로 더 넣어서 계산을 맞춥니다.
　스코틀랜드 사람들은 소득에 따라 차별적으로 돈을 내는 것이 공평하다고 생각했고, 이와같은 문화로부터 현대의 '핸디캡'이라는 단어가 생겼다고 합니다.
　그리고 이 문화는 영국의 경마에도 적용됐는데 우승을 자주 하는 말이 생기면 경기가 재미없기 때문에 말의 실력에 따라 서로 다른 무게의 짐을 싣고 경주를 했습니다.
　지금이라면 불공평하다고 난리가 날 규칙이지만 당시에는 말의 주인들도 이 사실을 받아들여 아무런 불평없이 룰을 받아들였습니다.
　하나님이 낮은 자를 쓰시는 이유는 낮은 자의 핸디캡으로 인해 하나님의 전능하심을 세상에 보이기 위해서입니다. 나의 약점까지도 귀하게 쓰실 주님을 믿고 맡기신 일에 최선을 다하십시오. 아멘!!

💗 주님! 약점까지도 귀하게 쓰실 하나님의 계획을 신뢰하게 하소서.
🖼 숨기고 싶은 약점으로 인해 하나님께 감사합시다.

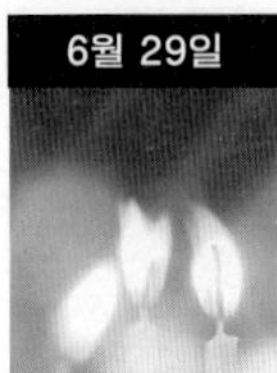

타이어의 법칙

읽을 말씀 : 마가복음 13:3-13

● 막 13:13 또 너희가 내 이름으로 말미암아 모든 사람에게 미움을 받을 것이나 끝까지 견디는 자는 구원을 받으리라

자동차에 사용할 바퀴를 연구하던 굿이어 박사에게 하루는 딸이 이런 말을 했습니다.

"자동차의 바퀴는 하루 종일 땅을 굴러다녀야 하잖아요. 매일 집에 돌아오면 너무 피곤할 것 같아요."

이런 딸의 말에 영감을 얻은 굿이어 박사가 자동차 바퀴에 지금의 '타이어'라는 이름을 붙였다는 이야기가 있습니다.

지금 우리가 사용하는 자동차의 타이어는 관리만 잘하면 10년까지도 사용이 가능합니다. 그러나 초창기의 마차 바퀴는 고무를 두른 형태로 1년은 고사하고 한 달도 제대로 사용할 수가 없었습니다.

타이어를 연구하는 사람들은 처음엔 도로의 마찰을 이겨내는 방식으로 타이어를 개량했지만 아무리 노력해도 수명이 획기적으로 늘지는 못했습니다.

그러다 우연히 충격을 흡수하는 방식의 타이어가 탄생했고 마모도 훨씬 적게 되고 수명도 오래가는 지금 타이어의 원형이 만들어졌습니다. 그래서 타이어의 발전은 나무에서 철, 철에서 고무, 고무에서 공기를 안에 채우는 방식으로 변화했습니다.

아무리 강한 나무도 폭풍을 견딜 순 없습니다. 그러나 바람을 따라 움직이는 법을 아는 갈대는 결코 쓰러지지 않습니다. 하나님이 주신 믿음의 언약을 붙들고 세상의 모든 고난을 극복하십시오. 아멘!!

♡ 주님! 이미 승리하신 주님의 손을 붙잡고 함께 이겨나가게 하소서.

하나님을 향한 믿음을 붙잡고 세상의 풍파를 이겨냅시다.

자투리 시간을 활용하라

읽을 말씀 : 고린도전서 15:50-58

● 고전 15:58 그러므로 내 사랑하는 형제들아 견실하며 흔들리지 말고 항상 주의 일에 더욱 힘쓰는 자들이 되라 이는 너희 수고가 주 안에서 헛되지 않은 줄 앎이라

발명왕 에디슨은 이런 명언을 남겼습니다.
"세상에서 가장 바보 같은 변명은 시간이 없다는 말이다."
에디슨은 세상에서 가장 바쁜 사람 중 한 명이었습니다. 하지만 주어진 5분, 10분의 짧은 시간도 항상 메모지를 들고 다니며 아이디어를 적었기 때문에 보통 사람의 몇 배나 되는 업적을 쌓을 수 있었습니다.

하루 중 출·퇴근 시간 그리고 5분, 10분씩 주어지는 짜투리 시간으로 1시간을 만들어 책을 읽으면 하루에 20페이지 정도를 읽을 수 있습니다. 얼마 안되는 양 같지만 1년이면 7천 쪽, 즉 400페이지짜리 17권 정도를 읽을 수 있습니다. 이런 식으로 한 분야에 1년씩만 매진해도 전문가가 되는데 몇 년이면 충분합니다. 말만 그럴싸하고 실천하기 어려운 일일까요?

존 밀턴은 교사로 일을 하면서 하루에 몇 분씩 짬이 날 때마다 글을 썼습니다. 그렇게 '실낙원'은 탄생했습니다.

지동설을 발견한 갈릴레이의 직업은 의사였습니다. 갈릴레이는 일을 마치고 남는 시간에 취미로 과학을 연구하다가 지동설을 비롯한 빛나는 과학의 업적을 이뤘습니다.

하루에 남는 5분, 10분을 아무렇지 않게 버리며 살아가는 사람과 하나님의 뜻과 나라를 위해 살아가는 사람의 인생은 점점 큰 차이가 납니다. 하나님이 주신 소중한 시간을 허투루 버리지 않고 지혜롭게 사용할 방법을 찾아보십시오. 아멘!!

♡ 주님! 하나님이 주신 모든 시간을 하나님을 위해 사용하게 하소서.
🖼 짜투리 시간을 활용할 쪽성경과 책, 메모지를 준비합시다.

7월
"주께서 내 마음에 두신 기쁨은
그들의 곡식과 새 포도주가
풍성할 때보다 더하니이다"
(시편 4편 7절)

좋은 것을 배우라

7월 1일

읽을 말씀 : 디도서 3:12-15

●딛 3:14 또 우리 사람들도 열매 없는 자가 되지 않게 하기 위하여 필요한 것을 준비하는 좋은 일에 힘 쓰기를 배우게 하라

『한국전쟁 당시 미군부대에서 하우스보이로 일할 때 나는 어린 소년이었지만 이상한 광경을 목격했다. 전쟁에서 당장 죽을지도 모르는 미군들은 출동 전날에도 웃고 떠들었지만 미군부대에 일을 하러 들어온 한국 사람들은 얼굴에 웃음기가 없었다. 미군부대 출입이 가능하다는 것은 최소한 굶어죽을 일은 없다는 뜻인데 그런 사실에 감사하는 사람은 별로 없어보였다. 한국인들은 대부분 감시하는 사람이 있을 때만 일을 하다가 아무도 없으면 하는 둥 마는 둥 했지만 미군은 혼자서도 해야 할 일을 묵묵히 완수했다.

1년 동안 부대 안을 돌아다니며 여러 사람을 본 나는 '정직, 근면, 명랑'이라는 인생의 교훈을 배웠다. 무엇보다 나를 하우스보이로 불러 준 칼 파워스 상사에게서 가장 큰 교훈을 배웠는데 그는 일면식도 없던 나를 돕기 위해 백방으로 뛰어다녔다.

어려운 가운데서도 좋은 교훈을 배운 나는 훗날 이 교훈들을 간직해 목회를 하면서도, 방송사를 운영하면서도, 한국인 최초로 침례교세계연맹 총재직을 수행하면서도 적용해 큰 성과를 이뤘다.』(김장환 목사 개인 노트에서 발췌 편집)

하나님은 상황을 통해 우리를 가르치십니다. 모든 상황 가운데서 주시는 주님의 소중한 교훈을 찾아 인생의 목표로 삼으십시오. 아멘!

♡ 주님! 불평과 불만 대신 감사와 기쁨을 삶 가운데 심어주소서.
▦ 말씀 가운데, 상황 가운데 주시는 주님의 감동을 놓치지 맙시다.

사랑의 의미

읽을 말씀 : 요한1서 4:7-13

● 요일 4:9 하나님의 사랑이 우리에게 이렇게 나타난 바 되었으니 하나님이 자기의 독생자를 세상에 보내심은 그로 말미암아 우리를 살리려 하심이라

　미국의 시인 데이비드 샤피로는 또한 훌륭한 선생님이기도 했습니다. 샤피로가 일정이 있어 뉴욕에서 택시를 타고 이동 중에 샤피로를 알아본 택시기사가 고민을 말했습니다.
　"어제는 새벽 2시까지 일을 하다 녹초가 돼 집에 들어갔어요. 그런데 아내가 그때까지 잠을 안 자고 울고 있더군요. 아들 녀석이 기도를 안 하고 자려기에 뭐라고 했더니 대들더랍니다. 저는 당장 아들을 깨워 호되게 혼을 내고 기도를 시킨 뒤 엄마에게 사과하라고 시켰습니다."
　찜찜한 표정이던 택시기사는 넌지시 샤피로에게 물었습니다.
　"솔직히 제 행동이 맞는 것인지 잘 모르겠습니다. 그래도 사랑해서 그랬다는 걸 아이도 알겠죠?"
　샤피로는 잠시 생각에 잠겼다가 이렇게 대답했습니다.
　"사랑한다면 무슨 일이든 해도 괜찮을까요?"
　택시기사는 한동안 묵묵히 운전만 하다가 말했습니다.
　"선생님 말이 맞습니다. 오늘 돌아가 아들에게 사과해야겠네요. 고맙습니다, 정말 고마워요."
　사랑은 받는 상대방이 이해하고 받아들일 때 의미가 있습니다. 예수님이 보여주신 사랑의 본처럼 이해하고, 오래 참고, 겸손함으로 사람들에게 사랑을 표현하십시오. 아멘!!

♡ 주님! 진심이 전달되는 참된 사랑을 실천할 용기와 지혜를 주소서.
📖 성경에 나오는 예수님의 모습을 통해 참된 사랑을 배웁시다.

실패를 받아들이기

읽을 말씀 : 갈라디아서 6:1-10

●갈 6:2 너희가 짐을 서로 지라 그리하여 그리스도의 법을 성취하라

세계적인 소프트회사인 IBM의 CEO 루 거스너는 유망한 신규사업이 개발되지 않아 골머리를 앓고 있었습니다.

점점 줄어가는 매출 때문에 새로운 활로를 찾으려고 보고서를 면밀히 살펴보고 있었는데 신규 사업에 대한 좋은 아이디어가 22건이나 있었지만 실제로 시작한 사업이 0건이라는 사실을 확인하고는 충격을 받았습니다.

거스너는 사업을 담당한 책임자들을 면담한 뒤에 대기업 문화 특성상 실패가 두려워 도전을 못하는 것이 원인임을 알았습니다.

거스너는 특단의 조치로 '실패를 두려워하지 않는 유능한 직원들'만 꾸려 새로 팀을 만들고 성과를 거둘 기한을 5년 이상으로 잡았습니다. 1조의 이익이라는 엄청난 목표로 생긴 새로운 팀은 5년 뒤 무려 15조의 이익을 남겼고 25개의 새로운 사업에 진출했습니다.

이 팀의 활약으로 IBM의 연 평균 성장률은 40%가 넘었습니다. 그러나 더 중요한 것은 다른 직원들도 실패를 두려워하지 않고 적극적으로 도전하는 회사 문화가 생겼다는 점이라고 거스너는 말했습니다.

실패를 두려워하지 않는 사람만이 변화를 이끌어낼 수 있습니다. 안된다고 하지 말고, 어렵다고 하지 말고, 실패를 두려워하지 말고 교회에서, 직장에서, 가정에서 도전하십시오. 아멘!!

♡ 주님! 더 좋은 변화를 위해 두려움을 이길 용기를 주소서.

나를 더 성장시킬 좋은 도전은 담대히 실천합시다.

화가의 본분

읽을 말씀 : 요한2서 1:4-11

● 요이 1:6 또 사랑은 이것이니 우리가 그 계명을 따라 행하는 것이요 계명은 이것이니 너희가 처음부터 들은 바와 같이 그 가운데서 행하라 하심이라

피카소가 처음 '입체파'라는 사조를 창시했을 때 세계 미술계에서는 큰 논란이 있었습니다. 평면에 입체를 표현한 우스꽝스러운 그림이 어떤지에 대해 사람들이 왈가왈부하고 있을 때 피카소는 한 술 더 떠서 자전거 안장에 핸들을 꽂아 '황소의 머리'라는 작품까지 만들었습니다. 평론가들 사이에서도 이것들이 사람들을 우롱하려고 일부러 하는 것인지 아니면 진짜 피카소가 생각하는 예술인지에 대한 의견이 분분했습니다.

그래서 세계의 많은 비평가들은 피카소를 만날 때마다 이런 질문들을 던졌습니다.

"도대체 당신이 전달하려고 하는 메시지가 뭡니까?"

그럴 때마다 피카소는 항상 같은 대답을 했습니다.

"그런 건 없습니다. 나는 화가이고, 그림을 그리는 사람이지 우편배달부가 아닙니다."

사람들이 뭐라고 하든 꾸준히 그림을 그리고 새로운 시도를 하던 피카소는 지금 '20세기 최고의 거장'이라고 불립니다.

사람들의 평가를 신경쓰지 않고 자기 할 일을 꾸준히 하는 사람이 진정한 거장이 될 수 있습니다. 하나님이 주신 말씀을 묵상하고, 쉬지 않고 기도하며, 감사와 사랑으로 오로지 복음 전파에 힘쓰는 믿음의 거장이 되십시오. 아멘!!

♡ 주님! 기도하고, 찬양하고, 전도하는 삶으로 이끄소서.

🦋 세상 사람들이 뭐라 하든 주님이 명하신 말씀을 실천합시다.

무릎을 꿇읍시다

읽을 말씀 : 누가복음 12:22-34

●눅 12:31 다만 너희는 그의 나라를 구하라 그리하면 이런 것들을 너희에게 더하시리라

상인과 함께 오래 사막을 다닌 낙타들은 아침마다 떠날 채비를 하는 주인 앞에 나와서 무릎을 꿇고 짐을 실어주기를 기다리는 습성이 있습니다.

상인은 낙타의 등에 짐을 싣지만 결코 낙타를 힘들게 할 만큼의 무거운 짐을 싣지 않습니다. 날씨 등의 이유로 때로는 한 달이 넘게 사막을 건너야 하기 때문에 욕심을 부리다가 낙타가 지치거나 병이 나면 오히려 손해이기 때문입니다.

이 사실을 잘 아는 낙타는 상인이 실어주는 짐을 마다하지 않고 오히려 아침마다 상인 앞에 무릎을 꿇습니다. 그리고 낙타의 수고를 아는 상인은 해가 지면 낙타의 짐을 내려주고 풍족한 음식과 좋은 잠자리를 마련해줍니다.

비록 낙타는 종이고 상인이 주인이지만 낙타는 상인을 믿고, 상인은 낙타를 위하기 때문에 목표한 곳에 도착하기까지 서로를 아끼고 신뢰하는 마음은 더욱 커져갑니다.

어쩌면 우리의 신앙도 이와 비슷한 모습입니다.

상인을 신뢰하는 낙타처럼 그리스도인은 당연히 짊어져야 할 짐을 지어야 하고 그 짐을 감당하기 위해 매일 주님 앞에 무릎을 꿇어야 합니다.

주님이 주신 말씀과 명령을 지키며 천국으로 떠나는 그날까지 주님을 더욱 알아가는 은혜를 달라고 간구하십시오. 아멘!!

♡ 주님! 안락한 삶이 아니라 주님을 알아가는 삶을 구하게 하소서.

하나님의 뜻을 묻는 기도와 결심으로 하루를 시작합시다.

행복에 필요한 것

읽을 말씀 : 마태복음 6:25-34

●마 6:32 이는 다 이방인들이 구하는 것이라 너희 하늘 아버지께서 이 모든 것이 너희에게 있어야 할 줄을 아시느니라

영국 맨체스터의 조지프 브라더튼이라는 소년은 공장에서 푼돈을 받고 일하는 노동자였습니다.

맡은 일은 언제나 최선을 다했던 소년은 점점 직급이 올랐고, 공장의 모든 사람들에게 인정을 받는 훌륭한 청년이 됐습니다. 청소년기에 하나님을 만난 조지프는 급료를 많이 받는 일을 그만두고 목사님이 되어 맨체스터의 작은 교회를 개척했습니다.

성도수가 많지 않은 교회였지만 항상 베풀고 뭐든지 최선을 다하는 조지프의 삶은 많은 사람들에게 큰 감명을 줬습니다. 사람들의 존경을 받아 노년엔 하원의원까지 선출됐는데 그러면서도 평생 모든 재산을 베풀며 늘 미소를 지으며 살았습니다. 삶의 마지막까지 아름답게 살다 간 조지프 브라더튼의 묘비에는 평생 그가 따르며 살았던 좌우명이 새겨져 있습니다.

"인생의 부귀는 재산이 많은데 있지 않고 욕심이 적은 데 있다."

독일의 대문호 괴테는 말년에 이런 말을 남겼습니다.

"예술가가 작품에 필요한 모든 재료를 이미 가지고 있듯이 우리 모두는 각자의 행복에 필요한 모든 것을 이미 가지고 있다."

참된 행복은 풍족한 환경이 아니라 주님이 함께하시는 마음 가운데 누릴 수 있습니다. 행복에 필요한 것은 주님께서 이미 나에게 모두 주셨습니다. 세상이 말하는 잘못된 행복의 가치를 버리고 성령의 신령한 행복을 누리십시오. 아멘!!

♡ 주님! 하나님이 주시는 참된 행복을 매일 누리며 살아가게 하소서.
🏃 하나님이 주시는 진정한 행복을 세상에 보여주는 삶을 삽시다.

인간의 한계

읽을 말씀 : 고린도후서 10:8-18

● 고후 10:13 그러나 우리는 분수 이상의 자랑을 하지 않고 오직 하나님이 우리에게 나누어 주신 그 범위의 한계를 따라 하노니 곧 너희에게까지 이른 것이라

로마는 전쟁에서 승리한 장군이 돌아오면 개선식을 열어줍니다. 사람들의 눈에 띄도록 얼굴을 붉게 칠한 장군은 4마리의 백마가 이끄는 마차를 타고 시내를 돌며 사람들의 환호를 받습니다.

그런데 이 마차에는 장군과 함께 비천한 모습의 노예도 함께 탑승합니다. 옆자리에 앉은 노예는 장군을 향해 조용히 "죽음을 잊지 말라"라는 뜻의 '메멘토 모리'를 속삭입니다.

궁전으로 돌아온 장군은 황제에게 금으로 된 왕관을 수여받습니다.

수많은 사람들의 함성과 박수를 받으며 황제가 주는 왕관을 받는 영광스러운 행사지만 왕관에는 이런 글귀가 적혀 있습니다.

'그대는 언젠가 죽는다는 사실을 명심하라.

그대는 인간이라는 사실을 명심하라.

뒤를 돌아보라, 그대는 지금 영광스러운 이곳에 있지만

그럼에도 역시 인간에 지나지 않는다는 사실을 기억하라!'

모든 전투에서 승리해 세계를 정복한다 할지라도, 어떤 위대한 업적을 쌓는다 할지라도 결국 인간은 언젠간 죽고 모든 것은 흙으로 돌아갑니다. 바벨탑을 쌓던 사람들의 교만함을 버리고 겸손함으로 창조주 하나님을 따르십시오, 아멘!!

♡ 주님! 교만의 죄를 저지르지 않도록 겸손함을 허락하소서.

🏵 어떤 놀라운 성취도 하나님 앞에선 아무것도 아님을 고백합시다.

세 가지 선택

읽을 말씀 : 여호수아 24:8-17

● 수 24:15 너희가 거주하는 땅에 있는 아모리 족속의 신들이든지 너희가 섬길 자를 오늘 택하라 오직 나와 내 집은 여호와를 섬기겠노라 하니

'성공하는 사람들의 7가지 습관'을 쓴 스티븐 코비가 말한 '일상이 행복해지기 위한 세 가지 선택'입니다.

1. 행동의 선택

   행동에는 크게 두 가지 선택이 있습니다. 뚜렷한 목표를 위해 계획을 세워 스스로 움직이는 '능동적 선택'과 주어진 상황에 휩쓸려 살아가는 '수동적 선택'입니다. 같은 일과 같은 결과가 나타난다 하더라도 '능동적이냐, 수동적이냐'에 따라 미래는 크게 달라집니다.

2. 목적의 선택

   똑같이 1억을 벌어도 구제가 목적인 사람과 더 많은 돈을 원하는 사람의 삶은 천지차이입니다. 마찬가지로 같은 성공을 해도 목적이 무엇이냐에 따라서 행복도 달라집니다.

3. 원칙의 선택

   원칙은 살면서 만나는 불법과 부조리에 대해 반응하는 태도입니다. 법을 어기고 남을 넘어뜨리고서라도 빠른 성공을 추구하는 사람은 행복과는 점점 멀어지게 됩니다.

   인생의 목적이 성공이냐 행복이냐에 따라서 우리는 다른 선택을 내리게 됩니다. 하나님을 따르는 삶과 세상을 따르는 삶 역시 마찬가지입니다. 참된 행복을 위해 하나님을 따르는 삶을 선택하십시오. 아멘!!

♡ 주님! 영혼을 살리고 주님을 따르는 바른 선택을 하게 하소서.

🖼 내 행동과 목적과 원칙이 말씀에 부합한지 살펴봅시다.

좋은 것이라는 확신

읽을 말씀 : 시편 84:1-12

●시 84:11 여호와 하나님은 해요 방패이시라 여호와께서 은혜와 영화를 주시며 정직하게 행하는 자에게 좋은 것을 아끼지 아니하실 것임이니이다

하버드 대학교를 졸업하자마자 하버드 못지않은 아이비리그 명문인 와튼 스쿨의 교수가 된 애덤 그랜트는 와튼 역사상 최연소로 종신 교수가 된 영재 중의 영재입니다.

그러나 애덤에게는 한 가지 약점이 있었습니다. 사람들 앞에서 말하는 것이 너무 두려워 밤새 강의를 준비하고도 강단에만 올라가면 내용을 다 잊어버리곤 했습니다.

'나이가 어려서 무시하지 않을까?', '준비한 내용을 제대로 가르칠 수 있을까?'와 같이 수많은 부정적인 생각에 사로잡힌 애덤은 몇 달 뒤 갑자기 다른 사람이 되어 와튼 스쿨에서 누구보다 강의를 잘하는 교수가 됐습니다.

비결은 간단했습니다. 다시 오지 않을 소중한 기회를 놓칠 수 없다고 생각한 애덤은 자신을 괴롭히는 부정적인 생각 대신 긍정적인 생각에만 몰두했습니다. 자신의 강의가 학생들에게 분명히 도움이 된다는 확신에 찬 애덤은 마침내 강의 공포증을 극복하고 와튼뿐 아니라 미국 전역에서 학생들에게 가장 높은 평점을 받는 훌륭한 교수가 됐습니다.

내가 체험한 복음이 정말로 좋은 것이라는 확신이 있다면 전하거나 드러내는 일에 결코 망설이지 마십니다. 나를 변화시키고, 사랑해주시고, 좋은 것으로 가득 채워주시는 주님의 사랑이 다른 사람에게도 동일한 좋은 것이라는 확신을 가지십시오. 아멘!!

♡ 주님! 주님이 베푸신 풍성한 은혜를 세어보게 하소서.
🦋 내가 주님을 믿고 교회에 다니는 이유가 무엇인지 적어봅시다.

생각한다는 뜻

읽을 말씀 : 고린도전서 11:23-29

● 고전 11:29 주의 몸을 분별하지 못하고 먹고 마시는 자는 자기의 죄를 먹고 마시는 것이니라

생각의 영어단어 'Think'의 앞 단어를 딴 '제대로 행동하게 만드는 5가지 생각'입니다.

1. Truth, 진실입니다.

내가 지금 하려고 하는 행동이 진실에 기반한 것인지 남을 속이거나 하나님께 실수하는 것은 아닌지 생각해야 합니다.

2. Help, 도움입니다.

내가 지금 하는 행동이 누군가를 돕는 일인지, 혹은 어렵게 하는 일인지 동기가 중요합니다.

3. Important, 중요성입니다.

내가 지금 하려고 하는 행동이 내가 꼭 해야 하는 일일까요? 더 중요한 일을 놓치는 건 아닌지 우선순위를 확인해야 합니다.

4. Necessary, 필요성입니다.

내가 지금 하는 행동이 굳이 하지 않아도 되는 일이라면 에너지를 낭비할 필요가 없습니다.

5. Kind, 배려입니다.

내가 지금 하는 행동이 옳은 행동이라도 남을 충분히 배려하지 않는 것이라면 다시 생각해볼 필요가 있습니다.

내 인생에 영향을 미칠 중요한 결정이라면 나를 넘어서는 영향력에 대해서 생각해봐야 합니다. 기도와 말씀으로 하나님의 뜻과 마음을 알아가며 선한 영향력을 미치는 생각을 하는 그리스도인이 되십시오. 아멘!!

🩶 주님! 세상에서도 양심의 거리낌 없는 일을 하게 하소서.

🎎 모든 일을 하기 전엔 이 원칙을 적용해봅시다.

감사하고 감사하라

읽을 말씀 : 시편 30:1-12

● 시 30:4 주의 성도들아 여호와를 찬송하며 그의 거룩함을 기억하며 감사하라

　　신학자이자 시인인 루돌프 불트만 목사님의 '감사하라'는 시의 일부입니다.

　'나의 구원자이신 주님께 감사하라.
모든 것을 주시는 주님께 감사하라.
기도에 응답하여 주심에 감사하고
기도에 응답하지 않으신 주님께도 감사하라.

고통을 주셔도 감사하고,
즐거움을 주셔도 감사하라.
길가에 피어난 장미도 감사하며
그 장미에 가시가 있음도 감사하라.
기쁨을 주심에 감사하고,
슬픔이 찾아와도 감사하라.
하늘의 평화를 주시고 내일의 소망을 주심에 항상 감사하라.'

　　어떤 상황에도, 어떤 감정에도 어떤 환경에도 하나님을 향한 감사는 성도의 의무이자 본분입니다. 오늘 나에게 허락하신 모든 일들에 감사, 또 감사하십시오. 아멘!!

💙 주님! 오로지 감사함이 제 삶을 채우게 하소서.
🖼 오늘 일어나는 모든 일을 주님께 감사합시다.

행복을 도둑맞는 습관

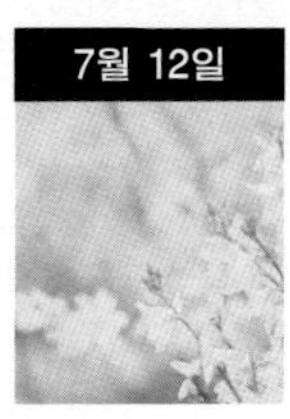

읽을 말씀 : 에베소서 1:3-14

●엡 1:3 찬송하리로다 하나님 곧 우리 주 예수 그리스도의 아버지께서 그리스도 안에서 하늘에 속한 모든 신령한 복을 우리에게 주시되

　스웨덴에서 행복한 삶에 대해 연구하는 헨릭 에드베리는 "요즘 사람들은 스스로 불행의 씨앗을 뿌려놓고 항상 남탓으로 돌린다"고 주장합니다.

　다음은 에드베리가 말하는 '행복을 도둑맞는 7가지 습관과 대처법'입니다.

1. 험담을 하는 사람, 나쁜 뉴스는 멀리하라.
2. 일이 많아 힘들 때는 할 수 있는 일을 시작하라.
3. 불쾌한 감정을 바로 표현하지 말고 마음에 담아두었다가 적당한 이유와 함께 버리는 연습을 하라.
4. 남과 비교하지 말고 내가 이룬 것들을 되돌아보며 자신감을 찾으라.
5. 열정이라는 핑계로 자신을 들볶지 말고, 충분히 쉴 수 있는 여유를 삶에 넣으라.
6. 똑같은 패턴의 삶에 안주하지 말고 작은 시도라도 하며 꾸준히 새로움을 경험하라.
7. 별것도 아닌 일을 크게 부풀려 걱정하지 말고, 걱정의 늪에서 빠져나올 수 있는 명언이나 문구를 적어 놓으라.

　행복은 외부의 요인에서 찾아오는 것이 아니라 내가 만들어가는 것입니다. 작은 바람에도 흔들리는 촛불 같은 행복을 좇지 말고 태풍에도 끄떡없는 하나님이 주시는 평안과 행복을 구하십시오. 아멘!!

♡ 주님! 모든 것을 주신 하나님의 축복을 놓치지 않게 하소서.
※ 일상에 충만한 하나님의 축복을 누리며 진정한 행복을 깨달읍시다.

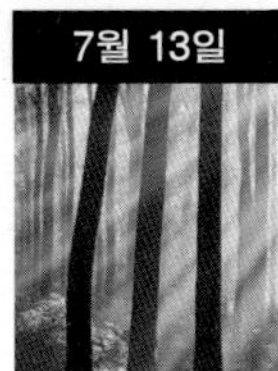

거북이와 게

읽을 말씀 : 빌립보서 2:1-11

●빌 2:3 아무 일에든지 다툼이나 허영으로 하지 말고 오직 겸손한 마음으로 각각 자기보다 남을 낫게 여기고

바다거북은 알을 낳을 때 모래사장을 깊숙이 파서 백 개나 낳습니다. 갓 태어난 바다거북에게는 너무 깊은 구덩이지만 신기하게도 다친 곳 하나 없이 모래사장으로 기어 올라옵니다.

동물학자들의 실험에 따르면 구덩이에 알을 하나 묻어놓았을 땐 나올 확률이 27%지만 2개씩 묻어놓았을 땐 84%, 4개 이상을 묻어놓으면 100%의 확률로 구덩이를 빠져나왔습니다.

최초로 태어난 바다거북 새끼는 구덩이 벽을 파서 경사를 완만하게 만드는데 뒤이어 깨어난 거북이는 이 거북의 등을 타고 올라가 더 높은 벽을 파내고, 나중에 깨어난 거북들도 파낸 모래를 다져서 발판을 만듭니다. 시간이 조금 지나면 구덩이에서 모래사장으로 나갈 수 있는 완만한 길이 생기기 때문에 구덩이의 바다거북들은 안전하게 밖으로 나올 수가 있었습니다.

그러나 게를 구덩이에 넣으면 충분히 나올 수 있는 높이임에도 서로 끌어내리느라 혈안이 돼서 결국 빠져나오는 게는 몇 마리 없이 서로 힘을 빼다가 대부분 죽고 맙니다.

위기일수록 필요한 것은 끈끈한 협력입니다. 잘못을 서로 인정하고 개선하는 것도 중요하지만 하나의 믿음으로 말씀대로 연합하는 것이 더더욱 중요합니다. 하나님을 믿는 성도끼리의 거룩하고 아름다운 연합으로 신앙의 위기를 지혜롭게 극복해나가십시오. 아멘!!

♡ 주님! 연합하는 그리스도인들을 위해 기도하게 하소서.

🎴 갈등과 분란을 조장하지 말고 지혜롭게 해결하고자 노력합시다.

능력을 아는 차이

읽을 말씀 : 히브리서 13:1-8

● 히 13:6 그러므로 우리가 담대히 말하되 주는 나를 돕는 이시니 내가 무서워하지 아니하겠노라 사람이 내게 어찌하리요 하노라

　'당신의 계획을 믿음으로 세우라'를 쓴 브룩스 쿡 목사님이 친구와 함께 미국 서부에 있는 와이오밍주에 사는 친구를 만나러 여행을 떠났습니다.

　한적한 시골을 지나던 도중 커다란 호수가 꽁꽁 얼어있는 멋진 광경이 눈에 들어왔습니다. 목사님 일행은 차를 멈추고 이 멋진 광경을 만끽하고 있었습니다.

　그러다 호기심이 생긴 친구가 조심스레 얼어있는 호수로 올라갔습니다. 얼음이 깨질까 겁을 먹어 가운데로는 가지 못하고 조심스레 발끝으로 육지 근처에서만 살금살금 걷고 있었습니다.

　그때 저 멀리서 대형 트랙터가 얼어있는 호수를 유유히 가로질러오고 있었습니다. 서부의 추위는 호수를 꽁꽁 얼려 트럭이나 트랙터가 지나가도 아무런 문제가 없었기에 마을 사람들은 차를 타고 호수를 지나는데 두려움이 없었습니다.

　브룩스 쿡 목사님은 이 모습이 마치 하나님의 능력을 경험한 사람과 그렇지 못한 사람의 모습처럼 보였다고 고백했습니다. 하나님의 능력을 아는 사람은 물 위를 걸으면서도 두려워하지 않지만 의심하는 사람은 땅 위에서도 두려워하기 때문입니다.

　사망의 음침한 골짜기를 걸을지라도 두려워하지 않는 다윗의 믿음은 위기 때마다 역사하신 하나님을 체험함에서 나왔습니다. 굳건한 믿음으로 어려운 순간일수록 더욱 주님을 의지하십시오. 아멘!!

💗 주님! 내 삶에 임하셨던 하나님의 능력을 평생 기억하게 하소서.
🧩 다윗처럼 위기 때에 더욱 주님을 의지합시다.

무모함의 가치

읽을 말씀 : 누가복음 13:22-30

●눅 13:24 좁은 문으로 들어가기를 힘쓰라 내가 너희에게 이르노니 들어가기를 구하여도 못하는 자가 많으리라

　간질 증세로 프랑스의 유명 법대를 중퇴하고 고향으로 돌아온 귀스타브라는 남자가 있었습니다.

　귀스타브는 고향에서 원래 꿈이었던 소설을 쓰기 시작했지만 그를 아는 사람들은 하나같이 허튼짓 말고 먹고 살 궁리나 하라고 말했습니다. 그러나 그는 사람들의 만류와 조롱을 뒤로 하고 글을 써나갔습니다. 그리고 탄생한 '마담 보바리'는 '악의 꽃'과 함께 '현대문학의 문을 연 소설'이라고 평가받습니다. 구스타프는 당시 글을 쓸 때의 심정을 다음과 같이 표현했습니다.

　"하루에 몇백 번이나 심한 고통을 느꼈다. 하지만 나는 멈추지 않았다. 바람이 불건, 눈이 내리건, 번개가 치건, 담금질을 하는 대장장이처럼 글을 써나갔다."

　세계 최고의 애니메이션 제작사인 픽사의 E. W. 스크립스는 이런 말을 했습니다.

　"당신이 하는 일에 비난하는 사람이 없고 모두 칭찬만 한다면 100% 잘못된 길을 가고 있는 것이다. 반대로 사람들이 당신을 조롱하고 무시한다면 당신이 현명한 행동을 하고 있다는 분명한 신호다."

　세상에서의 조롱과 멸시는 하늘에서의 인정과 상급입니다. 넓은 문인 편한 길을 따르지 말고 예수님을 쫓는 길을 선택하십시오. 아멘!!

♡ 주님! 하나님의 일을 위해 받는 고난을 두려워하지 않게 하소서.

🔳 하나님을 위해 받는 멸시와 조롱을 오히려 기뻐합시다.

하나님과의 거리

읽을 말씀 : 이사야 59:1-8

●사 59:2 오직 너희 죄악이 너희와 너희 하나님 사이를 갈라 놓았고 너희 죄가 그의 얼굴을 가리어서 너희에게서 듣지 않으시게 함이니라

　　미국 일리노이 공과대학의 인류학 교수 에드워드 홀은 사람은 주변의 공간을 자신의 영역이라 여기기 때문에 상대방과의 관계에 따라 거리가 달라진다는 '근접학(proxemics)'을 창시한 사람입니다.

　　홀의 이론에 따르면 사람에게는 3가지 거리가 있습니다.

●첫째, 45cm이내의 친밀한 거리입니다.

상대방의 숨결이 느껴질 정도의 거리는 부모님과 자녀, 애인과 같이 친밀한 사이에서만 나타납니다.

●둘째, 45cm에서 120cm까지의 사적인 거리입니다.

팔을 뻗어서 닿을 수 있는 거리로 가까운 친구사이에서 흔히 유지됩니다.

●셋째, 120cm에서 360cm의 거리입니다.

평소의 목소리로 얘기를 해야 들릴 수 있는 이 관계는 업무나 일로 맺어진 관계에서 일반적입니다.

　　친밀도에 따라 사람과 사람의 거리가 달라지듯이 우리의 마음의 죄에 따라 하나님과의 거리도 달라집니다. 우리의 모든 죄를 용서하신 주님께 죄를 자백하여 하나님과 더욱 가까워지기를 소망하십시오. 아멘!!

♡ 주님! 죄를 품고 하나님께 나아갈 수 없음을 깨닫게 하소서.

양심에 거리끼는 죄는 단 하나라도 지나치지 말고 회개합시다.

치료와 치유

읽을 말씀 : 시편 23:1-6

●시 23:3 내 영혼을 소생시키시고 자기 이름을 위하여 의의 길로 인도하시는도다

저명한 사회학자이자 빌 클린턴의 영적 멘토로도 유명한 토니 캄폴로 목사님에게 한 여인이 찾아와 기도 요청을 했습니다.

"저희 남편이 암에 걸려서 죽을 위기에 처해있습니다. 병이 낫기를 기도해주세요."

목사님은 한 가정을 회복시켜 달라고 담대하게 기도했습니다. 1주일 뒤 여인에게서 다시 전화가 왔습니다.

"목사님, 저희 남편을 위해 기도해주셨지요?"

여인은 남편이 오늘 하늘나라로 떠났다고 말했습니다. 어떤 말을 해야할 지 모르던 목사님에게 여인이 떨리는 목소리로 말을 이었습니다.

"제 남편은 그동안 분노에 차있었어요. 하나님을 저주하기도 했고 가족들이 찾아와도 상처 주는 말만 잔뜩 하고는 등을 돌려버렸어요. 그런데 목사님께 기도를 부탁한 그날부터 남편의 그런 행동들이 모두 사라졌어요. 병세는 나날이 악화되어 가는데 남편의 마음에 평화와 기쁨이 있다는 사실을 누구라도 느낄 수 있었습니다. 남편이 세상을 떠나기 3일 전은 우리 가족에게 가장 소중하고 행복한 시간이었습니다. 남편은 병이 치료되진 못했지만 영혼이 치유됐습니다."

영혼의 구원과 신앙의 회복이 가장 귀한 축복입니다. 몸과 마음과 일과 성공에 대한 기도보다도 믿음과 영혼을 위한 기도에 힘쓰십시오. 아멘!!

♥ 주님! 세상의 일보다 중요한 하늘의 일을 위해 살아가게 하소서.

육보다 중요한 영을 위해 더욱 기도합시다.

진짜를 구별하는 질문

읽을 말씀 : 고린도전서 3:14-23

● 고전 3:18 아무도 자신을 속이지 말라 너희 중에 누구든지 이 세상에서 지혜 있는 줄로 생각하거든 어리석은 자가 되라 그리하여야 지혜로운 자가 되리라

A.W. 토저 목사님의 베스트셀러인 '나는 진짜인가, 가짜인가'에는 7가지 질문이 나옵니다.

목사님은 이 질문을 통해 진정으로 예수님을 따르는 그리스도인과 따르는 척을 하는 사람을 구별할 수 있다고 말했습니다.

– 진짜 그리스도인을 구분하는 7가지 질문

1. 내가 가장 원하는 것은 무엇인가?
2. 내가 가장 많이 생각하는 것은 무엇인가?
3. 나는 내 돈을 어떻게 쓰는가?
4. 나는 여가를 어떻게 보내는가?
5. 나는 어떤 사람들과 어울리는가?
6. 나는 누구를 존경하고, 어떤 것에 열광하는가?
7. 나는 무엇을 보고 즐거워하는가?

내가 원하는 것, 시간과 돈을 투자하는 것, 즐거움을 얻는 장소와 사람들이 내가 누구인지를 알려줍니다. 나는 예수님을 따라 하늘의 것을 바라보고 사는 사람입니까? 아니면 땅의 것을 구하고, 땅의 것에 만족을 느끼는 사람입니까? 말이 아닌 행동과 삶으로 진짜 예수님을 따르는 제자가 되십시오. 아멘!!

♡ 주님! 주님을 따르고 사랑하길 원하는 진짜 제자가 되게 하소서.
🖼 나는 진짜인지 가짜인지 질문에 답을 해봅시다.

정말 문제가 있는 곳

읽을 말씀 : 갈라디아서 6:1-10

●갈 6:1 형제들아 사람이 만일 무슨 범죄한 일이 드러나거든 신령한 너희는 온유한 심령으로 그러한 자를 바로잡고 너 자신을 살펴보아 너도 시험을 받을까 두려워하라

　한 남자가 의사를 찾아와 몸이 아픈 곳을 설명했습니다. 그런데 그 남자의 설명에 의하면 그는 아프지 않은 곳이 없을 지경이었습니다.

　"하루아침에 온 몸이 병든 것 같습니다. 무릎을 만지면 무릎이 아프고 배를 누르면 배가 아픕니다. 전에는 한 번도 이런 적이 없었습니다. 제가 혹시 무슨 죽을병에 걸렸을까요? 왜 이런 현상이 생기는 건지 도무지 알 수가 없습니다."

　남자의 증상은 의사도 처음 보는 희한한 현상이었습니다. 의사는 일단 남자가 아프다고 말한 부위마다 엑스레이를 찍었습니다. 그리고 잠시 뒤 남자를 다시 진찰실로 불렀습니다.

　"몸에는 아무런 이상이 없습니다. 그런데 왜 만지는 곳마다 아픈지는 알 것 같습니다."

　어떻게 그런 일이 가능하냐는 남자의 말에 의사가 말했습니다.

　"딱 한 군데, 바로 손가락에 이상이 있습니다. 손가락이 부러져서 만지는 곳마다 아팠던 겁니다."

　다친 손가락이 몸에 닿는 곳마다 아프다고 느끼듯이 우리의 신앙이 바르지 못할 때 인생의 모든 것이 잘못된 것처럼 느껴질 수 있습니다. 먼저 내 마음과 내 신앙, 내 삶의 태도에 문제가 있는지 점검하십시오. 아멘!!

♡ 주님! 말씀으로 깨어있어 바른 믿음을 지켜나가게 하소서.

🎎 신앙을 인생의 최우선으로 놓고 신경씁시다.

신앙의 생명주기

읽을 말씀 : 시편 51:10-19

● 시 51:12 주의 구원의 즐거움을 내게 회복시켜 주시고 자원하는 심령을 주사 나를 붙드소서

　'세계를 움직이는 50인의 사상가' 중 한 명인 찰스 핸디는 '생명주기곡선'이라는 이론을 만들었습니다. 모든 기업이나 국가, 유행하는 상품들은 시작과 끝이 있고 도입기와 성장기, 성숙기를 거쳐 결국 소멸한다는 것을 나타낸 그래프입니다.

　대부분의 성공적인 기업이나 상품들은 초기에는 천천히 성장을 하다가도 궤도에 진입을 하면 갑자기 폭발적인 성장을 합니다. 그러다 성숙단계에서는 속도가 퇴화되며 정체됩니다.

　여기서 새로운 동력을 얻어서 다시 올라가지 못하면 심지어 전 세계가 열광하던 어떤 것이라도 갑자기 소멸해버립니다.

　찰스는 특히 도입기와 성장기에서는 한 번의 실수로 모든 것이 무너져버리는 '특이점'과 성장기와 성숙기에서 안정을 추구하려다 새로운 성장동력을 못 찾고 소멸해버리는 '변곡점'이 있어서 이 단계에서 새로운 시도를 하지 않으면 지속적으로 발전하지 못하고 소멸된다고 주장했습니다.

　어쩌면 신앙의 주기도 이와 비슷합니다. 하나님을 처음 만나고 뜨거운 감격이 살아있는 초창기 때의 믿음이 익숙해지고 안정화되며 신앙생활이 피로해지는 단계가 찾아오게 됩니다. 신앙이 퇴보하는 것을 모르고 위기도 느끼지 못하는 무늬만 그리스도인이 되지 말고 하나님을 향한 열정을 회복할 수 있는 새로운 도전을 멈추지 마십시오. 아멘!!

♡ 주님! 첫사랑의 뜨거움을 회복하는 신앙생활이 되게 하소서.
🔲 주님을 끝없이 사모하는 열정으로 신앙의 권태기를 극복합시다.

우울증에 도움이 되는 말

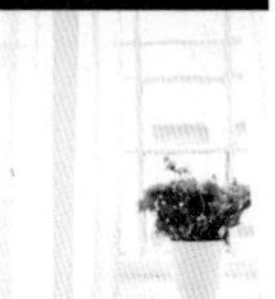

읽을 말씀 : 고린도후서 2:5-11

● 고후 2:7 그런즉 너희는 차라리 그를 용서하고 위로할 것이니 그가 너무 많은 근심에 잠길까 두려워하노라

건강보험심사원의 최근 통계에 따르면 우리나라 전체 인구 중 96%가 우울증 문제로 진료를 받았다고 합니다.

그 중 실제 진단을 받은 경우는 2%정도 밖에 되지 않지만 매년 약 60만 명의 우울증 환자가 생기고 있습니다.

우울증은 겉으로는 드러나지 않지만 실제로는 '절망의 독약'이라고 불릴 정도로 겪고 있는 사람에게는 괴로운 일입니다.

다음은 존스홉킨스 의대의 정신의학과 교수인 아담 캐플린 박사가 조언하는 '우울증에 걸린 사람들에게 도움이 되는 6가지 말과 행동'입니다.

1. 곁에 있어주기.
2. 너는 혼자가 아니라고 말해주기.
3. 너의 잘못이 아니라고 위로해주기.
4. 병원이나 약국에 같이 가주기.
5. 어떤 도움이 필요한지 먼저 물어보기.
6. 요즘 어떤 생각을 하고 있는지 먼저 물어보기.

주님 외에는 나의 마음을 100% 아는 사람이 없듯이 다른 사람의 아픔과 고통이 어떤지 우리는 알 수가 없습니다. 그렇기에 상대방의 상황을 이해하려고 노력하는 것이 배려의 첫걸음입니다. 마음의 병으로 힘들어하는 사람들에게 따스한 손길을 먼저 내밀며 복음을 전하십시오. 아멘!!

🖤 주님! 상대방의 상황을 이해하는 배려와 지혜를 주소서.
🦋 주변에 우울증을 겪는 사람이 있다면 배려로 다가갑시다.

보는 것과 듣는 것

읽을 말씀 : 고린도전서 9:19-27

● 고전 9:23 내가 복음을 위하여 모든 것을 행함은 복음에 참여하고자 함이라

저녁을 먹은 뒤 다 같이 소파에 앉아 매일 같이 뉴스를 보는 가족이 있었습니다. 그런데 어느 날 뉴스가 끝난 뒤 전화가 한 통 걸려왔습니다.

자신을 신문방송학과 교수라고 밝힌 남자는 방금 가족이 본 뉴스의 이런저런 내용들을 물어봤지만 전화를 받은 사람과 그의 가족은 단 하나의 뉴스도 제대로 기억하지 못했습니다.

위 이야기는 버클리 대학의 신문방송학과 교수인 앤드류 스턴이 실제로 했던 실험입니다.

평소에 뉴스를 자주 보는 사람들을 대상으로 뉴스를 본 뒤 3시간 안에 전화를 해서 그날 본 내용을 물었는데 놀랍게도 51%는 방금 본 뉴스의 내용을 하나도 기억하지 못했습니다. 평균적으로 사람들이 기억하는 기사는 단 1개에 불과했고 그나마 처음 본 기사가 대부분이었습니다.

사람의 집중력과 기억력은 생각보다 좋지 않습니다. 매일 보고 잊어도 상관이 없는 뉴스와 달리 매주 교회에서 듣는 말씀은 영의 양식이기에 반드시 기억해야 합니다.

습관적으로 흘려보내는 말씀이 아니라 몸과 마음과 정성을 다해 드리는 예배로, 마음 안에 말씀을 새기는 예배를 드리십시오. 아멘!!

♡ 주님! 머리가 아닌 온몸으로 말씀을 받고 기억하게 하소서.

🧩 깨달은 말씀을 기억할 수 있게 묵상노트를 만듭시다.

호칭의 중요성

읽을 말씀 : 누가복음 22:24-34

●눅 22:26 너희는 그렇지 않을지니 너희 중에 큰 자는 젊은 자와 같고 다스리는 자는 섬기는 자와 같을지니라

'벨 연구소'의 품질관리책임자 에드워드 데밍에게 한 미국의 물류서비스 회사가 컨설팅을 의뢰했습니다.

"직원들이 배송 물건을 너무 대충 확인하고 배달합니다. 이로 인해 큰 손해가 있는데 혹시 좋은 방법이 없을까요?"

이 회사는 전체 직원의 56%가 컨테이너에 실려 온 물품을 대충 분류해 잘못된 배송으로만 매년 5억 원에 가까운 손실을 내고 있었습니다. 금전적 손실을 떠나 물류회사에는 치명적인 배송 실수로 인해 소비자와의 신뢰가 깨지는 것이 더 큰 문제였습니다.

복잡해 보이는 문제였지만 에드워드는 회사 담당자에게 해결책을 단 한 마디로 말했습니다.

"오늘부터 배송기사들을 '물품분류 전문가'라고 부르세요."

그런데 이 어이없는 해결책이 정말로 효과가 있었습니다. 배송기사들을 물품분류 전문가라고 이름을 바꾼 지 한 달 만에 56%의 실수가 10%로 급감했습니다.

말에는 사람의 생각과 행동을 바꾸는 즉각적인 힘이 있습니다. 나를 어두운 세상에 빛을 비출 '복음의 등대'로, 복음이 필요한 전도대상자들을 'V.I.P'로, 함께 동역하고 헌신하는 성도들을 '하나님이 붙여주신 가장 귀한 동역자'라고 생각하고 좋은 명칭으로 부르십시오. 아멘!!

♡ 주님! 상대를 나보다 낮게 여기는 겸손의 마음을 주소서.

❀ 만나는 모든 사람에게 될 수 있으면 존칭을 씁시다.

때를 아는 눈

읽을 말씀 : 마태복음 24:42-51

● 마 24:45 충성되고 지혜 있는 종이 되어 주인에게 그 집 사람들을 맡아 때를 따라 양식을 나눠 줄 자가 누구냐

　제갈량과 쌍벽을 이루는 뛰어난 책사이자 명나라 건국의 일등공신인 유기가 자신의 지혜를 담아 쓴 '욱리자'라는 책에 나오는 이야기입니다.

　정나라 변방에 무엇이든지 만드는 솜씨가 좋은 장인이 한 명 살고 있었습니다. 살고 있는 마을이 비가 많이 오는 지역이라 우산을 만들면 돈이 되겠다고 생각한 장인은 3년 동안 갈고 닦아 최고의 우산을 만들었습니다. 그런데 그가 우산을 만들고나자 바로 장마가 멈추고 오랜 가뭄이 시작됐습니다.

　장인은 이제 우산이 아니라 물을 푸는 양수기를 만들었습니다. 다시 3년이 지나 최고의 양수기를 만들었는데 언제 그랬냐는 듯이 다시 비가 내려 양수기가 하나도 쓸모없게 돼버렸습니다.

　다시 우산을 만들려던 장인은 나라가 전쟁준비를 한다는 소식을 듣고 무기를 만들기 시작했습니다. 하지만 전쟁은 일어나지 않았고 그동안 쏟은 세월은 다시 허사가 됐습니다.

　유기는 이 남자의 이야기 말미에 "그의 기술들은 최고의 쓸모가 있었지만 좋은 때를 볼 줄 아는 눈이 없어 성공하지 못했다"라고 적었습니다.

　좋은 실력보다 더 중요한 것은 좋은 때를 아는 눈입니다. 사람의 생각과 능력으로 일을 이루려고 하지 말고 하나님이 주시는 좋은 때를 기다리는 안목을 기르십시오. 아멘!!

♡ 주님! 눈앞의 이득보다 하나님의 때를 기다리는 인내심을 주소서.

▩ 다른 사람의 성공에 조급해하지 말고 허락하신 일에 집중합시다.

배움에는 끝이 없다

읽을 말씀 :마태복음 11:25-30

●마 11:29 나는 마음이 온유하고 겸손하니 나의 멍에를 메고 내게 배우라 그리하면 너희 마음이 쉼을 얻으리니

독일 태생의 이론물리학자로 상대성이론을 발표한 세계적인 과학자 아인슈타인이 노벨물리학상을 탄 후에도 여전히 공부에 매진하는 모습을 보고 한 제자가 물었습니다.

"세계에서 가장 뛰어난 과학자인 교수님은 어째서 아직도 공부를 하십니까?"

아인슈타인은 칠판에 큰 원을 하나 그린 뒤 말했습니다.

"이 안이 내가 알고 있는 지식이고, 원 밖은 아직 모르는 것들이라네. 남들보다 원이 조금 크다고 원 밖의 것들을 모른 척 해서야 되겠나?"

소크라테스는 사형을 당하기 1주일 전에 간수가 부르는 '시테 코러스'라는 그리스 가곡을 듣고 제발 자기에게 노래를 가르쳐 달라고 사정했습니다. 1주일 뒤에 세상을 떠날 사람이 고작 노래를 배워서 뭐하냐는 간수의 말에 소크라테스가 말했습니다.

"살날이 50년 남은 사람이나 1주일 남은 사람이나 결국 죽기는 마찬가지 아닌가? 배움에는 다른 이유가 없네."

학교에는 졸업이 있어도 배움에는 졸업이 없습니다. 세상을 아는 지식보다 더 즐겁고, 모든 지혜의 근본이 되는 하나님의 말씀을 더욱 깊이 묵상하십시오. 아멘!!

♡ 주님! 모든 말씀과 설교를 겸허한 마음으로 받아들이게 하소서.

여러 번 읽은 말씀도 새로운 마음과 호기심으로 묵상합시다.

관심의 에너지

읽을 말씀 : 로마서 12:1-13

● 롬 12:10 형제를 사랑하여 서로 우애하고 존경하기를 서로 먼저 하며

1970년대 영국의 한 대기업에서 업무효율에 영향을 미치는 요인에 대한 연구를 진행했습니다.

연구팀은 가장 평균적인 부서를 하나 골라 다양한 변화를 줬습니다. 모든 직원들을 인터뷰하며 성향을 분석한 뒤 먼저 주급을 올려줬습니다. 그리고 조명의 색상과 밝기를 다양하게 조절했고, 점심 메뉴나 회사 내의 음료 배치 같은 생활환경 개선에도 공을 들였습니다. 그리고 각 항목을 조절할 때마다 직원들을 찾아가 느낀 점과 개선점을 물었습니다.

정확히 무엇 때문에 업무효율이 올랐는지는 알 수 없었지만 실험에 들어가기 전에 비해 눈에 띄게 높은 성과가 나타났습니다. 조금 더 정확한 자료를 위해 연구팀은 이제 반대로 혜택을 하나씩 줄여나갔습니다.

그런데 이상하게도 모든 혜택을 원래대로 돌렸는데도 업무효율은 거의 변화가 없었습니다. 그리고 추가로 진행된 조사를 통해서 부서의 업무효율을 높였던 것은 다름 아닌 직원들을 향한 '관심'이었다는 사실이 밝혀졌습니다.

사랑의 표현과 진심어린 후원은 많은 노력이 필요하지 않습니다. 교회에 새로 나온 분들에게, 하나님의 사랑을 경험해야 하는 교육부서 어린이와 청소년, 그리고 헌신하는 청년들에게 작은 관심이라도 지속적으로 표현함으로 교회의 좋은 에너지를 순환시키십시오. 아멘!!

♡ 주님! 작은 표현과 배려가 한 영혼을 살림을 기억하게 하소서.

교회에 적응이 필요한 성도라면 먼저 다가가 관심을 표현합시다.

상황을 바꾸는 지혜

읽을 말씀 : 잠언 31:10-31

●잠 31:26 입을 열어 지혜를 베풀며 그의 혀로 인애의 법을 말하며

중국 위나라의 문후왕이 큰 땅을 새로 얻었습니다.

당시 관례상 새로운 지역의 제후는 형제 중 한 명으로 봉해야 했으나 의심이 많았던 문후왕은 자기 아들을 제후로 봉하려고 했습니다. 문후왕이 고집대로 아들을 제후에 봉하자 대신들은 "현명한 선택이십니다"라고 입을 모았습니다.

하지만 불의와는 타협하지 않던 임좌가 앞으로 나왔습니다.

"아우를 봉해야 할 자리에 아들을 봉하시니 어찌 어진 임금이 되실 수 있겠습니까?"

이 말을 듣고 격분한 문후왕은 당장 임좌를 옥에 가두고 큰 벌을 내리겠다며 역정을 냈습니다. 분을 참지 못한 문후왕은 임좌 옆에 있던 책황에게 물었습니다.

"그대도 내가 어진 임금이 아니라 생각하는가?"

"아닙니다. 어진 임금이십니다. 임금이 어질면 신하가 곧고 바른 소리를 할 수 있다는 옛말이 있습니다. 방금 전 임좌와 같이 곧은 말을 하는 신하가 있다는 것은 폐하가 어질다는 뜻이 아니겠습니까?"

문후왕은 크게 기뻐하며 임좌를 복귀시킨 후 사과했습니다.

진정한 지혜는 위기를 모면할 뿐 아니라 더 좋은 상황을 만듭니다. 옳은 일을 행할지라도 느헤미야처럼, 다니엘처럼 상황을 변화시키고 하나님을 높이 드러내는 지혜를 위해 기도하십시오. 아멘!!

♡ 주님! 주님이 주신 평안을 세상에 전하는 성도가 되게 하소서.

옳고 그름을 떠나 상황을 더 좋게 만들 지혜를 주님께 구합시다.

매일의 위대함

읽을 말씀 : 디모데전서 4:6-16

● 딤전 4:8 육체의 연단은 약간의 유익이 있으나 경건은 범사에 유익하니 금생과 내생에 약속이 있느니라

　중국 명나라 시절 만리장성 동쪽 끝의 마지막 관문인 산해관에 달 편액에 글씨를 쓸 명필을 구한다는 소식이 퍼졌습니다. 그동안 단 한 번도 외적이 침입하지 못해 '천하제일관'이라 불린 산해관의 편액 글씨가 희미해졌기 때문입니다.

　황제인 신종이 특별히 내린 명령이었기에 중국 각지의 내로라하는 서예가들은 모두 산해관에 모였습니다.

　유명세가 아닌 오로지 써낸 글씨만으로 평가해 마침내 한 명의 서예가가 뽑혔는데 놀랍게도 그 사람은 산해관 옆 객잔에서 일하는 심부름꾼이었습니다. 관료들은 도저히 믿을 수가 없어 눈앞에서 글씨를 써보라고 했고, 남자는 붓도 들지 않고 옆에 있는 걸레에 먹을 적셔 단숨에 편액에 쓰인 '천하제일관'과 똑같은 글자를 써냈습니다.

　도대체 어디서 서예를 공부했는지 한 관료가 묻자 남자는 이렇게 대답했습니다.

　"저는 이곳에서만 30년을 일했습니다. 일을 하며 저 글씨가 보일 때마다 재미삼아 손가락으로, 행주로 따라 그리다보니 어느 순간 저 글씨만큼은 똑같이 그릴 수 있게 됐습니다."

　하루에 단 한 말씀이라도 삶 속에 실천을 하다 보면 조금씩이라도 예수님을 닮아가게 됩니다. 하루에 말씀 한 절씩이라도 실천해 예수님의 발자취를 최선을 다해 따라가십시오. 아멘!!

♡ 주님! 힘들어도 주님을 닮아가는 일을 포기하지 않게 하소서.
▨ 아침에 묵상한 말씀을 하루 동안 반드시 실천합시다.

장애를 만드는 것

읽을 말씀 : 누가복음 1:26-38

● 눅 1:37 대저 하나님의 모든 말씀은 능하지 못하심이 없느니라

뇌성마비를 극복하고 미국 최고의 방문판매원이 된 빌 포터가 미국의 유명한 강연에 초대받았습니다.

강연이 끝나고 질문 시간에 사회자는 포터에게 "성공에 가장 방해가 됐던 장애가 무엇이냐"고 묻자 포터는 "할 말이 없다"고 대답했습니다.

포터가 질문을 제대로 못 들었다고 생각한 사회자는 같은 질문을 다시 돌려서 말했습니다.

그러자 포터가 갑자기 화를 내며 말했습니다.

"도대체 몇 번이나 같은 대답을 해야 합니까? 나에게 장애가 된 건 아무것도 없어요. 그러니까 제발 다른 질문을 부탁드립니다."

빌 포터의 장애는 매우 중증이어서 넥타이는 물론 구두끈도 묶을 수가 없었습니다. 근육도 마비가 심해 하루 8시간 이상을 돌아다니는 것이 쉬운 일은 아니었습니다.

그렇지만 그는 이런 것들이 일을 하는 데에 전혀 문제가 되지 않는다고 생각했습니다. 자신이 하는 일은 다만 물건을 들고 고객의 집을 방문해서 문을 두드리고 친절하게 도움이 될 만한 물건을 소개하는 일이라고 여겼기 때문입니다.

어렵고 힘들다고, 나는 할 수 없다고 가만히 있어선 아무 것도 할 수 없습니다. 하나님의 일을 감당하는 데에 부족한 것이 있다면 무엇이든지 하나님께 구하십시오. 아멘!

♡ 주님! 단점을 단점으로 여기지 않고 매사에 최선을 다하게 하소서.

🀫 사람들이 말하는 나의 단점이 아무것도 아니라고 생각해봅시다.

신앙을 설득하는 법

읽을 말씀 : 시편 103:1-9

● 시 103:5 좋은 것으로 네 소원을 만족하게 하사 네 청춘을 독수리 같이 새롭게 하시는 도다

협상전문가인 뉴욕주립대학교의 딘 프리트 교수는 자신의 저서에서 이런 말을 했습니다.

"로마 제국은 기독교인들의 신앙을 포기하게 만들려고 콜로세움에 가두고 사자로 협박했습니다. 그러나 대부분의 기독교인들은 최후까지 찬송을 부르며 굴하지 않았습니다. 사람을 죽이겠다고 협박을 하는 것은 결코 현명한 설득의 자세가 아닙니다."

외국의 한 단열재 시공업체가 간단한 공사로 에너지 효율을 몇 배나 높일 수 있는 기술을 개발해 집집마다 찾아다녔습니다. 획기적인 기술이었지만 찾아간 가정의 15%만이 공사를 하겠다고 했습니다. 안 되겠다 싶었던 시공업체는 전문가에게 컨설팅을 받았는데 그 다음부터는 농구공을 들고 다니면서 이렇게 설명했습니다.

"지금 이 집의 모든 창문이 닫혀 있지만 사실 새고 있는 에너지를 모두 합치면 창문에 농구공만한 구멍이 나있습니다."

단지 설명의 방법만 바꿨을 뿐인데 성공률은 무려 61%로 4배나 높아졌습니다.

어거스틴은 남을 설득하기 위해선 먼저 내가 좋게 변해야 한다고 말했습니다. 복음을 전하고 전도에 가장 좋은 방법은 충만한 은혜로 변화된 나의 삶을 보여주는 것입니다. 나날이 예수님을 닮아가는 큰 복을 달라고 간절히 기도하십시오. 아멘!!

♡ 주님! 생명력이 있는 말씀으로 날마다 새롭게 변화시켜 주소서.

▨ 복음을 위해 더 좋은 모습으로 변화를 시도합시다.

온전히 집중하는 법

읽을 말씀 : 요한복음 4:21-30

● 요 4:24 하나님은 영이시니 예배하는 자가 영과 진리로 예배할지니라

　세계 테니스계에 길이 남을 수많은 업적을 남긴 미국의 여자 테니스 선수 빌리 진 킹은 테니스계에 등장하자마자 그랜드슬램 타이틀을 3번이나 따냈습니다.

　평생 1번도 쉽지 않은 대기록을 3번이나 해냈기 때문에 대회가 끝나고 많은 언론사들이 비결을 물었는데 그녀는 이렇게 대답했습니다.

　"저는 언제나 눈앞의 일에 최선을 다해 집중합니다. 침대에서 일어나 최선을 다해 옷을 입고 최선을 다해 경기장에 왔습니다. 테니스화 끈을 묶을 땐 온 신경이 테니스화 묶는 일에 쏠려 있고 경기장에 들어서면 시합에만 집중합니다. 비결이 있다면 그것뿐입니다."

　빌리 진 킹은 이후 12개의 그랜드슬램 타이틀을 더 따내며 역사상 가장 위대한 여성 테니스 선수가 됐습니다. 그리고 1973년에 역시 윔블던 대회 우승자인 남자 테니스 선수 바비 릭스와 성대결을 펼쳐 승리해 최초로 스포츠 성대결에서 남자를 이긴 여성 선수로 기록되며 그 누구도 해내지 못할 업적을 이뤘습니다.

　온전한 집중은 지금 눈앞에 있는 일에 모든 오감을 쏟는 것입니다. 드리는 예배마다 혼신의 힘을 다해 찬양하고, 기도하고, 말씀에 귀를 기울이며 하나님이 주시는 회복과 평안을 누리십시오. 아멘!!

♡ 주님! 모든 열정과 성의를 다해 주님만을 예배하게 하소서.

▧ 이번 주에 드리는 모든 예배에 100%로 집중합시다.

8월

"바닷물이 솟아나고 뛰놀든지
그것이 넘침으로 산이 흔들릴찌라도
우리는 두려워하지 아니하리로다"
(시편 46편 3절)

첫 번째인 가정

읽을 말씀 : 시편 127:1-5

●시 127:3 자식은 여호와의 주신 기업이요 태의 열매는 그의 상급이로다

『나와 아내가 복음을 위해 한국으로 올 때 한 약속이 있다. "아무리 사역이 성공해도 가정이 잘못되면 부질없으니 가정을 최우선으로 삼고 무엇보다 자녀교육을 철저히 합시다."

나와 아내는 한국의 복음화를 위해, 또 세계선교를 위해 불철주야로 뛰며 정신없이 바쁜 삶을 살았지만 그럼에도 자녀들과의 시간을 내기 위해서 애를 썼고, 자녀들을 위해 낸 시간에는 온전히 자녀들에게 집중했다.

1973년에 열린 빌리 그래함 한국전도대회 때 빌리 그래함 목사님과 함께 방문한 룻 사모님은 통역을 맡은 나를 공항에서 보자마자 자녀가 몇 명이고 이름이 무엇인지를 물었다. 며칠 뒤 다시 어떤 자리에서 사모님이 나와 우리 아이들을 만났는데 그때 정확히 아이들의 이름을 불러주며 반갑게 인사를 건넸다. 신기해하는 나에게 사모님은 이렇게 말했다.

"목사님, 아무리 바빠도 자녀들과 시간을 보내도록 노력하세요. 아이들은 금방 자라서 부모 곁을 떠난답니다."』
(김장환 목사 개인 노트에서 발췌 편집)

가정은 어떤 핑계로도 소홀히 할 수 없는 하나님이 허락하신 터전입니다. 항상 곁에 있다는 안도감에 소중한 시간을 허비하지 말고 행복한 가정을 위해 함께 기도하고 함께 노력하십시오. 아멘!!

♡ 주님! 하나님이 허락하신 믿음의 가정을 세우는 은총을 주소서.

아이들과 보내는 시간을 늘리며 신앙을 유산으로 남겨줍시다.

승리가 아닌 인내

읽을 말씀 : 로마서 5:1-11

● 롬 5:3,4 다만 이뿐 아니라 우리가 환난 중에도 즐거워하나니 이는 환난은 인내를, 인내는 연단을, 연단은 소망을 이루는 줄 앎이로다

배우 알 파치노는 1971년 출연한 영화 '백색공포'로 뛰어난 연기력을 인정받아 두 번째 작품에서 명장 프랜시스 포드 코폴라 감독이 만든 영화 '대부'에 주연급으로 캐스팅됐습니다.

대부에서의 성공을 바탕으로 '스카페이스', '뜨거운 오후' 등의 히트작이 연달아 터지며 세계적인 배우가 된 알 파치노는 '혁명'이란 영화에 출연했는데 1980년대에 300억 원이라는 천문학적인 제작비를 들였지만 수익은 고작 4천만 원도 되지 않았습니다.

큰 충격을 받은 알 파치노는 자신감을 상실해 이후 한동안 영화에 등장하지 않았습니다. 그러나 길고 긴 터널 끝에서 다시 자신감을 회복한 알 파치노는 복귀한 뒤 '여인의 향기', '도니 브래스코'와 같은 명작들에 출연했고 전성기라고 평가받던 시절에도 받지 못했던 아카데미 남우주연상을 받았습니다.

남우주연상을 수상한 뒤 누군가 알 파치노에게 다시 성공하게 된 비결을 묻자 그는 이렇게 대답했습니다.

"승리나, 성공을 말하지 마십시오. 인내만이 전부입니다."

그리스도인의 승리는 이미 예수님의 십자가로 완성됐습니다. 인내를 통한 연단으로 그 승리에 합당한 자격을 갖추는 예수 그리스도의 제자가 되십시오, 아멘!!

♡ 주님! 주님을 신뢰함으로 인내하게 하소서.

🖼 하나님이 예비하신 때가 이를 때까지 감사와 찬양으로 인내합시다.

잘못된 경로

읽을 말씀 : 요한복음 14:1-7

●요 14:6 예수께서 이르시되 내가 곧 길이요 진리요 생명이니 나로 말미암지 않고는 아버지께로 올 자가 없느니라

영국 선덜랜드에서 열린 풀코스 마라톤 대회에서 있었던 일입니다.

대부분 프로인 마라토너들이 참가한 대회였는데도 경로를 알려주는 진행요원 몇 명이 실수로 이상한 자리에 서 있었습니다.

선두를 달리고 있던 마크 후드는 자신이 확인한 코스와는 다른 경로로 안내하는 진행요원을 보고 잠시 고민을 하다가 결국 자신이 옳다고 생각한 길로 달렸습니다.

그러나 잠시 뒤 2등으로 달리던 선수는 진행요원이 안내하는 잘못된 길로 달리기 시작했고 그 뒤를 이어 다른 선수들도 달렸습니다. 중간에 실수를 깨달은 진행요원이 다시 제자리를 찾았지만 2위를 따라 모든 선수들이 잘못된 길로 달렸습니다.

결과는 1위인 마크 후드를 제외하고는 5천 명이 넘는 선수들이 경로 이탈로 인한 실격을 당했습니다. 선수들은 경로 안내가 제대로 되지 않았기 때문에 벌어진 일이라며 항의했고 행사 주최 측도 인정하고 사과는 했지만 그럼에도 규정상 실격은 어쩔 수가 없었습니다.

인생의 나침반이기도 한 성경 없이 바른 길을 찾을 수 있는 사람은 세상에 존재하지 않습니다. 확실한 진리의 말씀을 눈앞에 두고도 다른 사람을 쫓아 인생을 허비하는 실수를 하지 마십시오. 아멘!!

💙 주님! 인생의 나침반인 성경을 더 귀하고 귀하게 여기게 하소서.

🔲 인생의 모든 방향과 기준은 말씀을 기반으로 설정합시다.

세상을 바꾸는 생각

읽을 말씀 : 요한복음 6:60-71

● 요 6:63 살리는 것은 영이니 육은 무익하니라 내가 너희에게 이른 말은 영이요 생명이라

　나이지리아의 대부분의 농민들은 집에 냉장고가 없습니다.
　직접 키운 작물을 먹고 사는 농부들도 시들고 상한 음식을 먹다 탈이 나는 경우도 많고 창고에 쌓아뒀다 버리는 작물들도 많았습니다. 이 상황을 안타깝게 여긴 교사 모하메드 압바는 누구나 가질 수 있을 정도로 저렴한 냉장고를 개발하려고 고민했습니다. 하지만 일반적인 방식의 냉장고는 너무 비쌌고 기계에 대한 지식이나 무작정 시도해볼 재력도 그에겐 없었습니다.
　그러다 우연찮게 과학책에서 본 원리를 이용해 항아리 2개를 이용한 간이 냉장고라는 아이디어를 떠올렸습니다.
　실제 실험 결과 음식이 한 달이나 신선하게 보관될 정도로 효과가 좋았고 직접 항아리를 구워서 팔았기 때문에 우리나라 돈으로 2천 원 정도면 살 수 있었습니다.
　1년에 수십만 개가 팔리는 이 항아리 덕분에 농부들은 작물을 보관했다 팔 수 있게 됐고, 그래서 경제적 여유가 생겨 자녀들도 교육을 시키고 미래를 준비할 수 있게 되는 놀라운 변화가 일어났습니다.
　아는 것이 없어도, 가진 것이 없어도, 다른 사람의 처지를 안타깝게 여기는 사랑의 마음을 가진 사람에게 주님은 지혜를 주십니다. 남을 돕기 위해 세상을 변화시키는 기적의 사람이 되십시오. 아멘!!

💜 주님! 하나님이 주시는 사랑으로 바라보고 다가가게 하소서.
🔳 어렵고 힘든 사람들의 안위에 항상 깊은 관심을 가집시다.

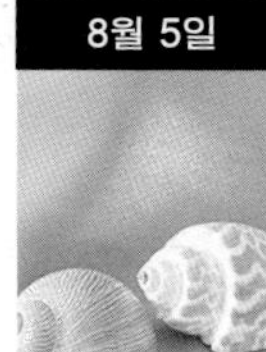

1%의 위력

읽을 말씀 : 요한복음 12:24-36

●요 12:24 내가 진실로 진실로 너희에게 이르노니 한 알의 밀이 땅에 떨어져 죽지 아니하면 한 알 그대로 있고 죽으면 많은 열매를 맺느니라

미국에서 처음 일회용 기저귀가 판매됐을 때 대부분의 사람들이 그래도 종이로 만든 기저귀는 찝찝하다며 사용하지 않았습니다. 천으로 빨아가며 쓰면 되는데 굳이 돈을 쓸 필요가 없다는 의견도 많았습니다.

이런 분위기 때문에 일회용 기저귀를 사용하는 부모님들은 단 1%였습니다. 그런데 이 1%의 고객들이 직접 사용해 본 후 좋은 점을 주변에 이야기하자 점점 일회용 기저귀를 사용하는 사람들이 많아졌고, 이제는 오히려 천 기저귀를 쓰는 사람을 찾기 힘들 정도로 상황이 변했습니다.

스칸디나비아 항공사 사장 얀 카를손은 불경기에도 회사를 성장시킨 비결을 다음과 같이 말했습니다.

"우리는 한 분야에 100% 성공을 추구하지 않습니다. 100가지 일에 1% 향상을 추구합니다."

일본의 베스트셀러 작가 호리바 마사오는 우리 귀에 들리는 99%의 말은 소음이나 다름없고 진짜 정보인 1%를 잡아야 성공한다고 말했습니다. 또 화장품 재벌 사이토 히토리 회장은 남보다 1% 노력하는 사람은 부자가 될 자격이 있는 사람이라고 말했습니다.

1%는 작지만 확실한 변화입니다. 내가 할 수 있는 만큼, 하나님이 허락하시는 만큼만 최선을 다해 조금씩 변하고자 노력하십시오. 아멘!!

♡ 주님! 조금씩이라도 주님을 향해 한걸음씩 옮겨가게 하소서.

📯 혼란한 세상 가운데 주님이 주시는 신호를 잡아냅시다.

마음을 움직이는 겸손

읽을 말씀 : 잠언 22:1-8

●잠 22:4 겸손과 여호와를 경외함의 보상은 재물과 영광과 생명이니라

글로벌 광고회사인 DDB에 독일의 한 자동차 회사가 미국 진출을 위한 광고를 의뢰했습니다. 당시 미국에서는 크고 힘이 좋은 차들이 잘 팔렸는데 독일이 수출하려는 차는 작고 연약해 마치 딱정벌레처럼 보였습니다.

광고회사에서는 차의 장단점을 알아보기 위해 독일에 실무자를 파견했는데 굉장히 잘 만든 차라는 사실을 알게 됐습니다. 이들은 잘 보이지 않는 이 차의 장점을 해마다 획기적인 광고로 알리기 시작했습니다.

차가 작다는 편견에는 "이 작은 차는 110개국에서 불티나게 팔리고 있습니다. 수많은 고객과 함께 작게 생각하세요"라고 광고했고, 차가 약할 것 같다는 말에는 "3천대의 차를 검사하기 위해 3389명의 검사원이 있습니다"라는 카피와 작은 흠으로 출하가 취소된 실제 차의 사진을 실었습니다.

그렇게 무려 17년 동안 계속된 260개의 광고는 하나같이 명광고로 인정받았고 광고의 주인공인 폭스바겐의 비틀은 2천만대가 팔리며 역사상 최고로 많이 팔린 자동차가 됐습니다.

사람의 마음을 움직이는 것도 겸손이고, 하나님이 기쁘게 받으시는 것도 겸손입니다. 모든 말과 행동이 항상 겸손할 수 있도록 말씀으로 연단하고 훈련하십시오. 아멘!!

🤍 주님! 하나님이 기쁘게 받으시는 겸손을 마음에 주소서.

🏃 겸손하지만 자신감 있게 삶에서 주님을 선포합시다.

말씀을 믿어라

읽을 말씀 : 마가복음 1:1-15

●막 1:15 이르시되 때가 찼고 하나님의 나라가 가까이 왔으니 회개하고 복음을 믿으라 하시더라

한적한 시골에서 26세의 한 젊은이가 투자조합을 설립했습니다. 투자자들을 불러 모은 젊은이는 당당하게 말했습니다.

"여러분이 투자하신 돈의 최소 5% 수익을 무조건 보장하겠습니다. 5%가 초과한 수익에 대해서는 20%가 저의 몫입니다."

젊은이의 설명을 듣던 한 투자자가 질문했습니다.

"그런데 우리 돈을 어디에 투자할 건지 말해주시겠습니까?"

"어디에 투자하는지는 일일이 공개하지 않겠습니다. 대신에 수익은 확실하게 보장하겠습니다."

오만한 젊은이의 대답을 듣고 투자를 포기한 사람도 있었습니다. 그러나 젊은이는 매년 5%가 훌쩍 넘는 수익률을 거뒀고 소문이 퍼져 투자자들이 점점 몰려왔습니다.

오마하의 현인이라 불리는 워런 버핏의 청년 시절 이야기입니다. 버핏은 자신이 부자가 될 거라는 사실을 한 번도 의심해본 적이 없었고 누가 뭐라던 자신만의 점수판을 가지고 투자를 한다고 말해왔습니다.

하나님의 말씀을 믿는 겨자씨만한 믿음만 있으면 나도 할 수 있고, 하나님께 귀하게 쓰임 받을 수 있습니다. 세상 사람들이 말하는 내가 아닌 하나님이 말씀하시는 나를 믿으십시오. 아멘!!

♡ 주님, 성경이 나를 향한 약속임을 믿게 하소서.
🧩 약속의 말씀을 시시때때로 묵상하며 힘을 얻읍시다.

영혼을 고치시는 주님

읽을 말씀 : 시편 107:1-9

● 시 107:9 그가 사모하는 영혼에게 만족을 주시며 주린 영혼에게 좋은 것으로 채워주심 이로다

미국 아이오와주에는 기독교가 사람들의 정신병을 일으키는 주범이라고 주장하는 무신론자가 있었습니다.

무신론자의 주장은 기독교가 터무니없는 이야기를 진짜처럼 믿게 하고 사람들을 세뇌한다는 것이었는데 그는 자신의 이야기의 근거를 찾기 위해 아이오와주에서 제일 큰 정신병원 원장인 리처드슨 박사를 찾아갔습니다.

박사는 기독교 때문에 정신병원에 온 사람이 몇 명인지에 대한 무신론자의 질문에 이렇게 대답했습니다.

"제 기억으로는 두 명입니다. 그런데 원인이 단지 종교 때문이라고 보기에는 복합적으로 판단할 요인이 많습니다."

고작 두 명뿐이라는 말에 실망한 무신론자를 보고 박사는 다시 입을 열었습니다.

"그런데 기독교 때문에 정신병원에 오지 않게 된 사람의 숫자는 묻지 않으시는군요? 저는 종교가 없습니다만 기독교에서 말하는 여러 가치들이 정신적으로 좋은 영향을 미친다는 것은 확실히 대답해드릴 수 있습니다. 만약 기독교가 없었다면 우리 병원에는 2배가 넘는 사람들이 수용되어 있을 겁니다."

하나님이 주시는 평강은 병든 마음을 고치고 위로받을 수 있는 유일한 치료제입니다. 병들고 상한 마음을 위로하시는 주님의 손길을 간구하십시오. 아멘!!

♥ 주님! 상한 심령을 위로하시는 주님의 손길을 느끼게 하소서.
♣ 주변에 힘들고 어려운 사람에게 유일한 방법인 복음을 전합시다.

진주의 가치

읽을 말씀 : 마태복음 16:21-28

●마 16:26 사람이 만일 온 천하를 얻고도 제 목숨을 잃으면 무엇이 유익하리요 사람이 무엇을 주고 제 목숨과 바꾸겠느냐

이집트 동부에 있는 암석 사막으로 나일강과 홍해 사이에 있는 아라비아 사막을 횡단하다 길을 잃은 상인이 있었습니다.

타고 다니던 낙타도 죽고 가진 식량과 물도 다 떨어진 상태에서 상인은 이틀이나 정처 없이 걸었습니다. 마지막 힘이 다 빠져나가 쓰러지기 직전 저 멀리 작은 오아시스가 보였습니다. 상인은 재빨리 달려가 허겁지겁 물을 마셨습니다.

정신을 차리고 주변을 돌아보니 근처에 천막을 쳤던 흔적이 있었습니다. 사람이 머물렀었다면 혹시 실수로 떨어진 음식이 있을지도 모른다는 생각에 주변을 샅샅이 뒤졌습니다. 사막의 불볕 더위 속에서 모래 속을 뒤지며 음식을 찾던 그의 눈에 두둑한 주머니 하나가 들어왔습니다.

불룩한 주머니를 보고 마른 떡이라도 있을까 싶어 급하게 주머니를 헤집었는데 상인의 손에 담겨 나온 것은 영롱한 진주였습니다. 상인은 진주를 사막에 던지며 중얼거렸습니다.

"고작 진주였단 말인가…."

메마른 사막에서 필요한 것은 진귀한 보석이 아니라 일용할 양식입니다. 세상 가운데 삭막해진 나의 마음을 적셔줄 영혼의 일용할 양식을 잊지 마십시오. 아멘!!

♡ 주님! 인생의 귀한 보배인 주님을 주신 은혜에 감사하게 하소서.

세상 살아가는데 필요한 것은 하나님을 향한 믿음임을 기억합시다.

가장 귀한 이름 예수

읽을 말씀 : 사도행전 4:1-12

●행 4:12 다른 이로써는 구원을 받을 수 없나
니 천하 사람 중에 구원을 받을 만한 다른 이
름을 우리에게 주신 일이 없음이라 하였더라

　미국의 휴튼 대학을 다니던 조지 베버리는 집안 사정이 어려워져 학업을 중단하고 사회생활을 시작했습니다.
　보험회사에서 일을 하던 조지는 우연히 NBC 편성국장 앞에서 노래를 하게 됐는데 조지의 노래 실력을 높게 평가한 국장은 전국 방송의 오프닝쇼에 설 수 있는 기회를 줬습니다.
　방송을 탄 조지의 노래는 큰 호응을 얻었고 바로 정기공연 제의가 들어왔습니다. 조지는 사람들의 호응과 관심에서 믿음을 지킬 수 있을지에 대한 확신이 없어 답변을 보류하고 있었는데 그때 목사님인 부모님으로부터 한편의 시가 도착했습니다.
　'주 예수보다 더 귀한 것은 없네,
　이 세상 부귀와 바꿀 수 없네
　영 죽은 내 대신 돌아가신 그 놀라운 사랑 잊지 못해
　세상 즐거움 다 버리고 세상 자랑 다 버렸네
　주 예수보다 더 귀한 것은 없네 예수밖에는 없네'
　이 시를 본 조지는 바로 출연을 포기했습니다. 그리고 시에 곡조를 붙여 빌리 그래함 목사님을 찾아갔고 평생 함께 세계를 돌며 복음을 전하는 일에 자신의 능력과 은사를 사용했습니다.
　나의 모든 것을 주신 주님께 나의 모든 것을 드려야 합니다. 주님이 주신 모든 것들을 다시 주님께 아름다운 것으로 올려드리십시오. 아멘!!

♡ 주님! 나의 작은 숨 하나도 하나님이 주신 것임을 알게 하소서.
🐁 주님께서 주신 모든 능력을 다시 주님을 위해 드립시다.

성장의 유일한 비결

읽을 말씀 : 마태복음 13:31-43

●마 13:32 이는 모든 씨보다 작은 것이로되 자란 후에는 풀보다 커서 나무가 되매 공중의 새들이 와서 그 가지에 깃들이느니라

일본의 평범한 대학을 나와서 평범한 직장을 다니던 후루이치 유키오는 어느 날 갑자기 틀에 박힌 삶을 벗어나 새로운 도전을 해보고 싶었습니다. 영어 한 마디 제대로 못했지만 무작정 미국으로 유학을 떠난 그는 "매일 스트레스 받지 말고 30분만 공부를 해보자"는 목표를 세웠습니다.

그렇게 몇 년이 지난 뒤 유키오는 뉴욕대학교의 MBA를 취득했을 뿐 아니라 처음 치른 토익시험에서 만점에 10점 모자란 980점을 획득했고, 세계 최고의 컴퓨터 소프트웨어 회사인 마이크로소프트에서 인증한 자격증 소지자, 일본 최고의 영어발음 교정자로 이름을 날리는 명사가 되어 있었습니다.

하루 30분으로 인생을 변화시킨 유키오는 이런 말을 했습니다.

"저는 만나는 사람들마다 제 이야기를 하며 하루에 30분만 공부하면 무엇이든 극복할 수 있다고 말합니다. 그러나 대다수의 사람들은 고개를 가로저으며 '저도 아는데 그게 잘 안돼요'라고 말할 뿐입니다."

노력하지 않고 성장할 수 있는 방법은 없습니다. 그러나 단 30분이라도 매일 투자하면 인생은 분명히 바뀝니다. 나의 신앙과 하나님이 주신 능력 개발을 위해 매일 조금이라도 시간을 투자하십시오. 아멘!!

♡ 주님! 작은 시작을 통해 큰 변화가 일어나게 하소서.

🧩 실력을 위해 믿음을 위해 하루 30분을 투자할 계획을 세웁시다.

역전의 주인공

읽을 말씀 : 시편 42:1-11

●시 42:5 내 영혼아 네가 어찌하여 낙심하며 어찌하여 내 속에서 불안해 하는가 너는 하나님께 소망을 두라 그가 나타나 도우심으로 말미암아 내가 여전히 찬송하리로다

미국 빈민가의 작은 식료품점에서 일을 하던 흑인 여성이 있었습니다. 그녀는 자신의 꿈에 대해 TV 프로그램 진행자가 되는 것이라고 수시로 말했지만 직장 동료들은 하나같이 "당신은 외모 때문에 결코 꿈을 이룰 수 없을 거예요"라고 말했습니다. 하지만 이 여성은 훗날 '토크쇼의 여왕' 오프라 윈프리라고 불리게 됩니다.

그랜드 올 오프리라는 메이저 음반회사의 실력 있는 스카우터인 짐 데니는 가수가 되고 싶다고 찾아온 한 청년의 노래를 듣고 "쓸데없는데 시간을 낭비하지 말고 하던 트럭 운전이나 계속 하는 게 좋겠소"라고 혹평을 했습니다. 이 청년은 '록큰롤의 왕'이라고 불리며 미국뿐 아니라 세계인들의 사랑을 받은 엘비스 프레슬리였습니다.

출판사의 저작권을 관리하는 배리 커닝엄은 처음 해리포터를 읽은 뒤 "돈을 벌고 싶으면 이런 아동용 책은 쓰지 않는 게 좋아요"라고 조언했지만 해리포터는 전 세계적으로 5억 부가 넘게 팔려 역사상 가장 많이 팔린 책 중의 하나가 됐습니다.

만약 이 사람들이 처음의 실패에 낙심해 바로 포기를 했다면 지금의 성공을 이루지 못했을 것입니다.

실패는 결코 실패에서 끝나지 않습니다. 모든 실패에는 성공의 가능성이 있음을 믿고 나에게 힘주시고 일으켜주시는 하나님을 통해 다시 일어서십시오. 아멘!!

♡ 주님! 실패에 낙심하지 않고, 지치지도 않게 하소서.
▧ 반복되는 실패에도 주님을 바라봄으로 다시 도전합시다.

행운을 공유하라

읽을 말씀 : 마태복음 18:15-20

●마 18:19 진실로 다시 너희에게 이르노니 너희 중의 두 사람이 땅에서 합심하여 무엇이든지 구하면 하늘에 계신 내 아버지께서 그들을 위하여 이루게 하시리라

　미국의 심리학자 조슈아 피븐은 복권에 당첨되어 우리나라 돈으로 350억 원을 받은 스티브 로버츠라는 남자의 인생을 연구했습니다.

　엄청난 행운이 사람의 인생을 어떻게 변화시키는지가 궁금했던 그는 오랜 시간 동안 스티브의 인생을 연구한 뒤 돈과 행복은 연관성이 없다고 결론지었습니다. 그리고는 '찾아온 행운을 관리하는 7가지 방법'이라는 법칙을 발표했습니다.

1. 불행에 미리 대비하기 위해 약간은 비관적일 필요가 있다.
2. 찾아오지 않은 실패를 두려워 말고 열린 마음을 가져라.
3. 행운을 효과적으로 사용할 수 있는 정보에 밝아져라.
4. 예상치 못한 곳에서 찾아올 행운을 위한 새로운 아이디어를 적어둬라.
5. 다양한 인간관계, 직업적 관계를 유지해라.
6. 감정과 직관을 믿으면서도 불필요한 위험은 피하라.
7. 다른 사람과 행운을 공유하며 불운이 찾아왔을 때 도움을 받아라.

　하나님을 만나고, 구원의 확신을 갖게 된 것은 인생 최고의 행운이며 행복입니다. 죄에서 구원받은 놀라운 행운과 행복을 다른 사람과 공유함으로 참된 행운과 행복을 누리십시오. 아멘!!

💙 주님! 날 위해 오신 예수님으로 인해 항상 행복을 누리게 하소서.
🔲 복음이라는 놀라운 행운을 가까운 사람과 나눕시다.

늦은 때란 없다

읽을 말씀 : 요한복음 13:1-11

●요 13:1 유월절 전에 예수께서 자기가 세상을 떠나 아버지께로 돌아가실 때가 이른 줄 아시고 세상에 있는 자기 사람들을 사랑하시되 끝까지 사랑하시니라

　　일본의 한 출판사에 역사에 관한 책을 내고 싶다며 한 중년 남성이 원고를 들고 찾아왔는데 담당자는 남자의 이력을 보고 깜짝 놀랐습니다.

　　"물리학 교수님이 왜 역사책을 내려고 하십니까?"

　　원고를 들고 온 샤셰이키 교수는 원자물리학을 공부하다가 서구역사 중심의 세계사를 고치고 싶어 세계사로 전공을 바꿨는데 이때 그의 나이는 마흔이 넘었습니다.

　　공학 쪽에서 이미 충분히 인정을 받는 실력자였지만 오히려 그 이력 때문에 대부분의 사람들은 그의 역사책을 보지도 않고 차라리 물리학에 대한 책을 쓴다면 출판하겠다는 제안을 했습니다. 하지만 교수는 포기하지 않고 자신의 책을 내주겠다는 출판사를 계속 찾아다녔습니다.

　　그러다 우연히 일본 최대 출판사인 고단샤의 편집자가 원고를 보고는 극찬하며 책을 내겠다고 했는데 그렇게 나온 책을 본 도카이대학의 역사학 교수는 그를 교수로 청빙을 했습니다. 모두가 무모한 도전이라고 했지만 결국 샤셰이키 교수는 6년 만에 일본에서 인정받는 세계사 교수가 됐습니다

　　마음이 움직이고 열정이 생긴다면 무언가를 시작하기에 늦은 때란 없습니다. 모세와 같이, 갈렙과 같이 나이에 상관없이 하나님의 부르심에 뜨겁게 응답하십시오. 아멘!!

♡ 주님! 하나님의 시간에 늦은 때란 없음을 알게 하소서.

하나님이 주신 열정이라면 지체하지 말고 시작합시다.

기회의 중요성

읽을 말씀 : 마태복음 9:18-26

●마 9:22 예수께서 돌이켜 그를 보시며 이르시되 딸아 안심하라 네 믿음이 너를 구원하였다 하시니 여자가 그 즉시 구원을 받으니라

제법 성공한 사업가에게 만화를 좋아하던 한 친구가 어느 날 나타나 투자를 해달라며 제안서를 내밀었습니다.

지금껏 존재하지 않던 거대한 놀이공원을 만들겠다는 내용을 보고 사업가는 고심 끝에 거절했습니다. 쓸쓸히 제안서를 들고 사무실을 나간 그 친구는 월트 디즈니였고, 지금 우리가 알다시피 디즈니랜드는 황금알을 낳는 거위가 됐습니다.

나중에 이 사업가는 당시의 일을 회상하며 그때 제안서를 들고 사무실을 떠나던 월트 디즈니의 한 걸음, 한 걸음마다 백만 달러씩이 날아가는 느낌이 들었다고 고백했습니다.

키도 크고 훤칠했지만 그다지 주목받지 못하던 한 할리우드 배우가 있었습니다. 미식축구 선수가 주인공인 역을 따내기 위해 카메라 테스트를 받던 그는 갑자기 중요한 걸 놓고 왔다며 테스트를 받던 도중 양해를 구하고 자리를 떠났습니다.

잠시 뒤 그는 대학시절 미식축구선수로 활약했던 신문기사와 사진을 들고 와서 담당자에게 이 배역이야 말로 자신이 적임자임을 강력하게 주장했습니다. 순간의 기지로 기회를 잡은 배우는 이 배역으로 인해 스타가 됐고, 정치계에 입문을 했고, 나중에 미국의 40대 대통령인 로널드 레이건이 됐습니다.

하나님이 주시는 기회를 잡기 위해선 용기와 결단이 필요합니다. 모든 상황을 지혜롭게 분별하고 과감하게 도전하십시오. 아멘!!

♡ 주님! 좋은 것으로 채워주시는 주님을 믿고 도전하게 하소서.

오늘 주시는 하나님의 기회에 민감하게 반응합시다.

비판을 이겨내는 법

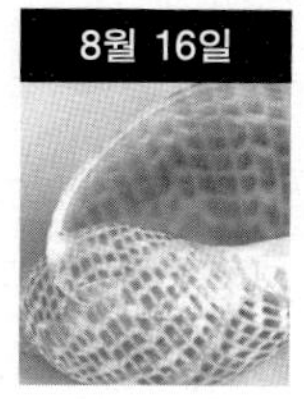

읽을 말씀 : 데살로니가전서 5:12-28

● 살전 5:15 삼가 누가 누구에게든지 악으로 악을 갚지 말게 하고 서로 대하든지 모든 사람을 대하든지 항상 선을 따르라

　　일본 최고의 카운슬러 중 한 사람인 나카고시 히로시가 말하는 '비판을 이겨내는 6가지 방법'입니다.
　1. 상처받을까봐 꿈을 포기하지 마라.
　　　잘하지 못한다 해도 하고 싶은 일이라면 도전해야 합니다.
　2. 약점을 인정하고 받아들여라.
　　　약점이 없는 사람은 없습니다. 약점을 받아들일 때 장점도 들어납니다.
　3. 부족해도 최선을 다하라.
　　　성과에 자신없는 사람들이 빠지는 합리화의 함정에 빠지지 마십시오.
　4. 심각한 비판을 하는 사람들과는 관계를 끊어라.
　　　나를 비판하고 험담하는 사람보다는 응원하고 격려해주는 사람을 만나야 합니다.
　5. 반복의 벽을 무너뜨려라.
　　　같은 하루를 반복하면 같은 삶이 반복됩니다.
　6. 불안해도 한 걸음씩 도전하라.
　　　사람들의 비판, 내면의 불안을 극복하는 것은 힘들지만 가치가 있는 일입니다.
　　사람들에게 비판을 받는 것은 몸과 마음을 매우 힘들고 지치게 하는 일입니다. 세상 사람들의 비판을 지혜롭게 극복해 일과 신앙의 중심을 지켜내십시오. 아멘!!

🩶 주님! 상처받지 않을 강한 마음과 인자함을 주소서.

🧎 하나님의 사랑으로 사람에게서 오는 쓸데없는 비판을 이겨냅시다.

장로님의 어깨춤

읽을 말씀 : 요한복음 15:1-11

● 요 15:11 내가 이것을 너희에게 이름은 내 기쁨이 너희 안에 있어 너희 기쁨을 충만하게 하려 함이라

　일본 도쿄에서 가장 작은 다이토 구에는 우에노 은사공원이란 곳이 있습니다. '황제가 우에노에 지어준 공원'이란 뜻인데 가운데 아름다운 연못이 있고 봄에는 벚꽃이 만발해서 사람들이 자주 찾는 명소이지만 다이토 구에서 노숙자들이 가장 많이 머무는 곳이기도 합니다.

　대부분의 사람들은 노숙자들이 도시의 미관을 해친다며 싫어하지만 재일동포인 김봉임 장로님은 여기 모인 노숙자들을 볼 때마다 안쓰러운 마음이 있었습니다.

　그래서 몇 년 전부터 사재를 털어 매주 화요일마다 노숙자들에게 식사를 대접합니다. 찬송과 주기도문, 짧은 말씀과 축도로 시작되는 식사시간에, 많을 때는 7백 명이 넘는 노숙자들이 찾아옵니다. 하지만 장로님은 이들에게 푸짐한 식사를 대접합니다.

　장로님은 음식을 나눌 때마다 항상 덩실덩실 춤을 추시는데 그 이유를 "일용할 양식뿐 아니라 생명의 떡도 전하기 위해서"라고 말씀하십니다. 항상 웃고 춤추지 않고는 못 견딜 정도로 행복해보여야 노숙자들도 '예수님을 믿으면 뭔가 있나' 싶어서 복음에 관심을 가지게 되기 때문입니다.

　예수님을 믿고, 예수님을 통해 변화된 사람은 말 한 마디, 표정 하나가 달라야 합니다. 복음을 말하지 않아도 온몸으로 복음이 전해지는 행복한 삶을 세상에 보여주십시오. 아멘!!

♡ 주님! 나를 살리신 하나님의 사랑이 삶에 드러나게 하소서.

말과 표정, 행동들도 주님을 믿는 행복을 전할 수 있게 노력합시다.

행복한 가정의 비결

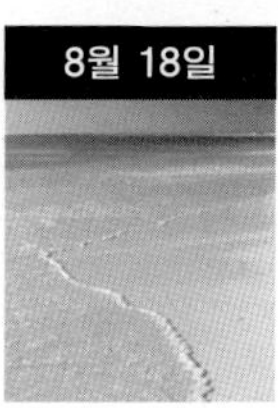

읽을 말씀 : 잠언 17:1-7

● 잠 17:1 마른 떡 한 조각만 있고도 화목하는 것이 제육이 집에 가득하고도 다투는 것보다 나으니라

가족문제 연구소의 상담통계에 따르면 가정불화로 어려움을 겪는 가정들이 점점 늘고 있어 상담 전체에서 세 번째로 많은 수치라고 합니다.

그러나 '대지'를 쓴 펄 벅 여사는 가정은 모든 사람이 평안을 취할 대지라고 했습니다. 다음은 가정사역 전문가인 H. L. 멘켄 박사가 말하는 '행복한 가정의 10가지 비결입니다.'

01. 함께 할 수 있는 목표를 세워라.

02. 결혼 전에는 두 눈을 뜨고 결혼 후에는 한 눈을 감으라.

03. 서로 비교하지 말고 절대 비밀을 두지 말아라.

04. 잠자리에 들 때까지 화를 품지 말라.

05. 마주보기보다는 같은 곳을 보라.

06. 가계는 공동으로 관리하라.

07. 30초의 말이 30년 동안 가슴의 상처가 될 수 있음을 기억하라.

08. 침실의 기쁨을 유지하라.

09. 서로 격려하고 서로의 비전을 칭찬하라.

10. 기도로 하루를 시작하고, 기도로 하루를 마무리하라.

행복한 가정의 비결은 서로 사랑과 더불어 하나님이 세우신 원리와 하나된 믿음이 있어야 합니다. 말씀의 토대 안에 행복한 가정을 세워 하나님이 허락하신 귀한 큰복을 누리십시오. 아멘!!

♡ 주님! 하나님이 주신 가정을 아름답게 가꾸게 하소서.

믿음으로 세워지는 행복한 가정을 위해 기도합시다.

각자의 소명

읽을 말씀 : 고린도전서 1:18-25

●고전 1:24 오직 부르심을 받은 자들에게는 유대인이나 헬라인이나 그리스도는 하나님의 능력이요 하나님의 지혜니라

하루는 무신론자인 저명한 과학자 프랜시스 콜린스의 친할머니가 콜린스에게 왜 하나님을 믿지 않느냐고 물었습니다.

콜린스는 확신할 수 없기 때문에 믿지 않는다고 대답했고 할머니는 과학자가 자료도 검토하지 않고 확신할 수 없다고 말해서는 안 된다며 하나님에 대해 알아볼 것을 권유했습니다.

할머니의 말이 일리가 있다고 생각한 콜린스는 이후 기독교에 대해서 열심히 공부했고 27살에 마침내 회심을 했습니다.

하나님의 존재를 분명히 확신한 그는 신학을 하려고 했지만 아무리 생각해도 목회를 감당할 자신이 없어 대신 하나님께 최고의 과학자가 되겠다고 서원했습니다.

그리고 십수 년 뒤 미국국립보건원장이 되어 전 세계 최고의 과학자 2천명이 모여 진행한 '인간 게놈프로젝트'의 총 지휘를 하며 하나님께 드린 서원을 지켰습니다.

큰 영향력을 갖게 된 콜린스는 무신론을 당연하게 여기는 과학계에서 일하는 청년들에게 이런 말을 남겼습니다.

"과학은 하나님에 위협받지 않고, 하나님은 과학에 위협받지 않습니다. 하나님은 과학을 가능하게 하신 분입니다."

지위고하에 상관없이 각자의 자리에서 하나님이 맡겨주신 일을 성실히 감당하며 하나님을 나타내는 것이 우리의 사명입니다. 지금 나에게 허락하신 자리에서 소명을 성실히 감당하십시오. 아멘!!

♡ 주님! 하나님을 위한 마음으로 하는 일이 사명임을 알게 하소서.

세상에서 주신 하나님의 소명을 충실히 감당합시다.

사람을 살리는 것

읽을 말씀 : 마태복음 4:18-25

●마 4:23 예수께서 온 갈릴리에 두루 다니사 그들의 회당에서 가르치시며 천국 복음을 전파하시며 백성 중의 모든 병과 모든 약한 것을 고치시니

영국의 남웨일즈 카디프에서 태어난 마틴 로이드 존스는 어려서부터 수재로 유명했습니다. 왕실 주치의였던 토마스 호더의 수제자가 된 존스는 의사 면허를 딴 뒤에 스승의 전폭적인 지원을 받으며 런던의 번화가에 병원을 개업했습니다.

존스는 환자의 상태를 정확히 진단할 수 있는 자신만의 방법을 찾아냈고, 모든 환자들을 자기 가족처럼 최선을 다해 보살폈습니다. 존스의 병원은 영국에서 가장 인기 있는 병원이 됐고 큰돈도 벌었지만 존스의 마음은 편치 않았습니다. 환자의 몸은 고칠 수 있지만 아무리 노력해도 마음의 병을 고칠 수 없다는 것을 깨달았기 때문입니다.

존스는 사람을 살리기 위해선 몸이 아니라 영혼을 고쳐야 된다고 생각했기에 영국 최고의 의사였음에도 모든 것을 포기하고 목회자의 길을 선택했습니다.

존스 목사님은 철저히 말씀에 입각한 논리적인 설교로 당시 '의지할 곳 없는 못 배운 사람들'이 교회에 나간다는 인식을 180도 뒤집으며 70명이 모이던 웨스트민스터 교회를 2천 명이 넘는 곳으로 부흥시키며 사람들의 영혼에 하나님의 은혜를 전달하는 일에 평생을 바쳤습니다.

하나님의 말씀은 읽고 전하는 그 자체로 놀라운 힘이 있습니다. 나의 모자람이 아닌 말씀의 능력을 믿고 담대히 전하십시오. 아멘!!

♡ 주님! 몸과 마음보다 중요한 영혼을 위해 복음을 전하게 하소서.

🧍 주신 복음을 허락하신 때마다 담대하게 전합시다.

성장을 위한 노력

읽을 말씀 : 마태복음 24:44-51

●마 24:45 충성되고 지혜 있는 종이 되어 주인에게 그 집 사람들을 맡아 때를 따라 양식을 나눠 줄 자가 누구냐

시민들이 모여서 토론을 하던 문화가 있던 그리스의 아고라 광장 연단에 앳된 청년이 나왔습니다.

약관의 나이에 이미 그리스에서 가장 뛰어난 학자로 칭송받던 청년인 데모스테네스가 무슨 연설을 할지 사람들은 잔뜩 기대하고 있었습니다. 그러나 데모스테네스는 한참을 우물쭈물하더니 몇 마디도 제대로 하지 못하고는 얼굴이 빨개져 광장을 빠져나갔습니다.

사람들은 "데모스테네스의 지식은 오로지 책으로만 들을 수 있다"며 놀렸습니다. 사람들의 놀림보다도 자신이 아는 걸 제대로 전하고 싶었던 데모스테네스는 말을 잘하게 되기 전까진 사람을 만나지 않겠다는 의지로 머리 절반을 밀어버렸습니다.

입에 자갈을 물고 다니며 호흡을 여유롭게 하는 훈련을 하며 밤마다 지하에 있는 서재에서 발성연습을 한 데모스테네스는 7년 뒤 다시 아고라 광장에 나타났습니다.

사람들은 데모스테네스가 오랜만에 다시 웃음을 주러 왔다며 놀렸지만 데모스테네스는 최고의 웅변가로 다시 태어났고, 그리스 역대 제일의 웅변가이자 정치가로 인정받는 사람이 됐습니다.

비전이 있고, 꿈이 있는 사람은 그에 맞는 노력을 해야 합니다. 하나님이 주신 사명을 위해 합당한 노력을 하고 있는지 돌아보십시오. 아멘!!

💙 주님! 하나님이 주신 기회를 잡기 위해 최선을 다하게 하소서.

🔲 더 큰 사명을 위해 더 큰 노력을 합시다.

사랑의 알파벳

읽을 말씀 : 마태복음 24:3-14

●마 24:12 불법이 성하므로 많은 사람의 사
랑이 식어지리라

하와이대학의 일레인 햇필드 교수의 연구에 따르면 사람은 7
살 때도, 20살 때도, 70살 때도 '사랑'에 제일 관심이 많다고 합
니다.

인생이 행복하기 위해서는 제대로 사랑을 배워야 한다 해도
과언이 아닌 셈입니다. 다음은 영어 알파벳 A부터 F가 가르쳐
주는 사랑의 원리입니다.

1. Accept – 수용
서로를 받아들이는 것이 사랑입니다.
2. Believe – 믿음
서로에 대한 완전한 믿음이 사랑입니다.
3. Care – 돌봄
상대의 몸을 내 몸처럼 돌보는 것이 사랑입니다.
4. Desire – 소망
상대방이 나보다 더 잘되기를 바라는 것이 사랑입니다.
5. Erase – 삭제
상대방의 허물을 빨리 잊는 것이 사랑입니다.
6. Forgive – 용서
상대방의 모든 것을 용서하는 것이 사랑입니다,

진정한 사랑은 모든 것을 줄 수 있고, 모든 것을 포기할 수 있
습니다. 예수님이 보여주신 완벽한 사랑의 본을 닮아가기 위해
노력하십시오. 아멘!!

💟 주님! 모든 행위에 사랑을 더하게 하소서.
🖼 날 향한 하나님의 사랑을 느낌으로 참된 사랑을 실천합시다.

우연의 응답

읽을 말씀 : 마태복음 6:5-15

● 마 6:6 너는 기도할 때에 네 골방에 들어가 문을 닫고 은밀한 중에 계신 네 아버지께 기도하라 은밀한 중에 보시는 네 아버지께서 갚으시리라

　영국 맨체스터의 윌리엄 템플이라는 목회자가 옥스퍼드대학 채플에 말씀을 전하러 강단에 섰습니다.

　세계 최고의 수재들이 모인 예배에서 템플은 "기도를 응답하시는 주님"이라는 제목으로 그동안 체험했던 놀라운 하나님의 응답을 학생들에게 전했습니다. 말씀을 전한 뒤 시큰둥한 학생들의 반응을 보고 템플이 혹시 질문이 있으면 해도 좋다고 하자 한 학생이 이런 말을 했습니다.

　"지금 같이 과학이 발달한 시대에 기도가 응답받았다는 것은 말이 되지 않습니다. 기도를 응답받지 못한 사람이 모르긴 몰라도 10배는 더 많을 텐데 그런 우연의 일치를 두고 뻔뻔하게 하나님의 응답이라고 말하는 것은 미신이 아닐까요?"

　템플이 대답했습니다.

　"맞습니다. 어쩌면 우연의 일치일지도 모릅니다. 그런데 이상하게 기도를 하지 않으면 그런 우연이 일어나지 않습니다. 기도 없이 이런 우연을 만난 사람을 혹시 알고 계십니까?"

　질문을 던진 청년은 물론 채플에 있던 어떤 학생도 아무 말도 할 수 없었습니다.

　하나님은 기도를 통해 역사하시고, 기도하는 사람을 사용하십니다. 하나님의 능력을 체험할 수 있는 유일한 방법인 기도로 더 열심히 부르짖으십시오. 아멘!!

♡ 주님! 기도로 하나님의 마음을 알아가며 믿음이 성장하게 하소서.
🎴 가장 좋은 것을 베푸실 주님을 믿고 오로지 기도합시다.

하나님의 계획

읽을 말씀 : 에베소서 1:3-14

●엡 1:11 모든 일을 그의 뜻의 결정대로 일하시는 이의 계획을 따라 우리가 예정을 입어 그 안에서 기업이 되었으니

　　미국 캐롤라이나에서 있었던 한 연합 집회의 마지막 날에 수련회 기간 동안 은혜를 받은 사람들이 한 명씩 나와서 간증을 하는 시간이었습니다.

　　한 여인이 강단에 나와 자신의 서명이 적힌 종이 한 장을 높이 들며 말했습니다.

　　"저는 하나님의 뜻이 무엇인지는 아직 잘 모릅니다. 그러나 그 뜻이 무엇이든 간에 무조건 따르겠다는 의미로 이 서약서를 가지고 나왔습니다. 이 빈칸을 하나님께서 어떻게 채우시든지 저는 무조건 따를 것입니다."

　　오스왈드 샌더스 목사님은 자신의 저서에 이 일화와 더불어 자신을 찾아온 한 젊은이의 이야기도 적었습니다. 목사님을 찾아온 젊은이는 목사님에게 이렇게 말했습니다.

　　"일단 아시아 지역을 쭉 돌고 오려고 합니다. 제가 충분히 버틸 수 있다면 선교사가 될 수 있을 것 같다고 생각해요."

　　샌더스 목사님은 이 두 사람의 아름다운 일화를 소개하며 "하나님의 뜻에 따라 살겠다는 계획은 미리 대가를 생각하지 않는 것"이라고 설명했습니다.

　　하나님의 뜻에 모든 것을 믿고 따르는 그리스도인은 하나님의 능력을 힘입어 삽니다. 부족한 나의 지혜와 능력을 의지하지 말고 모든 것을 아시고, 모든 것을 채우시는 주님을 의지하십시오. 아멘!!

♡ 주님! 더 크신 하나님의 능력을 따를 수 있는 믿음을 주소서.

✿ 나의 계획보다도 주님의 인도하심을 우선으로 놓고 따릅시다.

실패를 극복하는 법

읽을 말씀 : 시편 119:43-50

● 시 119:50 이 말씀은 나의 고난 중의 위로라 주의 말씀이 나를 살리셨기 때문이니이다

　자동차에 필요한 수많은 부품들을 발명한 찰스 케터링은 자신을 '실패 전문가'라고 불렀습니다.

　수없이 많은 실패를 경험한 케터링은 실패에 낙심하는 사람들을 위한 3가지를 조언을 했습니다.

　1. 정직하게 실패를 인정하십시오.

　2. 실패를 이용하십시오.

　3. 실패했다고 포기하고 무력해지지 마십시오.

　케터링은 실패는 누구에게나 찾아오기 때문에 두려워하기보다 극복해야 한다고 말했습니다.

　그 누구보다 많은 실패를 경험했던 미국의 제16대 대통령 에이브러햄 링컨은 실패에 대해 이렇게 말했습니다.

　"내가 걸어온 길은 언제나 험하고 미끄러웠습니다. 때로는 발을 헛디뎌 길 밖으로 굴러 떨어질 때면 모든 것을 잃는 것 같았지만 스스로 '길이 약간 미끄러울 뿐이지 낭떠러지는 아니야'라고 되뇌이며 다시 일어섰습니다."

　실패는 과정이지 결과가 아닙니다. 또 다른 기회이기도 합니다. 작은 어려움과 실패들에 하나님을 원망하고 주저앉아 포기하는 약한 마음을 버리고 항상 함께 하시는 하나님과 더불어 힘을 내십시오. 아멘!!

♡ 주님! 실패에도 나를 사랑하시는 주님을 통해 힘을 얻게 하소서.

🧩 실패를 경험할 때마다 3가지 수칙을 기억합시다.

딱 한 번만 더

읽을 말씀 : 시편 39:1-7

●시 39:7 주여 이제 내가 무엇을 바라리요 나
의 소망은 주께 있나이다

　미국의 몽고메리라는 소녀는 어려서부터 글에 재능을 보였습
니다. 소설과 시, 산문까지 다양한 글을 쓰며 실력을 키웠던 몽
고메리였지만 대학을 졸업한 뒤 생계를 위해 교사가 될 수밖에
없었습니다.

　그러나 교사생활 중에도 작가의 꿈을 도저히 포기할 수 없었
던 몽고메리는 일을 그만두고 예전부터 꿈꿔왔던, 11살의 외로
운 소녀가 위기를 극복하는 이야기를 소설로 썼습니다.

　그러나 원고를 받은 출판사들은 아무도 관심 없는 시시콜콜한
이야기라며 모두 거절했습니다. 좌절한 몽고메리는 꿈을 포기하
고 다시 교사가 되려고 했는데 기왕 시작한 거 마지막으로 한 번
만 더 보내보자고 결심했습니다.

　마지막 기회에 단돈 50만원의 원고료를 받고 탄생한 '빨간머
리 앤'은 엄청난 인기를 끌었고 독자들의 요청으로 몇 번이나 후
속작을 냈습니다. 뿐만 아니라 몽고메리는 이 책으로 나중에 영
국 여왕이 주는 훈장까지 수여받았습니다.

　세계 최고의 영화산업단지인 할리우드에서 만드는 영화의 성
공률은 15%입니다. 10편 중 1편의 성공이 할리우드의 명성을
만든 것입니다. 주님 안에서 9번의 실패가 아닌 1번의 성공을
바라보고 사는 믿음과 용기를 주님께 구하십시오. 아멘!!

♡ 주님! 한 번의 성공을 위해 9번의 실패를 참는 인내를 주소서.
❀ 더 이상 할 수 없다고 생각될 때 한 번만 더 시도합시다.

할 수 있다는 생각

읽을 말씀 : 누가복음 11:37-42

● 눅 11:42 너희가 박하와 운향과 모든 채소의 십일조는 드리되 공의와 하나님께 대한 사랑은 버리는도다 그러나 이것도 행하고 저것도 버리지 말아야 할지니라

캐나다의 데일 스미스는 스키 선수가 되고 싶었습니다.

전문적으로 훈련을 받기에 돈이 부족했던 데일은 훈련비를 벌려고 친구와 사업을 시작했습니다. 그런데 사업에 엄청난 잠재력이 있어 데일이 창업한 IT회사는 2년 만에 세계 3위의 기업으로 성장했습니다.

엄청난 부를 얻었지만 스키 선수의 꿈을 포기하지 않았던 데일은 짬을 내어 훈련도 열심히 했습니다. 하지만 주위에서는 데일에게 둘 중 하나를 포기하라고 말했습니다. 올림픽에서 메달을 따려면 사업을 포기하고 훈련만 해야 하며, 사업을 유지하려면 스키를 포기해야 한다고 말입니다.

하지만 '두 가지 다 할 수 있다'고 생각한 데일은 자신의 코치와 갈등이 생겼고 결국 캐나다를 떠나 호주로 이민을 했습니다.

호주에서 자신의 팀을 꾸린 데일은 훈련을 받으며 사업도 병행했는데 3년 만에 국가대표 선수가 됐고 3번의 도전 끝에 밴쿠버 동계올림픽에서 금메달을 따냈습니다.

호주 역사상 3번째로 금메달을 딴 주인공이 된 베일은 호주 우표에 얼굴이 실릴 정도로 스키 선수로도 성공을 거뒀고, 사업 역시 꾸준히 성장시켜 나가고 있습니다.

하나님의 말씀을 근거로 할 수 있다고 생각할 때 우리는 정말로 할 수 있습니다. 모든 것을 할 수 있다고 말씀하신 주님을 향한 믿음으로 오늘도 전진하십시오. 아멘!!

♡ 주님! 하나님의 전능하심으로 많은 것을 누리게 하소서.

▨ 가정과 직장, 신앙과 꿈, 모든 것을 주님과 함께 이뤄갑시다.

작은 일에 충성하라

읽을 말씀 : 누가복음 19:11-27

● 눅 19:17 주인이 이르되 잘하였다 착한 종이여 네가 지극히 작은 것에 충성하였으니 열 고을 권세를 차지하라 하고

지방대학을 졸업했지만 우수한 실력으로 외국계 기업에 입사한 여성이 있었습니다. 그런데 취업 첫날 맡은 업무가 고작 복사였습니다. 자존심이 상할 수도 있었지만 그녀는 묵묵히 복사를 더 잘하는 방법을 찾아 노력했습니다.

그녀는 깨끗한 복사를 위해 종이를 대는 판과 덮는 판을 수시로 전문 약품으로 닦았습니다. 스테이플러도 자를 대고 항상 정확한 위치에 찍으려고 노력했습니다.

회사의 모든 직원들이 복사된 종이만 보고도 그녀가 한 걸 알 정도였습니다. 복사를 잘한다는 소문에 일은 점점 늘었지만 밤을 새서라도 주어진 양을 마쳤습니다. 이렇게 '복사를 완벽하게 하는 여자 직원'의 소문은 온 회사에 퍼졌고 어느덧 사장님까지 알게 됐습니다.

사장님은 복사에 최선을 다하는 직원은 믿고 쓸 수 있다며 그녀를 원하는 부서에 정식으로 배치시켰으며 그녀는 승진을 거듭해 대한민국 최초의 여성 임원으로 유명세를 날렸습니다. 각종 출판 제의와 취재 요청이 들어왔지만 그녀는 그저 할 일을 했을 뿐이라며 인터뷰는 가명을 써 약식으로만 했고, 책은 단 한권도 내지 않았습니다.

하나님이 우리에게 바라는 충성은 크고 어려운 일이 아닙니다. 지금 내 눈 앞에 보이는 작은 일 하나씩 먼저 충성하십시오. 아멘!!

💚 주님! 작은 일에 충성하고, 성공 뒤에 겸손하게 하소서.
🔲 내가 작은 일이라고 생각되는 일일수록 최선을 다합시다.

변화의 가능성

읽을 말씀 : 골로새서 3:18-25

●골 3:25 불의를 행하는 자는 불의의 보응을 받으리니 주는 사람을 외모로 취하심이 없느니라

미국의 가장 유명한 연기 코치인 워런 로버트슨은 제자를 절대로 가려 받지 않습니다. 그가 가르친 학생들 중에는 브로드웨이와 할리우드에서 활약하는 사람들이 너무 많아 일일이 이름을 다 열거할 수도 없을 정도지만 그럼에도 사람을 가려 받지 않는 이유는 누구든지 변할 수 있다는 가능성을 믿기 때문입니다.

그는 자신이 쓴 책 '연기의 첫걸음'에서 그 이유에 대해 다음과 같이 설명했습니다.

"저는 15년 이상 만 명이 넘는 사람들을 가르쳤고, 그중 많은 학생들이 유명한 극단에서 주연 및 조연이 됐습니다. 또 몇몇 학생들은 할리우드와 브로드웨이에서 주는 최고의 상을 받았습니다.

제가 가르친 사람들은 모델, 권투선수, 비서, 경찰, 노동자, 웨이트리스, 택시기사, 심지어 가정주부도 있었습니다. 도대체 어떤 사람들이 배우로 성공했을까요? 제가 발견한 단 한 가지 공통점은 바로 자기가 변할 수 있다고 생각하는 능력이었습니다. 돈이 없고 절망적인 상태에서 답답함에 갇혀 있어도 나는 변할 수 있다. 연기를 할 수 있다고 생각하는 사람들은 어떤 상황에서도 훌륭한 배우가 됐습니다."

구원의 복음을 믿는 사람들은 예수님으로 인해 모두 변화됩니다. 내가 변할 수 있다는 말씀을 믿고 더 나은 변화를 바라보며 사십시오. 아멘!!

♡ 주님! 주님의 능력을 힘입어 변할 수 있다는 자신감을 주소서.
🔲 더 좋은 모습으로, 더 좋은 신앙으로 바뀔 수 있다고 생각합시다.

걱정을 맡겨라

읽을 말씀 : 누가복음 12:22-34

● 눅 12:29 너희는 무엇을 먹을까 무엇을 마실까 하여 구하지 말며 근심하지도 말라

근심, 걱정이 너무 많아 고민인 남자가 있었습니다.

하루는 그 사람이 친구를 찾아가 이제 자신은 아무런 걱정이 없다고 말했습니다.

"나 대신 걱정해줄 사람을 구했네. 한 달에 백만 원만 주면 그 사람이 모든 걱정을 대신해준다네."

"그래? 그런데 한 달에 백만 원씩 주려면 걱정이 많겠는 걸?"

친구의 말에 남자는 웃으며 말했습니다.

"그것 역시 걱정 없지. 그 문제도 그 사람이 걱정해야 되거든."

스웨덴의 한 그룹이 가수로 데뷔한 직후 인기를 끌지 못해 전전긍긍하고 있었습니다. 멤버들끼리 모여 매일같이 돈 문제, 공연 문제, 활동 문제들을 걱정하다 보니 연습도 되지 않았습니다. 하루는 이 모습을 보다 못한 매니저가 팀원들을 모아놓고 이렇게 소리쳤습니다.

"그런 문제들은 내가 해결할 테니까 너희는 노래만 집중해!"

이 그룹은 세계적인 보컬 그룹 '아바(ABBA)'입니다.

매니저의 말을 전적으로 믿은 그들은 이후로 노래에만 전념했고 이들의 노래는 '맘마미아'라는 뮤지컬로도 제작돼 세계적으로 큰 성공을 거뒀습니다.

예수님은 나의 모든 걱정을 주님께 맡기라고 말씀하셨습니다. 걱정 대신 기도로 모든 근심을 주님께 아뢰고 맡겨 버리십시오. 아멘!!

♡ 주님! 하나님께 모든 걱정을 내어놓고 감사하게 하소서.

🧎 지금 내가 걱정하는 일을 위해 할 수 있는 일을 시작합시다.

작은 차이가 만드는 것

읽을 말씀 : 마태복음 10:34-42

●마 10:42 또 누구든지 제자의 이름으로 이 작은 자 중 하나에게 냉수 한 그릇이라도 주는 자는 내가 진실로 너희에게 이르노니 그 사람이 결단코 상을 잃지 아니하리라 하시니라

유명한 강사인 마크 샌번의 집에 우체부가 찾아왔습니다. 이사 온 지 얼마 되지 않은 마크에게 우체부는 자신을 소개하며 직업을 물었습니다.

"저는 이 동네의 우편물을 전달하는 우체부 프레드입니다. 실례지만 직업이 어떻게 되시죠?"

"일 년에 절반 정도를 돌아다니는 강사입니다."

그러자 프레드는 뜻밖의 제안을 했습니다.

"그러면 내일 제가 올 때 스케줄 표를 주시겠습니까? 마크 씨 앞으로 오는 우편물을 모아서 집에 계시는 날만 전달해드리겠습니다. 우편물이 쌓여 있으면 도둑이 들 확률이 높습니다."

마크가 프레드에게 감사의 인사를 건네며 이렇게까지 자기에게 호의를 베푸는 이유를 묻자 프레드가 대답했습니다.

"전 이 동네의 모든 사람들에게 똑같이 한답니다."

프레드는 우편물 배달뿐 아니라 자신이 할 수 있는 작은 선행을 모든 사람에게 베풀었고 그의 선행에 감복한 마크는 '우체부 프레드'라는 책을 썼습니다. 이 책은 순식간에 베스트셀러가 되며 자신의 일에서 행복을 추구하는 '프레드 열풍'을 미국에 불러일으켰습니다.

사랑을 실천하고, 선행을 베풀고, 사람의 마음을 얻는 것은 큰일이 아닌 작고 소소한 일에서 시작됩니다. 하나님이 주시는 작은 감동부터 삶에서 실천하십시오. 아멘!!

♡ 주님! 작은 일도, 큰일도 하나님의 사랑을 담아 실천하게 하소서.

🦋 지금 나의 일을 통해 사랑을 실천할 수 있는 방법을 찾읍시다.

9월

"하늘에서는 주 외에 누가 내게 있으리요
땅에서는 주 밖에 내가 사모할 이 없나이다 "
(시편 73편 25절)

불신자를 통한 도전

읽을 말씀 : 에베소서 5:15-21

● 엡 5:17 그러므로 어리석은 자가 되지 말고 오직 주의 뜻이 무엇인가 이해하라

『수원에서 개척을 한 지 얼마 되지 않았을 때에 교회에 열심히 나오던 홍씨 성을 가진 자매가 찾아와 아버지 전도를 부탁했다.

나는 자매의 아버지를 찾아가 30분 동안 복음을 전했는데 이야기를 듣던 자매의 아버지가 대뜸 이런 말을 했다.

"하나님이 정말 그렇게 훌륭하십니까? 그렇다면 다 쓰러져 비가 줄줄 새는 교회당을 왜 그대로 방치하십니까? 자기를 믿는 사람한테 그렇게 무관심한 하나님은 믿고 싶지 않습니다."

나는 이 말을 듣고 마치 비수에 찔린 것 같았다. 마치 하나님이 자매의 아버지를 통해 교회 건축을 하라는 도전을 주시는 것 같았다. 그 주 내내 기도하던 나는 교회 건축이 하나님의 뜻이라는 걸 확신하고 주일 예배 때 교회를 건축하겠다고 공표했다.

성도들과 의논도 없이 건축을 결정했다고 화가 난 수석 집사님과 세 명의 성도는 교회를 떠났지만 다른 성도들은 합심해서 건축을 위해 기도했고 몇 년 뒤 완공된 교회에는 다시 600여 명의 성도가 예배당을 가득 채우는 부흥이 일어났다.』

(김장환 목사 개인 노트에서 발췌 편집)

때때로 하나님께서는 믿지 않는 사람들의 말과 행동을 통해 우리를 자극하고 교훈하십니다. 충분한 기도의 교제로 매일 일어나는 일들을 통한 하나님의 마음과 뜻을 올바로 분별하십시오. 아멘!!

♡ 주님! 주님과의 친밀한 교제의 시간을 놓치지 않게 하소서.

🧩 내 감정과 상황을 벗어난 더 높은 차원의 하나님의 뜻을 바라봅시다.

진짜 노력을 하라

읽을 말씀 : 히브리서 5:1-14

● 히 5:14 단단한 음식은 장성한 자의 것이니 그들은 지각을 사용함으로 연단을 받아 선악을 분별하는 자들이니라

15살의 소년 바비 피셔가 세계 최고의 체스 선수에게 주는 그랜드마스터 칭호를 받았을 때 사람들은 "천재가 나타났다"며 열광했습니다.

하지만 '1만 시간의 법칙'을 발견한 영국의 에릭슨 박사는 이에 동의하지 않았습니다. 7살부터 체스를 시작한 바비는 벌써 9년이란 세월을 체스에 쏟아 부었기 때문입니다. 수많은 분야의 소위 '마스터'들을 연구한 결과 한 분야의 장인이 되기 위해선 2가지 조건이 필요했습니다.

1. 시간입니다.

1급의 평가를 받는 부류는 평균적으로 1만 시간 이상을 투자했고, 2급은 7,500시간, 3급은 5,000시간 정도를 투자했습니다. 이는 운동이나 예술뿐 아니라 의학이나 공부 같은 분야에도 동일하게 적용됐습니다.

2. 자발적인 훈련입니다.

어렸을 때 두각을 나타내는 소위 천재형의 경우 대부분 부모님의 요구로 노력을 했고, 10년 뒤에도 살아남는 천재들은 거의 없었습니다. 장인들은 스스로 1만 시간을 투자했습니다.

하나님을 위해 드리는 시간이 내 삶의 중심이 될 때, 그리고 그 시간을 정말로 즐거워할 때 나의 믿음이 자라납니다. 기도와 말씀, 예배를 위한 시간을 기쁨으로 드리십시오. 아멘!!

🖤 주님! 진심으로 하나님을 기뻐하고, 감사하게 하소서.

🖼 말씀과 기도, 드리는 예배를 내면의 동기를 통해 즐거이 드립시다.

9월 3일

실패의 지름길

읽을 말씀 : 마태복음 7:7-14

●마 7:13 좁은 문으로 들어가라 멸망으로 인도하는 문은 크고 그 길이 넓어 그리로 들어가는 자가 많고

세계적인 C.E.O.이자 유명 컨설턴트 33인이 공동 집필한 '빅무(The Big Moo)'라는 책에 나오는 '10가지 실패의 지름길'입니다.

01. 내용을 공유하지 않고 혼자만 알고 있다.
02. 자신만 옳다고 확신해서 반대하는 사람들을 무시한다.
03. 일을 시킬 때 비합리적인 기준을 제시한다.
04. 머릿속에 떠오른 생각들을 절대로 시험해 보지 않는다.
05. 내 아이디어를 부끄럽게 여기고, 다른 사람들이 제시한 아이디어만 신경 쓴다.
06. 사람들의 동의가 있어야만 일을 할 수 있다고 생각한다.
07. 여러 아이디어가 필요한데 하나의 아이디어만 선택한다.
08. 내 의견을 수용하지 않는 사람은 고집이 세고 시야가 좁고 멍청하다고 생각한다.
09. 책임자를 만나야만 내 의견이 이루어진다고 생각한다.
10. 항상 큰 성공만 꿈꾼다.

위의 내용들은 실패를 다루고 있지만 대부분 사람 사이의 관계가 얼마나 중요한지 알 수 있는 지침입니다. 하나님은 사람을 통해, 또한 관계를 통해 역사하십니다.

'나'와 '남'이 아름답게 연합하며 하나님의 말씀을 세상에 전할 수 있는 성공의 지름길을 찾으십시오. 아멘!!

♡ 주님! 만나는 사람들을 통해 하나님의 역사가 일어나게 하소서.
🖼 10가지 지름길 중 나의 모습이 있다면 고칩시다.

습관의 위력

읽을 말씀 : 다니엘 6:1-10

● 단 6:10 다니엘이 이 조서에 왕의 도장이 찍힌 것을 알고도 자기 집에 돌아가서는 윗방에 올라가 예루살렘으로 향한 창문을 열고 전에 하던 대로 하루 세 번씩 무릎을 꿇고 기도하며

미국 프로농구 명예의 전당에 입성한 래리 버드가 선수 시절 한 음료 회사의 광고를 찍고 있었습니다. 버드가 3점 라인에서 슛을 던졌고 공은 포물선을 그리며 깨끗하게 골대 안으로 들어갔습니다.

그런데 촬영감독이 NG를 선언했고 버드도 고개를 갸웃거렸습니다. 잠시 후 촬영이 재개되었고 다시 날린 슛은 또 깨끗이 골대 안으로 들어갔습니다.

무려 9번이나 골이 성공했고 마침내 10번째야 아슬아슬하게 공이 튕겨 나왔습니다. 그러자 촬영감독의 오케이 사인이 떨어졌고 버드도 환호했습니다.

슛이 골대에 들어가지 않아 고민하던 버드가 음료수를 마시고 멋지게 슛을 성공시킨다는 콘티였는데 슛을 정확하게 쏘는 자세가 습관이 돼서 자꾸 들어가 버렸던 것입니다.

그리스의 철학자 아리스토텔레스는 알렉산더 대왕에게 습관에 대해 이렇게 가르쳤습니다.

"중요한 것은 행동이 아닌 습관입니다. 반복하는 행동이 습관이 되고 그 습관이 내가 되기 때문입니다."

성공하는 습관을 가진 사람은 성공합니다. 신앙도 성공하기 위해선 매일 5분 만이라도, 한 가지라도 하나님과 교제할 수 있는 습관이 필요합니다. 하나님께 더 가까이 가기 위해 필요한 습관을 시작하십시오. 아멘!!

♡ 주님! 예수님처럼 습관을 좇아 섬기게 하소서.
▨ 하나님의 뜻을 알기 위한 좋은 습관 하나를 오늘부터 시작합시다.

약속의 가치

읽을 말씀 : 열왕기상 8:54-61

●왕상 8:56 그가 말씀하신 대로 그의 백성 이스라엘에게 태평을 주셨으니 그 종 모세를 통하여 무릇 말씀하신 그 모든 좋은 약속이 하나도 이루어지지 아니함이 없도다

미국 앨라배마주의 월터는 힘들게 첫 직장을 구했습니다.

고객의 이삿짐을 날라주는 회사인 벨홉스에 입사한 월터는 '첫 출근에서 최고의 모습을 보여 주겠다'고 스스로와 약속했습니다. 그런데 출근 전날 저녁에 자동차가 고장나 시동이 걸리지 않았습니다.

고객의 집은 32km나 떨어진 곳이라 대중교통은 첫차를 타도 시간에 맞출 수 없었습니다. 월터는 결국 자신과의 약속을 지키기 위해서 자정부터 집을 나와 걸었습니다.

새벽 4시쯤 거리를 방황하는 월터를 수상하게 여긴 경찰이 사정을 듣고는 오히려 차로 데려다줘 다행히 약속시간보다 훨씬 일찍 고객의 집에 도착할 수 있었습니다.

사정을 들은 고객은 월터의 열정에 놀라며 다른 직원들이 올 때까지 잠시 쉬라고 했지만 월터는 괜찮다며 먼저 일을 시작했습니다. 월터의 사연은 고객과 다른 직원들을 통해 빠르게 퍼져 벨홉스의 사장인 마클린의 귀에까지 들어갔습니다.

월터의 이야기에 감동을 받은 사장은 월터의 행동이 '우리 회사가 추구하는 서비스 정신'이라고 칭찬하며 보너스로 차를 선물했습니다.

약속의 가치는 지키려는 사람의 태도로 알 수 있습니다. 모든 약속은 최선을 다해 지켜야 합니다. 나와의 약속, 사람들과의 약속, 특별히 하나님과의 약속은 최선을 다해 지키십시오. 아멘!!

♡ 주님! 약속을 지키시는 주님을 믿고 지킬 약속만 하게 하소서.

한 번 정한 약속은 핑계를 대지 말고 무조건 지킵시다.

리더와 보스의 차이

읽을 말씀 : 요한1서 5:1-12

●요일 5:4 무릇 하나님께로부터 난 자마다 세상을 이기느니라 세상을 이기는 승리는 이것이니 우리의 믿음이니라

미국의 인터넷에서 이슈가 됐던 '리더와 보스의 6가지 차이점' 입니다.

1. 보스는 다른 이와 경쟁하지만 리더는 자신과 경쟁합니다.
   그래서 리더는 경쟁자와 싸움을 할 필요가 없습니다.
2. 보스는 성과를 자랑하지만 리더는 희생합니다.
   그래서 보스는 스스로 성과를 챙겨야 하지만 리더는 모두가 함께 챙겨줍니다.
3. 보스는 스스로 올라가지만 리더는 역사가 세웁니다.
   모든 사람들의 인정을 받는 사람만이 역사에 기억됩니다.
4. 보스의 영향력은 떠날 때 사라지지만 리더의 영향력은 떠나면서 시작됩니다.
   끝까지 본을 보이는 사람들은 모두 뛰어난 리더입니다.
5. 보스는 사람들을 지배하지만 리더는 사람들을 섬깁니다.
   보스는 힘을 과시하지만 리더는 사람들이 스스로 따릅니다.
6. 보스는 뒤에서 사람들을 등밀어 보내지만 리더는 사람들을 인도합니다.

보스는 자신만 살려고 하고, 리더는 사람들을 살리려 합니다.
예수님은 역사상 가장 뛰어난 리더의 본을 보이시고 새로운 역사를 창조하셨습니다. 예수님의 모습을 본 받아 세상을 진리로 인도하는 뛰어난 리더가 되기를 꿈꾸십시오. 아멘!!

💙 주님! 이미 승리하신 주님을 따라 세상에서 승리하게 하소서.
🎴 세상에서 믿음으로 승부하는 리더가 됩시다.

9월 7일

끈기의 승리

읽을 말씀 : 고린도후서 4:13-18

●고후 4:16 그러므로 우리가 낙심하지 아니하노니 우리의 겉사람은 낡아지나 우리의 속사람은 날로 새로워지도다

미국의 야구선수 모리 윌스는 프로에 진출하며 친구들에게 당당히 자신의 꿈을 말했습니다.

"앞으로 2년 안에 메이저리그의 슈퍼스타가 될 거야!"

모리는 열심히 노력했습니다. 그러나 2년이 지나 무려 8년이 지났음에도 마이너리그를 전전했습니다.

기다림에 지친 모리는 메이저리거의 꿈을 포기하려고 했지만 그의 노력을 눈여겨본 1루 코치는 조금만 더 노력하자며 붙잡았습니다. 모리는 자기를 믿어주는 1루 코치와 함께 타격폼을 더 효율적으로 바꿨고 빠른 발을 살려 도루에 신경을 썼습니다.

8년간 투수의 습관을 연구한 덕분에 모리에게는 어떤 투수로부터도 도루에 성공할 수 있는 능력이 생겼습니다. 주전의 부상으로 천재일우의 메이저리그 데뷔 기회를 얻은 모리는 쉴 틈 없는 도루로 상대 투수를 흔들었고 승리의 주역이 됐습니다.

모리는 10년 만에 데뷔한 메이저리그에서 104개의 도루를 성공하며 47년간의 기록을 깼고 내셔널리그 MVP를 수상했습니다. 당시 기자들은 모리의 기록을 베이브 루스의 60홈런보다 대단하다고 평가했습니다.

포기하지 않는 사람에게 반드시 길은 열립니다. 언제나 나에게 좋은 것을 주시는 주님이심을 믿고 은혜의 그날이 오기까지 감사와 기쁨만을 주님께 드리십시오. 아멘!!

♡ 주님! 약속을 이루실 주님만을 바라보며 전진하게 하소서.

넘어지고, 또 쓰러져도 회개함으로 다시 주님 앞에 섭시다.

그래도 살아야 할 이유

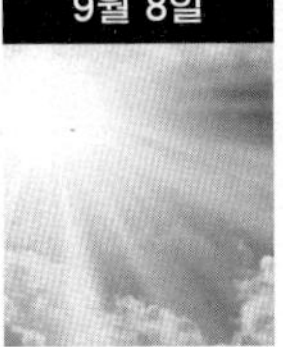

읽을 말씀 : 요한복음 6:60-71

● 요 6:63 살리는 것은 영이니 육은 무익하니라 내가 너희에게 이른 말은 영이요 생명이라

　러시아의 대문호 톨스토이의 소설 중 구두 수선공 마르틴이 친구와 대화를 하는 장면입니다.

　평생 남의 구두만 고치는 인생에 싫증이 난 마르틴은 친구에게 이런 말을 했습니다.

　"나의 삶은 아무런 소망이 없네. 나는 매일 하나님께 그저 죽게 해달라고 빌 뿐이야."

　그러자 친구가 말했습니다.

　"그건 잘못된 생각이네. 우리의 인생이 어떻든 그건 하나님의 뜻에 의해서 결정되는 거야. 자네를 살게 하려고 하나님의 아들이 돌아가신 거야. 자네는 자네가 아니라 하나님을 위해 살아야 해."

　마르틴은 잠시 생각에 빠졌다가 그렇다면 어떻게 사는 것이 하나님을 위해 사는 것인지 물었고 친구가 대답했습니다.

　"그건 이미 그리스도께서 가르쳐주셨네. 성경에 모든 것이 나와있어. 매일 성경을 읽다보면 하나님을 위한 삶이 어떤 삶인지 알 수 있게 될걸세."

　마르틴은 그날부터 매일 성경을 읽기 시작했고, 점점 하나님을 알아가며 마음이 가벼워졌습니다.

　하나님이 나를 위해 예수님을 이 땅에 보내셨다는 이유만으로 분명히 살아야 할 이유가 있습니다. 하나님이 허락하신 놀라운 삶을 하나님의 뜻을 위해 헌신하십시오. 아멘!!

♡ 주님! 영을 살리는 말씀으로 날마다 생명수를 공급받게 하소서.

▨ 성경을 통해 나를 향한 하나님의 뜻이 무엇일지 묵상합시다.

행복한 경쟁력

읽을 말씀 : 빌립보서 2:1-11

●빌 2:4 각각 자기 일을 돌볼뿐더러 또한 각각 다른 사람들의 일을 돌보아 나의 기쁨을 충만하게 하라

고향에서 작은 유통업체를 창업한 짐 시네갈은 회사의 원칙을 다음과 같이 세웠습니다.

"제품의 가격은 최대한 낮추고,

직원의 임금은 최대한 높일 것."

제품의 가격을 낮추려면 직원의 임금을 낮추는 것이 상식적인 계산이었기 때문에 사업가와 경제학자들은 이 원칙이 엉터리라고 말했습니다. 그러나 짐은 그런 비판에 이렇게 대답했습니다.

"저임금은 노동과 서비스의 질을 떨어뜨리기 때문에 매출도 낮아지고 수익도 낮아집니다."

회사는 점점 커지고 증시에 상장도 됐습니다. 주주들은 이익을 위해 복지를 줄이고 임금을 내리라고 요구했습니다. 그러나 짐은 3년 마다 임금을 올렸습니다. 짐이 세운 회사의 평균 임금은 동종업계보다 무려 2배나 높았습니다.

20년이 지나 짐이 세운 '코스트코'는 세계적인 유통업체로 성장했고, 사원들이 직장을 평가하는 사이트 글래스도어에서 '직원들이 선정한 미국 최고의 회사'에 1위 구글에 이어 2위로 선정됐습니다.

사람은 기계가 아니기에 행복함을 느낄 때 생산성이 올라가고 능력을 더 발휘합니다. 직장에서의 행복이 사업의 성공을 이끌고 삶의 행복의 토대가 되듯이 하나님이 주신 놀라운 기쁨으로 더욱 행복해지는 신앙생활을 가꾸어 가십시오. 아멘!!

♡ 주님! 눈앞의 이익을 좇지 않고 하나님의 감동을 따르게 하소서.

🔲 손해보는 일 같아도 법을 지키고 말씀을 따라 원칙을 지킵시다.

결정은 나의 몫

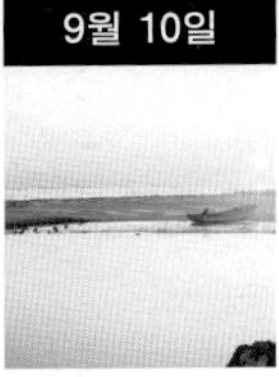

읽을 말씀 : 고린도후서 5:1-9

● 고후 5:9 그런즉 우리는 몸으로 있든지 떠나든지 주를 기쁘시게 하는 자가 되기를 힘쓰노라

　　영국의 철학자 허버트 스펜서는 큰 고민에 빠져있었습니다. 그에게는 너무나 사랑하는 여인이 있었지만 결혼을 해야할지 확신이 들지 않았습니다. 몇 날 며칠을 고민하던 허버트는 결국 동전을 던져 결정하기로 했습니다.

　　앞면이 나오면 결혼을 하고 뒷면이 나오면 헤어지기로 마음을 먹은 허버트에게 사랑이 진심임을 알았던 친구들은 동전을 던지지 말고 고백을 하라고 권유했습니다. 하지만 친구들의 권유에도 결정을 내리지 못한 허버트는 결국 동전을 던졌습니다.

　　동전은 뒷면이 나왔고 허버트는 그녀와 헤어졌습니다. 허버트는 '사회학의 창시자'라고 불릴만큼 머리가 좋고 인정받는 학자였지만 그는 자신의 인생에 책임을 질 결정을 끝까지 내리지 못했고 어이없게도 동전던지기로 운명을 결정했습니다.

　　미국의 트루먼 대통령은 재임시절 책상 앞에 다음과 같은 글을 적어놨습니다.

　　"모든 책임은 이 자리에서 끝이 난다."

　　선택에는 성공과 실패라는 결과가 따라오기에 때로는 두렵습니다. 하지만 잘못된 길이라도 걸어가야 다시 돌아올 수 있고 바른 길을 알 수 있습니다. 끝까지 나를 포기하지 않으시고 성령님을 통해 인도하시는 하나님을 믿고 말씀을 따라 바른 선택을 하십시오. 아멘!!

♡ 주님! 세상을 두려워않고 믿음대로 행동할 용기를 주소서.

주님이 주신 자리에서 내가 맡은 바 책임을 집시다.

삶 속의 하나님

읽을 말씀 : 고린도후서 1:12-24

● 고후 1:12 우리가 세상에서 특별히 너희에 대하여 하나님의 거룩함과 진실함으로 행하되 육체의 지혜로 하지 아니하고 하나님의 은혜로 행함은 우리 양심이 증언하는 바니 이것이 우리의 자랑이라

미국 의회의 원목이었던 피터 마샬 목사님에게 한 성도가 찾아와 상담을 요청했습니다.

"교회에서의 저는 정말 기쁘고 행복합니다. 그런데 집에 돌아가고 회사에 출근을 하면 이런 기쁨이 더 이상 느껴지지 않습니다. 도대체 뭐가 문제일까요?"

이와 비슷한 질문을 수도 없이 받았다는 목사님은 책을 통해 이렇게 대답했습니다.

"만약 하나님께서 당신의 찬송 속에만 계시고 당신의 삶 속에는 계시지 않는다면 당신의 신앙은 무언가 잘못된 것입니다.

만약 하나님께서 당신의 일터에 들어가 계시지 않는다면 당신과 일터에 무언가 잘못이 있는 것입니다.

만약 당신이 자주 스트레스를 풀러 가는 오락의 장소에 하나님을 모시고 갈 수 없다면 당신이 즐기는 오락에 무언가 잘못이 있는 것입니다.

우리는 기적을 일으키는 영웅적인 하나님만 생각하지만 정말로 우리에게 필요한 것은 모든 삶 속에 거하시는 하나님을 믿는 것입니다."

하나님을 향한 믿음과 말씀을 따르는 신앙은 교회 밖에서도, 가정 안에서도 이어져야 합니다. 모든 삶의 순간을 하나님께 맡기고 이끌어주시기를 간구하십시오. 아멘!!

♡ 주님! 예배를 통해 받은 은혜를 세상에서도 잃지 않게 하소서.

🧩 하나님과 뭐든지 함께 할 수 있는 삶을 만들어 갑시다.

희망을 주는 지도자

읽을 말씀 : 마태복음 5:13-20

● 마 5:13 너희는 세상의 소금이니 소금이 만일 그 맛을 잃으면 무엇으로 짜게 하리요 후에는 아무 쓸 데 없어 다만 밖에 버려져 사람에게 밟힐 뿐이니라

미국 캘리포니아주 남동쪽의 리버사이드카운티라는 작은 도시의 중심에는 시청과 큰 공원이 있는데 그 공원에는 도시에서 가장 존경하는 세 사람의 동상이 있습니다.

● 첫 번째 동상은 흑인들의 인권을 위해 평생을 바쳤던 마틴 루터 킹 목사님의 동상과 "나에게는 꿈이 있습니다"라는 글귀가 적혀 있습니다.

● 두 번째 동상은 인도 독립의 영웅 간디입니다. 간디는 미국인은 아니지만 그의 생애가 영화와 책으로 미국에 많이 알려져 많은 사람들이 간디를 존경하고 있다고 합니다.

● 세 번째 동상은 도산 안창호 선생입니다. 마틴 루터 킹과 간디와는 달리 안창호 선생이 한 일은 그저 리버사이드카운티의 오렌지 농장에서 일을 한 것뿐입니다. 그러나 안창호 선생이 오고 리버사이드카운티의 모든 한국인들의 말과 행동이 바뀌었기에 그 지도력을 인정해 지역의 유지인 오렌지 농장의 주인이 적극 추천하여 안창호 선생의 동상을 세우게 됐습니다.

오렌지 농장의 인부였던 안창호 선생이 희망으로 사람들을 세웠듯이 목수의 아들로 가장 낮은 곳에 임하셨던 예수님이 세상의 소망이 되셨습니다. 귀한 보혈로 나에게 심겨진 예수님의 희망으로 새롭게 변화하고 또 변화하십시오. 아멘!!

♡ 주님! 세파에 빠져 흘러가지 않고 말씀 위에 서는 믿음을 주소서.

세상을 비추고 희망을 주는 참된 그리스도인이 됩시다.

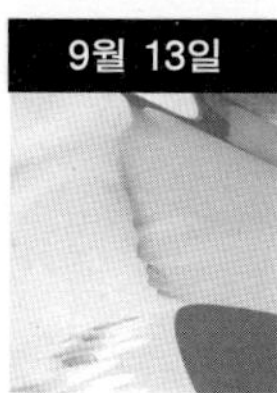

죽음을 위한 준비

읽을 말씀 : 고린도후서 5:1-10

●고후 5:10 이는 우리가 다 반드시 그리스도의 심판대 앞에 나타나게 되어 각각 선악간에 그 몸으로 행한 것을 따라 받으려 함이라

미국 전역에서 베스트셀러였던 '당신이 죽기 전에 반드시 발견해야 할 5가지 비밀'에는 각계각층에서 스승으로 인정받는 사람들이 남긴 5가지 지혜가 적혀있습니다.

1. 자기 자신에게 진실하라 (Be True To Yourself).
   진정한 행복은 진실한 순간에만 찾아오기 때문입니다.
2. 후회를 남기지 마라 (Leave No Regrets).
   세상에 태어난 목적을 완수하지 못했을 때가 노년에 가장 후회되는 점이었습니다.
3. 사랑이 되라 (Become Love).
   사랑을 받기만 하는 것이 아니라 주는 사람이 되라는 뜻입니다.
4. 지금 이 순간을 소중히 여겨라 (Live the Moment).
   과거나 미래의 집착 보다 충만한 지금을 느껴야 합니다.
5. 받기보다는 주라 (Give More Than You Take).
   사람들에게 받는 것은 통제가 안 되지만 주는 것은 완벽히 통제가 됩니다. 사람들에게 받는 것은 결국 사라지지만 주면서 받는 행복은 마지막까지 남아있습니다.

진정으로 가치 있는 삶이 무엇인지는 삶의 마지막에 알게 됩니다. 인생의 마지막에 후회가 없을 진정한 가치가 있는 진리를 위해 삶을 사용하십시오. 아멘!!

♥ 주님! 심판과 영생이 있다는 사실을 늘 기억하게 하소서.
천국 성도에 합당한 삶을 세상에서 준비합시다.

인생을 위한 한 문장

읽을 말씀 : 마태복음 28:16-20

● 마 28:19 그러므로 너희는 가서 모든 민족을 제자로 삼아 아버지와 아들과 성령의 이름으로 세례(침례)를 베풀고

　캐나다의 방송국인 '바이오그라피 채널'에서 길거리의 사람들을 찾아다니며 '행복한 인생의 비결'을 한 문장으로 대답해달라고 물었습니다.

　유명인이 아닌 일반인들에게 이 질문은 쉽지 않았습니다. 하지만 대부분의 사람들은 잠시 고민한 뒤 저마다의 삶의 지혜를 나눴습니다. 그 중 몇 개를 소개하겠습니다.

　"누군가를 깊이 사랑하고, 누군가에게서 깊이 사랑받아라. 호기심과 탐험에 열정을 품고 그것을 향해 곧장 나가라." – 윌리엄 호필드, 64세, 무직

　"네가 죽었을 때 사람들이 모여들어 네가 얼마나 친절했고 가까웠는지를 말하고 싶어 하도록 살아라." – 캔 크램비어, 64세, 이발사

　"네 열정을 좇아 살면서 남들을 섬겨라." – 로라 로웨, 61세, 주부

　"고통에 머물러 있지 마라. 안 좋은 일은 언제나 발생한다. 나쁜 상황에서도 좋은 것을 찾으면 보일 것이다." – 루퍼스 리그스, 63세, 무직

　죽음을 이기시고 부활하신 예수님은 우리에게 모든 민족을 제자로 삼고 예수님이 가르친 것을 지키게 하라고 명령하셨습니다. 예수님의 말씀을 지키며 세상 끝날까지 예수님과 동행하는 진정한 제자가 되십시오. 아멘!!

♡ 주님! 예수님의 마지막 뜻이 제 삶의 모든 뜻이 되게 하소서.

🧩 예수님의 마지막 지상명령을 실천하며 삽시다.

무엇이 성공인가

읽을 말씀 : 요한복음 17:11-20

●요 17:13 지금 내가 아버지께로 가오니 내가 세상에서 이 말을 하옵는 것은 그들로 내 기쁨을 그들 안에 충만히 가지게 하려 함이니이다

미국 하버드대학교의 조지 밸런트 의대 교수는 '행복이란 무엇인가?'라는 주제로 연구를 했습니다.

행복에 영향을 미칠 요인들을 따져 '미국 하버드대 졸업생, 부유한 도심가의 청소년, IQ 135이상의 천재들'을 천 명 정도 선별해 수십 년 동안 조사를 했습니다. 조사 결과 진짜 행복은 다음과 같다고 정의됐습니다.

"가진 것을 남에게 나눠주고, 다른 사람을 보살펴주는 삶."

아프리카의 성자 슈바이처 박사는 행복을 다음과 같이 말했습니다.

"성공이 행복의 열쇠가 아니라 행복이 성공의 열쇠입니다. 가장 행복한 사람은 가장 많은 사람을 행복하게 해준 사람입니다."

철학자 에머슨은 "자주 그리고 많이 웃는 것, 현명한 이에게 존경을 받고, 아이들에게서 사랑을 받는 것, 친구의 배반을 참아내고, 아름다움을 식별할 줄 알며, 태어나기 전보다 세상을 조금이라도 살기 좋은 곳으로 만들어 놓고 떠나는 것, 자신이 한때 이곳에서 살았음으로 해서 단 한 사람의 인생이라도 행복해 지는 것"이 행복이라고 말했습니다.

행복하기 위해선 진정한 행복이 무엇인지 알아야 합니다. 세상이 말하는 행복이 아니라 하나님의 말씀이 말하는, 하나님을 알고 따르는 삶이 진정한 행복임을 깨달으십시오. 아멘!!

♡ 주님! 가진 말씀대로 나누며 주님이 주시는 행복을 누리게 하소서.

나에게 주시는 하나님의 행복이 무엇인지 삶에서 찾아봅시다.

인간으로 오신 이유

읽을 말씀 : 요한복음 10:7-21

●요 10:10 도둑이 오는 것은 도둑질하고 죽이고 멸망시키려는 것뿐이요 내가 온 것은 양으로 생명을 얻게 하고 더 풍성히 얻게 하려는 것이라

온라인 미디어 공유 사이트 '보어드 판다(Bored Panda)'에 아빠와 딸이 함께 욕실에 있는 영상이 올라온 적이 있습니다.

희귀병에 걸려 머리카락이 하나도 없는 딸에게 아빠는 이발용 면도기를 쥐어주었습니다. 그리고는 머리를 밀어달라고 부탁했습니다. 딸은 잠시 머뭇거리다가 조심스럽게 아빠의 머리를 살짝 밀었고 아빠는 환한 미소를 지으며 말했습니다.

"아빠는 전혀 부끄럽지 않아. 아빠는 널 위해 머리를 밀 수 있어."

아빠의 말을 들은 딸 역시 환한 미소를 지었습니다. 아빠는 딸에게서 이발용 면도기를 받아 본격적으로 머리를 밀기 시작했습니다.

"아빠, 머리가 이상해 보이니?"

"아니요, 최고로 멋져요."

"아빠가 보기에는 네 모습도 최고로 아름다워."

사랑하는 딸을 위해서 얼마든지 대머리가 될 수 있는 아빠의 모습과 상처를 치유받는 딸의 모습은 수많은 사람들에게 공유되며 큰 감동을 전했습니다.

예수님께서 인간이 되어 이 땅에 오신 것은 가장 큰 사랑의 표현입니다. 나와 소통하기 위해 모든 수치를 참으시고 가장 낮은 곳에 오신 창조주 하나님의 사랑을 깊이 묵상하고 감사하십시오. 아멘!!

♡ 주님! 독생자를 보내면서까지 나를 구원하신 은혜를 알게 하소서.

🧸 나를 위해 이 땅에 오신 예수님의 사랑을 깊이 묵상합시다.

성공의 10가지 원리

읽을 말씀 : 요한복음 8:12-20

●요 8:12 예수께서 또 말씀하여 이르시되 나는 세상의 빛이니 나를 따르는 자는 어둠에 다니지 아니하고 생명의 빛을 얻으리라

자기계발 분야에서 최고의 작가로 인정받는 톰 보들리 보던은 '삶의 안내서'를 만들기 위해 10년간 수천 권의 명저를 읽고 분석했습니다.

연구를 마친 그가 선정한 '성공하는 사람들이 가지고 있었던 10가지 원리'입니다.

01. 희박한 가능성도 이루어낸 낙관주의

02. 명확하고 뚜렷한 목표와 비전

03. 이루고자 하는 자발적인 의지

04. 자기발전을 위한 규칙을 세우고 지키기

05. 내가 할 수 있다는 굳건한 마음

06. 필요한 지식을 얻기 위한 독서습관

07. 대담할 정도의 도전정신

08. 최악의 상황에서도 최선을 기대하는 능력

09. 상황을 파악하고 움직이는 지배력

10. 모든 사람과 원만한 관계를 가지려고 하는 능력

모든 일의 성공에는 반드시 합당한 원리가 있습니다. 옳은 방법을 찾지 못한다면 아무리 노력해도 망망대해를 표류하는 배와 같을 뿐입니다. 신앙생활이 어렵고 문제가 생길 때는 말씀이 가르치는 원리를 찾아 문제를 해결하십시오. 아멘!!

♡ 주님! 삶의 모든 문제의 해답을 성경에서 찾게 하소서.

본문의 10가지 원리를 신앙생활에도 적용합시다.

말씀을 닮아가라

읽을 말씀 : 마태복음 28:11-20

●마 28:20 내가 너희에게 분부한 모든 것을 가르쳐 지키게 하라 볼지어다 내가 세상 끝 날까지 너희와 항상 함께 있으리라 하시니라

   대학교를 졸업한 뒤 백과사전 외판원이 된 남자가 있었습니다. 원하던 직장은 아니었지만 남자는 매일 아침 거울을 보며 당당하게 자신을 향한 주문을 외우고 일터로 나갔습니다. 그리고 단 1년 만에 세계 54개 지점의 브리태니커 백과사전 영업소 중 가장 높은 실적을 올렸고, 이 실적을 토대로 한 단계씩 성장해 한 때 국내 재벌 순위 30위 안에 들었던 그룹을 창업했습니다.

   그는 매일 아침 거울을 보며 이렇게 되뇌었습니다.

   "나는 나의 능력을 믿으며 어떠한 어려움이나 고난도 이겨낼 것이다. 나는 자랑스러운 나를 만들 것이며 항상 배우는 사람으로서 더 큰 사람이 될 것이다. 나는 어떤 일도 포기하지 않고 끝까지 성공시킬 것이다.

   나는 항상 의욕이 넘치는 사람으로서 행동과 언어, 그리고 표정을 밝게 할 것이다. 나는 긍정적인 사람으로서 마음이 병들지 않도록 할 것이며 남을 미워하거나 시기, 질투하지 않을 것이다. 나는 다른 사람의 입장에서 생각하고 나를 아는 모든 사람들을 사랑할 것이다. 나는 나의 신조를 매일 반복하며 실천할 것이다."

   사람의 인생은 하나님을 믿는 마음으로 외치는 사람의 말을 닮아갑니다. 하나님의 말씀을 매일 묵상하고, 암송함으로 모든 발걸음과 모든 호흡까지도 주님과 동행하는 삶으로 가꿔나가십시오. 아멘!!

🩵 주님! 하나님의 말씀을 인생의 나침반으로 삼게 하소서.

🧎 하루에 한 절이라도 말씀을 묵상하고 실천합시다.

사랑으로 문안하라

읽을 말씀 : 고린도후서 13:1-13

● 고후 13:11 마지막으로 말하노니 형제들아 기뻐하라 온전하게 되며 위로를 받으며 마음을 같이하며 평안할지어다 또 사랑과 평강의 하나님이 너희와 함께 계시리라 거룩하게 입맞춤으로 서로 문안하라

미국의 카네기멜론대학에서는 졸업한 공대생들의 인생을 장기적으로 연구했습니다. 연구팀은 이들의 인생을 통해 성공에 영향을 주는 요소가 무엇인지 분석했는데 그 결과는 다음과 같았습니다.

'전문적인 기술이나 지식 15%, 인간관계 85%'.

성공에 가장 큰 영향을 미친 인관관계를 이루는 것은 크게 3가지가 있었습니다.

1. 전화로 묻는 안부입니다.

별일이 없어도 정기적으로 상대방의 안부를 묻는 사람들은 보통 사람들보다 훨씬 더 오랜 기간 관계를 긍정적으로 이어왔습니다.

2. 편지로 묻는 안부입니다.

생일이나 특별한 기념일에 보내는 간단한 선물과 진솔한 편지는 받는 사람들에게 큰 감동이 됐습니다.

3. 찾아가는 안부입니다.

조금 피곤하고 힘들어도 상대방에게 어려운 일이나, 좋은 일이 있을 때 즉각 찾아가는 사람들은 그대로 돌려받거나 더 큰 도움을 받는 경우가 많았습니다.

진정한 사랑의 문안은 부던한 노력과 열정으로만 가능합니다. 하나님이 허락하신 소중한 지체들을 때때로 말과, 글과, 발로 찾아가 문안하십시오. 아멘!!

♡ 주님! 관심과 배려로 사랑을 실천하고 복음이 전달되게 하소서.

장기결석자와 전도대상자들에게 수시로 연락을 합시다.

이론보다 현실

읽을 말씀 : 고린도후서 10:1-11

● 고후 10:4 우리의 싸우는 무기는 육신에 속한 것이 아니요 오직 어떤 견고한 진도 무너뜨리는 하나님의 능력이라 모든 이론을 무너뜨리며

마케팅이라는 개념을 처음 만든 '마케팅의 아버지' 필립 코틀러 교수가 노년에 한국에 와서 강의를 한 적이 있습니다.

강의를 마친 필립 교수는 한 기자에게 찾아가 느닷없이 가까운 시장을 어떻게 가냐고 물었습니다. 질문을 받은 기자는 어안이 벙벙했습니다.

'가뜩이나 일정이 바쁘실텐데 시장에서 뭘 하려고 그러지?'

호기심이 생긴 기자는 근처의 유명한 시장과 명동을 알려주며 취재 겸 안내를 맡았습니다. 필립 교수는 시장 구석구석을 돌아다니며 쇼윈도에 진열된 상품들을 살폈습니다. 그리고 때로는 물건을 사는 사람들에게 질문을 던지기도 하고 장사가 잘 되는 가게에선 직원에게 인터뷰를 요청하며 수첩에 빠짐없이 메모를 했습니다.

일정이 끝나고 기자가 마케팅 책을 20권이나 썼는데 아직도 시장을 찾는 이유를 묻자 필립 교수가 대답했습니다.

"최고의 아이디어는 언제나 현장에서 나옵니다. 이 수첩에 적힌 내용이 그 어떤 마케팅 서적보다도 값진 내용입니다. 저는 세계 어디를 가든 현장방문 일정을 결코 양보하지 않습니다. 현실과 동떨어진 이론은 쓸모가 없기 때문입니다."

좋은 이론이 현장에서 나오는 것처럼 말씀의 위력은 나의 삶 속에서 나옵니다. 교회 안과 밖의 삶을 분리시키지 말고 세상에서의 삶에서도 신앙의 원리를 적용하십시오. 아멘!!

💜 주님! 예수님을 향한 구원의 확신으로 삶을 변화시키게 하소서.

🈳 교회에서 배운 삶의 원리들을 내 삶에 적용합시다.

동역의 기쁨

읽을 말씀 : 고린도전서 3:1-15

●고전 3:9 우리는 하나님의 동역자들이요 너희는 하나님의 밭이요 하나님의 집이니라

그릭 요거트를 만드는 회사 '초바니' 직원들의 책상에 하루는 정체불명의 봉투가 놓여 있었습니다. 봉투를 열어본 직원들은 안에 들어있는 10억 상당의 회사 주식을 보고는 깜짝 놀랐습니다. 함디 울루카야 회장은 직원들에게 주식을 나눠 준 이유를 다음과 같이 전했습니다.

"10년 전 회사를 처음 창립했을 때 지금과 같이 성공할 줄은 꿈에도 몰랐습니다. 지금의 회사는 여러분의 노력 없이는 불가능했을 것입니다."

함디 울루카야 회장은 영어를 배우러 어학연수를 왔다가 취미로 요거트를 만들기 시작했습니다. 그런데 맛을 본 주변 사람들이 하나같이 창업을 권해 사업을 시작했는데 좋은 직원들을 만나 10년 만에 수천억 원의 가치를 지닌 회사로 성장시킬 수 있었습니다.

함디 회장은 회사의 가치가 커진 뒤 직원들에게 아낌없이 공을 돌리며 지분을 나눠줬고 이 사례는 성공한 경영자만 집중 조명받는 미국의 평소 모습에 많은 교훈을 줬습니다.

그리스도인의 모든 수고와 노력은 하나님의 영광을 위해서지만 하나님은 그 영광의 자리에 수고한 나를 기꺼이 초대하십니다. 수고와 노력을 아끼지 말고 위대한 하나님의 나라를 위해 기꺼이 헌신하십시오. 아멘!!

💙 주님! 부족하지만 최선을 다해 주님께 영광을 돌리게 하소서.

🙏 낮은 자를 높여주시는 주님만을 높이고 찬양합시다.

성장을 위한 5가지 질문

읽을 말씀 : 고린도후서 3:1-9

● 고후 3:5 우리가 무슨 일이든지 우리에게서 난 것 같이 스스로 만족할 것이 아니니 우리의 만족은 오직 하나님으로부터 나느니라

　어린이들 눈앞에 마시멜로를 두고 15분을 참게 하는 소위 '마시멜로 이야기'로 알려진 실험은 스탠퍼드 대학교에서 실행된 '만족 유예'에 대한 실험입니다.

　더 나은 보상을 위해서 지금의 욕구를 참을 수 있는지를 측정한 이 실험은 선택의 중요성에 대해서 가르쳐 줬습니다. '마시멜로 실험' 연구팀은 눈앞의 마시멜로를 참지 못하고 먹는 실수를 하지 않기 위해서는 다음의 5가지 질문을 던져볼 것을 권유했습니다.

1. 내가 변화하기 위해서 필요한 것은 무엇인가?
2. 나의 장점과 단점은 무엇인가?
3. 내가 궁극적으로 이루려는 목표는 무엇인가?
4. 나는 목표를 달성하기 위한 계획이 있는가?
5. 계획을 행동으로 옮기기 위해서 나는 어떻게 해야 하는가?

　옳은 선택을 할 때 옳은 행동을 하게 됩니다. 눈앞의 즐거움과 세상적인 만족을 따라 사는 것이 아니라 더 높은 차원의 하나님의 뜻과 부어주시는 은혜를 위해 살 때에 삶의 진정한 만족이 찾아옵니다.

　더 높은 차원으로 성장시킬 하나님을 믿고 눈앞의 즐거움에 시간과 에너지를 낭비하지 마십시오. 아멘!!

♡ 주님! 주님을 바라봄으로 헛된 유혹에 빠지지 않게 하소서.
▨ 위 5가지 질문을 신앙과 삶 두 가지 영역에서 답해봅시다.

포기하지 않는 남자

읽을 말씀 : 로마서 8:31-39

●롬 8:32 자기 아들을 아끼지 아니하시고 우리 모든 사람을 위하여 내주신 이가 어찌 그 아들과 함께 모든 것을 우리에게 주시지 아니하겠느냐

미국 켄터키에 사는 마술사 해리 콜린스는 생계를 위해 낮에는 '프리토 레이'라는 회사의 스낵을 판매했습니다.

집집마다 찾아다니며 스낵을 팔고, 밤에는 마술사로 공연을 했음에도 판매실적이 뛰어나 나중에는 회사의 임원까지 됐습니다.

많은 돈을 번 뒤에도 밤에는 항상 공연장에서 마술쇼를 했기에 켄터키에서 해리가 누군지 모르는 사람은 아무도 없었습니다.

하루는 마술 공연을 마친 해리에게 한 남자가 찾아왔습니다. 최근 영업사원이 됐으나 물건을 하나도 팔지 못했다는 남자는 해리에게 상담을 요청했습니다.

"당신도 고객에게 거절당할 때가 있습니까?"

"있다마다요. 아주 많습니다."

"상대방이 거절을 하면 당신은 보통 몇 번 만에 포기하나요?"

잠시 생각을 하던 해리가 대답했습니다.

"내가 죽거나 고객이 죽기 전까지는 포기하는 법이 없습니다."

1번의 승낙을 위해 99번을 거절당해도 가치있는 일이 있습니다. 끝까지 포기하지 않으시고 나를 구원하신 예수님은 또한 모든 영혼을 구원하길 원하십니다. 간절한 마음으로 예수님을 알지 못하는 사람들에게 계속해서 끝까지 복음을 전하십시오. 아멘!!

♡ 주님! 포기하지 않으시는 하나님의 사랑의 뜻을 알게 하소서.

🈯 나를 포기하지 않으신 주님처럼 나도 전도를 포기하지 맙시다.

사랑의 기적

읽을 말씀 : 요한1서 3:13-24

●요일 3:14 우리는 형제를 사랑함으로 사망에서 옮겨 생명으로 들어간 줄을 알거니와 사랑하지 아니하는 자는 사망에 머물러 있느니라

미국 사우스캐롤라이나에 사는 샐리는 아이를 낳다가 혼수상태에 빠졌습니다. 다행히 아이는 무사했지만 아내를 잃은 남편 제레미는 큰 슬픔에 빠졌습니다. 원인을 알 수 없는 혼수상태였기에 곧 세상을 떠날 수도 있다며 의사는 마음의 준비를 하라고 말했습니다.

며칠 뒤 제레미는 귀엽고 예쁜 딸을 아내가 한 번도 못 안아보고 세상을 떠날지도 모른다는 생각에 중환자실에 들어와 살며시 품 안에 아이를 놓았습니다.

엄마의 품 안에 안긴 아기는 새근새근 잠이 들었고 잠시 뒤 울면서 잠이 깼는데 그 순간 기적이 일어났습니다.

아이의 울음소리를 들은 샐리의 심장박동은 점점 강해지고 조금씩 의식이 돌아왔습니다. 1주일이 지나자 이전의 모습으로 완전히 회복된 샐리는 아이가 5살이 된 지금까지도 건강한 모습으로 행복한 가정을 이루며 살고 있습니다.

의학과 과학이 눈부시게 발전한 시대이지만 사랑은 세상의 모든 걸 뛰어넘는 감동과 기적을 만들어냅니다. 사람에게 상처받고 하는 일마다 잘 되지 않아도 하나님을 사랑하고 날 향한 하나님의 사랑을 믿기만 하면 기적은 일어납니다. 우리의 모든 죄를 용서하시고, 모든 사람을 사랑하시는 예수님이라는 놀라운 기적을 매일 체험하고 매일 전하십시오. 아멘!!

♡ 주님! 날 향한 주님의 사랑만은 변하지 않음을 감사하게 하소서.
🧒 주님의 말씀을 따라 주변의 형제자매들을 더욱 사랑합시다.

나는 왜 믿는가

읽을 말씀 : 고린도후서 13:1-5

● 고후 13:5 너희는 믿음 안에 있는가 너희 자신을 시험하고 너희 자신을 확증하라 예수 그리스도께서 너희 안에 계신 줄을 너희가 스스로 알지 못하느냐

하버드대학교의 클레이턴 크리스텐슨 경영학 교수에게 맥도날드의 임원이 찾아와 상담을 요청했습니다.

"저희 회사의 밀크셰이크가 경쟁사에 비해서 유난히 안 팔립니다."

의뢰를 받은 클레이턴 교수는 다음날부터 하루종일 맥도날드 매장에 앉아서 사람들을 관찰했습니다. 며칠을 지켜보던 임원은 마음이 조급해져 이제는 경쟁사의 제품과 비교해봐야 하지 않겠냐고 묻자 교수가 대답했습니다.

"제가 궁금한 건 사람들이 왜 밀크셰이크를 먹는가입니다."

여러 매장을 둘러본 클레이턴 교수는 밀크셰이크를 사먹는 고객의 약 50%가 출근길에 잠시 들러 밀크셰이크만 사서 바로 돌아가는 걸 보고는 "사람들은 출근 시간의 지루함을 달래려고 밀크셰이크를 구입한다"라고 결론을 내렸습니다.

그리고 출근길에 쉽게 밀크셰이크를 구입할 수 있게 '드라이브 인'시스템을 도입했고 곳곳에 밀크셰이크 자판기를 놨습니다. 맛도 가격도 그대로인 밀크셰이크였지만 필요한 사람들이 살 수 있는 시스템이 완성되자 판매량이 경쟁사들을 압도할 정도로 높아졌습니다.

같은 문제를 바라봐도 '왜?'에 초점을 맞추는 사람이 바른 답을 찾게 됩니다. 나는 '왜 믿는지', 내가 신앙생활을 하는 '진짜 이유'가 오직 예수 그리스도인지 스스로를 점검하십시오. 아멘!!

♡ 주님! 바른 이유로 바른 신앙을 세워가게 하소서.

🙏 신앙생활의 다양한 모습에 '왜'라는 질문을 해봅시다.

투자를 위한 공부

읽을 말씀 : 디도서 3:1-15

● 딛 3:14 또 우리 사람들도 열매 없는 자가 되지 않게 하기 위하여 필요한 것을 준비하는 좋은 일에 힘 쓰기를 배우게 하라

미국의 대통령 도널드 트럼프가 부동산 재벌로 이름을 날리던 시절 한 사업가가 거액을 투자할 곳이 없다며 찾아왔습니다.

"맨해튼에 빌딩을 짓는다던데 투자하면 어떨까요?"

그러자 트럼프는 뉴욕시가 어떤 규칙으로 구역을 나누는지 아냐고 물었습니다. 사업가는 모른다고 대답했고 그 뒤에 트럼프가 물어보는 몇몇 질문에도 전혀 대답하지 못했습니다.

"당신이 제대로 모르는 분야에 투자를 하는 건 다른 사람에게 돈을 주는 것과 마찬가지입니다."

트럼프는 이미지와는 달리 엄청난 독서광입니다. "아는 게 곧 돈이다"라는 신념이 있기에 하루에 읽는 신문만 20종류에, 전용기에도 따로 도서관이 있다고 합니다. 트럼프 밑에는 중요한 책들을 정리해서 보고하는 직원이 따로 있을 정도입니다.

도널드 트럼프는 자신이 금수저로 성공했다는 사람들의 말에 다음과 같이 말했습니다.

"나의 성공은 거저 주어진 것이 아닙니다. 나는 돈을 벌기 위해 공부하고 또 공부했습니다."

내가 하루에 가장 많이 투자하는 분야는 어떤 곳입니까? 세상입니까, 주님입니까? 돈입니까, 믿음입니까? 세상과 물질보다 복의 근원이 되시는 주님과 신앙을 위해 더 공부하고 투자하십시오. 아멘!!

♡ 주님! 말씀을 제대로 배우고 바로 깨닫고자 하는 열망을 주소서.
🏵 교회의 성경공부 프로그램을 통해 말씀을 제대로 배웁시다.

인맥관리 십계명

읽을 말씀 : 데살로니가전서 5:12-28

●살전 5:13 그들의 역사로 말미암아 사랑 안
에서 가장 귀히 여기며 너희끼리 화목하라

'어린왕자'를 쓴 생텍쥐페리는 모든 사람들은 관계라는 그물과 매듭으로 묶여 있으며 모든 문제는 관계로부터 시작된다고 했습니다. 그만큼 좋은 관계는 좋은 인생을 위한 초석입니다.

'휴먼네트워크연구소' 양광모 소장의 인맥 관리에 도움을 주는 10가지 수칙입니다.

01. 좋은 사람을 만날 수 있는 좋은 사람이 되라.

02. 쓸데없는 비난으로 괜한 적을 만들지 마라.

03. 배울 수 있는 좋은 스승을 찾아라.

04. 만나는 사람들은 은인처럼 소중히 대하라.

05. 첫 만남에서 강력한 인상을 남길 방법을 만들어라.

06. 또 만나고 싶은 유익한 사람이 되라.

07. 3번 참고, 3번 웃고, 3번 칭찬하라.

08. 다른 사람의 일을 내 일처럼 기뻐하고, 내 일처럼 슬퍼하라.

09. 받은 만큼 주고, 받은 것보다 더 주고, 줬다는 사실을 잊어라.

10. 한번 만남을 영원한 만남으로 이어나가라.

인사가 만사라는 말이 있습니다. 사람들과 좋은 관계가 있어야 하나님이 주신 큰 복과 은혜, 진리의 말씀이 원활히 흘러갑니다. 전도를 위해 사람들과의 관계를 소중히 관리하십시오. 아멘!!

♡ 주님! 허락하신 모든 사람을 소중하게 대하며 중보하게 하소서.

🎎 열가지 수칙을 적용해 더 나은 인간관계를 가꿉시다.

무엇을 적고 있는가

읽을 말씀 : 유다서 1:17-23

●유 1:20 사랑하는 자들아 너희는 너희의 지극히 거룩한 믿음 위에 자신을 세우며 성령으로 기도하며

　세계적인 외과의사였음에도 모든 것을 정리하고 오지로 의료봉사를 떠났던 케릴 박사는 대학을 졸업하는 날 일기에 이렇게 적었습니다.

　"나 자신과 시간과 재능, 꿈과 모든 것을 주님께 드립니다. 주님이 쓰실 수 있는 거룩한 제가 되게 하소서. 주님께 멀어진다면 세상의 성공도 허락하지 말아주소서."

　백의의 천사 나이팅게일이 30살에 적은 일기입니다.

　"예수님이 사역을 시작하셨던 나이 서른 살, 나도 더 이상 어린애 같은 투정과 헛된 일을 버리고 오직 주님의 뜻만을 생각하게 하소서."

　나이팅게일은 조연에 지나지 않은 간호사 신분으로 영웅과 같은 삶을 살 수 있었던 이유에 대해 "하나님께 아무 것도 숨기지 않았던 것"이라고 대답했습니다.

　아우카 인디언들에게 복음을 전하러 갔다 순교한 선교사 짐 엘리엇은 떠나기 전날 다음과 같은 일기를 적었습니다.

　"하나님, 제 삶은 주님의 것이니 주님을 위해 모두 써 주소서. 오래 살기를 바라지 않고 짧아도 충만한 은혜를 누리는 삶이 되게 하소서."

　위대한 삶을 살았던 믿음의 위인들은 하나님을 향한 뜨거운 열망과 신앙을 글로 고백했습니다. 나의 말과 글, 삶의 방향은 어디를 향해 있는지 점검해보십시오. 아멘!!

💚 주님! 저의 몸과 마음이 오로지 주님을 향해 있게 하소서.

🈳 지금 주님을 향한 나의 각오와 다짐을 적어봅시다.

<table><tr><td>**9월 29일**</td><td></td></tr></table>

영성이 있는 삶

읽을 말씀 : 베드로전서 1:13-25

●벧전 1:15 오직 너희를 부르신 거룩한 이처럼 너희도 모든 행실에 거룩한 자가 되라

30여 년간 직장인들을 대상으로 상담을 한 전문 카운슬러 로빈 쉬어러 박사의 '일상에 영혼을 불어넣는 10가지 방법'입니다.

01. 인생을 단순화하라.
02. 다른 사람들을 도우며 살아라.
03. 종종 위대한 자연을 경험하라.
04. 건강한 신체를 유지하는 일들을 하라.
05. 항상 감사한 마음으로 생활하라.
06. 기도와 찬송, 또는 묵상을 하라.
07. 자기계발과 성장에 도움이 되는 기회를 잡아라.
08. 정기적으로 일기를 써라.
09. 어떤 곳에 있든 최선을 다해 즐기는 자세를 가져라.
10. 사랑하는 사람들과 되도록 많은 시간을 보내라.

성도의 삶은 세상 사람들과 발걸음부터 달라야 합니다. 모든 순간과 일과 사건들이 목적과 은혜가 있기 때문에 한 마디 말과 작은 행동에도 하나님이 주신 생기가 넘치기 때문입니다. 인생이 행복하고 진정한 만족을 찾는 방법은 이미 성경에 다 나와 있습니다. 모든 삶이 하나님이 주신 축복이라고 생각하며 말씀이 알려주는 삶의 지혜를 지키십시오. 아멘!!

♡ 주님! 허락하신 모든 순간으로 인해 감사와 찬양이 넘치게 하소서.

오늘 하루도 주님이 허락하신 소중한 날로 생각합시다.

잃은 것을 찾는 간절함

읽을 말씀 : 누가복음 15:1-7

●눅 15:7 내가 너희에게 이르노니 이와 같이
죄인 한 사람이 회개하면 하늘에서는 회개할
것 없는 의인 아흔아홉으로 말미암아 기뻐하
는 것보다 더하리라

역사학자 박병선 박사에게 하루는 스승이 이런 부탁을 했습
니다.
"우리 역사를 살펴볼 수 있는 의궤를 프랑스가 약탈해갔다는
소문이 있단다. 부디 우리나라의 소중한 유산을 되찾아주렴."
스승의 명을 받들어 박병선 박사는 한국 여성 중에서는 처음
으로 프랑스로 유학을 떠났습니다. 프랑스 국립 박물관에 사서
로 취직한 박병선 박사는 매일 출퇴근을 하며 의궤를 찾던 중
'직지심체요절'을 발견했습니다. 세계 최초라고 알려진 구텐베르
크의 금속활자보다 무려 70년을 앞선 우리의 자랑스런 문화재
였습니다. 박병선 박사의 3년간의 노력으로 직지심체요절은 세
계 최초의 금속활자본임을 입증받았지만 박병선 박사는 해고를
당했습니다.
박 박사는 그럼에도 매일 출퇴근을 하며 손님으로 박물관의
모든 도서를 뒤졌고 결국 외규장각 의궤 279권을 찾아내어 대
여의 형식으로 반환까지 받았습니다.
스승의 명을 받들어 나라의 문화재를 찾기 위해 평생을 노력
하신 박병선 박사의 삶은 정말 소중한 것을 찾는 간절함이 무엇
인지 알려줍니다. 천하보다 귀한 영혼의 구원을 우리에게 당부
하신 예수님의 말씀을 따라 더욱 간절히 복음 전파에 힘쓰십시
오. 아멘!!

♡ 주님! 성도의 본분인 전도를 즐거이 실천하게 하소서.
🧎 하나님이 나에게 주신 소명과 전도를 잊지 말고 실천합시다.

10월
"울며 씨를 뿌리러 나가는 자는
반드시 기쁨으로 그 곡식 단을 가지고 돌아오리로다"
(시편 126편 6절)

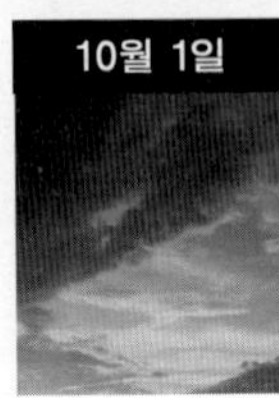

전도자의 마지막 순간

읽을 말씀 : 요한계시록 2:1-11

●계 2:10 네가 죽도록 충성하라 그리하면 내가 생명의 면류관을 네게 주리라

『노년에 몸이 많이 약해지신 빌리 그래함 목사님의 집에 찾아간 적이 있었다. 반갑게 맞아주시며 "다시 한 번 서울에서 전도대회를 하자"는 빌리 그래함 목사님의 말에 나는 "건강이 나아지면 오세요, 준비하고 있겠습니다"라고 화답했다. 그러나 20세기 최고의 전도자로 불리던 빌리 그래함 목사님은 이 약속을 뒤로 하고 3년 뒤 100세의 일기로 돌아가셨다.

나는 외국인으로는 유일하게 장례식에 참석해 조사를 읽었는데 몇 년 전에 이미 빌리 목사님으로부터 자신의 장례식에 참석해 조사를 읽어달라는 요청을 받았기 때문이다.

나는 지금도 목사님과 함께 했던 1973년 한국전도대회 때를 떠올리면 당시 임했던 성령님의 인도하심과 감동이 생생하게 떠오른다. 평생 전도자의 삶을 살았던 목사님처럼 "하나님께서 불러주시는 날까지 소명을 다하겠다"고 다짐한 나는 2020년에 있을 목사님의 아들 프랭클린 복음전도집회를 준비하며, 45년 전 그날처럼 한국교회의 부흥을 위한 도구로써의 사명을 다하고 싶다.』(김장환 목사 개인 노트에서 발췌 편집)

1973년 빌리 그래함
전도대회 실황

그리스도인들은 전도자의 사명을 감당해야 합니다. 하나님이 나를 부르시는 그날까지 맡겨주신 소명을 위해 최선을 다하십시오. 아멘!!

🩶 주님! 전도와 선교는 모든 그리스도인의 소명임을 알게 하소서.

마지막까지 지상명령에 충성하는 하나님의 일꾼이 됩시다.

저절로 되는 전도

읽을 말씀 : 고린도전서 9:1-14

●고전 9:14 이와 같이 주께서도 복음 전하는 자들이 복음으로 말미암아 살리라 명하셨느니라

성직자 프랜시스가 제자를 데리고 함께 전도를 나갔습니다.

마을로 나간 프랜시스는 곳곳을 돌며 사람들을 만났습니다. 그런데 전도는 하지 않고 하루 종일 인사와 근황만 묻다가 해가 지자 돌아왔습니다. 이상하게 여긴 제자가 물었습니다.

"전도를 하자고 데리고 가시더니 왜 말씀은 한 마디도 안 하셨나요?"

"우리가 돌아다니며 사람들을 만난 것이 전도이자, 설교라네. 행실이 바르고 기쁨이 가득하면 전도는 저절로 된다네."

한 버스기사가 운전 중에 심근경색이 왔습니다. 매우 위험한 상황이었지만 그는 극한의 상황에서도 평소 습관처럼 기어를 내리며 브레이크를 밟았고, 길가에 차를 안전하게 댔습니다.

그리고 승객이 내릴 수 있게 출입문을 연 뒤에 혹시 모를 사고를 막으려 시동을 끄고는 끝내 숨을 거뒀습니다. 비록 안타까운 사고였지만 평소 연습했던 위급상황에서의 대처가 이루어져 위기의 순간에도 많은 승객들의 목숨을 구할 수 있었습니다.

세상에서 사는 그리스도인의 삶에 주님이 주시는 기쁨이 충만하다면, 성령의 열매가 가득 맺힌다면 거리를 걷기만 해도 예수님의 향기가 퍼져나갈 것입니다. 삶으로 복음을 전하는 귀한 삶이 되도록 주님의 은혜를 구하십시오. 아멘!!

♡ 주님! 복음을 부끄러워 말고 담대히 전할 용기와 지혜를 주소서.

하루를 살아가는 나의 모든 것으로 복음을 전합시다.

들을 수 있는 귀

읽을 말씀 : 마가복음 8:14-21

●막 8:18 너희가 눈이 있어도 보지 못하며 귀가 있어도 듣지 못하느냐 또 기억하지 못하느냐

사람의 귀가 들을 수 있는 소리를 '가청주파수'라고 합니다.

일반적으로 20헤르쯔에서 2만 헤르쯔 사이의 소리를 들을 수 있는데 피아노 건반이 88개인 이유도 그 음역대의 밑이나 위는 사람이 잘 들을 수 없기 때문입니다.

사람의 듣는 능력은 20살이 되면서부터 점점 퇴화합니다. 청력은 한번 상하면 돌아오지 않기 때문에 매우 높은 영역의 가청주파수는 10대들만 듣게 됩니다.

하워드 스텝레온이라는 과학자는 이 원리를 이용해 10대들의 귀에만 들리는 주파수를 발생시켜 거리의 불량 청소년들을 내쫓는 '틴 벨'을 발명하기도 했습니다.

공장 주변의 으슥한 골목에 불량 청소년들이 자주 모여서 걱정인 한 지역에 하워드는 틴 벨을 설치했습니다, 20살이 넘은 성인들이 있을 때 이 벨을 누르면 아무런 반응이 없었지만 10대 불량 청소년들이 왔을 때 벨을 누르면 괴로워하다가 곧 자리를 떠납니다.

똑같은 소리가 들려도 사람의 귀 상태에 따라 영향을 받는 것처럼 하나님의 음성도 마찬가지입니다.

반복되는 신앙생활로 하나님의 음성에 둔감한 영의 귀를 그냥 두지 말고 내 삶의 모든 영역에 임하시는 하나님의 음성을 곧장 듣고 순종하는 민감한 귀를 만드십시오. 아멘!!

🖤 주님! 나를 비우고 주님의 말씀과 은혜로 가득 채우게 하소서.

🔲 주님이 주시는 말씀을 따라 순종하며 삽시다.

삶의 마지막이라면

읽을 말씀 : 요한복음 8:21-30

● 요 8:29 나를 보내신 이가 나와 함께 하시도
다 나는 항상 그가 기뻐하시는 일을 행하므
로 나를 혼자 두지 아니하셨느니라

미국의 노마 바우어슈미트는 90살에 암에 걸렸습니다.

남편을 암으로 떠나보낸 지 몇 달 되지도 않아 자기도 암에
걸린 걸 알게 된 노마 할머니는 큰 슬픔에 빠졌습니다. 상태는
심각해 치료가 의미가 없는 상황이었고 의사도 극심한 고통과
합병증 때문에 치료와 입원을 권하지 않았습니다.

인생 최악의 상황이라고 할 수 있는 이때 할머니는 한 가지
큰 결심을 내립니다. 그동안 제대로 떠나보지 못한 여행을 삶이
끝나는 날까지 다니기로 마음먹은 할머니는 아들 부부와 함께
미국을 횡단하며 그동안 해보고 싶었던 일들을 마음껏 하기 시
작했습니다.

할머니가 여행을 떠나며 만든 '드라이빙 미스 노마'라는 SNS
계정은 무려 40만 명의 사람들이 지켜보고 있습니다.

72개 도시를 순회했고 지금도 여행을 하고 있는 노마 할머니
에게 사람들은 종종 "어디가 가장 좋으셨어요?"라고 묻곤 하는데
그때마다 할머니의 대답은 항상 같았습니다.

"바로 여기."

언제 떠날지 모르는 인생이라 하더라도 누릴 수 있는 행복은
항상 존재합니다. 삶의 마지막이라도 후회하지 않을 일들을 주
님과 함께 오늘부터 시작하십시오. 아멘!!

♡ 주님! 마지막까지 후회없이 살아가는 인생이 되게 하소서.
🔳 오늘 삶이 마지막이라면 어떤 일을 하고 싶은지 적어봅시다.

세상의 빛

읽을 말씀 : 요한복음 8:12-20

● 요 8:12 예수께서 또 말씀하여 이르시되 나는 세상의 빛이니 나를 따르는 자는 어둠에 다니지 아니하고 생명의 빛을 얻으리라

1999년 12월에 미국의 시사화보잡지 '라이프(Life)'에서 새롭게 시작하는 밀레니엄을 기념해 '지난 1000년간 세계에 가장 큰 영향력을 미친 사람은 누구인가?'라는 설문조사를 했습니다.

조사 결과 1위는 발명왕 에디슨이었는데 사람들이 에디슨을 뽑은 가장 큰 이유는 '전구로 빛을 발명했기 때문'이었습니다.

영국의 '와이어드(wired)'라는 회사에서 세계 최대의 인터넷 백과사전 위키피디아의 조회수 기준으로 선정한 역사상 가장 영향력 있는 인물 순위입니다,

1. 예수
2. 공자
3. 뉴턴

미국의 시사잡지 타임지에서는 아예 전문가들의 의견을 토대로 역사에 가장 큰 영향력을 미친 인물을 뽑았는데 1, 2, 3위는 다음과 같습니다.

1. 예수
2. 마호메트
3. 나폴레옹

세상에서 사람들에게 가장 영향을 주는 것은 '빛', 그것도 영혼의 '빛'입니다. 어두운 세상에 빛으로 오신 예수님을 전하는 등대의 역할을 감당하십시오. 아멘!!

♡ 주님! 영혼을 밝히는 유일한 빛인 주님을 품고 살게 하소서.

유일한 빛 되신 주님을 따르고 세상에 전합시다.

그리스도인의 자랑

읽을 말씀 : 고린도후서 8:16-24

● 고후 8:24 그러므로 너희는 여러 교회 앞에
서 너희의 사랑과 너희에 대한 우리 자랑의
증거를 그들에게 보이라

　　인도 관청에서 일하던 터커는 젊은 나이에 고위직에 오른 유능한 관리였습니다. 그러나 우연히 예수님의 복음을 듣고 영접한 뒤로는 기존의 삶에 만족할 수 없었습니다. 하나님을 알지 못하고, 어렵게 살아가는 수많은 인도의 영혼들이 자꾸만 터커의 눈에 들어왔습니다.

　　결국 소명에 응답하기로 한 터커는 일을 그만두고 동역자들과 인도 전역을 돌아다니며 예수님을 전하러 떠났습니다. 뜨거운 태양에 신발이 녹아내려 일행은 맨발로 다니기 시작했는데 목적지인 마을에 도착했을 때는 다들 발에 잡힌 물집이 터져서 퉁퉁 부르터 있었습니다.

　　하지만 마을 사람들은 터커 일행의 부르튼 발을 보고 "이런 고통을 받으면서까지 우리를 찾아왔다면 필시 중요한 말을 전하러 왔을 것이다"라고 생각해 은혜를 받았습니다. 그리고 이 발로 인해 사람들은 복음을 들었고, 예수님을 영접했습니다.

　　터커 일행은 계속해서 신발을 신지 않고 인도를 돌며 복음을 전했고 영적 불모지와 같은 인도에서 2만 5천 명의 열매를 맺었습니다.

　　그리스도인의 자랑은 복음을 위해 받은 고난뿐입니다. 복음을 위해 받을 고난을 두려워하지 말고 오히려 감사하십시오. 아멘!!

♡ 주님! 하나님을 따라 사는 삶이 유일한 자랑이 되게 하소서.
주님을 위해 받은 고난만을 자랑합시다.

약점을 쓰시는 주님

읽을 말씀 : 고린도전서 1:22-31

● 고전 1:27 그러나 하나님께서 세상의 미련한 것들을 택하사 지혜 있는 자들을 부끄럽게 하려 하시고 세상의 약한 것들을 택하사 강한 것들을 부끄럽게 하려 하시며

발음이 어눌해 사람들 앞에서 말을 잘 못하는 아이가 있었습니다. 아이를 위해서 부모님은 매일 아침 식사를 하며 토론을 했고, 다양한 주제에 관심을 가지도록 신문을 읽게 했습니다. 몇 년이 지나자 아이는 달변가가 됐고, 누구와 대화를 해도 상대방의 마음을 돌릴 수 있었습니다. 토론에서 국민들의 마음을 얻어 미국의 대통령이 됐던 케네디 대통령의 어린 시절 이야기입니다.

러시아의 19살 먹은 한 청년이 인생을 제대로 살아갈 방법을 알고 싶어 일기를 쓰기 시작했습니다. 밤마다 하루를 돌아보며 자신의 단점 9가지를 적고 고치려고 노력하던 청년은 뛰어난 글 솜씨와 인생을 깊게 성찰하며 많은 깨달음을 얻었습니다. 러시아의 대문호 톨스토이가 가장 먼저 썼던 글은 바로 일기였습니다.

세계적인 신학자 유진 피터슨은 많은 교회를 다니며 사람들의 모습에 큰 실망을 했습니다. 그러다 어느 날 이런 깨달음을 얻었다고 고백했습니다.

"사람들의 연약함은 부족함이 아니었습니다. 연약함에도 하나님의 영광을 바라보고 쓰임 받는 놀라운 은혜였습니다."

하나님을 믿기만 하면 모든 것은 하나님이 해결해주십니다. 나의 약점도 귀하게 쓰실 주님을 믿으며 모든 것을 주님께 드리십시오. 아멘!!

♡ 주님! 약점까지도 주님 앞에 드리오니 귀하게 사용해주소서.

사람들의 부족함과 연약함도 사랑으로 감싸줍시다.

다함이 없는 능력

읽을 말씀 : 히브리서 2:1-4

● 히 2:4 하나님도 표적들과 기사들과 여러 가
지 능력과 및 자기의 뜻을 따라 성령이 나누
어 주신 것으로써 그들과 함께 증언하셨느니
라

미국 텍사스에서 농장을 운영하는 예이츠라는 사람이 있었습
니다. 목장 경영에 영 소질이 없었던 예이츠는 해마다 부채가 늘
어 감당할 수 없는 상태까지 이르렀습니다.

은행은 예이츠의 농장을 조금씩 압류했고 남아있는 땅은 집과
마당, 그리고 약간의 목장이었습니다.

버는 돈마다 빚을 갚아서 생활도 정부 보조금으로 근근히 이
어가던 예이츠에게 하루는 유전개발회사가 찾아와 높은 확률로
예이츠의 목장에 유전이 있을 것 같다며 시추를 허락해달라고
요청했습니다.

밑져야 본전이라는 생각에 예이츠는 시추를 허가했고 다행히
압류 당하지 않은 유일한 목장에서 유전이 터졌습니다.

예이츠의 이름을 따 '예이츠풀'로 불리는 이 유전은 하루에 8
만 배럴의 석유를 생산했고 이로 인해 예이츠는 하루에 수억 원
씩 30년이나 받는 큰 부자가 됐습니다.

땅 밑의 충분한 석유를 몰랐기에 예이츠의 삶은 불행했습니
다. 전지전능한 하나님의 능력을 모르는 성도의 삶도 마찬가지
입니다. 구하는 대로 주실 주님은 믿지 않고 세상의 방법에만 목
을 매고 있지는 않습니까? 모든 것을 아끼지 않고 넘치게 주시
는 주님께 큰 믿음으로 필요한 모든 것을 구하십시오. 아멘!!

♡ 주님! 하나님의 능력을 의심하지 않고 경험하게 하소서.
🔳 굳건한 믿음으로 필요한 모든 것은 주님께 간구합시다.

세대 차이를 없애라

읽을 말씀 : 베드로전서 2:11-17

● 벧전 2:17 뭇 사람을 공경하며 형제를 사랑하며 하나님을 두려워하며 왕을 존대하라

고대 이집트, 중세 로마, 춘추전국 시대의 중국에도 각종 문헌을 연구하다 보면 소위 요즘 말하는 '세대 차이'에 대한 이야기들이 나옵니다.

지금 시대의 가정과 직장, 그리고 교회도 '세대 차이 문제'는 마찬가지로 심각합니다.

다음은 경제잡지 포브스에 실린 '직장 안에서의 세대 차이를 극복할 수 있는 7가지 방법'입니다.

1. 내 고정관념으로 판단하지 말아라.
2. 비효율적인 방식을 고집함으로 장애물이 되지 말아라.
3. 내가 적응하기 어렵다고 불평하지 말아라.
4. 누구나 나이는 먹으니 지금 젊다고 늙은 사람을 무시하지 말아라.
5. 대화가 통하지 않더라도 포기하지 말아라.
6. 서로에게 진심으로 관심을 보여라.
7. 식사를 같이 해라.

하나님이 말씀하신 그리스도인의 연합은 인종, 성별, 교파, 나이, 국가를 가리지 않습니다. 차이를 인정하면서도 믿음으로 연합하는 '다양성 속의 일치'가 우리 교회가 나아가야 할 방향입니다. 젊은 세대는 어른들에게 지혜를 배우고, 어른들은 젊은 세대를 이해하고 공감해주며 신지식을 얻는 아름다운 공동체로 교회와 가정을 세우십시오. 아멘!!

🩶 주님! 서로를 이해할 여유와 배려를 마음에 심어주소서.

모든 편견을 버리고 오직 믿음으로 돌보고 연합합시다.

사명의 의무

읽을 말씀 : 고린도전서 9:1-17

● 고전 9:17 내가 내 자의로 이것을 행하면 상을 얻으려니와 내가 자의로 아니한다 할지라도 나는 사명을 받았노라

　일본의 사업가 안도 시로후쿠는 우연히 밀가루를 튀기는 방식의 인스턴트 라면을 개발했습니다. 돈을 벌려고 라면을 개발한 그였지만 라면이 사람들의 끼니를 해결하고 맛의 즐거움을 준다는 사실을 발견하고는 이후의 삶의 목표를 '라면을 세계에 퍼트리는 것'으로 정했습니다.

　맛있는 음식은 국경이 없다고 생각한 안도는 먼저 세계에서 가장 선진국인 미국에 라면을 유행시키면 유럽과 아시아 등 전 세계에 유행할 것이라고 생각했습니다.

　미국에 체류하며 현지에서 라면을 먹는 사람들의 습관을 연구한 안도는 젓가락질을 못하고 적당한 그릇이 없어 인스턴트 라면을 반으로 쪼개 머그컵에 담아 먹는 미국인들의 모습을 보고 '먹기 좋은 용기에 넣은 인스턴트 라면'이라는 아이디어를 떠올렸습니다.

　이렇게 탄생한 '컵라면'은 미국에서 큰 인기를 끌었고 우리나라를 비롯한 세계 70여 개 국에 수출되며 많은 비슷한 상품들까지 탄생시킬 정도로 큰 영향력을 미쳤습니다.

　라면을 향한 한 사업가의 열정이 컵라면을 만들고 70여 개 국에 라면을 전파했습니다. 사람들의 돈에 대한 집착, 성공에 대한 집착보다도 복음 전파를 위한 우리의 열망이 훨씬 강해야 합니다. 복음전파라는 예수님의 지상명령을 잊지 말고 나의 사명으로 삼으십시오. 아멘!

♡ 주님! 복음을 향한 간절함과 뜨거운 열정을 주소서.
🙇 말이 아닌 행동이 수반되는 복음을 향한 사명감을 가집시다.

감동을 주는 연어 이야기

읽을 말씀 : 로마서 10:1-15

●롬 10:15 보내심을 받지 아니하였으면 어찌 전파하리요 기록된 바 아름답도다 좋은 소식을 전하는 자들의 발이여 함과 같으니라

코스트코의 한 매장에서 연어를 살펴보던 고객이 직원에게 물었습니다.

"저번 달에 비해 가격이 천원 정도 싸네요? 혹시 품질이 더 안 좋아졌나요?"

"천만에요. 판매량이 늘어 더 좋은 매장에서 저렴하게 구입한 연어입니다."

다음 달에도 한 고객이 연어의 가격을 살핀 뒤 물었습니다.

"연어 가격이 또 2천 원 정도 내렸는데요? 품질이 괜찮은가요?"

"물론입니다. 고객님들이 연어를 많이 사주셔서 더 좋은 품질의 연어를 더 좋은 상태로 구입할 수 있었습니다."

직원들의 정성을 다한 대답은 고객들 사이에 입소문을 타고 흘렀습니다. 어이없게도 고객들은 무려 5년간 코스트코 연어의 연매출과 단가를 다른 사람들에게 전달했으며 1파운드에 7천 원 하던 연어가 더 좋은 품질인데도 어떻게 4천 원에 판매됐는지 소위 '코스트코의 연어 이야기'로 사람들에게 전달됐습니다.

사소한 내용일지라도 감동이 있는 내용은 저절로 전파됩니다. 말씀을 실천하는 사람은 사람들에게 감동을 줄 수밖에 없고 그 과정에서 복음은 저절로 흘러갑니다. 하나님의 사랑으로 사람을 섬기고 감동을 주는 신앙인과 교회가 되십시오. 아멘!!

♡ 주님! 세상에 감동을 전하는 성도들이 되게 하소서.

교회에 대한 좋은 이야기만 세상에 전합시다.

왜 믿어야 하는가

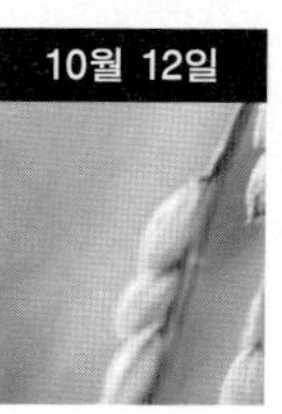

읽을 말씀 : 요한복음 3:9-21

● 요 3:16 하나님이 세상을 이처럼 사랑하사 독생자를 주셨으니 이는 그를 믿는 자마다 멸망하지 않고 영생을 얻게 하려 하심이라

"내가 왜 당신한테 물건을 사야 합니까?"

컨설팅업체 폭스사(Fox&Co)의 제프리 폭스는 이 질문이 사업에서 가장 중요한 것이라고 했습니다.

우리 물건이 왜 좋고, 왜 사야 하는지를 설득하지 못하면 당연히 물건은 팔리지 않습니다. 제프리 회장은 이 대답을 할 때 다음의 3가지 사항을 유의해야 한다고 말합니다.

1. 정직하게 대답해야 한다.

2. 객관적으로 대답해야 한다.

3. 확실한 수치로 대답해야 한다.

예를 들어 "우리 물건은 굉장히 좋기 때문에 사야 합니다"가 아니라 "이번에 최신 기술로 개발된 기계를 구입하면 지금 하던 일을 1시간 빠르게 끝내고 포장비용도 100만 원 절약 됩니다"라고 말해줘야 마음을 얻고 거래를 성공할 수 있습니다.

이 원칙을 그대로 가지고 신앙을 위한 질문으로 바꿔보십시오. 전도대상자가 나에게 "왜 믿어야 합니까?"라는 질문에 뭐라고 대답하시겠습니까? 내 인생을 죽음에서 생명으로 바꿔놓은 놀라운 하나님의 은혜를 누구에게라도 전할 준비를 하십시오. 아멘!!

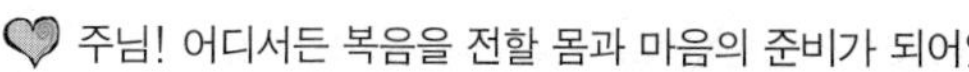

🖤 주님! 어디서든 복음을 전할 몸과 마음의 준비가 되어있게 하소서.

복음을 왜 믿어야 하는지 다른 사람에 전할 말을 준비합시다.

10월 13일

작은 차이의 중요성

읽을 말씀 : 사도행전 2:43-47

●행 2:46 날마다 마음을 같이하여 성전에 모이기를 힘쓰고 집에서 떡을 떼며 기쁨과 순전한 마음으로 음식을 먹고

미국의 상이군경협회는 회원들에게 우편으로만 후원요청을 합니다. 평소 18%였던 낮은 모금률이었지만 작은 변화 하나를 주자 35%로 두배 가까이 올랐는데 후원금을 보내는 우편에 우표를 붙인 작은 차이가 2배 모금률 성장의 비결이었습니다.

비록 몇 백원 밖에 안하는 우표지만 받은 사람이 후원금을 보내지 않으면 우표가 버려지기 때문에 심리적 부담감이 생겨 은연중에 보답하려는 마음이 생기기 때문입니다.

같은 이유로 백화점의 시식코너도 얼핏 보기에는 손해 같지만 시식코너가 없을 때에 비해 판매율이 올라가기 때문에 판매점 입장에서는 오히려 이득입니다.

단체 예약을 하고 손님이 나타나지 않는 노쇼(No-show)의 비율이 30%이던 미국의 유명 레스토랑은 예약을 받을 때 "만약 못 오시게 되면 미리 연락을 주시겠어요?"라는 말 한마디를 더 붙이자 노쇼 비율이 10%로 줄었습니다.

텍사스대학교 심리학팀 연구에 따르면 빨간불일 때 평범한 차림으로 횡단보도를 건너는 것보다 정장차림으로 건널 때 따라 건너는 사람의 비율이 3.5배나 높아졌다고 합니다.

겨자씨만한 믿음이 산을 옮길 능력이 있듯이 작은 행동의 차이가 큰 변화를 만듭니다. 하나님이 주시는 믿음과 기쁨으로 매일 조금씩 새롭게 변하십시오. 아멘!!

♡ 주님! 그리스도인의 합당한 모습으로 변화하게 하소서.

같은 예배와 같은 교제를 해도 주님을 향한 사랑으로 합시다.

복음의 희소성

읽을 말씀 : 요한복음 14:1-7

● 요 14:6 예수께서 이르시되 내가 곧 길이요 진리요 생명이니 나로 말미암지 않고는 아버지께로 올 자가 없느니라

　　호주산 소고기를 판매하는 미국의 한 유통회사가 있었습니다. 이들은 어떻게 하면 미국인들이 호주산 소고기를 먹을까?를 고민했습니다.
　　사람들은 이미 충분한 미국산 소고기가 있었기 때문에 굳이 호주산에 관심을 보이지 않았습니다. 그런데 하루는 다음과 같은 안내문이 붙었고 사람들의 관심을 끌었습니다.
　　"호주의 기상악화로 소고기 물량이 다음 주부터 줄어듭니다."
　　그러자 평소에 호주산 소고기를 사지 않던 고객들이 물건을 대량으로 사가며 판매율이 2배로 뛰었습니다. 그리고 한 달 뒤 이번엔 또 다른 안내문이 붙었습니다.
　　"기상악화로 호주산 소고기 물량 축소
　　 - 호주 국립 기상청 예측"
　　호주산 소고기는 다시 폭발적으로 팔리기 시작했고 이번엔 무려 6배가 넘는 판매고를 올렸습니다.
　　대학의 한 심리학 연구팀이 유통업체의 협조로 '희소성'에 대한 심리법칙을 알기 위해 진행한 실험 중 하나인데 사람들은 무형이든 유형이든 희소성에 큰 집착을 보였습니다.
　　모든 사람에게 필요한 하나님의 진리의 말씀은 세상의 단 하나뿐인 유일한 죽음의 해결책입니다. 근원적인 죄에서 벗어나 구원을 얻고 영생에 이르는 유일한 진리를 사람들에게 전하십시오. 아멘!!

♡ 주님! 믿음 외에는 어떤 구원의 방법도 없음을 알게 하소서.
▨ 유일한 구원의 방법인 예수님의 십자가를 함께 세상에 알립시다.

희생의 이유

읽을 말씀 : 갈라디아서 1:1-10

●갈 1:4 그리스도께서 하나님 곧 우리 아버지의 뜻을 따라 이 악한 세대에서 우리를 건지시려고 우리 죄를 대속하기 위하여 자기 몸을 주셨으니

데이비드 메인스 목사님과 도심 빈민지역에서 사역을 하는 카렌 메인스 사모님은 목사님과 상의 끝에 집을 개방해 24시간 누구나 올 수 있게 했습니다. 숙소나 식사가 필요한 사람이 오면 사모님은 식사를 대접하고 침대를 내어줍니다. 그리고 잠시 복음을 전하는 것이 집을 제공하는 대가의 전부입니다.

사람들은 사모님에게 굳이 그렇게까지 해야 하냐고 물을 때가 많습니다. 이유는 3년 만에 집안 기물이 모두 파손되어 다시 구입해야 했고, 집안에서 몰래 담배를 피워 불이 날 뻔한 적도 있고, 몸이 피투성이가 되거나 성병에 걸린 학생들이 침대를 더럽혀 위생적으로 문제가 생길 뻔한 적도 있었기 때문입니다.

사모님은 이런 사람들의 질문에 자신의 책 '행복으로 초대하는 오픈홈'에 이런 답변을 적었습니다.

"복음의 시작은 이런 불편함입니다. 이웃을 사랑한다는 결심은 말만으로는 아무 소용이 없습니다. 예수님을 믿지 않으면 지옥에 간다는 사실을 정말 믿을 때 가만히 있을 수 없게 되고 비록 내가 불편해지더라도 나그네를 대접하고 복음을 전하는 일을 쉴 수 없게 됩니다."

수 많은 우여곡절이 있던 사모님의 오픈홈은 20년간 40만 가정을 변화시킨 놀라운 역사의 현장이기도 합니다. 영혼 구원의 기쁨을 알 때 불편함과 어려움은 오히려 축복이 된다는 사실을 믿으십시오. 아멘!!

♡ 주님! 하나님의 일을 위해 나 자신을 드리게 하소서.

🐾 복음을 위해서라면 아까워말고 기꺼이 희생합시다.

대통령을 만든 인품

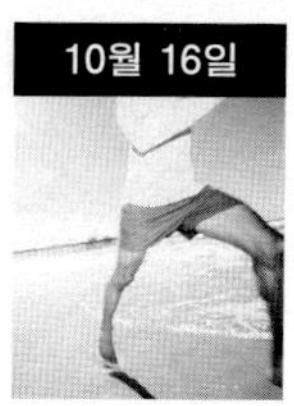

읽을 말씀 : 베드로후서 1:1-11

● 벧후 1:4 이 약속으로 말미암아 너희가 정욕 때문에 세상에서 썩어질 것을 피하여 신성한 성품에 참여하는 자가 되게 하려 하셨느니라

　누구보다 성공한 아버지를 둔 소년이 있었습니다.
　소년은 아버지를 닮기 위해 열심히 공부를 했지만 그때마다 어머니는 성적보다도 인격이 더 중요하다며 다음의 9가지 수칙을 지키라고 가르쳤습니다.
　1. 상대방의 약점은 잊고 장점만 기억하여라.
　2. 적을 만들지 말고 친구를 만들어라.
　3. 다른 사람에게 절대로 돈 이야기를 꺼내지 말아라.
　4. 필요없는 물건은 사지 말아라.
　5. 주위 사람과 자신을 비교하지 말아라.
　6. 입은 은혜는 반드시 갚아라.
　7. 모든 친구를 소중히 생각하여라.
　8. 자기 자신부터 사랑하여라.
　9. 모든 상황에서 인생을 즐기려고 노력하여라.
　전 미국 대통령이었던 조지 부시의 어머니면서 영부인이었던 바버라 부시 여사의 '인격을 더 아름답게 만드는 9가지 법칙'입니다.
　믿음을 통한 변화는 인품과 성격, 삶의 행동과 목표에까지 모든 분야의 변화를 이끌어야 합니다. 신앙과 삶이 동떨어지지 않은 진정한 그리스도의 제자가 되십시오. 아멘!!

♡ 주님! 말씀으로 받은 은혜가 삶으로 이어지게 하소서.
🈁 결과보다도 과정, 실력보다도 인품을 중요하게 여깁시다.

분노를 다루는 법

읽을 말씀 : 에베소서 4:25-32

●엡 4:26 분을 내어도 죄를 짓지 말며 해가 지도록 분을 품지 말고

사람들은 흔히 화가 날 때 2가지 방법으로 대처합니다.
1. 폭발 – 자기가 통제할 수 없는 방법으로 분노를 표출하는 방법.
2. 억제 – 자신의 분노를 완전히 억눌러 숨기는 방법.
　그런데 이 두 가지 방법은 모두 분노를 다스리기에 좋은 방법이 아니라고 합니다.
다음은 프랑스의 저명한 정신의학자인 프랑수아 를로르의 '분노를 지혜롭게 다스리는 8가지 기술'입니다.
1. 짜증을 유발하는 작은 원인들을 해결하라.
2. 반드시 중요한 일부터 처리하라.
3. 상대방이 일부러 그랬을 것이라는 시나리오에서 벗어나라.
4. 아무리 큰 분노라도 하루 동안 고민하고 대응하라.
5. 무례한 상대에게도 일단은 발언권을 줘라.
6. 나를 화나게 만든 사람보다 그 사람의 행동에 집중하라.
7. 아무리 화가 나도 언어폭력이나 신체폭력은 하지 마라.
8. 한 번 끝난 상황은 다시 언급하지 마라.
분노를 제대로 다스리는 사람은 자기 마음을 다스릴 줄 아는 지혜로운 사람입니다. 극한의 상황에서도 분을 다스리고 분위기를 유순하게 만드는 지혜로운 피스메이커가 되십시오. 아멘!!

🖤 주님! 분쟁보다 화목을 분노보다 용서를 베풀며 살아가게 하소서.
🎴 말씀의 원리를 따라 그날의 분은 그날 해소합시다.

복음을 포장하라

읽을 말씀 : 요한복음 1:1-18

● 요 1:18 본래 하나님을 본 사람이 없으되 아
버지 품 속에 있는 독생하신 하나님이 나타
내셨느니라

한 경제학자가 식료품을 사러 동네 마트에 들렀다가 이상한 점을 발견했습니다. 펼쳐놓은 체리는 1파운드에 천 원 정도였는데 팩에 들어 있는 체리는 2파운드에 3천 원 정도였습니다. 원산지도 같았기에 산술적인 계산으로는 2천 원 정도여야 했습니다. 이해가 되지 않았던 경제학자는 점원에게 물었습니다.

"저기 쌓여있는 체리와 여기 포장된 체리의 품질이 혹시 다른가요? 왜 포장된 게 더 비싸죠?"

"포장지 말고는 모두 똑같은 체리입니다. 다만 포장된 체리가 쌓여있는 체리보다는 2배 정도 더 팔리긴 합니다. 사람들 눈에는 포장된 체리가 더 좋아 보이나 봐요."

경제학자는 이후 학교와 기업에서 강의할 때마다 항상 이 일화를 통해 포장의 중요성을 전했습니다.

"포장은 그 물건이 얼마나 가치 있는지를 나타내기에 포장을 잘할수록 더 좋은 대접을 받습니다. 물건이나 이야기나 심지어 사람의 경우도 마찬가지입니다."

예수님의 복음과 우리 교회를 나타내는 것은 바로 우리 자신입니다. 나의 말과 행동, 미소와 선행, 돈의 쓰임까지 모든 삶이 복음과 은혜를 나타내는 중요한 포장임을 기억하고 관리하십시오. 아멘!!

♡ 주님! 복음에 방해가 되는 죄와 실수들을 저지르지 않게 하소서.

하나님의 사랑을 전하는 도구로 내 삶을 주님께 드립시다.

교회에서 가장 중요한 것

읽을 말씀 : 베드로전서 4:1-11

● 벧전 4:10 각각 은사를 받은 대로 하나님의 여러 가지 은혜를 맡은 선한 청지기 같이 서로 봉사하라

일본의 나카타니 아키히로는 일본 전역의 호텔과 레스토랑을 사람들에게 소개하는 여행관련 가이드입니다.

나카타니에게 하루는 한 친구가 온천도시인 유후인에서 일본의 전통 숙소인 료칸을 소개해달라고 했습니다.

"유후인이라면… 나마노유 료칸에 가서 미조구치 군페이 씨를 찾아주세요. 유후인에 그곳만큼 좋은 곳은 없습니다."

나카타니의 추천으로 좋은 여행을 다녀온 친구는 이번에는 산장을 소개해 달라고 부탁했습니다.

"후지바야시가 있는 무라타 산장이 최고입니다."

대답을 들은 친구는 자신은 좋은 숙소를 부탁했는데 왜 항상 장소가 아닌 사람을 추천해주냐고 물었습니다.

"좋은 요리사가 있는 곳이 좋은 레스토랑이지 않겠습니까? 호텔 역시 좋은 서비스와 청결을 만드는 것은 사람입니다. 그래서 저는 장소가 아닌 그런 일을 할 수 있는 사람이 있는 곳을 추천해드립니다."

좋은 장소를 만드는 것은 좋은 사람이듯이 좋은 교회를 만드는 것 역시 좋은 성도입니다. 나부터 믿지 않는 사람이라도 친절하고 기쁜 마음으로 즐거이 섬기며 복음을 전파하는 좋은 제자가 되십시오. 아멘!!

주님! 만나는 모든 사람에게 최대의 선행을 베풀게 하소서.

내 이름이 우리 교회의 자랑이 될 수 있도록 헌신과 봉사합시다.

비판의 마음을 버려라

읽을 말씀 : 데살로니가전서 5:12-28

● 살전 5:15 삼가 누가 누구에게든지 악으로 악을 갚지 말게 하고 서로 대하든지 모든 사람을 대하든지 항상 선을 따르라

이탈리아의 유명한 시인 타쏘에게 하인이 급하게 찾아왔습니다.

"주인님이 가장 아끼는 친구가 주인님의 욕을 하는 걸 들었습니다. 사람들에게 물어보니 이번이 처음이 아니랍니다."

"그래? 그것 참 다행이군."

하인은 도대체 뭐가 다행이냐고 물었습니다.

"세상의 그 많은 사람들 중에 내 욕을 하는 사람이 친구 하나뿐인데 다행이지 않은가?"

데이비드 핑크 박사는 신경과민증에 걸린 사람 천 명과 신경과민증상이 전혀 없는 천 명을 연구한 후 다음과 같은 결론을 내렸습니다.

1. 신경과민증에 걸린 사람들은 남을 비판하기 좋아한다.
2. 신경과민증에 걸리지 않는 사람들은 대부분 남을 비판하지 않는다.

결국 남을 비판하는 사람들은 그만큼 남의 비판에 민감하게 반응하기 때문에 자기가 비판의 대상이 될까봐 신경과민증에 걸린다는 것이 데이비드 박사의 결론이었습니다.

"남을 비판하지 말라"는 예수님의 말씀은 남이 아닌 나를 위한 말씀입니다. 어쩔 수 없이 들리는 상대방의 단점과 나를 비판하는 소리는 한 귀로 흘려버리고 오직 예수님을 따르는 일에만 힘쓰십시오. 아멘!!

♡ 주님! 세상의 소리와 상관없이 바른 진리를 따라가게 하소서.

🧎 교회를 비판하는 사람들도 품을 수 있을 정도의 사랑을 품읍시다.

영혼의 응급처치

읽을 말씀 : 시편 19:1-14

●시 19:7 여호와의 율법은 완전하여 영혼을 소성시키며 여호와의 증거는 확실하여 우둔한 자를 지혜롭게 하며

19세기 중반에 일어난 크림전쟁은 영국과 프랑스, 러시아 등의 열강들이 참전하며 수많은 사망자가 발생했습니다. 영국은 군의관만으로는 부상자를 치료할 수가 없어서 긴급하게 간호봉사대를 조직해 전장에 파견했습니다.

그러나 간호사들이 밤낮없이 상처를 치료하고 병사들을 돌봐도 부상자는 점점 늘었습니다. 이런 최악의 상황에서도 한 간호사만큼은 포기하지 않고 한밤 중에도 등불을 들고 다니며 병동을 유심히 관찰했습니다.

똑같은 부상을 당해도 어떤 환자는 살고, 어떤 환자는 죽는지 유심히 관찰한 그녀는 조사한 연구를 토대로 본국에 지원을 요청했습니다.

일개 간호사의 요청이었지만 군 당국은 속는 셈치고 지원을 해줬습니다. 그러자 42%였던 사망률이 2%로 기적적으로 줄었습니다. '위생, 영양, 안정'이라는, 지금은 당연한 간호의 기본을 세운 이 간호사는 백의의 천사 나이팅게일이었고, 이때의 활약과 명성을 통해 모인 엄청난 후원금으로 최초의 간호학교가 세워져 수많은 환자들의 생명을 구할 수 있게 됐습니다.

환자를 진정으로 생각하는 간호사가 생명을 살리듯이 사람을 진정으로 사랑하는 성도가 영혼을 살리는데 쓰임 받습니다. 영혼을 살리고 회복시키는 놀라운 그리스도의 복음을 힘든 사람들에게 전해주십시오. 아멘!!

♡ 주님! 몸의 치료보다 중요한 영혼의 치유를 감당하게 하소서.

🔲 복음이 절실히 필요해보이는 사람에게 지체없이 전합시다.

활력을 위한 말씀

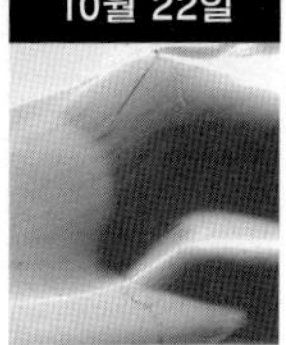

읽을 말씀 : 요한복음 20:24-31

● 요 20:31 오직 이것을 기록함은 너희로 예수께서 하나님의 아들 그리스도이심을 믿게 하려 함이요 또 너희로 믿고 그 이름을 힘입어 생명을 얻게 하려 함이니라

릭 워렌 목사님이 만성적인 피로와 영적 죄책감을 갖고 사는 사람들을 위해 조언한 '성경에서 찾은 영과 육에 활력을 주는 5가지 법칙'입니다.

1. 죄가 없는 깨끗한 마음(요한일서 1:9)
   엔진이 깨끗할수록 차가 잘 나가듯이 마음에 죄를 품고 사는 사람은 감정이 좀먹습니다.
2. 사람이 아닌 하나님을 바라보는 시각(골로새서 3:23)
   환경을 지배할 수 없지만 바라보는 시각은 선택할 수 있습니다. 사람이 아닌 하나님을 향해 시각만 바꿔도 많은 스트레스가 사라집니다.
3. 비전을 향해 갱신되는 목표(빌립보서 3:13-14)
   비전은 삶을 이끄는 원동력입니다. 하나님이 주시는 꿈으로 새로운 목표를 세우십시오.
4. 서로 격려하고 후원하는 모임(히브리서 10:25)
   같은 믿음을 공유하는 지체들과의 합력은 선을 이룹니다.
5. 하나님께 플러그를 꽂음(이사야 40:31)
   맞는 플러그에 꽂을 때만 충전이 되듯이 사람은 하나님께 힘을 공급받아야 합니다.

하나님을 바로 믿고 예배하는 사람은 지치지 않는 에너지를 공급받습니다. 지치고 힘들수록 하나님을 의지하십시오. 아멘!!

♡ 주님! 주님을 향한 뜨거운 열정이 날마다 더 새롭게 하소서.
▧ 찬양과 기도로 새날을 주신 주님을 찬양합시다.

사랑이 먼저다

읽을 말씀 : 고린도전서 13:1-8

● 고전 13:1 내가 사람의 방언과 천사의 말을 할지라도 사랑이 없으면 소리 나는 구리와 울리는 꽹과리가 되고

1909년 스페인에서 전국적인 노동자 파업이 일어났습니다.

건축 노동자들은 적은 급료와 혹사 수준의 노동을 버틸 수 없다며 들고 일어났고 그럼에도 건축가들이 요구를 들어주지 않자 모든 건물을 부수기 시작했습니다.

당시 노동자들을 착취하던 계급에는 안타깝게 일부 교회들도 있었고 정부 기관과 귀족들도 있었습니다.

격한 분노에 휩싸여 교회까지 부수던 노동자들이었지만 절대로 가우디의 건물만큼은 건들지 않았습니다. 심지어 다른 사람들이 건물을 부수려고 하면 지키기까지 했습니다.

가우디는 노동자들의 착취가 당연시되던 당시 몇배나 많은 급료를 주면서도 무리하게 일을 시키지 않았습니다. 심지어 제대로 된 교육기회를 못 받는 노동자들만을 위한 무상 학교까지 세웠기 때문에 다른 사람들이 가우디의 건물을 부수려고 하면 "그 건물에는 우리가 깃들어 있다"며 끝까지 모든 가우디의 건물을 무사히 지켰습니다.

가우디는 어떤 일을 잘 하기 위해서는 첫째로 사랑, 두 번째로 기술이 필요하다고 말했습니다. 율법보다 사랑이 먼저라고 말씀하셨던 예수님처럼 한 영혼을 천하처럼 아끼는 사랑을 세상에 보여주는 성도와 교회가 되십시오. 아멘!!

♡ 주님! 사랑을 전하는 것이 무엇보다 중요함을 알게 하소서.

❀ 모든 일의 첫째 순위를 사랑으로 삼읍시다.

성경을 믿고 계십니까

읽을 말씀 : 디모데후서 3:10-17

● 딤후 3:15 또 어려서부터 성경을 알았나니 성경은 능히 너로 하여금 그리스도 예수 안에 있는 믿음으로 말미암아 구원에 이르는 지혜가 있게 하느니라

공동체성서연구원에서는 한국의 그리스도인의 성경관에 대해 조사를 했습니다. 6개월 동안 6개 교단 180여 개 교회의 성도들을 조사한 결과는 다음과 같았습니다.

1. 성경을 얼마나 자주 읽습니까?
  '매일 읽는다(43.4%), 며칠에 한 번(28.8%), 전혀 읽지 않는다(8%)'

2. 성경을 얼마나 읽으셨습니까?
  '신구약 최소 1번(25.6%), 신약 한 번 (7.5%), 구약 한 번 (0.9%), 통독 못함(19.4%)'

3. 성경을 읽는 이유는 무엇입니까?
  '하나님의 말씀이라서(63.2%), 삶의 의미를 찾으려고 (8.2%), 마음이 편해져서(5.0%)'

4. 성경을 얼마나 이해하고 있습니까?
  '상당 부분 이해(53.6%), 어느 정도 이해(41.6%), 거의 불가능(4.7%)'

5. 성경을 정말로 믿습니까?
  '전적으로 믿는다(85.1%), 어느 정도 믿는다(14.6%), 별로 안 믿는다(0.2%)'

우리는 어떻습니까? 성경을 믿고 있습니까? 또 읽고 있습니까?
성경이 정말로 하나님의 말씀이라면, 영의 유일한 양식이라면 그 고백만큼 귀하게 여기고 자주 묵상하십시오. 아멘!!

♡ 주님! 하나님의 말씀을 거짓없이 진심으로 받게 하소서.
성경을 더 자주 깊이 묵상합시다.

염려가 없는 사람

읽을 말씀 : 야고보서 1:2-8

●약 1:6 오직 믿음으로 구하고 조금도 의심하지 말라 의심하는 자는 마치 바람에 밀려 요동하는 바다 물결 같으니

걱정의 영어단어 'Worry'는 '메림나오(Merimnao)'라는 그리스어에서 나왔습니다. 이 단어는 '나누다'라는 뜻의 '메리조(Merizo)'와 마음이라는 뜻의 '누스(Nous)'가 합쳐진 단어입니다. 어원을 따져보면 걱정이라는 단어는 "마음이 나눠져 있다"는 뜻입니다.

예수님이 우리에게 말씀하신 염려하지 말라는 뜻은 '하나님을 믿는 마음'을 나누지 말란 뜻이며 야고보는 두 마음을 품어 정하지 못한 사람은 기도의 응답이 없다고 말했습니다.

다음은 말씀에서 찾은 염려하지 않는 5가지 방법입니다.

1. 기도에 힘쓴다(누가복음 18:1).
2. 받은 복들을 떠올리며 기뻐한다(빌립보서 4:4).
3. 하나님을 더욱 신뢰하고자 노력한다(마태복음 6:25-34).
4. 맡은 일에 최선을 다한다(시편 37편).
5. 내 능력과 상황이 아니라 하나님과 함께하는 지체들에게 집중한다(빌립보서 2:4).

전능하신 하나님을 믿고, 그 하나님이 나를 사랑하시고, 나의 모든 필요를 아시고 채워주신다는 믿음을 가진 사람만이 염려하지 않습니다.

온전히 하나님을 신뢰함으로 모든 필요를 응답받는 하나님을 바라는 마음만을 가지십시오. 아멘!!

♡ 주님! 구하는대로 주님을 믿고 기도로 평안을 얻게 하소서.
🗾 염려 대신 오직 기도에 힘씁시다.

믿음의 근원

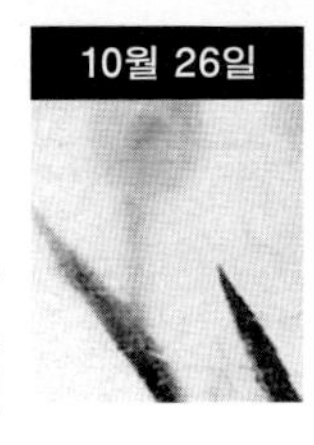

읽을 말씀 : 마태복음 14:22-33

●마 14:28,29 베드로가 대답하여 이르되 주여 만일 주님이시거든 나를 명하사 물 위로 오라 하소서 하니 오라 하시니 베드로가 배에서 내려 물 위로 걸어서 예수께로 가되

　미국의 농촌에서 태어나 초등학교만 겨우 졸업한 소년이 취직을 하려고 대도시인 디트로이트로 떠났습니다.
　16살에 발명왕 에디슨이 세운 회사에 들어간 소년은 허드렛일을 하면서 조금씩 기술을 배워 승진을 해나갔습니다. 어느새 기계를 다루는 직공이 된 소년은 우연히 회사에서 에디슨과 마주쳤는데 에디슨에게 양해를 구하고 한 가지 질문을 했습니다.
　"휘발유가 기계를 움직일 정도의 에너지원이 될 수 있을까요?"
　"나는 가능하다고 생각하네."
　에디슨의 대답을 들은 소년은 이후 버는 돈으로 전부 기계와 관련된 책을 샀고 퇴근만 하면 기름으로 움직이는 기계를 연구했습니다. 1년이 지나고, 2년이 지나고, 4년, 5년이 지나도 실패만 거듭했지만 그는 포기하지 않았습니다. 이유는 단 한 가지 에디슨이 할 수 있다고 말했기 때문이었습니다.
　그렇게 무려 8년이 지나고 마침내 휘발유로 움직이는 동력원이 만들어졌는데 사람들은 이 기계를 '엔진'이라고 불렀습니다. 에디슨에게 질문을 했던 16살의 소년은 자동차 왕 헨리 포드였습니다.
　예수님의 말씀을 믿었던 베드로가 물 위를 걸었던 것처럼 말씀을 믿는 것이 그리스도인의 능력입니다. 나에게 주시는 모든 말씀의 능력을 믿음으로 체험하십시오. 아멘!!

♡ 주님! 믿음의 모든 근거가 주님이 주신 진리의 말씀이게 하소서.
▣ 주님이 할 수 있다고 확신을 주신 일들은 의심하지 맙시다.

불안한 현대인들

읽을 말씀 : 시편 43:1-5

● 시 43:5 내 영혼아 네가 어찌하여 낙심하며 어찌하여 내 속에서 불안해 하는가 너는 하나님께 소망을 두라 그가 나타나 도우심으로 말미암아 내 하나님을 여전히 찬송하리로다

미국 뉴욕의 중심가에는 '드리머리(Dreamery)'라는 카페가 있습니다. 드리머리는 차와 커피를 마시며 사람들과 이야기를 나누러 오는 일반적인 카페와는 달리 말소리가 한 마디도 들리지 않을 정도로 정숙합니다. 카페에 들어온 손님들은 직원의 안내를 받아 작은 원통형의 방으로 들어가는데 거기에는 푹신한 매트리스가 놓여 있고 숙면에 도움을 주는 조명과 음악이 흐릅니다.

사람들은 주로 낮잠을 위해 드리머리를 찾는데 45분에 3만원이나 하는 비싼 가격이지만 자리가 없을 정도로 큰 인기를 누리고 있습니다. 불면증으로 고생하는 사람들이 점점 늘면서 미국에서만 잠과 관련된 시장이 무려 20조 원을 웃돌고 있고 '슬리포노믹스(Sleeponomics)'라는 경제용어까지 탄생했습니다.

우리나라도 불면증 환자가 점점 늘면서 드리머리와 비슷한 카페들이 생기고 있는데 특이한 점은 '슬리포노믹스'가 경제적으로 부유한 나라에만 등장하는 선진국형 산업이라는 점입니다.

사람들은 돈을 벌기 위해 노력합니다. 그러나 그렇게 돈을 얻으면서 많은 것을 잃고 결국 가장 기본적인 잠까지 자지 못해 돈을 지불하면서까지 해결하려 합니다.

인간의 행복이 어디에서 오는지 모르기 때문입니다. 인간의 근원적인 불안을 해결해주시고 참된 행복을 주시는 하나님을 기억하십시오. 아멘!!

♡ 주님! 세상을 이길 수 있는 평안을 제 마음에 주소서.

매일 자기 전 기도와 말씀으로 불안을 해소하고 숙면을 취합시다.

사람을 살린 절약

읽을 말씀 : 누가복음 12:22-34

●눅 12:33 너희 소유를 팔아 구제하여 낡아 지지 아니하는 배낭을 만들라 곧 하늘에 둔 바 다함이 없는 보물이니 거기는 도둑도 가까이 하는 일이 없고 좀도 먹는 일이 없느니라

조선시대 인종 때 조정에 상소가 올라왔습니다.

"충주 금왕읍에 조륵이라는 지독한 구두쇠가 있어 미풍양속을 해치고 있습니다. 돈을 아끼겠다고 굴비를 사다 천장에 매달아 놓고 쳐다보면서 밥을 먹고, 장독에 앉은 파리를 잡아 다리에 묻은 장을 빨아먹는다고 합니다. 조륵 같은 자가 부자가 되면 필시 나라 곳곳에 좋지 않은 영향을 미칠 것이 분명합니다."

인조는 진상을 조사하기 위해서 암행어사를 보냈습니다. 거지 꼴로 조륵을 찾아간 암행어사는 며칠 묵어가기를 청했는데 어찌된 일인지 매일 진수성찬이 나왔고 며칠을 묵어도 떠나라고 눈치를 주지도 않았습니다. 어찌된 영문인가 싶어 암행어사가 마을 사람에게 조륵에 대해 물었습니다.

"모두 맞는 말입니다. 그런데 몇 년 전 동네에 흉년이 들어서 모두 굶어 죽게 생겼을 때 조륵이 창고를 열어 마을 사람들을 먹여 살렸습니다. 환갑이 되고는 그동안 평생 나눌 재산을 모았다며 찾아오는 모든 사람을 대접하고 가난한 사람들에게 재산을 나누고 있습니다. 우리는 조륵을 구두쇠 자린고비가 아니라 자비롭고 인자한 어버이란 뜻의 자인고비라고 부릅니다."

돈을 잘 버는 사람보다 잘 쓰는 사람이 지혜롭습니다. 부와 명예, 성공과 세상의 인정도 하나님께 영광이 되고, 사람을 살리기 위해서라는 청지기 정신을 가지고 사십시오. 아멘!!

♡ 주님! 가진 것을 나눌 줄 아는 마음의 부자가 되게 하소서.
🔲 하나님이 주신 축복을 얼마라도 다른 사람들을 위해 사용합시다.

슬픔을 바꾸시는 주

읽을 말씀 : 시편 30:1-11

● 시 30:11 주께서 나의 슬픔이 변하여 내게 춤이 되게 하시며 나의 베옷을 벗기고 기쁨으로 띠 띠우셨나이다

　뚜렷한 병도 없는데 몸이 너무 약해 거의 평생을 침대에서 보내던 여인이 있었습니다. 거동도 못할 정도의 병약한 몸이었지만 그녀의 얼굴에서는 항상 미소가 흘렀고 사람을 대하는 모든 말투가 긍정적이었습니다. 그녀의 사정을 알고 딱한 마음을 가진 사람들도 30분만 함께 있으면 어느새 웃으며 즐거운 시간을 가졌습니다.

　하고 싶은 것도 제대로 못 하고, 가고 싶은 곳도 제대로 못가는 삶인데 어떻게 매사에 긍정적일 수 있는지 궁금했던 한 사람이 그녀에게 비밀을 묻자 그녀는 짧게 "바로 예수님 때문이지요"라고 대답했습니다.

　이 이야기의 주인공은 바로 '슬픈 마음 있는 사람'이라는 찬송을 쓴 리디아 벡스터 여사였습니다.

'슬픈 마음 있는 사람 예수 이름 믿으면
영원토록 변함없는 기쁜 마음 얻으리
예수의 이름은 세상의 소망이요
예수의 이름은 천국의 기쁨일세'

　리디아 여사의 삶은 찬양의 고백이 그대로 묻어나는 삶이었습니다. 어떤 상황에서도 예수님의 은혜가 기쁨의 이유가 된다는 사실을 믿고 세상 사람들에게 보여주십시오. 아멘!!

♡ 주님! 슬픈 마음까지도 주님 앞에 내어놓게 하소서.
하나님이 베푸신 은혜를 생각하며 찬송가 91장을 고백합시다.

사람의 세 가지 유형

읽을 말씀 : 디도서 3:1-11

●딛 3:8 이는 하나님을 믿는 자들로 하여금 조심하여 선한 일을 힘쓰게 하려 함이라 이 것은 아름다우며 사람들에게 유익하니라

　근대의 문을 열었다고 평가받는 철학자이자 정치가인 프랜시스 베이컨은 곤충에 빗대어 세상에는 3가지 유형의 사람이 있다고 말했습니다.
　1. 거미 같이 있어서는 안 될 사람.
　　거미는 거미줄을 벗어나지 않고 하루 종일 일도 안하고 잠만 잡니다. 그러다 거미줄에 먹이가 걸리면 다가가서 피를 빨아먹는 것이 인생의 전부입니다. 남의 덕만 보려는 '이기주의 인간'을 베이컨은 존재해서는 안 될 사람으로 평가했습니다.
　2. 개미 같이 있으나 없으나 그만인 사람.
　　개미는 부지런하고 협동심도 강하지만 다른 무리와는 어울리지 못합니다. 있어서 나쁠 것은 없으나 좋을 것도 없는 '개인주의 인간'을 베이컨은 개미 같은 사람이라고 표현했습니다.
　3. 꿀벌 같이 반드시 필요한 사람.
　　꿀벌은 부지런하고 협동심도 강합니다. 심지어 자신들에게 필요한 꿀을 먹으면서도 꽃을 수정시키는 중요한 일을 하기 때문에 모두에게 이로운 일을 합니다. 베이컨은 꿀벌 같은 사람은 세상에 반드시 필요한 '이타주의 인간'이라고 표현했습니다.
　예수님은 우리에게 세상의 빛과 소금, 즉 없어서는 안 될 존재로 살아가라고 하셨습니다. 이기주의와 개인주의를 넘어서서 남을 이롭게 하고 생명의 복음을 전하며 선한 일을 하는 특별한 존재로 살아가십시오. 아멘!!

💙 주님! 세상에 참된 행복을 전하는 하나님의 백성이 되게 하소서.
🪻 세상에 꼭 필요한 빛의 성도로 살아갑시다.

말씀이 심기면 살아난다

읽을 말씀 : 요한복음 15:1-16

●요 15:16 너희가 나를 택한 것이 아니요 내가 너희를 택하여 세웠나니 이는 너희로 가서 열매를 맺게 하고 또 너희 열매가 항상 있게 하여 내 이름으로 아버지께 무엇을 구하든지 다 받게 하려 함이라

미국의 국회의원인 윌리엄 제닝스 브라이언이 카이로를 방문한 적이 있었습니다. 곳곳의 이집트 유물을 살펴보던 그는 한 골동품 가게에서 3천 년이 지난 곡식 자루에 들어있는 콩알 하나를 발견했습니다. 겉은 돌과 같이 딱딱하고 쭈글쭈글해 말라비틀어진 콩을 본 윌리엄은 호기심이 생겨 푼돈을 주고 구입했습니다.

그리고 미국으로 돌아와 정원에 콩을 심고 열심히 물과 거름을 줬습니다. 그러자 얼마 되지 않아 싹이 났고, 급기야 열매를 맺었습니다. 나중에 미국의 국무총리까지 오르며 '위대한 보통사람'이라고 평가받을 정도로 대중을 위한 정치를 했던 제닝스는 가는 곳마다 복음을 전했는데, 마음을 닫은 사람을 볼 때마다 오래전 카이로에서 구입한 완두콩 이야기를 들려주었습니다.

"3천 년 동안 죽어있던 콩알 하나도 땅에 심으면 열매를 맺습니다. 1년생 식물에도 이런 변화가 일어나는데 만물의 영장이라고 불리는 사람이 정말로 죽으면 사라지고 끝이겠습니까?"

천년 동안 죽어있던 콩도 제대로 된 땅에 심기면 자라나듯이 하나님을 외면하고 불행한 삶을 사는 메마른 영혼도 말씀이 심기면 살아납니다. 영혼을 소생시키시는 하나님의 말씀을 내 영혼에 그리고 내가 만나는 사람들의 마음에 씨앗으로 뿌리십시오. 아멘!!

🤍 주님! 영혼을 살릴 말씀을 전할 지혜와 기회를 주소서.

🧩 영혼이 말라가는 사람들 마음에 생명의 복음이라는 씨를 심읍시다.

11월

"여호와께서 집을 세우지 아니하시면
세우는 자의 수고가 헛되며
여호와께서 성을 지키지 아니하시면
파수꾼의 깨어 있음이 헛되도다"

(시편 127편 1절)

하나님의 계획

읽을 말씀 : 잠언 19:20-29

●잠 19:21 사람의 마음에는 많은 계획이 있어도 오직 여호와의 뜻만이 완전히 서리라

『몇 년 전 200여 명의 극동방송 애청자들과 함께 성지순례를 갔을 때이다. 순례 중 자타리에 있는 시리아 난민캠프를 방문했다. 7만 명의 난민들이 머물 곳이 없어 무너진 텐트를 깔고 앉았고 겨울임에도 맨발인 사람들이 많았다.

한국전쟁이 끝난 직후의 우리나라를 보는 것 같아 가슴이 아팠다. 나는 귀국 후 "어린이와 노약자가 머물 수 있는 '카라반(컨테이너 하우스)' 100채 후원을 목표로 모금 방송을 진행합시다"라고 실무자들에게 말했다.

당시 극동방송 신사옥 건축을 위한 방송 일정이 잡혀 있어 바쁜 상황이었지만 나와 실무진은 '우리가 어려운 이웃의 집을 위해 헌신하면 하나님이 우리의 집을 지어주실 것'이라는 믿음을 가지고 시리아 난민을 위한 방송을 먼저 진행했다.

후원금액은 4배가 넘게 들어왔고 대기업과 정부까지 도와 무려 2,000여 채의 카라반을 시리아에 보냈다. 그리고 후원자 7만여 명의 도움으로 극동방송 신사옥 역시 아무런 문제없이 완공됐다.』(김장환 목사 개인 노트에서 발췌 편집)

내가 세운 계획과 노력이 물거품이 될지라도 거기에 하나님의 뜻이 있다면 결국은 성공합니다. 하나님의 뜻을 믿고 하나님의 능력을 경험하는 성도가 되십시오. 아멘!!

♡ 주님! 눈앞의 이익을 버리고 주님의 큰 뜻을 품고 실천하게 하소서.
☒ 내 삶의 방향을 하나님의 말씀이 가리키는 곳으로 향하게 합시다.

복음의 핵심을 준비하라

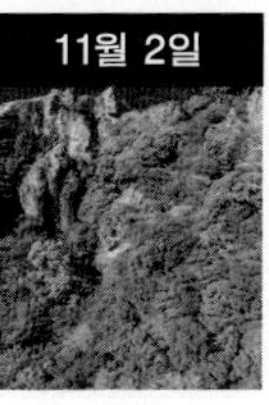

읽을 말씀 : 에베소서 2:1-10

● 엡 2:8 너희는 그 은혜에 의하여 믿음으로 말미암아 구원을 받았으니 이것은 너희에게 서 난 것이 아니요 하나님의 선물이라

세계 최고의 컨설팅 기업인 '맥킨지(Mckinsey)'에서 중요한 고객을 대상으로 회의를 하고 있었습니다.

임원들과 컨설팅 전략을 발표할 직원은 상기된 표정으로 회의장에서 기다리고 있었고 잠시 뒤 회장이 들어왔습니다. 그런데 프리젠테이션을 보지도 않고 갑자기 발표자에게 이런 말을 했습니다.

"미안한데 지금 시간이 별로 없습니다. 주차장까지 이동하면서 브리핑을 해줄 수 있겠소?"

회의장에서 주차장까지 가는 시간은 약 30초입니다. '중요한 회의에 이럴 수 있을까?'라는 생각이 들 수도 있지만 실제 맥킨지에서는 가장 중요하게 생각하는 '30초 룰'이 있습니다. 맥킨지는 이 30초 안에 핵심을 전달할 수 있는 테스트를 통과한 직원만 채용합니다.

할리우드 영화사에서 작가에게 대본을 홍보할 때 주는 시간 역시 30초이고, 미국에서 30위 안에 드는 대기업 '프록터 앤 갬블'에서는 1장이 넘는 보고서는 받지 않습니다.

상대방을 설득하고 마음을 움직일 수 있는 것은 핵심입니다. 내가 만난 예수님과 깨달은 복음의 핵심을 누구에게든 전할 수 있게 30초의 말과 글로 준비해두십시오. 아멘!!

♡ 주님! 한 번의 만남으로 마음을 움직일 수 있게 도우소서.
▨ 어디서든 짧게 전할 수 있는 간증과 복음의 원리를 준비합시다.

생명을 살린 피

읽을 말씀 : 에베소서 1:3-14

●엡 1:7 우리는 그리스도 안에서 그의 은혜의 풍성함을 따라 그의 피로 말미암아 속량 곧 죄 사함을 받았느니라

호주에 사는 한 고령의 노인이 병원을 찾아 헌혈을 했습니다. 헌혈을 마친 노인이 병원을 나서자 무수히 많은 사람들이 꽃다발을 들고 기다리고 있었습니다. 사람들은 노인을 향해 열렬한 환호와 박수를 보내며 "살려줘서 고맙습니다"라고 인사를 했습니다.

축하의 주인공인 해리슨은 60년 전 우연히 수술을 받다가 자신에게 'RH 병'을 치료할 수 있는 항체가 있다는 사실을 알게 됐습니다. 'RH 병'은 산모의 혈액이 태아를 공격하는 희귀병인데 해리슨의 피로 이 병을 고칠 백신을 만들 수 있었습니다.

자신의 헌혈로 사람을 살릴 수 있다는 걸 알게 된 해리슨은 이후 2주마다 한 번도 거르지 않고 60년 간 헌혈을 했습니다. 1173번의 헌혈을 통해 200만 명을 살린 해리슨은 81세가 되면서 호주 법으로 더 이상 헌혈을 할 수가 없었습니다. 그래서 마지막 헌혈을 하던 날에 그동안 해리슨에게 도움을 받은 많은 부모와 자녀들이 병원으로 찾아와 감사를 표현한 것이었습니다.

한 사람의 삶이 수백만 명에게 생명을 선물로 줬듯이 예수님의 보혈로 모든 사람들이 구원받을 수 있습니다. 분명하고 유일한 진리이고 영원한 생명을 주는 예수님의 보혈을 세상에 힘써 전하십시오. 아멘!!

♡ 주님! 저에게 주신 것으로 주님의 복음을 전하게 하소서.

👟 가지고 있는 조그마한 장점이라도 복음 전파를 위해 사용합시다.

그라운드 위의 하나님

읽을 말씀 : 시편 57:1-11

● 시 57:5 하나님이여 주는 하늘 위에 높이 들리시며 주의 영광이 온 세계 위에 높아지기를 원하나이다

뉴욕 양키스의 야구선수 요기 베라는 독실한 기독교인입니다. 요기 베라는 타석에 들어설 때마다 배트로 십자가를 그리고 잠시 기도를 했습니다. 그런데 한 번은 친구이면서 상대팀 선수인 조 개러지가 요기 베라의 기도를 보고는 심판에게 타임을 요청했습니다. 조는 요기에게 다가와 이렇게 말했습니다.

"자네만 하나님을 믿는 것이 아니고 나도 크리스천이네. 자네가 십자가를 그린다고 하나님이 자네 편만 들지는 않아. 하나님은 그냥 구경이나 하시도록 내버려두고 그냥 경기를 하는 게 어떤가?"

조는 같은 성도로써 타석에 들어설 때마다 요기 베라가 신앙심을 어필하는 것이 불편했던 것입니다. 요기 베라는 이 말을 듣고 다음과 같이 대답했습니다.

"하나님은 구경만 하는 것을 싫어하시는 분이야. 아니, 관중석에 앉아 있기를 오히려 거부하시는 분이지. 하나님은 그라운드에서 우리와 함께 뛰기를 원하신다네. 자네와 나, 우리는 서로 믿는 하나님과 함께 경기를 하면 되는 것이네."

하나님과 함께 하는 삶에는 승리와 패배보다 더 중요한 것이 있습니다. 하나님과 함께 하는 성도의 삶은 패배와 고난에도 하나님의 영광을 드러냅니다. 나의 삶을 하나님의 영광을 위한 도구로 드리십시오. 아멘!!

🖤 주님! 기쁨에도, 슬픔에도, 주님이 드러나게 하소서.

🧩 선한 길로 이끌어주실 줄 믿고 삶의 키를 주님께 맡깁시다.

위로의 기도

읽을 말씀 : 고린도후서 1:1-11

●고후 1:4 우리의 모든 환난 중에서 우리를 위로하사 우리로 하여금 하나님께 받는 위로로써 모든 환난 중에 있는 자들을 능히 위로하게 하시는 이시로다

화재현장에 출동했던 어떤 소방관에게 다음과 같은 편지가 도착했습니다.

"험하고 슬프고 아픈 자리에서 일을 하시다 보면 마음의 병이 많이 생기지 않을까 걱정이 됩니다. 혹시라도 그날의 사고가 슬픔으로 남지 않으시길 진심으로 기도했습니다."

이 편지는 화재현장에서 4살짜리 아이를 구하려고 고군분투하던 소방관의 모습을 본 한 목사님 부부가 보낸 편지였습니다. 고생 끝에 화재현장에서 아이를 구했지만 치료를 받다 끝내 숨을 거뒀다는 이야기를 듣고 큰 상처를 받았을까봐 보낸 편지였습니다.

실제로 사고현장에서 순직하는 소방관들보다 생명을 구하지 못했다는 죄책감에 자살하는 소방관들이 훨씬 많다고 합니다. 목사님 부부가 보낸 편지를 다 읽은 후 이길호 소방관은 다음과 같이 답장을 보냈습니다.

"구조한 아이가 세상을 떠나 마음이 너무 아프지만 따뜻한 위로와 격려의 편지를 받게 되어 소방관으로서 자부심을 가질 수 있었습니다. 앞으로도 변함없이 현장에서 최선을 다하겠습니다."

간절한 기도는 놀라운 능력이 있습니다. 주변의 힘든 사람들을 위해 꾸준히 하나님께 기도를 하며 또한 우리를 위해 기도하고 있다는 사실을 알리십시오. 아멘!!

♡ 주님! 기도를 쉬지 않고 오직 기도를 붙들게 하소서.

🧩 각 구역이나 속회에서 서로의 기도제목을 놓고 기도합시다.

인간의 본질

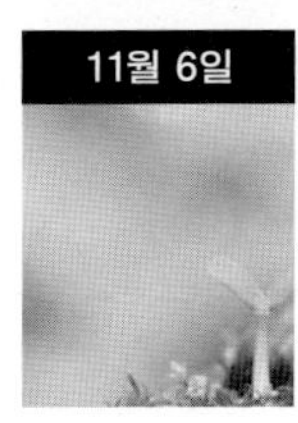

읽을 말씀 : 로마서 7:1-6

● 롬 7:5 우리가 육신에 있을 때에는 율법으로 말미암는 죄의 정욕이 우리 지체 중에 역사하여 우리로 사망을 위하여 열매를 맺게 하였더니

　유성영화가 한창 인기를 끌 당시 뉴욕의 모든 극장에 사람들이 어떤 영화를 보기 위해 이른 시간부터 줄을 서 있었습니다.
　제작비의 6배에 달하는 엄청난 흥행을 한 이 영화는 심지어 시대에 뒤처진 무성 영화였습니다. 찰리 채플린이 감독 및 주연을 한 '모던 타임즈'는 한창 산업화가 진행되던 당시 인간성이 상실된 인간은 기계나 다름없다는 메시지를 담고 있었기에 많은 사람들의 공감대를 형성하고 위로를 주었습니다. 국내의 결혼정보업체들이 남자와 여자를 평가하는 방식은 다음과 같습니다.
　- 남자: 학벌 30%, 직업 25%, 집안 배경 20%, 재산 20%, 외모 5%
　- 여자: 외모 40%, 집안 배경 20%, 직업 20%, 학벌 10%, 재산 10%
　그러나 돈이 많고, 외모가 출중하면 훌륭한 인간일까요?
　경제학자 애덤 스미스는 이런 명언을 남겼습니다.
　"자본주의의 성장으로 직업이 전문화되고 발달할수록 인간의 영혼은 파괴될 것이다."
　사람의 가치는 돈과 나이, 학벌과 외모로 정해지지 않습니다. 하나님이 인간을 그렇게 창조하지 않으셨고, 그렇게 평가하지 않으시기 때문입니다. 사람을 부품으로 생각하고 평가하는 세상의 가치를 따르지 말고 소중한 하나님의 창조물로 나와 남을 여기십시오. 아멘!!

🖤 주님! 세상의 잣대와 편견으로 사람을 판단하지 않게 하소서.
🧩 모두가 하나님의 소중한 창조물이라는 사실을 믿고 알립시다.

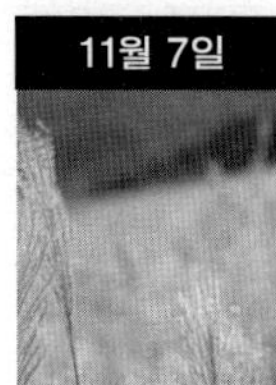

더 이상 찾지 않는 곳

읽을 말씀 : 행전 19:11-20

● 행 19:20 이와 같이 주의 말씀이 힘이 있어 흥왕하여 세력을 얻으니라

　지난 2008년도에 열린 베이징 올림픽은 역대 최고의 개막식으로 유명했습니다. 개회식은 전체 올림픽 중에서도 역대 2위의 규모에 해당할 만큼 성대하게 치러졌습니다. 그때 당시 올림픽을 치르기 위해 지어졌던 으리으리한 경기장들은 지금 어떻게 됐을까요?

　이런 궁금증을 가진 한 기자가 10년 만에 베이징 올림픽을 위해 지어진 경기장들을 찾았습니다. 결과는 충격적이었습니다.

　주경기장을 제외하고는 완전히 폐허 수준으로 방치가 되어 있었습니다. 경기장 주변의 호수는 썩어 있었고, 관객석도 잡초가 무성했습니다. 경기장에 붙어 있는 글씨가 아니면 이곳이 무슨 경기장인지 알 수 없을 정도로 방치되어 있었습니다.

　네덜란드 아넴 시에 있는 90년 전통의 한 교회는 최근 본당을 스케이트보드 연습장으로 개조했습니다. 텅텅 빈 교회당을 그냥 두느니 젊은 사람들이 스케이트보드라도 탈 수 있게 활용하는 것이 낫다는 판단에서입니다. 네덜란드는 유럽에서도 교회와 성당이 문을 닫는 속도가 가장 빠른 나라로 1년에 100개 이상의 교회가 문을 닫고 있습니다.

　말씀을 전하고, 지키는 사람이 없을 때 교회는 힘을 잃고 복음은 빛이 바랩니다. 진리의 복음을 다시 사람들이 찾을 수 있도록 국내와 해외 선교를 위해 기도하고 헌신하십시오. 아멘!!

♡ 주님! 복음의 불꽃이 꺼지지 않고 다시 타오를 수 있게 도우소서.

　세계의 모든 교회가 진리의 빛을 잃지 않도록 기도합시다.

옳은 일, 옳은 행동

읽을 말씀 : 다니엘 12:1-13

● 단 12:3 지혜 있는 자는 궁창의 빛과 같이
빛날 것이요 많은 사람을 옳은 데로 돌아오
게 한 자는 별과 같이 영원토록 빛나리라

　　국내 한 명문대학 공대를 졸업한 남자가 문득 이런 생각을 했
습니다.
　　'지금 하는 일도 좋지만 나는 사람을 살리고 싶다.'
　　졸업 뒤 다시 공부를 해 서울대 의대에 들어간 남자는 의사자
격증을 따자마자 한센병 환자들만 살고 있는 남태평양의 '사모아
섬'으로 가서 2년 동안 환자들을 돌봤습니다.
　　몸을 돌보지 않고 환자들을 보살피는 그의 열정은 사람들을
감동시켰고 그 결과 몇 년 뒤 세계보건기구 WHO의 예방백신
국장이 됐습니다.
　　국장이 되자마자 개도국 대상의 백신지원을 실시해 소아마비
바이러스를 사실상 박멸 수준으로 만들자 미국의 과학전문잡지
'사이언티픽 아메리칸(Scientific American)'은 '백신의 황제'라는 별
명을 지어줬습니다.
　　이때의 업적으로 세계보건기구 사무총장에 선출된 그는 300
만 명에게 에이즈 치료제를 지급하는 캠페인을 벌였습니다.
　　"올바른 장소에서 올바른 방법으로 옳은 일을 해야 합니다."
　　'행동하는 남자'로 불렸던 이종욱 박사의 평생 신조였습니다.
　　하나님의 말씀을 알고 믿는 우리들은 무엇이 옳은 행동인지를
알고 있습니다. 아는 것을 실천하지 않는, 속이는 사람이 되지
말고 말씀을 실천하며 세상에 참된 빛을 전하십시오. 아멘!!

💗 주님! 아는 데서 그치지 않고 말씀대로 행동하게 하소서.
🦋 주님의 말씀이 가르치는 옳은 행동을 실천합시다.

특허를 포기한 이유

읽을 말씀 : 베드로전서 5:1-11

● 벧전 5:3 맡은 자들에게 주장하는 자세를 하지 말고 양 무리의 본이 되라

미국 시카고의 한 실험실에서 어떤 남자가 전선을 잡고 서 있었습니다. 주변에는 수많은 기자들이 카메라를 들고 있었는데 남자는 조수에게 전력 스위치를 올리라고 말했습니다. 조수가 스위치를 올리자 고주파 전기가 남자의 몸을 통과했고 기자들은 플래시를 터트리기 시작했습니다. 다음날 신문에는 이런 기사가 대서특필 됐습니다.

"니콜라 테슬라, 에디슨과의 전류전쟁에서 승리하다. 승리!"

전기를 공급하는 방식을 놓고 에디슨과 신경전을 벌인 테슬라가 교류의 효율성과 더불어 안정성을 입증하며 완벽히 승리를 거둔 순간이었습니다.

테슬라는 이 발명으로 막대한 부를 축적할 수 있었으나 특허를 포기하며 교류를 '인류에 도움이 될 시스템이 되도록 노력하겠다'는 특허청의 약속만을 받아냈고 이로 인해 모든 나라가 교류를 쓸 수 있게 됐습니다.

테슬라의 신념과 결단으로 세계가 전기를 편하게 쓸 수 있게 됐듯이 하나님의 아들이신 예수님의 낮아짐으로 우리가 죄와 심판에서 구원받을 수 있게 됐습니다. 끝까지 포기하지 않으시는 하나님의 귀한 사랑의 가치를 마지막까지 잊지 마십시오. 아멘!!

🩶 주님! 세상에서 하나님의 사랑을 느끼며 살아가게 하소서.
🖼 독생자를 주실 정도로 나를 뜨겁게 사랑하신 주님을 높입시다.

노력으로 전달되는 사랑

읽을 말씀 : 사도행전 10:1-9

● 행 10:4 고넬료가 주목하여 보고 두려워 이르되 주여 무슨 일이니이까 천사가 이르되 네 기도와 구제가 하나님 앞에 상달되어 기억하신 바가 되었으니

　영국 브렌트우드 지역은 다양한 이민자들이 모여 사는 우범지대로 유명합니다. 이곳에 부임한 안드리아 선생님은 첫 수업에서 아이들이 영어를 못 알아듣는다는 사실을 알고 큰 충격을 받았습니다.

　말이 통하지 않으니 아이들은 제대로 교육을 받지 못했고 졸업을 한 뒤에는 말이 통하는 사람끼리 어울려 범죄를 저지르는 갱단이 됐습니다.

　안드리아 선생님은 이 악순환의 고리를 끊어야 한다고 생각해 아이들이 사용하는 언어를 배워서 제대로 된 교육의 기회를 주기로 했습니다.

　영어를 모르는 아이들을 위해 언어를 공부하다보니 선생님은 어느새 35개 국어를 하게 됐고, 결석을 하는 아이들은 가정으로 찾아가 부모님을 설득시켰습니다. 마치 계란으로 바위치기 같았던 안드리아 선생님의 도전은 브렌트우드 지역의 학생들이 영국의 상위 5%의 학업성취도를 내면서 꽃을 피웠고 이 노력을 인정받아 세계적으로 가장 뛰어난 교사에게 주는 '지구촌 교사상'을 수상했습니다.

　최선을 다하는 노력은 상대에게 진심으로 전달됩니다. 예수님의 희생과 성도들의 열띤 전도가 상대방을 위한 진심이라는 것이 전달되도록 최선을 다하십시오. 아멘!!

♡ 주님! 맡겨주신 본분에 최선을 다하는 청지기가 되게 하소서.

▨ 조금 부족하고 힘들지라도 최선을 다해 복음을 감당합시다.

성공의 정점에 선 사람

읽을 말씀 : 전도서 12:1-8

●전 12:8 전도자가 이르되 헛되고 헛되도다 모든 것이 헛되도다

이름만 대면 누구라도 알 수 있을 만큼 유명한 사람의 유언입니다.

"나는 성공의 끝을 봤다고 할 수 있을 정도로 비즈니스에서 성공했습니다. 사람들은 나를 성공의 상징이라고 부릅니다.

하지만 일터를 떠난 내 삶에는 별다른 즐거움이 없었습니다. 사람들이 부러워하는 부는 그저 익숙한 내 삶의 일부가 되어버렸습니다.

지금 병실에 누워 있는 이 순간 돌이켜보니 내 인생의 자부심이었던 사회적 인정과 부는 죽음 앞에 희미해질 뿐입니다.

삶의 유지에 필요한 부를 얻게 되는 순간 부와 무관한 것을 추구하며 살아야 한다는 것을 나는 이제야 깨달았습니다.

끝없는 부의 추구는 나와 같은 꼬인 사람만 만들어냅니다.

하나님은 우리에게 부가 아닌 사랑을 느낄 수 있는 감각을 주셨습니다.

내 인생을 통해 가져갈 수 있는 것은 부가 아닌 사랑이 넘치는 기억뿐입니다."

이 유언을 남긴 사람은 혁신의 아이콘인 애플의 스티브 잡스입니다. 성공의 끝에 선 사람들도 결국 죽음 앞에 무력해질 뿐입니다. 이 사실을 알고 있으면서도 부와 명예를 추구하는 어리석은 사람이 되지 말고 하나님을 더욱 구하고, 사랑을 베푸는 일에 모든 노력을 쏟으십시오. 아멘!!

♡ 주님! 세상에서 진짜로 가치있는 것을 구분하는 지혜를 주소서.

▧ 썩어 없어질 것들 대신 하나님의 일을 위해 헌신합시다.

사랑의 보답

읽을 말씀 : 마태복음 10:2-15

● 마 10:8 병든 자를 고치며 죽은 자를 살리며 나병환자를 깨끗하게 하며 귀신을 쫓아내되 너희가 거저 받았으니 거저 주라

춘천의 한 마을에 작은 분식집이 있었습니다.

남편과 외아들을 먼저 보내고 허전한 마음을 달래려고 시작한 할머니의 분식집은 남는 게 없을 정도로 퍼 주는 가게로 유명했습니다. 심지어 떡볶이를 시키는 손님들이 먼저 양을 적게 주셔도 된다고 요청을 할 정도였습니다.

주머니 사정이 넉넉하지 않은 십대들을 배불리 먹이고 보내는 것이 삶의 보람이었던 할머니는 월세 10만 원을 제때 내지 못할 정도로 남는 것이 없었지만 그래도 변함없이 음식을 퍼줬고, 더운 여름에도 땀을 뻘뻘 흘리며 가게에 나왔습니다.

그러던 어느 날 가게 근처에 도로가 뚫리면서 재개발이 확정됐고 할머니는 30년 동안 했던 가게를 그만둬야 할 상황이 됐습니다.

'꽃돼지 분식'이 문 닫게 생겼다는 소문을 듣고 그동안 이 가게에 신세를 졌던 십대들이 청년과 장년이 되어 십시일반 돈을 모았습니다. 보증금은 물론 가게 인테리어까지 새로 해 개장한 '꽃돼지 분식'은 지금도 30년 인심을 떡볶이에 듬뿍 담아 사람들에게 전하고 있습니다.

세상이 삭막하고 사람들이 이기적인 것 같아도, 사랑을 받은 사람은 사랑을 주게 됩니다. 예수님을 통해 참된 사랑을 깨닫고 받았으니 세상이 그 사랑을 알도록 한결같이 전하십시오. 아멘!!

♡ 주님! 주님의 놀라운 사랑을 선행과 구제로 베풀게 하소서.
값없이 받은 주님의 사랑을 값없이 사람들에게 전합시다.

올바른 자부심

읽을 말씀 : 베드로전서 2:1-10

● 벧전 2:9 그러나 너희는 택하신 족속이요 왕 같은 제사장들이요 거룩한 나라요 그의 소유가 된 백성이니

미국 캘리포니아주립대학교 심리학과의 나다니엘 브랜드 교수는 사람들에게 도움을 줄 수 있는 리더십과 비전의 개발 방법을 연구하고 있었습니다.

연구를 하던 박사는 비전과 리더십에 근본적으로 필요한 무언가가 있음을 깨달았습니다. 그것은 바로 자신감이었습니다. 자신감이 없는 사람은 비전을 가질 수도, 리더십을 발휘할 수도, 어떤 분야에서 성공을 할 수도 없었습니다.

결국 자신감이 가장 중요하다고 생각한 박사는 '자부심 연구소'를 세웠고, 자신을 '비전과 리더십'이 아닌 '자부심 전문가'라고 소개하고 있습니다.

다음은 나다니엘 교수가 말하는 자신감을 세우는 6가지 원리입니다.

1. 내가 하고 있는 일이 무엇인지 인식하고 있어야 한다.
2. 선택과 행동에 분명한 책임을 지려고 해야 한다.
3. 지금 내 모습을 있는 그대로 인정해야 한다.
4. 전하고 싶은 의견을 당당히 드러내는 연습을 해야 한다.
5. 삶의 분명한 목적을 가져야한다.
6. 정직한 인격을 갖추려고 노력해야 한다.

지금 나의 모습이 어떻든 간에 우리는 하나님이 천하보다 귀하게 여기고, 사랑하시는 소중한 하나님의 자녀입니다. 이 말씀을 통해 올바른 자부심을 가지십시오. 아멘!!

♡ 주님! 내가 어떤 상태에 있든 주님의 사랑을 느끼게 하소서.
🧩 말씀이 가르쳐주는 나의 정체성으로 자존감을 회복합시다.

인생을 제대로 사는 법

읽을 말씀 : 에베소서 5:15-21

● 엡 5:15,16 그런즉 너희가 어떻게 행할지를 자세히 주의하여 지혜 없는 자 같이 하지 말고 오직 지혜 있는 자 같이 하여 세월을 아끼라 때가 악하니라

성공한 사업가를 연구하는 팟캐스트를 운영하던 팀 페리스는 문득 이런 생각을 했습니다.

'성공이 아닌 내 인생은 어떻지? 일이 아닌 인생은 어떻게 살아야 하는 것일까?'

미국에서 가장 많은 사람이 듣는 인기 팟캐스트의 운영자로 수많은 명사들을 만났던 팀이지만 정작 인생의 해답은 찾을 수가 없었습니다.

혼자서는 아무리 고민해도 답을 찾을 수 없던 팀은 자신이 존경하는 각계각층의 유명 인사들에게 연락을 해 인생에 대한 조언을 구했습니다. 때로는 무작정 찾아가고, 소개를 받거나, 이메일을 보냈습니다. 그렇게 팀의 조언에 답을 해준 133명의 명사들의 조언을 한 마디로 압축하면 다음과 같습니다.

"언젠가 하고 싶은 일을 지금 당장 시작하라."

'언젠가' 내가 원하는 일들이 일어날 것이라고 믿기보다 '지금' 일어나게 하는 것이 팀과 133명의 멘토들이 찾은 인생을 살아가는 방법이었습니다.

가장 소중하다고 생각되는 일을 지금 하는 것이 인생의 행복입니다. 3년의 공생에를 하나님의 뜻대로만 살아가신 예수님처럼 지금 하나님이 주시는 감동을 삶에서 믿음으로 실천해 주님의 영광을 위한 성공한 인생을 꿈꾸십시오. 아멘!!

♡ 주님! 주님이 세상에 저를 보내신 목적을 찾고 실천하게 하소서.
주님을 위해 작정한 일들을 하루라도 빨리 시작합시다.

마음을 주께 정하라

읽을 말씀 : 마가복음 12:28-34

●막 12:30 네 마음을 다하고 목숨을 다하고 뜻을 다하고 힘을 다하여 주 너의 하나님을 사랑하라 하신 것이요

　프랑스 파리대학에서 철학을 가르치던 장 뷔리당 교수에게는 기르던 당나귀가 있었습니다. 중요한 연구를 맡아 당나귀를 돌볼 짬이 없던 뷔리당 교수는 당나귀 우리에 건초더미를 넉넉히 쌓아두었습니다. 다음 날 짬을 내 당나귀가 잘 있나 보러 온 교수는 건초가 하나도 줄지 않은 걸 보고 깜짝 놀랐습니다.

　당나귀는 두 건초더미를 사이에 두고 어느 건초를 먹을지 결정하지 못해 사이를 왔다갔다만 하고 정작 중요한 건초를 먹지는 못하고 있었습니다. 이 이야기는 널리 퍼져 프랑스에서는 망설이기만 하고 결단을 내리지 못하는 사람을 두고 '뷔리당의 당나귀'같다고 부릅니다.

　'이방인'으로 노벨문학상을 탄 알베르 카뮈는 스스로에게 이런 질문을 던진 적이 있었습니다.

　"내일 아침에 눈을 뜨면 커피를 마실까? 아니면 자살로 생을 마감할까?"

　커피를 마시는 것부터 자살이라는 큰일까지 카뮈는 결국 하나의 선택에 지나지 않기 때문에 이런 고민을 할 수 있었다고 말했습니다.

　뜻을 정하지 못하는 사람은 불행한 삶을 살 수밖에 없고, 잘못된 방법을 택하는 사람은 잘못된 결과를 얻을 수밖에 없습니다. 모든 일을 주님을 위해 결정하는 현명한 성도가 되십시오. 아멘!!

♡ 주님! 성도의 본분대로 허락하신 하루를 살아가게 하소서.
▨ 인생의 모든 선택을 말씀을 따라 주님을 위해 결정합시다.

생명보다 귀한 건 없다

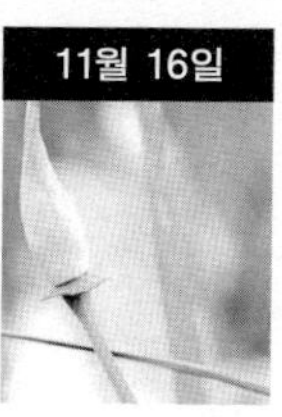

읽을 말씀 : 잠언 4:20-27

●잠 4:23 모든 지킬 만한 것 중에 더욱 네 마음을 지키라 생명의 근원이 이에서 남이니라

어느 뜨거운 여름, 미국 코네티컷주 스탐퍼드시의 대로변에 소방대원들이 한 차주인과 실랑이를 벌이고 있었습니다.

소방대원들은 차 주인으로 보이는 여인에게 급히 유리창을 부숴야 한다고 말하고 있었지만 여인은 한사코 거부했습니다.

"이 차가 얼마짜린 줄 아세요? 보조열쇠를 찾을 수 있는지 알아볼게요"

답답해진 소방관이 큰 소리를 냈습니다.

"하지만 아기 생명이 위험하단 말입니다!"

두 살 된 아기를 차에 태운 채로 잠시 나갔다가 열쇠를 잃어버린 엄마가 소방대원을 불렀는데 차 문을 부숴야 한다는 말을 듣고는 수리비가 비싸다며 실랑이를 벌이는 상황이었습니다.

30도가 넘는 날씨에 이미 20분 가까이 아기가 방치되어 있었기에 소방대원은 결국 엄마의 허락 없이 유리창을 부수고 아이를 구했습니다. 엄마는 소방관을 고소했지만 오히려 아이를 방치한 죄로 엄마가 법정에 서서 법의 심판을 받아야 했습니다.

아무리 비싼 차라도 사랑하는 자녀의 생명보다 귀하게 여길 수는 없습니다. 하나님으로부터 멀어지게 하는 죄와 정욕, 수많은 쾌락이라는 유리창을 과감하게 깨버리는 지혜로운 사람이 되십시오. 아멘!!

♡ 주님! 주님을 믿는 것보다 중요한 일이 없음을 알게 하소서.

🐘 가장 귀한 생명을 지키고 살리는 지혜로운 사람이 됩시다.

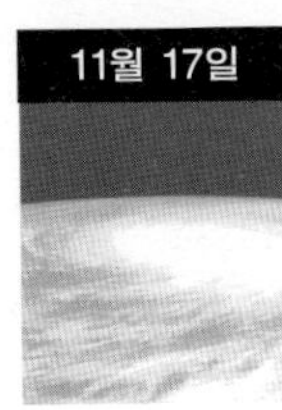

평정심을 유지하는 법

11월 17일

읽을 말씀 : 잠언 10:1-10

●잠 10:9 바른 길로 행하는 자는 걸음이 평안하려니와 굽은 길로 행하는 자는 드러나리라

　미국 메이저리그의 프로팀 뉴욕 메츠의 심리닥터 조나단 페이더는 치열한 상황에서도 선수들이 평정심을 유지할 수 있게 하는 자신만의 비법을 만들었습니다.

　조나단이 자신의 연구를 토대로 정신력이 약한 모든 사람들을 위해 정리한 '흔들리지 않는 정신력을 단련하는 4가지 방법'입니다.

1. 심호흡을 한다.
   10초 이상의 긴 호흡은 평정심을 찾아줍니다.
2. 최악을 대비한다.
   최악의 상황을 떠올리면 당황하지 않을 수 있습니다.
3. 실패에 부담을 갖지 않는다.
   야구에서는 7번을 실패해도 3번만 성공하면 강타자입니다. 실패에 부담을 갖지 마십시오.
4. 질서를 유지한다.
   자는 시간, 일어나는 시간, 하루를 준비하는 시간과 같이 삶을 다루는 데 필요한 일들을 반복해서 습관으로 만드십시오.

　예수님과 동행하는 사람은 어떤 상황에서도 흔들리지 않습니다. 풍랑 속 배에 있다 해도, 사망의 골짜기를 지난다 해도 언제나 나와 함께 하시고 지켜주시는 주님을 믿으십시오. 아멘!!

♥ 주님! 마음도 행동도 신앙도 치우치지 않고 정도를 걷게 하소서.

주님이 함께 하신다는 사실로 모든 불안을 이겨냅시다.

인생을 바꾼 신발

읽을 말씀 : 시편 7:8-17

● 시 7:17 내가 여호와께 그의 의를 따라 감사함이여 지존하신 여호와의 이름을 찬양하리로다

독일의 마티 바덴이라는 청년이 친구와 여행을 떠났습니다. 밤늦게 목적지에 도착한 마티는 여관에서 하룻밤을 묵었는데 다음 날 누가 구두를 훔쳐간 것을 알고는 불 같이 화를 냈습니다.

"가뜩이나 형편이 어려운 나 같은 사람의 신발을 훔쳐가다니! 도대체 하나님 정말로 살아계시긴 하신 겁니까?"

너무 흥분해 욕까지 하는 마티에게 친구는 "여분으로 가져온 신발을 빌려줄 테니 그러지 말고 주일이니 교회에 가자"고 설득했습니다. 볼멘소리를 하며 겨우 예배당에 간 마티는 옆자리에서 울며 감사의 기도를 드리는 한 사람을 봤는데 그 사람에겐 두 다리가 없었습니다.

'두 다리가 없는 사람도 하나님을 원망하지 않고 오히려 감사 기도를 드리는데 나는 싸구려 구두 한 켤레를 잃어버렸다고 하나님께 그토록 불평을 했구나….'

마티는 이때 이후로 모든 일에 하나님께 드릴 감사의 제목을 찾는 사람이 됐습니다. 마티의 인생은 점점 발전했고 그는 온 국민의 존경을 받는 정치인이 되어 국회의원과 재무장관의 자리를 거쳐 수상의 자리까지 역임하며 크게 쓰임 받았습니다.

오늘 내 삶의 태도는 다가올 미래를 바꿉니다. 하나님께 감사와 찬양을 드리는 것만큼 인생을 위한 좋은 투자는 없습니다. 모든 일에 감사하고 또 감사하며 하나님께 영광을 돌리십시오. 아멘!!

♡ 주님! 모든 일에서 감사의 제목을 찾는 신앙적 긍정의 시선을 주소서.

🦋 하나님께 온전한 감사를 드림으로 행복한 인생을 누립시다.

원수를 위한 기도

읽을 말씀 : 마태복음 5:43-48

●마 5:44 나는 너희에게 이르노니 너희 원수를 사랑하며 너희를 박해하는 자를 위하여 기도하라

이슬람 무장테러단체 IS의 한 대원이 어느 날 군사훈련 도중에 눈앞에 떠오르는 십자가를 봤습니다. 알라를 믿는 그는 '기분 나쁜 환상'을 봐서 생긴 의심을 씻어내기 위해 인터넷으로 급진성향의 이슬람 사이트에 접속했는데 그러면서도 자꾸 기독교에 대한 글들이 눈 앞에 떠올랐습니다.

결국 복음에 대해 참을 수 없는 궁금증을 갖게 된 그는 시리아를 떠나 터키에서 기독교인을 비밀리에 찾았고 그를 통해 회개하고 그리스도인으로 새로 태어났습니다.

IS대원들에게 이슬람 교리를 가르치던 한 학자는 중병에 걸린 뒤부터 자꾸 성경을 봐야한다는 부담감이 생겼습니다. '알라'보다 더 뛰어난 존재가 있다는 생각이 마음을 떠나지 않았고 결국 학자는 성경을 몰래 구해서 읽기 시작했습니다.

중동 지역에서 비밀리에 복음을 전하는 익명의 선교사님의 제보에 따르면 IS 대원 중에 꿈에서 예수님을 만나거나 환상을 보면서 회심하고 개종을 하는 사례가 매우 많이 있다고 합니다. 그래서 이들의 만행을 볼 때 마음이 힘듦에도 이들을 위해 기도해 달라고 부탁했습니다.

하나님의 역사는 지금도 생각지도 못한 사람들에게, 가늠할 수 없는 방법으로 일어나고 있습니다. 도저히 이해할 수 없는 죄인이라도 포기하지 말고 하나님의 놀라운 역사로 예수님을 영접하게 해달라고 기도하십시오. 아멘!!

💜 주님! 복음이 모든 사람에게 필요한 것임을 기억하게 하소서.
🖼 할 수 있는 모든 사람들이 주님을 만나게 해달라고 기도합시다.

십자가의 능력

읽을 말씀 : 고린도전서 1:18-31

● 고전 1:18 십자가의 도가 멸망하는 자들에게는 미련한 것이요 구원을 받는 우리에게는 하나님의 능력이라

　　세계 2차 대전 당시 독일의 10대 소년 뢰트거는 엉겁결에 군대로 끌려갔습니다. 소년병으로 주력부대가 점령한 곳을 따라다니던 뢰트거는 헝가리에서 길거리에 떨어진 멋진 십자가 목걸이를 발견했는데 교회를 다니지 않았지만 목에 걸고 다녔습니다.

　　2년 뒤 전쟁이 거의 끝나갈 무렵 독일군은 소련에 대패해 수많은 병사가 포로로 잡혔습니다. 그중에는 뢰트거도 있었고 독일군에게 엄청난 인명피해를 입은 소련군은 포로들을 대부분 사형시켰습니다. 뢰트거도 사형을 당할 위기에 처해 있었는데 갑자기 그를 유심히 보던 소련 병사가 사형을 준비하던 줄에서 그를 밀어내며 말했습니다.

　　"목에 십자가를 걸고 있는 사람이 나치에 충성했을 리가 없다. 이 사람은 강제로 끌려왔을 테니 송환시켜라."

　　죽음에서 돌아온 뢰트거는 하나님의 살아계심을 믿고 예수님을 구세주로 믿어 신실한 크리스천이 됐습니다. 그리고 자녀들에게 습관처럼 십자가 목걸이의 이야기를 전하며 구원의 의미를 설명했습니다. 아버지의 간증에 감명을 받은 아들은 훗날 목사님이 됐고 사연이 담긴 십자가를 직접 고촌교회의 '크로스 갤러리'에 기증했습니다.

　　죄로 인해 이미 영혼이 죽은 죄인에게 새로운 생명을 주신 것이 십자가에 달리신 예수님입니다. 그 감격을 마음에 품고 새롭게 주어진 하루를 예수님을 위해 쓰십시오. 아멘!!

🩶 주님! 모든 죄를 사하고 구원하신 십자가를 품고 살게 하소서.
🧩 십자가를 볼 때마다 나를 위해 희생하신 예수님을 떠올립시다.

특별한 창립기념일

읽을 말씀 : 디모데전서 5:1-12

●딤전 5:10 선한 행실의 증거가 있어 혹은 자녀를 양육하며 혹은 나그네를 대접하며 혹은 성도들의 발을 씻으며 혹은 환난 당한 자들을 구제하며 혹은 모든 선한 일을 행한 자라야 할 것이요

부천의 한 교회에서 창립기념일을 예배하기 위해 성도들이 본당에 모였습니다. 그런데 본당에 모인 수 백명의 사람들은 예배가 아니라 운동을 위해 모인 사람처럼 보였습니다. 잠시 뒤 본당을 뛰어 나간 성도들은 무려 8키로미터를 뛰어 창립기념행사가 열리는 부천체육관에 모였습니다.

이 모습은 교회에서 행사장까지의 차비와 후원금을 모아 시각장애인들의 개안 수술비를 마련하기 위한 부천동광교회의 행사였습니다.

부천동광교회 목사님과 성도들은 창립 40주년의 기쁨을 이웃을 향한 봉사와 선교로 나누고자 특별히 '40일간 4,000시간 봉사'를 기획했습니다. 교회가 있는 부천시의 노인복지관, 노숙인 쉼터, 장애인시설뿐 아니라 소년소녀가장과 다문화가정 등까지 찾아가 물심양면으로 도왔고 시간과 사정이 안 되는 성도들은 헌혈로 봉사에 동참했습니다.

동광교회는 매년 창립기념일마다 네팔에 기독교 학교를 세우거나, 바자회를 여는 등의 복음을 전하고 사랑을 실천하는 특별하고 소중한 행사를 진행하고 있습니다.

이웃의 어려움을 눈감지 않고 복음의 중심을 잃지 않을 때 세상에서 교회가 힘을 잃지 않고 담대히 빛과 소금의 역할을 감당하게 됩니다. 우리 교회의 울타리를 넘어서 지역과 소외된 이웃을 돕는 교회로 함께 발돋움 하십시오. 아멘!!

♡ 주님! 믿지 않는 사람들도 겸손히 섬기고 사랑하게 하소서.

온 교인이 다함께 할 수 있는 봉사를 기획하고 참여합시다.

대나무 주사위의 교훈

읽을 말씀 : 시편 119:109-116

●시 119:116 주의 말씀대로 나를 붙들어 살
게 하시고 내 소망이 부끄럽지 않게 하소서

조선시대 선비들에게는 '의기(椅器)'라는 중국 문화가 유행했습
니다. 물컵처럼 생겼지만 정작 물을 부으면 쏟아져버려 마실 수
없는 쓸모없는 컵인데 이 컵 주변에 '청빈', '안분'과 같은 군자의
교훈을 적어 부와 명예 같은 것들은 컵으로 빠져나가는 물과 같
이 쓸모없는 것이며 정말 중요한 것을 잊지 말라는 일종의 교육
용 도구였습니다.

의기 중 가장 유명한 것은 7개의 면이 있는 대나무 주사위였
는데 각각의 면에는 다음의 교훈이 새겨져 있었습니다.
1. 매일 세 번 감사의 말을 하라.
2. 홧김에 나오는 말을 세 번 참아라.
3. 남을 세 번 칭찬하라.
4. 내 잘못을 세 번 인정하라.
5. 실수해도 세 번만 꾸짖지 마라.
6. 남이 잘못해도 세 번만 탓하지 마라.
7. 남의 흠을 세 번만 헐뜯지 마라.

몸에 익히고 필요한 교훈은 가까이 두고 지켜야 합니다. 내
삶에 풍겨나는 그리스도의 향기를 위해 내 발의 등이고, 내 마음
의 빛인 하나님의 말씀을 시시때때로 접하고 암송하십시오. 아
멘!!

♡ 주님! 주님의 말씀을 내 삶에 더 가까이 두게 하소서.
⛳ 스마트폰을 볼 때마다 말씀을 한 구절씩 묵상합시다.

포기하지 않는 노력

읽을 말씀 : 데살로니가전서 5:12-28

● 살전 5:14 또 형제들아 너희를 권면하노니 게으른 자들을 권계하며 마음이 약한 자들을 격려하고 힘이 없는 자들을 붙들어 주며 모든 사람에게 오래 참으라

미국 플로리다에서 열린 청소년 행사에서 있었던 일입니다.

수많은 인파가 모인 개막식에서 크리스티라는 소녀가 연단에 올라와 국가를 불렀습니다. 많이 긴장한 소녀는 잠시 목을 가다듬고는 첫 소절을 불렀습니다.

"오, 그대는 보이는가…"

첫 소절을 부르고 한동안 멈춰있던 크리스티는 몸을 떨기 시작했습니다. 숨을 고른 크리스티는 다시 국가를 불렀습니다.

"오, 그대는 보이는가 이른 새벽…"

떨리는 목소리는 다시 멈췄습니다. 너무 긴장해서 가사를 잊어버린 것입니다. 그러자 청중들은 소녀에게 힘을 주기 위해서 박수를 치기 시작했습니다.

"오, 그대는 보이는가 이른 새벽 여명 사이로…"

또 크리스티가 가사를 까먹지 않도록 함께 국가를 불러줬습니다. 크리스티는 중요한 순서를 망쳤지만 포기하지 않고 최선을 다했습니다. 그리고 그 노력이 가만히 국가를 듣는 의미없는 식순을, 서로 격려하고 뜨겁게 국가를 부르는 축제의 장으로 변화시켰습니다.

수없이 넘어지고 쓰러져도 해야 할 일을 위해 끝까지 노력하는 사람은 환경과 상황을 변화시킵니다. 하나님이 나에게 맡겨주신 사명을 마지막까지 최선을 다해 포기하지 마십시오. 아멘!!

🩶 주님! 모든 일에 끝까지 최선을 다하는 끈기를 주소서.

🧑 노력하는 사람을 격려하고 또 끝까지 노력합시다.

진정한 복수

읽을 말씀 : 로마서 12:14-21

● 롬 12:20 네 원수가 주리거든 먹이고 목마
르거든 마시게 하라 그리함으로 네가 숯불을
그 머리에 쌓아 놓으리라

　뉴욕의 고급 헤어살롱인 '하우스 오브 애시 블론즈'에 자주 가는 주부가 있었습니다. 여느 때처럼 살롱에 들른 주부는 멋진 블라우스를 입고 있는 귀부인을 보고는 다가가 "굉장히 멋진 블라우스를 입고 계시네요. 어디서 구입하셨나요?"라고 물었습니다. 명품으로 치장한 귀부인은 주부의 행색을 보고는 고개를 돌리며 "어차피 당신은 죽을 때까지 살 수 없는 옷일 걸요"라고 대답했습니다.

　모욕적인 말을 들은 주부는 얼굴이 빨개져 집으로 돌아왔습니다. 그 귀부인에게 당한 모욕을 살면서 다시는 당하고 싶지 않았기에 지금 상황에서 성공할 수 있는 방법을 찾기 시작했습니다.

　그러다 피부를 위해 만들어 쓰던 크림을 다른 사람에게 팔면 어떨까 싶어 뉴욕의 고급 헤어살롱을 찾아다니면서 직접 판매와 홍보를 하기 시작했는데 그녀가 팔던 제품들은 입소문을 타고 유명인들이 앞다투어 찾는 명품으로 인정을 받았습니다.

　타임지가 선정한 '20세기 가장 천재적인 20인의 경영인' 중 한명으로 선정된 에스티 로더 그룹의 창업자 에스티 로더의 놀라운 이야기는 이렇게 시작됐습니다.

　나를 더 성장시킬 수 있다면 멸시와 모욕도 때로는 축복이 됩니다. 복음과 사명을 위해 애쓰다가 당하는 어려움들은 주님 앞에 내어놓고 더 풍성한 은혜를 구하십시오. 아멘!!

💟 주님! 악을 악으로 갚지 않고 도리어 선을 행하게 하소서.

🧩 원수를 위해 기도하고 축복합시다.

교회의 위험한 신호

읽을 말씀 : 사도행전 20:28-38

● 행 20:28 여러분은 자기를 위하여 또는 온 양 떼를 위하여 삼가라 성령이 그들 가운데 여러분을 감독자로 삼고 하나님이 자기 피로 사신 교회를 보살피게 하셨느니라

미국을 대표하는 대형교회 중 하나인 '하비스트 교회(Harvest Church)'의 그렉 로리 목사님이 설교 중에 말한 '죽어가는 교회의 5가지 특징'입니다.

1. 과거를 숭배한다.
   미래가 아닌 과거의 성과를 자랑하듯이 말하는 건 발전에 도움이 되지 않습니다.
2. 변화를 원하지 않고 오히려 저항한다.
   진리의 핵심은 타협해서는 안 되지만 그것을 전하는 방식에 있어서는 융통성이 필요합니다.
3. 리더가 게으르다.
   변화를 거부하는 이유는 리더가 게으르고 무기력한 함정에 빠졌기 때문입니다.
4. 청년들을 경시한다.
   오래된 세대들은 새로운 세대들의 힘이 되어 세우는 역할을 감당해야 합니다.
5. 전도에 대한 열심이 부족하다.
   새로운 신자들은 교회의 목적이자 생명줄입니다.

하나님이 세우신 교회가 제대로 역할을 하기 위해선 나를 비롯한 모든 성도들이 합심해서 기도하고 노력해야 합니다. 우리 교회가 복음을 전하고 참된 제자를 양성하는, 부흥하는 교회가 되도록 합심하여 기도하며 행동 하십시오. 아멘!

♡ 주님! 예수님이 세우신 교회를 가꾸고 헌신하게 하소서.
🔲 교회의 성장과 유지를 위해 내가 할 수 있는 일을 찾읍시다.

샘물의 원리

읽을 말씀 : 요한복음 4 : 1-14

● 요 4:14 내가 주는 물을 마시는 자는 영원히 목마르지 아니하리니 내가 주는 물은 그 속에서 영생하도록 솟아나는 샘물이 되리라

　인접한 산 속에 물이 귀한 두 마을이 있었습니다.
　두 마을에는 소중한 샘물이 하나씩 있었는데 한 마을은 샘물을 누구나 마음껏 사용할 수 있었지만 다른 마을은 정해진 양만큼만 사용할 수 있었습니다.
　마음껏 쓰자는 마을 사람들은 "물이 사람을 위해 있는 것이기 때문에 있을 때 잘 써야 한다"고 생각했지만 정해진 양만큼 쓰는 사람들은 "언제 떨어질지 모르는 소중한 물이기 때문에 조금이라도 오래 쓰려면 아껴야 한다"고 생각했습니다. 심지어는 샘물을 지키기 위해 다같이 물을 안 쓰는 날까지 만들었습니다.
　그러나 이런 노력에도 불구하고 샘물을 아껴 쓴 마을의 샘이 더 빨리 말라버렸고 마음껏 사용한 마을은 오히려 샘물이 그대로였습니다.
　왜 이런 차이가 일어났을까요? 사용한 만큼 솟아나고, 그대로 두면 썩어버리는 샘물의 특징을, 아껴쓰는 마을 사람들은 몰랐기 때문입니다.
　자꾸 퍼내야 더 솟아나는 샘물처럼 하나님의 은혜와 능력 역시 그렇습니다. 풍성한 은혜의 샘을 바라만 보다 좋은 때를 놓치는 어리석은 사람이 나의 모습이 아닙니까? 더 바라는 믿음과 기도의 간구함으로 다함이 없는 샘물 같은 하나님의 능력을 넘치도록 누리십시오. 아멘!!

♡ 주님! 하나님의 능력을 제한하지 말고 놀랍게 누리게 하소서.
🎏 다함이 없는 주님의 능력에 필요한 것을 기도로 구합시다.

명인의 우선순위

읽을 말씀 : 마태복음 6:25-34

●마 6:33 너희는 먼저 그 나라와 그의 의를 구하라 그리하면 이 모든 것을 너희에게 더 하시리라

일본의 바둑 명인을 이르는 '혼인보'는 당대 최강의 명인에게 주는 칭호로 가장 오래된 기전입니다.

그중에서도 17대 혼인보인 슈에이는 역대 가장 뛰어난 실력으로 유명했습니다. 슈에이는 대국 외에는 집안에서 몇 명의 문하생만 키우며 두문불출 바둑을 연구했습니다.

하루는 일본의 이름난 거상이 슈에이에게 사람을 보냈는데 며칠 묵으면서 바둑만 몇 판 두면 평생 먹고 살 걱정 없는 돈을 주겠다는 조건의 초청이었습니다. 슈에이가 자신의 실력은 보잘 것 없다며 거상의 청을 거절하자 끼니를 걱정해야 할 정도로 가난했던 슈에이의 사정을 알고 있는 한 문하생이 물었습니다.

"왜 거절하셨습니까? 며칠만 투자해서 거금을 받으면 평생 편하게 바둑을 둘 수 있지 않습니까?"

문하생의 말을 들은 슈에이는 오히려 크게 꾸짖었습니다.

"바보 같은 소리! 최고의 경지에 오르려면 한눈을 팔아서는 절대 안 된다. 바둑으로 돈을 벌 수 있다는 생각이 끼어드는 순간 그것으로 끝장이야."

정말로 중요한 것이 있는 사람은 사사로운 것을 포기할 줄 압니다. 나를 구원하기 위해 십자가에서 보배로운 피를 흘리신 예수님의 사랑을 그 무엇과도 바꾸지 마십시오. 아멘!!

💜 주님! 신앙을 언제나 최우선 순위로 놓고 살게 하소서.
🔲 하나님을 향한 믿음을 돈, 명예 그 어떤 것과도 바꾸지 맙시다.

감옥에서 찾은 자유

읽을 말씀 : 요한복음 8:31-37

● 요 8:32 진리를 알지니 진리가 너희를 자유
롭게 하리라

　미국에서 가장 삼엄한 플로리다주 데이토나 비치의 교도소에
수감된 톤 나이톤이란 여성은 무려 전과 50범이었습니다.

　수감된 방 안에는 작은 침대 하나와 성경만 놓여 있었고 인생
에서 아무런 소망도, 희망도 찾을 수 없었던 톤은 물끄러미 성
경을 바라봤습니다. 잠시 뒤 톤은 성경을 붙들고 무릎을 꿇었습
니다.

　"하나님, 정말로 살아계시고 저를 자유하게 만드실 수 있다
면… 정말로 저를 자유하게 만들어주신다면 얼마 안 남은 삶 동
안 제 삶에 임하신 하나님을 세상에 전하며 살겠습니다."

　기도를 마치자마자 거짓말처럼 하나님의 은혜가 마음에 넘쳤
고 자신과 같은 실수를 한 사람들을 도와주어야 된다는 비전이
생겼습니다. 그렇게 마약과, 강도, 폭행과 성매매로 얼룩진 톤의
인생은 말씀과 전도, 진심어린 봉사로 채워졌습니다.

　하나님의 은혜로 1년 만에 모범수로 석방된 톤은 신학을 시
작해 박사학위를 땄고 자신과 같이 출소 후 오갈 데 없는 여성들
을 찾아가 자립할 수 있도록 도와주며 복음을 전하는 참된 제자
의 삶을 살아가고 있습니다.

　죄의 굴레를 해결할 수 있는 것은 오직 복음입니다. 뻔한 인
생의 진정한 의미를 찾아주는 것도 역시 복음뿐입니다. 하나님
이 주신 참된 자유를 기쁨으로 누리며 전하십시오. 아멘!!

♡ 주님! 구원으로 자유케 하시는 주님을 믿고 따라가게 하소서.
🖼 진리의 말씀으로 어디서든 참된 자유를 누립시다.

대통령을 만든 턱수염

읽을 말씀 : 잠언 13:1-10

●잠 13:10 교만에서는 다툼만 일어날 뿐이라 권면을 듣는 자는 지혜가 있느니라

대통령 후보로 출마한 링컨에게 그레이스 베델이라는 11살 소녀가 쓴 편지가 배달됐습니다.

"링컨 아저씨, 저는 아저씨가 꼭 대통령이 되셨으면 좋겠어요. 그런데 우리 마을 사람들은 아저씨가 못생겨서 싫다고 하는 사람들이 많아요. 제 생각에는 아저씨가 수염을 기르면 인상이 부드러워 보여서 못생겼다는 말을 덜 들을 수 있을 것 같아요."

11살 소녀가 보낸 생각없는 편지라고 생각될 내용이지 않습니까? 게다가 당시 미국 사회에서는 말끔히 면도하는 것이 젠틀함의 상징이어서 정치인들은 하나같이 깔끔하게 면도를 하고 나왔습니다.

그런데 이 11살 소녀의 편지를 받고 링컨은 숙고 끝에 수염을 길렀습니다. 대통령에 당선되고는 소녀가 사는 웨스트필드에 들러 "그레이시, 널 위해 기른 수염 이란다"라고 감사의 인사까지 전했습니다.

그레이시의 편지는 디트로이트 공립도서관에 보관되어 있고 두 사람의 만남은 그레이시의 고향인 웨스트필드에 동상으로 남겨져 있습니다.

사람의 말에 귀 기울일 줄 아는 사람은 마음을 얻고 뜻밖의 행운을 얻습니다. 가슴 아픈 비난일지라도 먼저 듣고 숙고할 줄 아는 성숙한 그리스도인이 되십시오. 아멘!!

♡ 주님! 경청으로 사람의 마음을 얻는 사람이 되게 하소서.

어떤 말이라도 받을 것은 받으려고 노력합시다.

하나님이 주신 본능, 도전

읽을 말씀 : 여호수아 14:6-15

● 수 14:12 그 날에 여호와께서 말씀하신 이 산지를 지금 내게 주소서 당신도 그 날에 들으셨거니와

생물학자 스튜어트 에머리는 스트레스가 단세포의 성장에 어떤 영향을 주는지 실험을 했습니다.

스튜어트는 한 수조에 기온과 습도, 물과 모든 조건이 완벽한 상태로 만든 뒤 아메바를 넣었습니다. 그리고 다른 수조에는 급박하게 환경이 변해 심한 스트레스를 유발하는 환경을 만들어 아메바를 넣었습니다.

그런데 참으로 놀랄만한 일이 벌어졌습니다. 안 좋은 환경에 넣은 아메바가 오히려 더 빨리 성장을 했습니다. 몇 번이고 반복해도 결과는 마찬가지였습니다.

스튜어트는 이 연구를 '현실화(actualization)'라는 제목의 논문으로 내며 결론을 다음과 같이 내렸습니다.

"너무 잘 갖춰진 완벽한 환경은 오히려 생물을 퇴화시킬 수 있다. 어려움과 역경이 때로는 생명체를 더 강하고, 빠르게 성장시킨다."

기독교는 위기 때마다 더 성장하고, 세상에 퍼져 놀라운 변화를 이끌어냈습니다. 어쩌면 도전은 하나님이 주신 인간의 본능일지도 모릅니다. 하나님이 주신 도전이란 본능을 외면하지 말고 헤브론을 구하던 갈렙처럼 불가능해 보이는 세상 속에서 믿음의 도전을 추구하십시오. 아멘!!

♡ 주님! 어려움 가운데 낙심하지 않고 복음을 포기하지 않게 하소서.

🎴 지금의 위기가 또 다른 부흥의 기회가 되게 해달라고 기도합시다.

12월
"지극히 높은 곳에서는 하나님께 영광이요
땅에서는 하나님이 기뻐하신 사람들 중에 평화로다 하니라"
(누가복음 2장 14절)

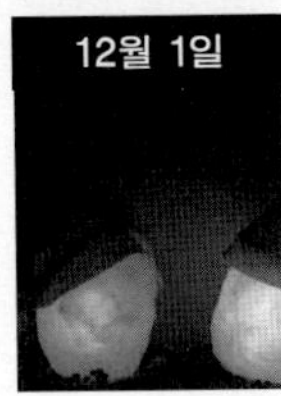

차별 없는 사랑

읽을 말씀 : 로마서 10:1-15

●롬 10:12 유대인이나 헬라인이나 차별이 없음이라 한 분이신 주께서 모든 사람의 주가 되사 그를 부르는 모든 사람에게 부요하시도다

『수원의 중앙기독초등학교는 장애학생과 비장애학생을 한 교실에서 가르치는 통합교육을 진행한다. 이 학교는 우리 부부가 하나님의 은혜로 설립했는데 장애인 교육에 특별한 관심을 가진 아내 트루디 사모의 노력과 관심으로 통합교육을 시작할 수 있었다. 한편으로 장애인과 비장애인인 학생들이 서로 어우러질 수 있을까라는 걱정이 들기도 했지만 오히려 선생님들이 이렇게 고백한다고 한다.

"처음엔 우리가 가르치고 도와주려 했지만 하나님을 통해 오히려 우리가 사랑과 존중을 배우며 더 많이 변했습니다."

다음은 내 첫째 아들이자 이 학교 교목 김요셉 목사의 저서 '삶으로 가르친 것만 남는다'에는 나오는 통합교육 전문가 선생님이 알려주는 '장애아동 대하는 방법'이다.

1. 하나님이 창조하신 그 아이만의 특별함을 바라봐주세요.
2. 정신연령이 아닌 생활연령으로 대해주세요.
3. 일반 학생과 완전히 같지는 않더라도 최대한 많이 참여할 수 있는 기회를 주세요.』(김장환 목사 개인 노트에서 발췌 편집)

조금 다르고 특별한 사람들도 우리의 이웃이며 하나님이 창조하신 존귀한 사람이며 자녀입니다. 편견과 차별 없는 사랑의 눈과 배려의 손길로 사랑하며 섬기십시오. 아멘!!

♡ 주님! 부족한 사랑, 잘못된 지식으로 타인에게 상처주지 않게 하소서.

🧩 장애인들을 제대로 배려하는 방법에 대해서 공부합시다.

목사님의 시간

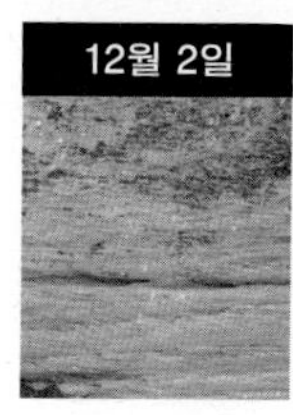

읽을 말씀 : 고린도후서 1:1-11

● 고후 1:11 너희도 우리를 위하여 간구함으로 도우라 이는 우리가 많은 사람의 기도로 얻은 은사로 말미암아 많은 사람이 우리를 위하여 감사하게 하려 함이라

　기독교를 연구하는 기관인 '라이프웨이리서치'의 소장 톰 레이너 박사님이 목사님들에게 가장 많이 받는 질문은 "시간이 너무 부족한데 어떻게 해야 합니까?"라고 합니다. 이런 질문에 응답하기 위해 크리스천포스트에 게재한 칼럼 '목사님들에게 1주일에 10시간을 돌려주는 방법'에 나온 내용입니다.
　1. 쓸모없는 정기적인 회의를 없애라.
　2. 간단한 일은 만나서 하지 말고 전화나 메일로 해결하라.
　3. 굳이 목사님이 없어도 되는 회의에는 빠져라.
　4. 전화를 받지 못할 상황에서는 용건을 이메일이나 문자로 연락을 부탁하라.
　5. 사소한 소셜미디어 활동을 자제하라.
　6. 스케줄을 관리해줄 앱이나 그런 앱을 잘 다룰 수 있는 사람에게 도움을 받으라.
　7. 차 안에서의 시간을 활용해 오디오북으로 독서를 하라.
　8. 일반 상담은 사람들을 세워하고, 영적인 상담 위주로 진행하라.
　교회를 잘 이끌고 하나님의 말씀을 온전히 전하기 위해서는 목사님을 위한 성도의 배려가 필요합니다. 목사님의 시간과 여유를 위해 기도하고 배려해주십시오. 아멘!!

♡ 주님! 목자의 걱정과 근심을 덜어주는 순결한 양이 되게 하소서.
▨ 좋은 목회를 위해 목사님을 물심양면으로 배려합시다.

웃음을 전하는 이유

읽을 말씀 : 누가복음 2:8-21

●눅 2:10 천사가 이르되 무서워하지 말라 보라 내가 온 백성에게 미칠 큰 기쁨의 좋은 소식을 너희에게 전하노라

인도 뭄바이의 한 공원에는 이른 새벽부터 많은 사람들이 모여듭니다. 수십 명의 사람들은 동그랗게 원을 그려 서로 마주보고는 사회자가 신호를 주면 그때부터 정신없이 웃기 시작합니다. 아무런 목적 없이 그저 웃기만 하던 이들은 30분이 지나면 서로 인사를 한 뒤 집으로 돌아갑니다.

마단 카타리아라는 의사가 만든 인도의 웃음클럽의 모습입니다.

마단은 자신이 의사 일을 줄이면서까지 웃음클럽을 운영하고 전파하는 목적을 다음과 같이 말합니다.

"웃음은 개인에게만 좋은 것이 아니라 사회와 국가에도 유익합니다. 웃음이라는 좋은 전염병을 세계에 퍼트려 인류를 더 건강하게 만들고, 생산성을 증가시키고, 궁극적으로는 세계의 평화를 이끌어내는 것이 웃음클럽의 목적입니다."

단지 웃기만 하는 일인데 목적이 너무 거창하다고 생각하십니까? 그러나 이 웃음클럽은 뭄바이에만 수십 개가 있으며 전 세계적으로 2500여 곳에서 운영되고 있습니다.

전하고자 하는 분명한 목적이 있다면 반드시 결과는 나타납니다. 모든 사람에게 절대적으로 필요한 복음을 전할 사명감을 품으십시오. 아멘!!

♡ 주님! 복음이 반드시 전해야 할 성도의 사명임을 기억하게 하소서.
🔳 모든 사람이 들어야할 구원의 복음을 시시때때로 전합시다.

10가지 후회

읽을 말씀 : 잠언 9:10-18

●잠 9:10 여호와를 경외하는 것이 지혜의 근본이요 거룩하신 자를 아는 것이 명철이니라

　나이가 들어도 후회하지 않는 삶을 사는 것은 아름다운 인생을 사는 것입니다. 그러기 위해서 우리는 평소에 해야 할 것과 하지 말아야 할 것을 구분해 사는 것이 필요합니다.
　주자학을 창시한 송나라의 유학자 주자가 노년에 쓴 인생의 10가지 후회입니다.
　01. 돌아가신 부모님께 더 효도하지 못한 것
　02. 멀어진 가족에게 더 친절하지 못했던 것
　03. 젊었을 때 더 부지런히 배우지 않았던 것
　04. 편안할 때 어려움을 생각하지 않아 실패를 막지 못한 것
　05. 부유할 때 아껴 쓰지 않아 가난하게 된 것
　06. 봄에 밭을 갈지 않고 씨 뿌리지 않아 추수할 게 없는 가을이 된 것
　07. 담장을 미리 고치지 않아 도둑을 맞은 것
　08. 이성을 지나치게 탐하다 병을 얻은 것
　09. 술 취해서 해서는 안 될 말을 한 것
　10. 찾아온 손님을 잘 대접하지 않은 것
　지나간 실수는 다시 되돌릴 수 없기에 후회로 남습니다. 순간의 기분과 욕망에 휩싸여 지나고 나면 뻔히 후회할 일들을 반복하고 있지 않습니까? 10년, 20년이 지나도 후회하지 않을 오늘을 위해 성경에서 권하는 교훈에 따라 끊어야 할 일, 시작해야 할 일을 정리하십시오. 아멘!!

♡ 주님! 성경이 가르치는 바른 교훈을 지키게 하소서.
▨ 미래에 후회할 오늘의 실수를 모두 끊어냅시다.

2%의 차이

읽을 말씀 : 시편 128:1-6

●시 128:2 네가 네 손이 수고한 대로 먹을 것이라 네가 복되고 형통하리로다

대만에서 학교도 다니지 않고 허드레 일을 하며 모은 돈으로 쌀가게를 연 소년이 있었습니다. 돈이 워낙 부족해 시내에서 떨어진 변두리에 가게를 열었고 당시 너도나도 쌀가게를 하던 상황이라 장사는커녕 빚이나 지지 않으면 다행이었는데 날이 갈수록 소년의 쌀가게를 사람들이 찾아왔고 나중에는 줄을 설 정도로 사람이 몰려들었습니다.

당시 도정기술이 안 좋아 돌이 많이 섞여있었는데 소년은 형제들과 밤새 돌을 미리 골라내 깨끗한 쌀만 팔았습니다. 또 노인들이 쌀을 사러 많이 온다는 사실을 알고는 배달 서비스를 시작했습니다. 한번 온 손님은 집에 식구가 몇 명인지, 쌀독 크기가 어느 정도인지, 심지어 밥그릇이 몇 개인지까지 외웠다가 쌀이 떨어질 때쯤 되면 근처 배달을 가면서 미리 주문을 받으니 손님이 몰릴 수밖에 없었습니다.

특출난 서비스로 쌀을 팔아 크게 성공한 소년은 다른 사업을 하나씩 시작했는데 그때마다 쌀을 팔 때의 경험을 살려 생각 이상의 서비스를 제공했습니다. 한 때 대만 제일의 갑부였던 왕융칭 회장의 어린 시절 이야기입니다.

같은 장사를 해도 2%의 작은 차이를 만드는 사람이 크게 성공합니다. 사람의 마음을 바꾸는 것도, 기도가 응답받는 것도 2%의 작은 차이입니다. 하나님을 위한 일에 모든 작은 수고를 더하십시오. 아멘!!

♡ 주님! 하나님을 기쁘시게 하는 일에 손과 발이 찾아가게 하소서.
▨ 이웃을 위한 수고를 귀찮게 여기지 말고 먼저 더 수고합시다.

약속을 지키는 사랑

읽을 말씀 : 열왕기상 8:54-61

● 왕상 8:56 여호와를 찬송할지로다 그가 말씀하신 대로 그의 백성 이스라엘에게 태평을 주셨으니 그 종 모세를 통하여 무릇 말씀하신 그 모든 좋은 약속이 하나도 이루어지지 아니함이 없도다

인슐린 처방의 부작용으로 혼수상태에 빠진 에드워드 오바라라는 소녀가 있었습니다.

점점 의식을 잃어가는 에드워드는 죽음에 대한 두려움에 엄마 손을 잡고 한 가지 말만 반복했습니다.

"엄마, 절대로 내 곁을 떠나지 말아줘요, 절대로요."

엄마는 사랑하는 딸의 손을 쥐고 절대로 떠나지 않겠다고 약속했습니다. 의사는 깨어날 확률이 거의 없는 식물인간이 된 에드워드를 포기하는 것이 좋겠다고 권유했지만 엄마는 딸과 약속한 대로 세상을 떠나는 그날까지 보살피겠다고 말했습니다.

그날부터 엄마는 깨어나지 않는 딸의 병수발을 들었습니다, 욕창이 생기지 않게 두 시간마다 몸을 뒤집어 줬고, 네 시간마다 혈당을 체크했습니다. 음식을 삼킬 수 없기에 식사는 하루 12번에 나눠서 튜브로 음식물을 주입했고, 엄마는 딸을 돌보느라 2시간 이상 잠을 잘 수도 없었습니다.

결국 에드워드의 엄마는 38년이나 딸을 돌보다 먼저 세상을 떠났습니다. 의식도 없고 회복의 기미도 없었지만 딸을 사랑하는 마음이 인생을 포기할 만큼 컸기 때문입니다.

자신을 외면하더라도 죽기까지 포기하지 않고 돌보는 하나님의 사랑은 이보다 더 합니다. 끝까지 약속을 지키시는 주님을 잠시라도 떠나지 말고 더욱 사랑하고 더욱 의지하십시오. 아멘!!

♡ 주님! 말씀이 전하는 주님의 사랑을 진실로 믿게 하소서.

항상 곁에 계신다는 주님의 약속을 믿고 살아갑시다.

백만장자의 비결

읽을 말씀 : 히브리서 12:1-13

●히 12:1 이러므로 우리에게 구름 같이 둘러싼 허다한 증인들이 있으니 모든 무거운 것과 얽매이기 쉬운 죄를 벗어 버리고 인내로써 우리 앞에 당한 경주를 하며

　미국 조지아주립대학에서 마케팅을 가르치던 토마스 스탠리 교수는 어느날 문득 '백만장자는 도대체 어떤 사람들이 되는 것일까?'라는 생각이 들었습니다.

　도저히 궁금증을 참을 수 없었던 교수는 안정된 직장도 포기하고 미국 상위 1%의 부자 1,300명을 쫓아다니며 이 주제를 연구했습니다.

　다음은 스탠리 교수가 찾은 백만장자의 공통점입니다.

- 학업성적은 중·하위
- 목표를 정하면 위험도 감수함
- 보통 사람보다 2배 이상 일하는 시간이 많음
- 자신의 능력을 발휘할 수 있는 직업 선택
- 창조적, 실용적인 사람들

"정직하게 끈기를 가지고, 사람들과 어울리려고 노력하면 백만장자가 된다"는 결론을 내린 스탠리 교수는 자신의 삶에 적용해 정말로 백만장자가 됐습니다. 그리고는 올바니 대학의 윌리엄 단코 교수와 이 내용을 더 체계적으로 정리한 '백만장자 불변의 법칙'이라는 책을 냈고 이 책은 사람들로부터 큰 사랑을 받아 베스트셀러가 됐습니다.

　불가능한 성공도 노력과 연구를 통해 이룰 수 있는 것처럼 믿음 역시 그렇습니다. 세상 사람들이 성공과 물질에 매진하는 것보다 더 뜨거운 열정으로 믿음의 경주를 달리십시오. 아멘!!

♡ 주님! 믿음을 가장 중요하게 여기고 살아가게 하소서.

▩ 믿음의 성공을 위해 말씀을 더 가까이 두고 적용합시다.

내가 나가는 이유

읽을 말씀 : 에베소서 3:1-13

● 엡 3:12 우리가 그 안에서 그를 믿음으로 말미암아 담대함과 확신을 가지고 하나님께 나아감을 얻느니라

어떤 사람이 유명한 배우이자 크리스천인 제임스 쉬게터에게 물었습니다.

"도대체 교회에 나가는 이유가 뭡니까?"

"당연히 축복을 받기 위해서 나가지요."

교회에 나갈 때 받는 축복이 무엇인지 다시 묻자 제임스가 대답했습니다.

"제 직업의 특성상 일을 하면 항상 분노와 경멸이 내 마음에 가득합니다. 그런데 교회에 나가면 이런 감정들이 사라지고 기쁨과 만족이 샘솟습니다. 하나님의 섭리를 깨닫게 되고 세상에서 내가 얼마나 행복한 사람인지 깨닫게 됩니다. 그래서 저는 교회에 나갑니다. 그렇다면 나도 한가지 묻겠소. 당신에게는 이런 감정을 느끼게 해줄 장소가 있습니까?"

스위스의 신학자 칼 바르트에게 한 성도가 예수님만 믿으면 되는 것이 아니라 굳이 교회에 나가야 하는 이유가 무엇인지 물었습니다.

"하나님이 교회를 세우셨기 때문입니다. 교회는 하나님이 세우신 공동체이며 하나님의 말씀을 믿고 순종하는 죄인의 공동체이기 때문입니다."

내가 예수 그리스도의 복음을 믿는 이유, 신앙생활을 하는 이유는 무엇입니까? 누구에게도 자신 있게 말할 수 있는 나의 살아있는 간증이 무엇인지 생각해보고 준비해보십시오. 아멘!!

♡ 주님! 확실한 믿음, 확실한 신앙을 배워 알게 하소서.

▨ 내가 믿고 교회에 나가는 이유기 무엇인지 돌아보고 정비합시다.

염려를 해체하라

읽을 말씀 : 빌립보서 4:2-9

● 빌 4:6 아무 것도 염려하지 말고 다만 모든 일에 기도와 간구로, 너희 구할 것을 감사함으로 하나님께 아뢰라

창의력개발 전문가인 에드워드 보노 박사는 '염려'가 사람들의 창의력을 가로막는 가장 큰 적이라고 말합니다.

일상에서 불쑥불쑥 찾아오는 이 염려를 없애기 위해서는 '객관적, 낙관적, 가정적, 가능, 비판적, 전략적'이라는 6가지 토대를 사용해 염려의 실체를 분석해야 한다고 합니다.

다음은 에드워드 박사가 자신의 저서인 '6개의 생각하는 모자'에 소개한 염려로부터 탈출하는 6가지 질문입니다.

1. 무엇이 분명한 사실인가?
2. 나는 그 사실을 어떻게 느끼고 있는가?
3. 실제로 일어날 일은 무엇인가?
4. 현재 내가 할 수 있는 대처는 무엇인가?
5. 무엇이 원인인가?
6. 나는 어떻게 해야 하는가?

이 질문을 분석하면 대부분의 염려는 전전긍긍할 필요가 없는 아주 작은 일들이라고 합니다.

하물며 전능하신 하나님을 믿고 따르는 그리스도인들은 더욱더 세상의 문제로 염려할 필요가 없습니다. 눈 앞에 아무리 큰 문제가 있더라도 그보다 더 크신 하나님을 믿고 바라볼 때 염려를 이겨낼 수 있습니다. 세상의 염려 대신 하나님의 은혜와 큰 복을 마음속에 가득 채우십시오. 아멘!!

♡ 주님! 주님의 능력으로 모든 걱정과 근심에서 해방되게 하소서.

▩ 염려와 걱정이 끼어들지 않게 하나님께 감사하며 기도합시다.

간절한 외침

읽을 말씀 : 마가복음 1:1-8

●막 1:3 광야에 외치는 자의 소리가 있어 이르되 너희는 주의 길을 준비하라 그의 오실 길을 곧게 하라 기록된 것과 같이

스페인 마요르카에서 세계적인 테니스 스타들이 모여 자선경기를 벌이고 있었습니다. 스페인이 낳은 슈퍼스타 라파엘 나달이 한창 경기를 하고 있던 중에 갑자기 이상한 소리가 들렸습니다.

한 여인의 고함 같기도 한 소리가 계속 들리자 나달은 경기를 잠시 중단하고 관중석을 살폈습니다.

알고 보니 경기 중 아이를 잃어버린 어머니가 자녀의 이름인 '클라라'를 외치며 찾는 소리였습니다.

세계적인 스타로써 기분이 나쁠 수 있는 상황이었지만 나달은 경기를 중단한 채 같이 클라라를 외쳤습니다.

나달이 외치자 관중들도 하나 둘씩 클라라를 외치기 시작해 잠시 뒤 온 경기장이 클라라를 찾는 함성으로 가득 찼습니다. 어떤 사람들은 구석진 곳에 클라라가 없는지 경기장을 돌아다니기까지 했습니다.

모든 사람들의 노력으로 잠시 뒤 클라라는 어머니의 품으로 돌아갈 수 있었고 사람들은 박수와 환호를 보냈습니다.

자녀를 잃은 부모의 외침처럼 간절한 외침은 없습니다.

가족과 친구, 주변 사람들을 포함한 영혼에 대한 안타까운 마음이 이와 같아야 합니다. 하나님을 알지 못하는 주변 사람들이 속히 주님의 품으로 돌아오도록 계속해서 복음을 외치고 기도하십시오. 아멘!!

🩶 주님! 영혼에 대한 안타까운 심정으로 복음을 외치게 하소서.

▦ 아직도 주님을 모르는 사람들은 찾아가 복음을 전합시다.

가장 유명한 명언

읽을 말씀 : 히브리서 4:1-13

● 히 4:12 하나님의 말씀은 살아 있고 활력이 있어 좌우에 날선 어떤 검보다도 예리하여 혼과 영과 및 관절과 골수를 찔러 쪼개기까지 하며 또 마음의 생각과 뜻을 판단하나니

　디지털 시대가 찾아오면서 성경책 대신 스마트폰의 어플로 말씀을 읽는 사람들이 점점 많아지고 있습니다. 그러면서 앱을 쓰는 사람들이 성경을 읽는 빈도와 가장 자주 읽는 말씀도 조사할 수 있게 됐는데 다음은 어느 해 성도들이 어플로 가장 많이 읽은 성경 구절 3개입니다.

　"너희는 이 세대를 본받지 말고 오직 마음을 새롭게 함으로 변화를 받아 하나님의 선하시고 기뻐하시고 온전하신 뜻이 무엇인지 분별하도록 하라" - 로마서 12:2

　"아무 것도 염려하지 말고 다만 모든 일에 기도와 간구로, 너희 구할 것을 감사함으로 하나님께 아뢰라" - 빌립보서 4:6

　"여호와의 말씀이니라 너희를 향한 나의 생각을 내가 아나니 평안이요 재앙이 아니니라 너희에게 미래와 희망을 주는 것이니라" - 예레미야 29:11

　단 하나의 명언으로 인생이 바뀐 사람들이 많이 있습니다. 그러나 진리의 성경은 인생의 모든 문제를 해결할 영원한 힘이 있습니다. 예수님을 영접하게 하고, 고비마다 힘이 됐던 내게 주신 하나님의 말씀은 무엇입니까? 내 마음을 변화시키고 힘들 때마다 힘이 됐던 말씀은 지금도 변함없이 동일한 위로와 능력을 가진 하나님의 말씀입니다. 나에게 힘을 주는 귀한 성경 말씀을 곳곳에 적고 수시로 묵상하십시오. 아멘!!

💜 주님! 무엇보다도 주님의 말씀으로 힘과 기쁨을 얻게 하소서.
🧩 내 인생에 힘이 된 말씀들을 틈틈이 암송합시다.

부자에게도 없는 것

읽을 말씀 : 디모데후서 4:1-8

● 딤후 4:2 너는 말씀을 전파하라 때를 얻든지 못 얻든지 항상 힘쓰라 범사에 오래 참음과 가르침으로 경책하며 경계하며 권하라

　일본의 소문난 부자 모리무라는 어느 날 마음의 병이 생겨 홀로 여행을 떠났습니다. 샌프란시스코의 가장 전망 좋은 호텔을 잡았지만 조금도 밖으로 나가고 싶은 생각이 들지 않았습니다. 그는 하루 종일 호텔에 틀어박혀 모든 것을 해결했고, 심지어 청소를 하는 직원이 올 때도 방안에 있었습니다.

　모리무라의 방을 청소하던 직원은 매번 같은 사람이었는데 항상 얼굴에 기쁨과 감사가 넘쳤습니다. 얼굴에 근심과 걱정이 가득한 모리무라를 1주일째 보던 직원이 어느 날 청소를 하러 들어와 말을 건넸습니다.

　"제가 회장님에게 필요한 것을 드릴 수가 있는데 받아보시겠습니까?"

　"고작 미화원인 당신이 나에게 뭘 줄 수 있습니까?"

　그러자 직원이 방안에 있던 성경을 들고 왔습니다.

　"회장님은 아직 이걸 갖지 못했습니다. 내 마음속에는 예수 그리스도가 계시기 때문에 비록 돈은 없지만 마음에는 평안이 넘칩니다."

　이 한 마디에 모리무라는 예수님을 영접했습니다.

　예수님의 복음을 알지 못한다면 세상의 그 어떤 것도 가지지 못한 것이고, 예수님의 복음을 알고 믿는다면 세상의 모든 것을 가진 것이나 마찬가지입니다. 인생의 가장 필요하고 소중한 예수 그리스도의 복음을 믿고 또 전하십시오. 아멘!!

💜 주님! 하나님을 향한 믿음이 있음으로 만족하게 하소서.

🧎 가장 필요한 모든 것을 주신 주님께 감사합시다.

성숙한 인격의 중요성

읽을 말씀 : 디모데전서 4:8-16

● 딤전 4:15,16 너의 성숙함을 모든 사람에게 나타나게 하라 네가 네 자신과 가르침을 살펴 이 일을 계속하라 이것을 행함으로 네 자신과 네게 듣는 자를 구원하리라

"사람의 성공을 무엇으로 정의할 수 있을까?"

이 질문을 두고 평생을 연구한 심리학자가 있었습니다.

심리학자 올포트는 오랫동안의 연구 끝에 '성숙한 인격'이 모든 사람이 추구해야 할 궁극적인 인간상이라고 주장했습니다. 다음은 그가 성숙한 인격이 인간의 궁극적인 모습이라고 주장한 6가지 이유입니다.

1. 성숙한 사람은 인생을 확장해나간다.
2. 성숙한 사람은 가까운 사람부터 먼 사람까지 전반적으로 우호적인 관계를 맺는다.
3. 성숙한 사람은 정서적으로 안정되어 있을 뿐 아니라 지속적으로 개선의 노력을 한다.
4. 성숙한 사람은 세상을 객관적으로 보고 예측한다.
5. 성숙한 사람은 자기통찰이 뛰어나 스스로를 객관적으로 본다.
6. 성숙한 사람은 삶에 대한 뚜렷한 목표와 계획으로 일관성 있게 인생을 살아간다.

나이가 들면서 지혜와 인품이 성숙해지듯이 오랜 신앙생활도 나의 인격과 성품을 성숙하게 변화시켜야 합니다. 더 나은 신앙과 성품을 위한 노력은 주님이 부르시는 그날까지 이어져야 합니다. 믿음도 삶도 언제나 본을 보이는 성숙한 그리스도인이 되십시오. 아멘!!

♡ 주님! 말씀으로 삶을 채워가게 하소서.

존경과 칭찬을 받는 성숙한 품격의 그리스도인이 됩시다.

신뢰를 회복하는 방법

읽을 말씀 : 시편 11:1-7

● 시 11:7 여호와는 의로우사 의로운 일을 좋아하시나니 정직한 자는 그의 얼굴을 뵈오리로다

한 백화점 과일코너에 이런 안내문이 붙어있었습니다.

"오늘 들어온 딸기는 좀 덜 달고 무릅니다. 수박과 참외도 제철이 아니라 당도가 살짝 떨어지니 구입에 참고하십시오."

과연 이렇게 과일을 파는 곳이 있을까 싶겠지만 국내 한 대형 백화점 과일코너에 실제로 붙어 있던 내용입니다.

고객을 속여 물건 하나를 더 팔겠다는 생각이 아니라 지금 당장은 조금 덜 팔더라도 평생 고객을 만들도록 신뢰를 쌓는 것이 더 중요하다고 봤기 때문입니다.

신뢰는 모든 일의 기초입니다.

'세계 최정상 리더들의 현장 리더십'이라는 책에 나오는 '잃어버린 신뢰를 해결하는 4단계'입니다.

1. 내 실수를 완벽하게 인정한다.
2. 상대방에게 지금 상황을 어떻게 해결할 것인지 정확히 설명한다.
3. 최선을 다해 문제를 해결한다.
4. 상대방이 결과에 만족하는지 확인한다.

문제를 인정하고 해결하려고 할 때 오히려 두터운 신뢰가 쌓입니다. 실수보다 변명이 때로는 상황을 더 악화시킵니다. 겸손한 마음으로 잘못을 인정하고 수정함으로 세상 사람들에게 신뢰받아 복음 전파에 힘을 얻는 그리스도인이 되십시오. 아멘!!

🖤 주님! 세상에서 인정받는 교회와 성도를 위해 기도하게 하소서.

🀄 잘못은 확실하게 인정하고 다시 반복하지 맙시다.

복음이 거절당하는 이유

읽을 말씀 : 에베소서 4:17-24

● 엡 4:17 그러므로 내가 이것을 말하며 주 안에서 증언하노니 이제부터 너희는 이방인이 그 마음의 허망한 것으로 행함 같이 행하지 말라

중국의 위대한 사상가이자 정치가인 한비자가 쓴 '한비자' 중 '외저설우상(外儲說右上)'에 나오는 이야기입니다.

춘추시대 송나라에 술 빚는 솜씨가 견줄 자가 없는 장씨 성을 가진 사람이 있었습니다. 장씨는 술 솜씨뿐 아니라 무엇 하나 부족한 것이 없는 사람이었습니다. 누구에게나 친절하게 대했고 술의 양이나 품질을 속이는 법도 없었습니다.

그러나 그의 친절함을 알면서도 그의 집을 찾아와 술을 사가는 사람은 없었습니다. 그가 만든 술은 전혀 팔리지 않았습니다. 아무리 맛이 좋고 친절해도 찾아오는 사람이 없어 애써 빚은 술이 다 쉬어서 버리기만 수차례였습니다.

아무리 생각해도 답을 찾지 못했던 장씨는 마을의 양천이라는 현명한 노인을 찾아가 이유를 물었는데 노인은 뜻밖의 답을 내놓았습니다.

"당신이 키우는 개가 너무 사납기 때문입니다. 제 아무리 술이 맛있다고 미친개에게 물릴 것을 감수하고 올 사람이 어디 있겠소?"

'주산불수'라는 고사성어가 나온 이야기입니다. 진리의 복음이 세상에 제대로 전해지고 있지 않다면 복음을 받는 사람이 아니라 전하는 사람의 문제를 먼저 찾아야 합니다. 복음이 거절당하는 이유가 혹시 나의 실수와 행실 때문이 아닌지 돌아보고 반성하십시오. 아멘!!

♡ 주님! 삶으로 주님을 전할 수 있는 거룩함을 허락하소서.

🎴 거룩한 복음을 제대로 전할 수 있는 깨끗한 그릇이 됩시다.

믿음으로 일군 승리

읽을 말씀 : 요한1서 5:1-12

●요일 5:4 무릇 하나님께로부터 난 자마다 세상을 이기느니라 세상을 이기는 승리는 이것이니 우리의 믿음이니라

미국 미네소타주 뱅크 스타디움에서 미국 프로 풋볼 결승전이 열리고 있었습니다. 창단 이후 한 번도 우승을 한 적 없는 필라델피아와 최근 3년간 2번이나 우승을 한 강팀 뉴잉글랜드가 최종전을 벌였는데 치열한 접전 끝에 종료 2분을 남기고 필라델피아가 역전을 하며 창단 첫 우승을 했습니다.

경기가 끝나고 필라델피아 선수들은 약속이라도 한 듯이 조용히 동그랗게 모여 무릎을 꿇었습니다. 그리고는 하나님께 감사 기도를 드렸습니다.

"하늘에 계신 아버지, 거룩하신 예수님의 이름을 높여드립니다. 주님은 창조주이시며 유일한 구세주이십니다. 주님은 길이요 진리요 생명이라고 주님은 말씀하셨습니다. 오늘 경기장에서 있었던 모든 일들이 하나님께 영광이 되기를 원합니다."

필라델피아 선수들은 프로팀이면서도 항상 신앙을 우선시 하는 팀이기 때문에 볼 수 있는 모습이었습니다. 경기 특성상 주일에 예배를 못 드리는 선수들은 매주 월요일에 성경공부를 하고, 목요일에는 자체적으로 예배를 드립니다. 교회를 다니지 않는 선수들도 자발적으로 참여를 하며 이 과정에서 3명이나 주님을 영접하고 침례(세례)까지 받았습니다.

많은 돈과 명예가 걸려 있는 프로경기지만 더 중요한 것은 신앙입니다. 정말 중요한 것을 잃지 않고 하나님께 영광을 돌리는 진정한 승리자가 되십시오. 아멘!!

♡ 주님! 어떤 핑계로도 하나님을 향한 믿음을 포기하지 않게 하소서.
주님을 향한 믿음으로 세상에서 승리하는 진짜 승리자가 됩시다.

하나님의 창조물

읽을 말씀 : 골로새서 3:1-10

● 골 3:9,10 너희가 서로 거짓말을 하지 말라 옛 사람과 그 행위를 벗어 버리고 새 사람을 입었으니 이는 자기를 창조하신 이의 형상을 따라 지식에까지 새롭게 하심을 입은 자니라

유명한 여론조사기관인 갤럽에서 미국인들을 대상으로 다음과 같은 질문을 했습니다.

"지금 당신의 외모에 만족하십니까?"

남자의 경우 28%가 만족한다고 대답했고, 여자의 경우 13%가 만족한다고 대답했습니다.

두 번째 질문은 다음과 같았습니다.

"당신의 얼굴을 바꿀 수 있다면 바꾸시겠습니까?"

그러자 남자의 94%, 여자의 99%가 바꾸겠다고 응답했습니다. 자신의 외모가 만족스럽다고 응답한 28%와 13%의 사람들도 사실은 더 나은 외모였으면 하는 바람이 있었습니다.

정신의학자 맥스웰 몰츠는 현대인의 95%가 열등감이라는 질병에 시달리고 있다고 말했고 C. S. 루이스는 악마가 인간을 파괴하기 위해서 사용하는 가장 강력한 무기가 열등의식이라고 말했습니다.

하나님을 진정으로 만나지 못했을 때 우리는 열등감에서. 위대한 모세와 바울, 엘리야도 열등감에 사로잡혀 괴로워했던 순간이 있었습니다.

세상의 눈으로 나를 판단하고 재단하는 것이 아니라 나의 외모와 능력, 출신에 상관없이 나란 존재는 귀한 하나님의 창조물이라는 사실을 굳게 믿으십시오. 아멘!!

♥ 주님! 하나님의 사랑으로 열등감을 이겨내게 하소서.

나는 하나님의 귀한 창조물이라는 사실을 정말로 믿읍시다.

세상에 필요한 성령님

읽을 말씀 : 로마서 8:18-30

● 롬 8:26 이와 같이 성령도 우리의 연약함을 도우시나니 우리는 마땅히 기도할 바를 알지 못하나 오직 성령이 말할 수 없는 탄식으로 우리를 위하여 친히 간구하시느니라

넬슨 만델라가 오랜 감옥생활을 끝내고 남아프리카공화국의 대통령에 당선됐을 때입니다. 영국 웸블리 스타디움에서는 이 위대한 승리를 축하하기 위해 콘서트가 열렸습니다. 7만 관중이 모여 열광적인 분위기가 연출됐고 락과 힙합, 댄스 분야의 음악으로 10시간 가까이 광란에 가까운 공연이 이어지다 마지막 순서인 오페라 가수 제시 노르만이 무대에 오를 차례였습니다.

갑자기 경기장의 모든 조명이 꺼지고 고요한 침묵이 흘렀습니다. 잠시 전까지 열광적인 분위기를 즐겼던 관중들의 웅성거림도 조금씩 작아졌습니다. 이윽고 무대 가운데 눈을 감고 서 있는 제시에게 조명이 들어왔고 그녀는 반주도 없이 조용히 노래를 부르기 시작했습니다.

"나 같은 죄인 살리신 그 은혜 놀라와
잃었던 생명 찾았고 광명을 얻었네."

열광적인 분위기에 찬물을 끼얹을 수도 있는 찬송이었지만 모든 관중들은 함께 찬양을 부르기 시작했습니다. 찬양이 다 끝난 뒤 대부분의 관객은 눈물을 흘렸고 이 광경을 목격한 한 기자는 이날 웸블리 스타디움에 성령님이 임했다고 기사를 쓰기도 했습니다.

상황과 사람에 개의치 않고 담대히 성도의 본분을 지켜 행할 때 치유의 성령님이 임하십니다. 상처받고 방황하는 사람들에게 참된 진리가 여기 있음을 삶으로 전하십시오. 아멘!!

💙 주님! 성령님의 인도하심을 따라 세상에 복음을 흘려보내게 하소서.
🧩 언제 어디서든 담대히 신앙을 드러내고 말씀을 전합시다.

인생의 목표를 찾는 방법

읽을 말씀 : 빌립보서 3:1-16

●빌 3:14 푯대를 향하여 그리스도 예수 안에서 하나님이 위에서 부르신 부름의 상을 위하여 달려가노라

버려진 자동차에서 잠을 자던 형편없는 인생에서 우연히 삶의 목표를 찾은 남자가 있습니다. 1시간에 8억을 받는 강사가 되고 1년에 400억을 버는 회사의 대표가 된 브라이언 트레이시가 말하는 '목표를 찾아내는 7가지 질문'입니다.

1. 내 삶에서 가장 중요한 가치를 지닌 다섯 가지는 무엇인가? 1부터 5까지 우선순위를 매겨보라.
2. 내 인생에서 가장 중요한 목표 세 가지는 무엇인가? 30초 안에 적어보라.
3. 6개월 뒤 죽는다면 그동안 어떤 일을 하겠는가?
4. 복권에 당첨된다면 그 돈으로 무엇을 하겠는가?
5. 어려서부터 하고 싶었지만 두려움 때문에 도전하지 못했던 일은 무엇인가?
6. 내가 가장 좋아하는 일은 무엇인가?
7. 절대로 실패하지 않는다는 가정 하에 하고 싶은 일은 무엇인가?

목표가 없는 인생은 망망대해를 표류하는 배와 같습니다. 그러나 더 중요한 것은 바른 목표를 찾는 것입니다. 하나님이 심어준 비전과 말씀이 가르치는 나침반으로 인생의 바른 목표를 찾으십시오. 아멘!!

♡ 주님, 하나님이 주신 비전대로 삶의 목표가 세워지게 하소서.
🔳 7가지 질문에 답을 해보고 내 인생의 목표를 바르게 세웁시다.

예수님이 받으신 고난

읽을 말씀 : 이사야 53:1-12

● 사 53:5 그가 찔림은 우리의 허물 때문이요 그가 상함은 우리의 죄악 때문이라 그가 징계를 받으므로 우리는 평화를 누리고 그가 채찍에 맞으므로 우리는 나음을 받았도다

3세기의 역사가 유세비우스는 로마의 형벌인 채찍형에 대해 이런 글을 남겼습니다.

"채찍을 맞는 사람의 정맥은 밖으로 보일 정도였고 살점이 찢겨 근육과 뼈가 보였다. 때로는 내장이 보일 정도였다."

이 고난이 바로 예수님이 당하신 고난입니다. 골고다를 지고 가신 십자가의 무게는 57kg이나 됐습니다. 채찍을 맞고 이 무거운 십자가를 제대로 질 수 없어 예수님은 수차례 넘어지셨는데 그 과정에서 턱이 깨지고, 무릎이 상하며, 얼굴이 엉망진창이 되는 경우가 많았습니다. 이사야 53장 3절에 나오는 "사람들이 그에게서 얼굴을 가리는 것 같이"라는 말씀은 이런 예수님의 끔찍한 모습을 사람들이 제대로 쳐다볼 수 없다는 뜻입니다.

예수님과 같은 시대에 십자가 처형을 당한 벤하콜이에게 사용된 못은 길이가 20cm나 됐습니다. 이 못을 신경이 지나는 손목에 꽂고 예수님은 무려 6시간이나 고통을 견디셨습니다.

예수님의 몸은 점점 굳어갔고, 피는 말라 갔으며, 작은 숨조차 내쉬지 못할 정도로 서서히 질식을 당한 뒤 돌아가셨습니다. 바로 나를, 그리고 인류를 구원하기 위해서 말입니다.

예수님이 나를 위해, 그리고 우리를 위해 모든 고난을 참고 십자가에 달리셨습니다. 그 숭고한 사랑과 측량할 수 없는 은혜를 고난주간 동안 깊이 묵상합시다. 아멘!!

♡ 주님! 모든 것을 내어주신 주님의 사랑을 항상 품고 살게 하소서.

▨ 말씀과 기도로 예수님이 받으신 고난을 묵상하는 한 주가 됩시다.

하나님의 걸작품

읽을 말씀 : 창세기 1:26-34

●창 1:31 하나님이 지으신 그 모든 것을 보시니 보시기에 심히 좋았더라 저녁이 되고 아침이 되니 이는 여섯째 날이니라

국내 한 시장조사기관에서 전국에 거주하고 있는 10대에서 60대까지의 사람들을 대상으로 체중에 대한 만족도를 조사했습니다. 조사 결과 90%의 사람들은 자신이 '뚱뚱하다'고 생각했고 다이어트가 필요하다고 응답했습니다.

취업정보 사이트 커리어넷의 조사에 따르면 대한민국 국민의 80%가 다이어트를 해본 적이 있으며 직장인의 64%는 외모가 직장생활에 영향을 미친다고 응답을 했습니다.

심지어 우리나라 대학생들의 84%는 외모가 뛰어날수록 취직도 잘 된다고 생각해 스펙 못지않게 외모관리와 성형에도 큰 관심을 가지고 있었습니다. 이런 외모지상주의적인 성향은 지난 10년 동안 유난히 심해지고 있다고 합니다.

어거스틴은 사람들의 존재에 대해서 이런 말을 했습니다.

"인간은 높은 산과 바다의 거대한 파도와 굽이치는 강물과 광활한 태양과 무수히 반짝이는 별들을 보고 경탄하면서 정작 가장 경탄해야 할 자기 자신의 존재에 대해서는 경탄하지 않는다."

지금 나의 존재는 하나님이 창조하셨다는 사실만으로 세상이 평가할 수 없는 아름다운 걸작품입니다. 세상의 판단과 기준으로 나를 평가하지 말고, 있는 그대로의 나의 모습을 먼저 사랑하십시오. 아멘!!

♡ 주님! 외면보다 내면을 더욱 가꿀 줄 아는 사람이 되게 하소서.

하나님의 사랑을 통해 외모에 대한 콤플렉스를 이겨냅시다.

나무에서 찾은 비전

읽을 말씀 : 고린도후서 7:2-16

●고후 7:10 하나님의 뜻대로 하는 근심은 후회할 것이 없는 구원에 이르게 하는 회개를 이루는 것이요 세상 근심은 사망을 이루는 것이니라

중국 허베이성에는 감전사고로 세 살 때 팔을 잃은 원치라는 청년이 있었습니다. 원치는 채석장에서 일을 하다 사고로 시력을 잃은 하이샤라는 청년을 우연히 만났는데 몸이 불편해 따로 일을 할 수 없던 두 사람은 서로 도우며 근방에 묘목을 심기로 결심했습니다.

마을 주변에는 물을 끌어올 곳도 없는 황무지밖에 없었지만 묘목을 잘 심어 나무가 되면 큰 돈을 벌 수 있다는 생각에 두 청년은 비가 오나 눈이 오나 하루도 빠지지 않고 열심히 나무를 심었습니다.

두 청년은 불굴의 의지로 처음 목표한 800그루를 힘들게 심었지만 워낙 땅이 척박한 탓에 단 2그루만 살아남았습니다. 수지타산이 맞지 않았지만 두 청년은 살아남은 2그루의 나무를 보고 이제 돈보다는 환경을 살린다는 보람을 위해 일을 했습니다.

그렇게 서로의 눈과 손이 되어 15년 동안 매일 같이 나무를 심은 덕에 지금 허베이성에는 두 사람이 심은 나무가 이룬 '예리촌'이라는 울창한 숲이 생겼습니다.

돈을 위해 심던 나무가 자연을 위한 비전이 된 것처럼 남들과 똑같이 하는 일들이 그리스도인들에게는 비전이 되어야 합니다. 지금 내 자리에서 하나님이 주신 나의 비전을 찾으십시오. 아멘!!

♡ 주님! 제게 주신 일을 통해 새 비전을 갖고 주님을 섬기게 하소서.
🏃 내가 있는 곳, 내가 하는 일을 하나님이 주신 일로 삼읍시다.

그리스도인의 자기소개

읽을 말씀 : 로마서 1:1-7

●롬 1:1 예수 그리스도의 종 바울은 사도로 부르심을 받아 하나님의 복음을 위하여 택정함을 입었으니

살다보면 의외로 자기소개를 하게 되는 경우가 많습니다.

그러면 대부분 자신의 직업이나 나이, 사는 곳 등을 말하게 되는데 '18초 자기소개법'이라는 책에는 이런 방법들이 무조건 피해야 할 잘못된 자기소개라고 나와있습니다. 다음은 이 책이 설명하는 '제대로 된 자기소개에 들어가야 할 3가지 사항'입니다.

1. '내가 제공할 미래'

　자기소개에는 먼저 나에게 상대방이 기대할 수 있는 것이 무엇인지 들어가야 합니다.

2. '실적'

　내가 이룬 과거 실적의 토대가 있어야 미래를 설명할 수 있습니다.

3. '듣는 이에게 바라는 행동'

　내가 듣는 이에게 기대하는 행동이 들어가야 합니다.

한 마디로 인상 깊은 자기소개를 하려면 "어디에 사는 누구입니다"가 아니라 "초등학교 때부터 모은 용돈으로 투자를 해서 대학등록금을 마련한 사람입니다. 저를 뽑아주시면 회사를 위해 최고의 투자기회를 찾아내겠습니다"라고 해야 한다는 뜻입니다.

누군가에게 나를 설명할 때 나의 정체성은 무엇입니까? 나의 믿음과 신앙을 나타낼 수 있는, 그리고 복음을 잠시라도 전할 수 있는 최고의 자기소개를 준비하십시오. 아멘!!

♡ 주님! 하나님의 자녀라는 정체성을 잊지 않게 하소서.

🔲 본문의 내용을 참고해 자기소개를 써봅시다.

잔치에 초청합시다

읽을 말씀 : 누가복음 2:22-40

● 눅 2:31, 32 이는 만민 앞에 예비하신 것이
요 이방을 비추는 빛이요 주의 백성 이스라
엘의 영광이니이다 하니

    영국 경매시장에 '세계 최초의 크리스마스 카드'가 나온 적이 있었습니다. 앨버트 박물관의 초대 관장인 헨리 콜이 친구들에게 돌리려고 만든 크리스마스 카드는 1,000장이나 됐는데 현재 남아있는 것은 10장 정도입니다.

    이 카드에 적힌 문구와 그림을 보고 우리는 1800년대 성탄절을 사람들이 어떤 의미로 맞았는지 알 수 있습니다. 카드에 적혀 있는 "행복한 성탄과 새해를 기원합니다"라는 글귀는 성탄이 서로를 축복하는 시즌이었다는 것을 알려줍니다.

    또 카드에는 당시 성탄절을 보내던 일반적인 사람들의 모습이 그려져 있는데 가장 중앙에는 성경 말씀이 적힌 탁자에 둘러 앉아 온 가족이 행복하게 식사를 하는, 당시 성탄절을 맞는 일반적인 가정의 모습이 그려져 있습니다. 그리고 그 옆에는 추위에 떠는 엄마와 아들에게 담요를 건네주는 모습, 가난한 사람들에게 풍성한 식사를 차려주는 모습과 같이 어려운 사람들에게 선행을 베푸는 다양한 사람들의 모습이 그려져 있어 예전 성탄절을 사람들이 어떻게 보냈는지 우리에게 알려줍니다.

    성탄절은 예수님이 모든 사람을 구원하시기 위해 이 땅에 오셨다는 기쁜 소식을 만방에 알리는 즐거운 축제가 되어야 합니다. 혼란한 세상의 문화와 가치에 시선을 빼앗기지 말고 예수님이 오셨다는 기쁜 소식을 선행과 감사로 세상에 알리십시오. 아멘!!

💗 주님! 매일 모든 날을 성탄의 은혜를 느끼며 살게 하소서.

🎎 가까운 주변 사람들을 내일 성탄예배에 초청합시다.

성탄절을 위한 십계명

읽을 말씀 : 마태복음 1:18-25

●마 1:21 아들을 낳으리니 이름을 예수라 하라 이는 그가 자기 백성을 그들의 죄에서 구원할 자이심이라 하니라

　　성탄절은 우리에게 영생을 주기 위해 이 땅에 오신 예수 그리스도를 기념하는 날이므로 성탄절의 주인공은 예수님 이어야하는데, 산타클로스나 선물이 대신하는 경우를 볼수 있습니다. '기독교 문장 대백과사전'에 나오는 성탄절의 십계명입니다.

01. 그리스도를 마음에 모셔라.
02. 하나님이 주신 선물인 그리스도에 대해 감사하라.
03. 주님께 드릴 최선의 방은 우리 마음속에 있음을 기억하라.
04. 교회에서 열리는 행사에 기꺼이 참여하라.
05. 이웃의 어려움과 필요에 민감하게 반응하라.
06. 가정과 친구라는 울타리 밖에 있는 사람들을 돕기 위해 시간을 내라.
07. 크리스마스와 관련된 예술을 향유하라.
08. 성탄의 기쁨을 나누기 위한 선물을 하라.
09. 나를 위해 수고한 모든 사람들을 기억하라.
10. 자녀들에게 성탄절의 메시지를 가르치라.

　　성탄절은 우리를 위해 하늘의 영광을 버리고 이 땅에 오신 예수님을 기억하며, 복음을 전하면서 예수님이 주신 사랑을 실천하며, 충만한 은혜의 기쁨을 누리기 위한 기념일입니다. 우리의 죄를 용서하고 우리에게 영생을 주기 위한 하나님의 마지막 방법인 예수님의 오심을 기뻐하는 성탄절을 보내십시오. 아멘!!

♡ 주님! 성탄의 감격과 기쁨을 매일의 삶에 허락하소서.
※ 성탄의 의미를 되새기며 합당한 일을 합시다.

믿음의 결과

읽을 말씀 : 사도행전 4:1-22

● 행 4:12 다른 이로써는 구원을 받을 수 없나니 천하 사람 중에 구원을 받을 만한 다른 이름을 우리에게 주신 일이 없음이라 하였더라

　다양한 종교를 연구하는 국내 유명 대학의 한 교수가 대중을 위한 강연에서 믿음에 대해 이런 말을 한 적이 있습니다.

　"모든 종교는 일정의 믿음에서 시작합니다. 기독교는 사람이 죄인이라는 걸 믿어야 하고, 불교는 본래 마음은 맑은 상태라는 걸 믿어야 합니다. 제 생각으로는 이 믿음 중 어떤 것이 맞는지는 가릴 수가 없습니다.

　하지만 오랜 역사와 전통을 지닌 종교들의 믿음은 사람들에게 아주 좋은 영향을 미칩니다.

　사람들에게 인정받으며 오래 살아남은 종교의 믿음을 가지면 그 교리대로 살게 되고, 그로 인해 삶이 좋은 방향으로 바뀝니다. 그래서 저는 이 믿음이 사람의 인생에 아주 중요하다고 생각합니다."

　믿음은 사람의 삶을 변화시키고 좋은 방향이든 나쁜 방향이든 엄청난 영향력을 끼칩니다. 그러나 위 교수의 말과는 달리 진리는 분명히 존재합니다.

　삶을 더 나아지게 만들고 좋은 방향으로 이끄는 종교와 믿음은 많이 존재하지만 근본적인 죄의 문제를 해결하고 영생을 얻을 수 있는 유일한 믿음은 예수 그리스도를 향한 믿음뿐입니다.

　나를 창조하시고, 나를 위해 이 땅에 오시고, 나를 위해 십자가에서 돌아가신 예수님을 진정으로 믿으십시오. 아멘!!

♡ 주님! 세상의 달콤한 유혹에 흔들리지 않고 신앙을 지키게 하소서.

🧩 나의 믿음이 나의 삶을 정말로 변화시키고 있는지 생각해봅시다.

하나님만 계시다면

읽을 말씀 : 고린도후서 3:1-6

● 고후 3:5 우리가 무슨 일이든지 우리에게서 난 것 같이 스스로 만족할 것이 아니니 우리의 만족은 오직 하나님으로부터 나느니라

중국의 지하교회에서 말씀을 전하다 감옥에 갇힌 왕 밍 다오 목사님은 23년 동안 감옥에 갇혀있다가 세상 빛을 보지 못하고 그만 감옥에서 세상을 떠났습니다.

목사님이 하늘나라로 가기 몇 달 전 여러 서양의 선교사들이 면회를 와 위로를 하며 신앙의 조언을 구했는데 그때마다 목사님은 "자신을 위해 감옥을 만드십시오"라고 말했습니다.

"나는 복음을 전하는 사명을 가졌습니다. 공안에 잡혀 감옥에 들어갔을 때 더 이상 말씀을 전할 수 없다는 사실에 정말 크게 낙심했습니다. 작가였던 나의 이력을 살려 책도 쓰고 싶었고, 중국 전역에 하나님의 말씀을 선포하고 싶었습니다. 그러나 이 감옥에선 성경도, 종이도, 펜도 허용되지 않았습니다. 그러나 하나님을 묵상하는 일만큼은 가능했습니다. 결국 모든 것을 빼았겼다고 생각한 지난 20년은 오히려 제가 하나님을 알고 더욱 친밀해지는 놀라운 기회가 됐습니다. 만약 당신이 하나님을 충분히 묵상할 시간이 없다면 오히려 감옥에라도 들어가서 하나님을 아는 시간을 가져야 합니다."

하나님을 더욱 알 수 있다면 아무것도 할 수 없는 감옥도 때로는 축복처럼 느껴질 수 있습니다. 결코 말처럼 쉽지 않은 일이지만 최악의 상황에서도 나와 함께 하시는 하나님을 떠올리고 하나님의 말씀을 묵상하십시오. 아멘!!

♥ 주님! 하나님을 알아가는 것이 삶의 행복이자 만족이 되게 하소서.

조용히 홀로 하나님을 묵상하는 충분한 시간을 가집시다.

사막에 숲을 만드는 방법

읽을 말씀 : 마태복음 13:24-30

●마 13:24 예수께서 그들 앞에 또 비유를 들어 이르시되 천국은 좋은 씨를 제 밭에 뿌린 사람과 같으니

중국의 사막 마오우쑤 근처로 시집 온 여자가 있었습니다.

이웃도 없는 황량한 사막 근처의 외딴 움막에서 평생을 살아야 된다고 생각한 여자는 1주일 내내 눈물로 밤낮을 지새웠습니다.

그러다 비록 사막이지만 꽃과 나무를 심다보면 언젠가 숲이 되지 않을까 하는 생각이 들었습니다. 그녀는 남편에게 함께 꽃과 나무를 심어보자고 말을 했지만 남편은 사막에 무슨 꽃을 심냐며 바보 같은 소리 하지 말라며 다그쳤습니다.

하지만 여인은 제 아무리 황량한 사막이지만 풀을 심으면 나무가 살 수 있고 나무가 살 수 있으면 꽃도 살 수 있고, 그러면 사람도 살 수 있는 곳이 될 거라는 믿음이 있었습니다.

그 믿음을 갖고 모래바람을 참아가며 무려 20년을 나무를 심자 언제부턴가 저절로 씨앗이 퍼져 꽃과 나무가 자랐고 사막이 울창한 숲이 됐습니다. 여인의 믿음은 사막에 무려 1,400만 평이나 되는 숲을 일궈냈고 그녀의 노력으로 황량한 사막은 전기와 물이 들어오고 누구든 와서 살 수 있는 풍족한 마을이 됐습니다.

내가 할 수 있는 일에 최선을 다하는 태도가 사막에 숲을 만드는 비결입니다. 오늘 내가 뿌릴 수 있는 복음의 씨앗을 최선을 다해서 심으십시오. 아멘!!

🤍 주님! 주신 자리에서 최선을 다해 복음의 씨앗을 뿌리게 하소서.

🧩 오늘 허락하신 자리에서 내가 할 수 있는 최선을 다합시다.

성령에 굴복하라

읽을 말씀 : 사도행전 2:29-42

● 행 2:38 베드로가 이르되 너희가 회개하여 각각 예수 그리스도의 이름으로 세례를 받고 죄 사함을 받으라 그리하면 성령의 선물을 받으리니

영국 웨일즈에 에반 로버츠라는 청년이 있었습니다.

돈도 없고 배우지도 못했지만 하나님을 향한 신실한 믿음이 있던 에반은 주일학교 교사를 하며 참석한 한 집회에서 우연히 "나를 굴복하게 하소서"라는 말씀을 듣게 됩니다. 에반은 자신 같이 아무런 능력이 없는 사람은 하나님께 크게 쓰임 받지 못할 것이라는 생각을 했었는데 이 말씀을 듣고는 성령님께 자신의 모든 것을 드리고 온전히 굴복하겠다고 서원했습니다.

에반은 교회로 돌아와 자신의 체험을 말한 뒤 영국 땅의 부흥을 위해서 함께 기도할 동역자들을 구했습니다. 에반과 뜻을 함께한 17명의 성도들은 매일 모여 오로지 영국의 복음화를 위해 열성적으로 기도했고 성령님은 이들의 기도에 뜨겁게 응답하셨습니다.

에반과 동역자들의 기도와 전도로 웨일즈 지역에서만 10만 명의 불신자들이 하나님을 믿게 됐고, 이 놀라운 부흥은 지금 우리가 알고 있는 '영적 대각성' 운동의 시작이 됐습니다. 영국에서 미국, 미국에서 한국까지 이어진 이 놀라운 부흥은 영국 시골의 20대 청년의 헌신으로부터 시작됐습니다.

하나님께 모든 것을 내어드릴 때 성령님이 나의 삶을 인도하시고 놀라운 능력을 주십니다. 내가 아닌 성령님께 순종하며 음성을 깊이 청종하십시오. 아멘!!

♡ 주님! 내 모든 삶을 주님께 내어드리게 하소서.
🔲 마음에 감동으로 주시는 성령님의 음성에 항상 순종합시다.

받은 걸 전하십시오

읽을 말씀 : 누가복음 6:31-38

●눅 6:38 주라 그리하면 너희에게 줄 것이니 곧 후히 되어 누르고 흔들어 넘치도록 하여 너희에게 안겨 주리라 너희가 헤아리는 그 헤아림으로 너희도 헤아림을 도로 받을 것이니라

미국 캔자스시티에 사업이 망해서 노숙자가 된 스튜어트라는 남자가 추운 크리스마스에 도저히 배고픔을 참을 수 없어 식당에 들어가 닥치는 대로 음식을 시켜먹었습니다. 지갑을 잃어버린 척 연기를 했지만 누가 봐도 노숙자의 핑계로밖에 보이지 않았습니다. 그러나 이 모습을 딱하게 본 식당의 주방장은 "바닥에 당신 돈이 떨어졌다"며 20달러를 건넸습니다.

그는 이후 다른 직장을 구했고 매년 여유가 되는 만큼 크리스마스마다 선행을 베풀던 스튜어트는 3년 뒤 케이블 TV 사업으로 큰 성공을 한 뒤 '얼굴 없는 산타'가 되어 미국 전역을 돌아다니며 돈이 필요한 사람들에게 100달러씩을 나눠줬습니다. 노숙자 때 자신에게 돈을 줬던 주방장도 찾아가 1,000달러를 줬습니다.

26년간 크리스마스에 몰래 이웃을 찾아가 총 13억 원을 나눴던 스튜어트는 식도암에 걸리자 그동안의 선행을 모두 공개하며 은퇴를 선언했고 이제 다른 '얼굴 없는 산타'들을 통해 아름다운 나눔이 미국 전역에 이루어졌으면 한다는 바람을 전했습니다.

주방장의 20달러는 단돈 20달러가 아니라 사람의 마음을 움직인 선행이었습니다. 나와 삶을 구원한 하나님의 사랑에 감격했다면 평생토록 그 사랑을 전하십시오. 아멘!!

♡ 주님! 구원받은 감격의 순간을 항상 가슴에 품고 살게 하소서.
🧎 하나님의 사랑이 담긴 선행을 말이 아닌 행동으로 베풉시다.

새해를 맞는 그리스도인

읽을 말씀 : 빌립보서 3:12-16

● 빌 3:13,14 형제들아 나는 아직 내가 잡은 줄로 여기지 아니하고 오직 한 일 즉 뒤에 있는 것은 잊어버리고 앞에 있는 것을 잡으려고 푯대를 향하여

올해도 주님께서, 언제나 어디서나 함께 하시며 도우심으로 잘 지냈고, 내일부터 또 새해가 시작됩니다.

찬송가 213장인 '나의 생명 드리니'를 작곡한 프랜시스 리들리 여사가 새해를 맞는 그리스도인들을 위해 쓴 시를 낭송하면서 감사와 함께 새롭게 새해를 준비합시다.

"사랑하는 아버지,
새해의 동이 틉니다.
새해에도 주님 안에서 살게 하여 주소서.
더 발전하는 진보의 해가 되고,
찬송의 해가 되며,
주님과 함께 하심을 증거하는 해가 되게 하소서.
이웃을 섬기는 해가 되고
사랑을 증거하는 해가 되며,
주님이 기뻐하시는 거룩한 일을 하는 해가 되게 하소서.
사랑하시는 아버지여,
새해의 동이 틉니다.
땅에서도, 혹 하늘에서도, 무엇을 하든지
주님만을 위하는 새해가 되게 하소서."

지나온 날도, 다가올 날도 주님의 은혜가 아니면 잘 살 수 없습니다. 삶의 모든 발걸음이 주님의 인도하심 가운데 있음을 고백합시다. 아멘!!

♡ 주님! 주님의 인도하심에 감사하며 삶의 발걸음을 내딛게 하소서.
주님의 은혜에 감사하며 주님이 주시는 약속의 말씀을 찾읍시다.

암담한 어려움 중에 있는 분들에게
용기와 소망과 위로를 주는
김장환 목사의 기적 인생 이야기

망망한 바다 한가운데서 배 한 척이 침몰하게 되었습니다.
모두들 구명보트에 옮겨 탔지만 한 사람이 보이지 않았습니다.
절박한 표정으로 안절부절 못하던 성난 무리 앞에 급히 달려 나온 그 선원이
꼭 쥐고 있던 손바닥을 펴 보이며 말했습니다.
"모두들 나침반을 잊고 나왔기에…"
분명, 나침반이 없었다면 그들은 끝없이 바다 위를 표류할 수밖에 없을 것입니다.

삶의 바다를 항해하는 모든 이들을 위하여
우리는 그 나침반의 역할을 하고 싶습니다.
우리를 구원하신 위대한 주 예수 그리스도를 널리 전하고 싶습니다

"하나님은 모든 사람이 구원을 받으며
진리를 아는 데에 이르기를 원하시느니라"
(디모데전서 2장 4절)

진리가 자유케 하리라

김장환 목사와 함께 / 경건생활 365일

발행처 | 나침반출판사
발행인 | 김용호

발행일 | 2019년

등   록 | 1980년 3월 18일 / 제 2-32호
주   소 | 157-861 서울 강서구 염창동 240-21
         블루나인 비즈니스센터 B동 1607호
전   화 | 본   사(02)2279-6321
         영업부(031)932-3205
팩   스 | 본   사(02)2275-6003
         영업부(031)932-3207

홈페이지 | www.nabook.net
이 메 일 | nabook@korea.com
         nabook@nabook.net

ISBN   978-89-318-1568-9
책번호 마-1056

※이 책은 김장환 목사님의 설교자료와
  여러 자료를 정리해 만들었습니다.

값은 뒤표지에 있습니다.